"十三五"国家重点出版物出版规划项目

智慧物流：现代物流与供应链管理丛书

普通高等教育物流管理专业规划教材

采购与供应管理

徐 杰 卞文良 编著

U0331522

机械工业出版社

近年来，采购与供应管理领域无论在理论还是实践上都取得了较快的发展，传统的采购功能已经从狭义的市场交易活动，发展成为关乎成本控制、盈利能力和合作关系的重要职能，采购与供应管理日益成为供应链管理的核心组成部分。本书共九章，介绍了采购与供应管理基础知识、需求管理、采购组织与流程、招标与谈判、采购成本管理、供应商管理、供应过程管理、采购与供应风险管理、采购与供应管理发展和变革等内容。本书既包括基础理论和前沿性内容，又包括采购与供应实务方面的知识，同时每章都附有企业采购与供应管理的真实案例。本书可作为高等院校物流管理、采购管理专业的本科生和研究生教材，也可作为采购与供应管理领域专业人士的参考读物。

图书在版编目（CIP）数据

采购与供应管理/徐杰，卞文良编著.—北京：机械工业出版社，2019.1
（2023.1 重印）
（智慧物流：现代物流与供应链管理丛书）
"十三五"国家重点出版物出版规划项目　普通高等教育物流管理专业规划教材
ISBN 978-7-111-61101-1

Ⅰ.①采…　Ⅱ.①徐…②卞…　Ⅲ.①采购管理－高等学校－教材②物资供应—物资管理－高等学校－教材　Ⅳ.①F253②F252.2

中国版本图书馆 CIP 数据核字（2018）第 233387 号

机械工业出版社（北京市百万庄大街 22 号　邮政编码 100037）
策划编辑：易　敏　责任编辑：易　敏　常爱艳　何　洋　商红云
责任校对：朱炳妍　封面设计：鞠　杨
责任印制：刘　媛
涿州市般润文化传播有限公司印刷
2023 年 1 月第 1 版第 4 次印刷
185mm×260mm·15.5 印张·381 千字
标准书号：ISBN 978-7-111-61101-1
定价：39.00 元

凡购本书，如有缺页、倒页、脱页，由本社发行部调换

电话服务　　　　　　　　　　　网络服务
服务咨询热线：010-88379833　　机 工 官 网：www.cmpbook.com
读者购书热线：010-88379649　　机 工 官 博：weibo.com/cmp1952
　　　　　　　　　　　　　　　　教育服务网：www.cmpedu.com
封面无防伪标均为盗版　　　　金 书 网：www.golden-book.com

前　言

采购管理是指为了实现企业的生产或销售计划，在确保质量的前提下，在适当的时间，以适当的价格，从适当的供应商那里购入适当数量的商品所采取的一系列管理活动。供应管理是为了保质、保量、经济、及时地供应生产经营所需要的各种物品，对采购、储存、供料等一系列供应过程进行计划、组织、协调和控制，以保证企业经营目标的实现。采购与供应管理是企业经营活动的重要组成部分，也是供应链管理的核心内容之一，在企业管理中具有重要作用，因此，企业对采购与供应管理活动也越来越重视。

我国是全球重要的产品和资源市场，也是世界重要的加工中心。如今，跨国公司在我国的采购和我国企业的国际采购日益频繁，然而，国内企业的采购管理模式还较为落后，采购计划、组织、流程及供应商管理水平不高、信息化程度较为低下。因此，加强企业的采购与供应管理，使采购成为一个重要的增值过程，成为企业价值链中的重要一环，对企业提升核心竞争力具有重要意义。基于这种情况，国内越来越多高校的物流管理专业开设了采购与供应管理相关课程，近年来也有高校新设采购管理专业，为此，本书的编写具有十分重要的意义。

本书共九章，内容融入了编者多年从事"采购管理"课程教学的认识和感悟，也有对采购管理前沿理论和知识的引入，同时增加了一些国内企业采购管理实际案例，非常适合作为高校的专业教材使用。本书介绍了采购与供应管理基础知识、需求管理、采购组织与流程、招标与谈判、采购成本管理、供应商管理、供应过程管理、采购与供应风险管理、采购与供应管理发展和变革等内容。本书可作为高等院校物流管理、采购管理专业的本科生和研究生教材，也可作为采购与供应管理领域专业人士的参考读物。

本书由北京交通大学经管学院徐杰、卞文良共同编写，北京交通大学"采购管理"课程系北京市精品课程、北京交通大学优质课程，由以上两位老师主讲。本书共九章，其中第一、二、三章由徐杰编写，第四、五、六、七、八、九章由卞文良编写。在编写过程中，北京交通大学经管学院研究生刘翼、朱佳琪、邢振涛、宫婷、钱叶凤、王国华、杨海峰、杨茜茹、张毅斌、陈诗颖、翟晓冬、王川、张丹丹等同学在资料收集、文字整理等方面给予了大力帮助，在此表示衷心感谢。

在本书的编写过程中，参考了大量的相关文献，在此向各位同行表示深切的感谢。由于水平有限，书中不当之处在所难免，恳请读者批评指正。

编　者

目　　录

采购与供应管理

第 1 章　采购与供应管理基础知识

本章是对采购与供应管理所涉及内容的概括性介绍，目的是使读者了解采购与供应管理的理念，理解采购与供应管理在企业管理中的地位和重要意义，掌握企业采购与供应管理的目标、原则和基本要素，熟悉采购与供应管理相关概念及其各概念之间的联系和区别，为以后的学习打下基础。

1.1　采购与供应的基本概念

本节介绍了采购与供应的相关概念，全面地阐述了采购与供应之间的关系，为后面的章节做了相应的铺垫。

1.1.1　采购与供应的定义

1. 采购的定义

狭义的采购是指买东西，即企业根据需求提出采购计划，审核计划，选择供应商，经过商务谈判确定价格、交货及相关条件，最终签订合同并按要求收货付款的过程。这种以货币换取物品的方式，可以说是最普通的采购途径，无论个人还是企业机构，为了满足消费或者生产的需求，大都是以购买的方式来进行。

广义的采购是指除了以购买的方式获取物品之外，还可以通过其他途径，如租赁、借贷和交换等方式，取得物品的使用权，以达到满足需求的目的。

可以从以下几个方面，全面理解采购的概念：

（1）采购是从资源市场获取资源的过程。采购对于生产或生活的意义在于能提供生产或生活所需要，但是自己又缺乏的资源。这些资源既包括生活资料，也包括生产资料；既包括物资资源（如原材料、设备、工具等），也包括非物资资源（如信息、软件、技术等）。资源市场由能够提供这些资源的供应商所组成，从资源市场获取这些资源都是通过采购的方式来进行的。

（2）采购是商流过程和物流过程的统一。采购的基本作用就是将资源从资源市场的供应商手中转移到用户手中。在这个过程中，一是要实现将资源的所有权从供应商手中转移到用户手中；二是要实现将资源的物质实体从供应商手中转移到用户手中。前者是一个商流过程，主要通过商品交易来实现商品所有权的转移；后者是一个物流过程，主要通过运输、储存、包装、装卸、流通加工等手段来实现商品空间位置和时间位置的转移。采购过程实际上是这两个方面的完整结合，缺一不可；只有这两个方面都完全实现了，采购过程才算完成。

（3）采购是一项经济活动。采购是企业经济活动的主要组成部分。经济活动要遵循经济规律，追求经济效益。在整个采购活动过程中，一方面，通过采购获取资源，保证企业正常生产的顺利进行，这是采购的经济效益；另一方面，在采购过程中会发生各种费用，这是采购成本。要追求采购经济效益的最大化，就要不断降低采购成本，以最少的成本获取最大的效益；而要做到这一点，科学采购是一个必备因素。科学采购是实现企业经济利益最大化的基本利润源泉。要实现科学采购，就要科学地进行采购管理。

2. 供应的定义

任何企业进行生产经营活动，都要消耗各种物品。为了生产经营不间断地进行，就必须不间断地以新的物品补充生产经营过程的消耗。这种以物品补充生产经营消耗的过程，就称为供应。

这里讲的供应主要是企业内部需求的供应，即在企业内部生产经营需要的时候，按照需要的数量，提供生产所需的物资和服务，以满足企业生产运营和市场的需要。

供应是采购业务的延伸。现在许多企业为了提升制造系统的效率，将采购对企业内部客户的服务延伸到生产线，即将原材料验收入库后，继续根据生产计划或订单将生产用原材料配套，按订单顺序交付到生产线。这样既减少了车间待加工零部件的库存，又为生产现场提供了方便，提高了流动资金的周转率。

采购管理与供应管理是相辅相成的。采购管理是为了供应，而供应管理则依靠有效的采购支持。前者的业务对象是对外的，即从供应链上游组织资源，向供应商采购有形的生产物资和无形的服务；后者的业务对象是对内的，即为企业内部的生产和其他职能部门供应所需的资源。

1.1.2 采购与供应管理的相关概念

1. 采购的相关概念

（1）订购、购置和购买。采购与订购、购置和购买等概念是不同的。订购是采购过程的一部分，是指依照事先约定的条件向供应商发出采购订单。它还被用于没有询问供应商而直接发出采购订单的情况。电话订购属于这个范畴，因为电话订购的产品已经列在供应商的产品目录中。订购实际上与采购过程的最后几道程序有关。"购置"一词一般用于固定资产和设备类的采购。采购比购买的含义更广泛、更复杂，购买主要是指获取商品所有权的采购活动，是采购中的商流活动。

（2）开发原料来源。在物流领域中越来越流行的一个术语就是开发原料来源，它包括寻找供应源、保证供应的连续性、确保供应的替代源、收集可获得资源的知识等活动。这些活动中的多数与采购过程中寻找和选择的供应商有关。

（3）采购管理。采购管理是指采购过程的计划、组织、协调和控制等全过程，包括管理供应商关系所必需的所有活动。它着眼于组织内部、组织及其供应商之间构建采购关系和持续改进采购过程，因此采购管理包括内部和外部两个方面。

2. 供应管理的相关概念

（1）物流管理（Logistics Management）。物流管理有狭义与广义两个方面的含义。狭义的物流管理是指物资的采购、运输、配送、储备等活动。广义的物流管理包括生产过程中的物料转化过程。

物流管理的主要内容是整合从供应商到采购商、从采购商到需用单位两段的物流资源，通过对这两段的物流设施、库存资源、专业物流机构等资源进行有效整合和优化配置，实现物资在采购供应链上的畅通、低成本、快速流动。

（2）供应链管理（Supply Chain Management）。供应链管理是在市场条件和经济形势日益变化、采购理论和实践不断发展的基础上逐步形成的。当今时代，由于市场竞争的加剧，企业越来越重视供应链管理，希望从整体供应链绩效的提升上获取竞争优势。具体到采购，它是供应链管理的重要内容之一。采购是沟通生产需求和物资供应的纽带，也是联系企业原材料和半成品生产之间的桥梁，可以通过加强采购管理来增强供应链的系统性和集成性，提高企业的敏感性和响应速度，从而使供应链系统实现无缝连接，为促进供应链企业的同步化打下基础。

在供应链管理环境下，应遵循"性能价格比最优、全生命周期总成本最低"的采购理念，聚焦于供应链总成本的降低和对企业价值增值的贡献，而决不能仅限于采购价格的降低。

【例 1-1】

2006 年，在福建炼化一体化项目乙烯裂解气压缩机、烯制冷压缩机和二元制冷压缩机的采购过程中，有 A 公司、B 公司、C 公司三家国外公司参与竞标，C 公司因业绩较少和价格过高而中途退出，剩下 A 公司和 B 公司参与竞争。从历史业绩看，燕山石化、齐鲁石化、扬子石化、上海石化的同样机组都选择了 A 公司供货，A 公司供货份额优势明显，但产品先后都出现叶轮根部断裂的类似问题，严重影响了乙烯装置安全稳定生产。

在后期采购谈判阶段，尽管 A 公司比 B 公司的最终报价低 280 万美元，但考虑到 B 公司的压缩机组设计余量比 A 公司高约 20%，有利于将来乙烯装置扩能改造。同时，B 公司的压缩机组运行能耗低，与 A 公司相比每年可节约 81.57 万美元，不仅 3.5 年就可以弥补报价之差，而且按正常使用 20 年计算，还可以再节约 1351 万美元，是报价之差 280 万美元的近 5 倍。最终，采购部门与项目建设单位和总承包单位专业技术人员共同对两家供应商的业绩、技术方案、运行维护成本及售后服务等方面进行综合对比分析后，选择了 B 公司的压缩机组。自 2008 年项目建成投用以来，B 公司的压缩机组运行状态良好，实际运行能耗比设计能耗更低。该机组的采购很好地秉承了"性能价格比最优、全生命周期总成本最低"的理念，目前该机组仍在为企业不断增加价值。

（3）资源管理（Sourcing Management）。资源管理是指对供方和合作伙伴的管理，就是对供方和合作伙伴的了解、选择、开发、使用和控制等综合性的管理工作的总称。其中，了解是基础，选择、开发、控制是手段，使用是目的。资源管理的目的就是建立起一个稳定可靠的供方和合作伙伴队伍，为企业生产提供可靠的物资供应。资源管理的重要性早在 20 世纪 40 年代就受到发达国家的重视，随着经济环境的变化，不断出现新的内容。在对采购管理越来越重视的今天，优秀的企业都将资源管理提高到战略高度，并且在不断地寻求更好的方法。

（4）物料管理（Material Management）。物料管理研究的是组织内物料供应的相关活动，物料管理是指原材料、零部件、包装品和在制品库存的管理。物料管理具有预测物料需求、采购和获取物料、将物料引进组织、监督作为流动资产的物料的状态、废品回收与废料处置五个基本职能。物料管理追求低成本的消耗、高质量的服务水平、高质量的保证、低水平的资金占用和便于支持其他业务部门。

1.1.3 采购与供应的分类

在企业的采购与供应管理实践工作中，每家企业都有自己独特的采购模式，而了解采购分类是有针对性地、有效地解决特定采购问题的前提。采购依据不同的标准可以分成不同的类别，下面主要介绍几种常用的分类方式：

1. 按采购的主体分类

（1）个人采购。个人采购是指消费者为满足自身需要而发生的购买消费品的行为，如购买生活必需品、耐用品等，是一种具有较强主观性和随意性的采购。个人采购的影响范围不大，通常只是对个人产生影响，因此，即便采购失误，也不会对他人造成太大的损失。

（2）企业采购。企业采购是指两人或两人以上对公用物品的采购，一般是集体决策的多品种、多批次的采购。企业采购的影响较大，不仅关系多人的利益，而且关乎企业的正常运作，一旦采购决策失误，就会给企业造成较大的损失。

（3）政府采购。政府采购也称公共采购，是指各级政府及其所属机构为了开展日常政务活动或出于为公众服务的需要，在财政监督下，以法定的方式方法和程序，对货物、工程或服务的购买。政府采购不仅是指具体的采购过程，也是采购政策、采购程序、采购过程及采购管理的总称，是一种对公共采购进行管理的制度。同时，政府采购也作为国家的一种宏观调控手段，对国家宏观经济的运行产生影响。

2. 按采购的范围分类

（1）国内采购。国内采购主要是指在国内市场的采购，这并不是指采购的物资都一定是国内生产的，也可以是从国外企业设在国内的代理商处采购所需物资，只是以本国货币支付货款不需以外汇结算。国内采购又分为本地市场采购和外地市场采购两种。通常，采购人员应首先考虑本地市场采购，减少运输距离，以节省采购成本和时间，保障供应及时性；当本地市场不能满足需要时，再考虑从外地市场采购。

（2）国外采购。国外采购是指国内采购企业直接向国外厂商采购所需物资的一种行为，主要采购对象为成套机器设备、生产线等。国外采购的优点主要是质量有保证、低价、可利用汇率变动获利，也存在一些不足，其中包括：交易过程复杂，影响交易效率；需要较大的库存，增加了储存费用；催货困难，一旦发生纠纷，索赔困难，无法满足紧急交货的需要。国外采购的对象一般为国内无法生产的产品，或在价格上占据优势的国外产品，如进口汽车、农产品等。

3. 按采购的时间分类

（1）长期合同采购。长期合同采购是指采购商和供应商为稳定双方的贸易关系，以合同的方式来明确"供需关系"，并要求双方都遵守和履行合同约定的长期采购行为，合同的期限一般为一年以上。长期采购合同的签订主要适用于大量、连续的采购。签订长期采购合同不仅可以降低洽谈的费用，而且可以使采购商和供应商之间增强彼此的信任，建立稳定的供需关系。通过签订合同，可以切实保障各方利益，也有利于实现采购商和供应商之间的"双赢"。但签订长期合同采购也会带来一些弊端，如采购价格难以调整、采购数量变更麻烦、采购人员缺乏创新等。

（2）短期合同采购。短期合同采购是指采购商和供应商通过合同，实现一次交易，以满足生产经营活动的需要。短期合同采购的双方之间关系不稳定，采购产品的数量、品种随时变化，对采购商来讲具有较大的灵活性，能够依据市场的变化，调整供货量或选择供应商。但是，由于这种关系的不稳定性，每次交易都需要支付采购费用，采购成本较高；而且，由于是短期关系，在价格洽谈、交易过程及售后服务等方面也会存在不足。短期采购适用于非经常消耗物品，如机器设备、车辆、计算机等。由于供求关系变化，为弥补长期合同造成的供货中断，通常签订短期合同予以补充；对价格波动大的产品采购，供应商和采购商都不希望签订长期合同，以免自身利益受损；对质量不稳定产品，如农产品、新试制产品等一般也实行短期合同采购。

4. 按采购的方法分类

（1）JIT 采购。JIT（Just in Time）采购也称准时化采购，是一种完全以满足需求为依据的采购方式。它要求供应商恰好在用户需要的时候，将合适的产品以合适的数量送到用户需求的地点。它以需求为依据改造采购过程和采购方式，使它们能完全适合需求的产品、需求的时间和需求的数量，做到既灵敏响应需求的变化，又使库存趋近于零。

（2）MRP 采购。MRP（Materials Requirement Planning）是指物料需求计划，MRP 采购主要应用于生产企业，是生产企业根据生产计划和产品结构以及库存情况，逐步推出生产产品所需要的零部件、原材料等的生产计划和采购计划的过程。这个采购计划规定了采购的产品品种、数量、采购时间和到货时间，计划比较周密。它也是一种以需求分析为依据、以满足库存为目的采购方式。

（3）供应链采购。供应链采购是在供应链机制下的采购方式。在供应链机制下，采购不再只由采购商操作，而是由供应商为主操作。采购商只需要把自己的需求规律信息，即库存信息向供应商连续、及时地传递，供应商则可根据采购商产品的消耗情况变化，不断及时、连续、小批量补充库存，以保证既能满足采购商需要，又使总库存量最小。供应链采购对信息系统、供应商的操作要求都比较高，它也是一种较为科学、理想的采购方式。

（4）电子采购。电子采购就是网上采购，是在计算机技术、通信技术和网络技术高度发展条件下产生的一种科学采购方式。这种采购方式可以在全球范围内寻求到合适的供应商，而且速度快、费用低、操作简单、效率高。它通常适合有固定标准或不太复杂产品的采购。

5. 按采购的实践分类

（1）招标采购。招标采购也是一种使用越来越广泛的采购方式，已经受到业界的普遍关注。招标采购是指通过公开招标的方式进行物资和服务采购的一种采购方式。它是政府及企业采购的基本方式之一。在招标采购中，其最大的特点是公开性，凡是符合资质规定的供应商都有权参加投标。但是，招标采购程序复杂，涉及面广，对人、财、物的消耗较大。

（2）议价采购。议价采购是指由买卖双方直接讨价还价实现交易的一种采购方式。议价采购一般不进行公开竞标，仅向固定的供应商直接采购。议价采购的优点是：节省采购费用和时间；采购中灵活性大，可依据环境变化，对采购规格、数量及价格做灵活调整；有利于与供应商建立互惠双赢关系，稳定供需关系。议价采购的缺点是：一般采用议价采购的都是比较紧急的订单，所以达成的采购价格往往较高；缺乏公开性，信息不对称，容易形成不公平竞争等。

（3）比价采购。比价采购是指在买方市场条件下，在选定两家以上供应商的基础上，由供应商公开报价，最后选择报价最低的供应商的一种采购方式。实质上，它是在供应商有限条件下的一种招标采购。这种采购方式的优点：节省采购的时间和费用；公开性和透明度较高，能够防止采购"黑洞"；采购过程有规范的制度。其缺点是在供应商有限的情况下，可能出现"轮流坐庄"或"恶性抢标"的现象。

1.2 采购与供应管理的地位和作用

随着经济的发展，企业之间的竞争逐渐转变为供应链之间的竞争。企业的采购已不再是传统的模式，而是一个专业范畴。采购与供应管理也越来越受到人们的重视，它在供应链之间原材料和半成品生产的合作交流方面架起一座桥梁，沟通生产需求与物资供应，是企业经营管理的核心内容，更是企业获取利润的一个重要源泉。

1.2.1 采购与供应管理的地位

采购与供应管理已经成为企业经营的一个核心环节，是获取利润的重要来源，在企业的产品开发、质量保证、供应链管理及经营管理中发挥着极其重要的作用。

1. 源头地位

在商品生产和交换的整体供应链中，每家企业既是顾客，又是供应商。为了满足顾客的最终需求，企业都力求以最低的成本，将高质量的产品以最快的速度供应到市场，以获取最大利润。在企业中，利润同制造及供应过程中的物流和信息的流动速度成正比。从整体供应链的角度看，企业为了获取尽可能多的利润，都会想方设法加快物料和信息的流动，这样就必须依靠采购的力量，充分发挥供应商的作用，因为通常占成本 60% 的物料以及相关信息都来自供应商。供应商提高其供应的可靠性、缩短交货周期、增加送货频率，可以极大地改进企业的工作，如缩短生产周期、提高生产效率、减少库存、增强对市场需求的应变能力等。

此外，随着经济全球化的发展，市场竞争日趋激烈，顾客需求的提升驱使企业按库存生产，而竞争的要求又迫使企业趋向于争取按订单设计生产。企业要解决这一矛盾，只有将供应商纳入自身的生产经营过程，将采购与供应商的活动看作自身供应链的一个有机组成部分，才能加快物料及信息在整体供应链中的流动，从而将顾客所希望的库存成品向前推移为半成品，进而推移为原材料。这样既可以减少整个供应链的物料及资金负担（降低成本、加快资金周转等），又可以及时将原材料、半成品转换成最终产品以满足顾客需求。在整体供应链管理中，"即时生产"是缩短生产周期、降低成本和库存、以最快的运货速度满足顾客需求的有效做法，而供应商的"即时供应"则是开展"即时生产"的主要内容。

2. 质量地位

质量是产品的生命。采购物料不只是价格问题（而且大部分不是价格问题），更多的是质量水平、质量保证能力、售后服务、服务水平、综合实力等。有些产品看起来卖得很便宜，但经常维修、经常不能正常工作，就大大增加了使用的总成本；如果买的是假冒伪劣产品，则买家会蒙受更大的损失。一般企业都将质量控制按时序划分为采购品质量控制、过程质量控制及产品质量控制。

由于产品中价值的 60% 是经采购由供应商提供的，毫无疑问，产品的质量很大程度上受采购品质量控制的影响。也就是说，保证企业产品的质量不仅要靠企业内部的质量控制，更依赖于对供应商的质量控制。这也是"上游质量控制"的体现。上游质量控制得好，不仅可以为下游质量控制打好基础，同时可以降低质量成本、减少企业来货检验费用等。经验表明，一家企业要是能将 1/4 ~ 1/3 的质量管理精力花在供应商的质量管理上，那么企业自身的质量（过程质量及产品质量）水平至少可以提高 50%。可见，通过采购将质量管理延伸到供应商质量控制，是提高企业自身质量水平的基本保证。

3. 价值地位

采购成本是企业成本管理中的主体和核心部分，采购是企业管理中"最有价值"的部分。在工业企业的产品成本构成中，采购的原材料及零部件成本占企业总成本的比例随行业的不同而不同，大体在 30% ~ 90%，平均水平在 60% 以上。从世界范围来看，对于一家典型的企业，一般采购成本（包括原材料、零部件）占 60%、工资和福利占 20%、管理费用占 15%、利润占 5%。现实中，许多企业将大量的时间和精力放在不到总成本 40% 的企业管理费用及工资和福利上，而忽视其主体部分——采购成本。这使得这些企业在成本控制上往往事倍功半、收效甚微。

4. 战略地位

采购与供应管理在企业内部的地位与企业的业务活动所达到的发展阶段密切相关：在企业初始阶段，采购被看作重大的商务活动；到了企业发展阶段，采购与供应管理才被认为有战略贡献；随着企业更进一步发展，采购的重点渐渐从交易转到战略方面来。采购在某特定企业中的地位取决于企业将采购这一功能的重点放在交易上、商务上还是战略上。采购渗入商务和决策领域的程度越深，其在企业中的有效性和最终地位就越重要。

1.2.2　采购与供应管理的作用

企业在生产经营过程中需要大量的物料，因此，采购与供应管理对企业的生产经营活动有着极其重要的作用。组织好企业采购和供应，不仅有助于优化企业采购与供应管理，而且可以有效地推动企业其他各项工作的开展。具体来讲，采购与供应管理的作用主要体现在以下几个方面：

1. 利润杠杆作用

采购的利润杠杆作用是指当采购成本降低 1 个百分点时，企业的利润率将会上升更高的比例。这是因为采购成本在企业的总成本中占据比较大的比重，一般在 50% 以上，而这个比例远远高于税前利润率。例如，对于一家收入达 1 亿元的企业而言，采购花费 6000 万元，税前收入 800 万元，采购成本降低 10% 将使利润增加 75%，杠杆率是 7.5。可见，利润杠杆效应十分显著。正是由于采购与供应管理中的这种杠杆效应，它可以为企业带来很大的节约。相比之下，要通过增加销售在利润表上产生相同的效果，则需要更大比例的销售增长。

2. 影响资产收益率

采购的资产收益率作用是指采购成本的节减对于企业提高资产收益率所带来的巨大作用。资产收益率是指企业的净利润和企业总资产的比率，用公式表示出来就是资产收益率 = 净利润/总资产，该公式可以转换为

$$资产收益率 = (净利润/销售收入) \times (销售收入/总资产)$$

等号右边第一个括号里的内容称作利润率，第二个括号里面的内容称作资产周转率（投资周转率），这样，资产收益率就可以表示为企业的利润率和总资产周转率乘积的形式。

当采购成本下降一定比例时，通过利润杠杆效应，可以使利润率提高更大的比例。另一方面，采购费用减少，则同样数量物资库存占用的资金就少，即资产降低，同时，采购效率提升也可以降低库存水平，这就提高了投资周转率，两者的乘积就是一个更大的比例，而高的资产收益率有利于企业在资本市场的融资。

3. 信息源作用

采购部门与市场的接触可以为企业内部各部门提供有用的信息。这主要包括价格、产品可获得性、新供应源、新产品以及新技术的信息。这些信息对企业中的其他部门都非常有用。供应商所采用的新营销技术和配送体系可能对营销部门大有用处；而关于投资、合并、兼并对象、国际政治经济动态、即将来临的破产、提升和任命以及当前潜在客户等方面的消息，对营销、财务、研发和高层管理部门都有一定价值。由于直接与市场接触，采购部门独特的位置可以广泛地接收到各种信息。

4. 影响运营效率

采购部门运营的有效性将反映在其他部门的运转上。当企业的会计体系不够精细，不能发现由于采购决策失误而造成的效率下降时，实际情况往往就会如此；当采购部门所选择的供应商不能按照既定的质量标准送来原材料或零部件时，可能会造成废品率升高或返修成本增大，此外还会产生过多的直接人工成本；如果供应商不能按既定计划送货，可能就要花费很大的代价重新规划生产。这样就会降低生产效率，最糟糕的情况下甚至会导致生产线停产。这时，尽管没有产出，但固定成本依旧存在。很多采购部门现在都把企业中的使用部门视为内部顾客或客户，并且注重提高采购部门的效率和效益，以便能够为内部顾客提供优质服务。

5. 影响企业竞争优势和顾客满意度

如果企业不能在顾客需要的时候，按其要求的质量、以其认为公平的价格向其提供产品或服务，那么企业就没有竞争力可言。如果采购部门不能完成它的工作，那么当需要材料时，企业就不能按需要的质量获得，购买材料的价格也无法使最终产品具有成本优势，产品的成本也无法得到控制。

与竞争对手相比，如果采购组织能确保在按要求的前提下，提供更快、更好的产品，不仅会提高企业的竞争地位，而且会提高顾客满意度。如果能满足顾客不断变化的需求，也能达到同样的效果。因此，对于任何企业团队而言，高绩效的采购组织是一项主要竞争优势。

6. 影响企业风险管理

风险管理一直是一个值得关注的问题。采购部门很明显会影响到企业各个方面的风险度，包括运营、财务以及声誉风险。不管是能源、服务还是直接或间接要求导致的供应中断，都会影响组织按照计划以及顾客预期运营，因此也就带来了运营风险。

假设商品市场和金融市场中的价格幅度已经超过了单个购买所能控制的范围，并且长期的采购协议要求价格固定，那么采购这部分就会有巨大的财务风险。进一步而言，无道德约束或者让人质疑的采购行为以及供应商或许会给组织带来很大的声誉风险。

7. 影响企业形象

采购部门的行动直接影响公共关系和企业形象。如果不能以正确的态度对待现有和潜在的供应商，他们就会对整个企业形成不好的印象，而且还会把这种印象传递给其他企业。这种不良形象会对采购企业产生负面影响，导致企业无法获得新交易，也难以找到更好的供应商。如果采购部门能够制定合理的政策并且公平地实施这些政策，就会增强公众的信任感。

许多企业都很重视以下几个方面，即供应商的选择，选择供应商的流程，供应流程中所存在的道德问题，以及符合法律法规的要求。保持良好的企业形象是每一个团队成员的责任，采购部门也不例外。

【例 1-2】

某油田企业平均每年采购压力表约 2 万只，由于过去片面追求采购价格最低，导致供应商偷工减料。例如，供应商把压力表的表芯由纯铜丝改成了不锈铁丝；国家标准规定压力表接头应该是纯铜、实心、10 扣以上丝牙，长度不少于 35mm、重量为 144g，但供应商却改成了空心、6 扣丝牙，长度仅有 25mm，重量减少到 70~80g。这样的压力表不仅计量误差大、易漏油，而且给油田安全生产带来隐患，采购方与需求方也因此产生了矛盾。为此，该油田企业下决心转变采购理念，把追求采购价格最低转变为追求全生命周期总成本最低，不仅解决了低价劣质问题，而且显著降低了生产运行总成本。

以检测注水井水压的普通压力表为例，以前采购价格为 28.08 元/只，每年需要更换 4 次，年使用成本是 112.32 元（28.08 元×4）。压力质量提高后，压力表的采购价格上升为 44.19 元/只（上涨 57%），但压力表的使用寿命延长到 1 年，年使用成本只有 44.19 元（44.19 元×1）。该油田共有约 5000 个注水压力检测点，每年可降低成本 34 万元 [（112.32－44.19）元×5000]；由于压力表校验由每年 4 次减少到 2 次，每年可减少校验费用 35 万元。两项合计每年为油田降低成本 69 万元，此外，检修工作量降低了 75%。

采购理念的转变带来了采购效果的巨大改进，不仅为企业降低了运行成本，而且为企业长周期稳定运行创造了条件，也化解了采购与需求之间的对立矛盾。

1.3　采购与供应管理的目标和原则

采购与供应管理的任务是执行采购决策，指导采购活动，利用企业的资源，满足企业的物资供应，以确保企业经营管理战略目标的实现。有效的采购与供应管理能为大多数企业的成功做出显著贡献。一个标准化的采购供应流程能够简化操作，便于日常处理工作，同时能够大幅度提高采购效率。但是，供应质量的不稳定性、价格的波动性、提前期的不准确性等供应环境的不确定性又要求采购具有一定的柔性与敏捷性。

1.3.1　采购与供应管理的目标

采购管理的目标可用一句话表述：通过合适的供应商，在合适的时间内，以合适的价格获得合适数量和合适质量的物料或服务。这里的"合适的"的意思是不断演变的。严格地说，应该解释为通过"合格的"供应商（Right Supplier）在"需要的"时间（Right Time）内，以"合理的"价格（Right Price）获得"正确的"数量（Right Quantity）和"符合品质要求的"（Right Quality）物料或服务。

但就现实情况而言，往往难以同时满足以上几个要求。因此，对于相关部门来说，如何在这些常常相互冲突的目标中寻求平衡点，做出取舍，使企业的利益最大化，是采购与供应管理的终极任务和目标。采购与供应管理的目标可以表述为以下几个方面：

1. 确保企业所需物料的及时供应

采购流程中会涉及物料的运输、物料到货后的验收、库存管理、配送到物料需求部门等环节，任何一个环节上的物料缺货都会导致企业的生产经营中断，使其蒙受巨大的损失。生产工艺的不断调整或产品的更新换代都需要采购部门及时提供所需的新物料。保证供应的不中断，防止停工待料，是采购部门最基本的职责。

2. 降低库存占用资金及库存管理费用

当企业为了最大限度地避免缺货时，就不得不加大库存以备不时之需。然而，加大库存量不仅减少了企业的流动资金，还增加了额外的库存管理费用。由此，在保证生产经营活动正常进行的前提下，企业应该不断降低库存水平，尽可能地减少库存占用资金和库存管理费用。

3. 提高企业的竞争地位

采购供应要确保供应的资源总成本最低，尽量获取新技术，设计灵活的运输安排，提供高质量的产品或服务、产品设计以及技术支持。从长远的角度来看，任何企业的成功都依赖于它与顾客建立和维持良好关系的能力，而对供应的有效管理则会直接或间接地影响最终顾客。对于企业的全局战略和为了加强企业的竞争地位而制定的特别的内部供应战略来说，采购与供应管理都有潜在的贡献。

4. 提高产品质量

供应商的供货质量是影响产品质量的重要因素。在源头上对供货质量加以控制，其成本要比低质量物料投入生产之后带来的损失小得多。严格控制供应商的供应质量，是企业在行业内保持竞争力的重要手段。当然，企业如果能够帮助外部供应商改善产品质量，最终也会使自身的产品质量得到提升。

5. 寻求有竞争力的供应商

供应商的优劣不仅体现在供货的性价比上，供应商与企业之间的互动和配合以及供应商的可持续性发展也是必须考虑的重要因素。一个富有责任感并且成长性强的供应商能够与企业互相协调、共同提高。一些行业领先企业在新产品开发、需求预测、计划制订与执行等方面都与供应商进行了成功的合作。

6. 改进企业各部门之间的协同效应

生产设计部门需要采购部门提供及时的原材料和零部件的市场行情，供应商考评需要质量部门参与，供应商的货款需要财务部门按合同支付。采购部门不仅需要与外部供应商直接交流，还需要以市场营销的理念与企业内部组织联动，从而提高企业的整体效率和综合竞争能力。

1.3.2 采购与供应管理的原则

采购与供应管理应该以正确的商业导向为基础，兼顾对其他部门的影响，并且以适应企业内部用户为目的。

1. 商业原则

要制定采购与供应战略，就必须对企业的全盘经营方针彻底地理解。企业的目标市场是什么？这些市场未来的主要发展状况如何？企业所要面临的是什么样的竞争？企业在制定价格政策时有什么余地？原料价格的上涨能以何种程度转嫁到最终用户身上？这种方法是否可行？企业会在新产品和新技术方面如何投资？何种产品会在未来一年中退出市场？理解这些问题是十分重要的，因为它将决定采购与供应战略如何对实现企业的商业目标给予支持。

2. 整体效应原则

采购决策不能孤立地制定，不能仅以采购业绩的最优为目标。制定采购决策时，应该考虑这些决策对其他主要活动（如生产计划、物料管理和运输等）的影响。因此，制定采购决策需要以平衡所有总成本为基础。例如，在购买一条新的包装流水线时，不仅要考虑原始投资，而且要考虑将来用于购买辅助设备备件和服务的成本。因为供应商卖出设备是一回事，在许多年中提供令人满意的服务则是另一回事。因此，要在某种环境下做出决策，就要在所有受其影响的领域中使用一种跨职能的并且以团队为基础的方法。采购与供应战略只有与所有领域和有关的（高级）经理紧密合作，才能有效地发挥作用。

3. 适用性原则

采购并不应该只作为一种服务职能起作用，采购部门应该有主动适应内部用户要求的意识。对于内部用户提出的采购申请，采购部门应当有能力提出其他更加符合企业生产实际的、节约的采购方案，并能与用户进行有效的沟通。它们应该始终如一地追求提高企业所购买产品或服务的性能价格比。为了完成这一任务，采购部门应该能够提出现有的产品设计、所使用的原料或部件的备选方案和备选的供应商。

1.3.3 采购与供应管理的基本要素

采购与供应管理是企业运营中经常会用到的管理手段。从理论上讲，采购与供应环节有七个基本要素：**质量、数量和交付时间、采购成本、采购质量体系、供应商管理、采购绩效和采购风险管理**。

1. 质量

对于质量，不同的人有不同的理解。高质量的产品和服务就是达到或超过顾客需求或期望的产品和服务。质量的含义因人而异，这取决于每个人在供应链中所处的位置。例如，对顾客来说，高质量的产品意味着在性能、外观和价格方面能满足其需要的产品；对产品设计人员来说，质量是产品满足功能要求的性质；对制造人员来说，质量意味着以最小成本生产出符合订单规格要求的产品。

其他有关质量的定义包括：

① 产品或服务所具有的能够满足特定需求的所有特征和属性；

② 适合使用；

③ 符合要求；

④ 产品特性符合其应达到要求的程度，包括可靠性、可维护性和安全性。

如果将质量定义为达到或超过顾客的需求或期望，也就弄清了应该如何衡量质量。"全面质量管理"（TQM）理念建立在所有有关人员积极参与的基础上，它更加注重系统程序和过程，而不是集中在提供的物品和服务。供应链上的全面质量表明供应商、顾客以及企业员工都将进入决定质量这一环节。例如，检验和对供应商的评定为下述方法所取代：共同消除缺陷，将重点放在预防而不是发现和纠正错误上。供应商在这一阶段必须作为"同盟者"，它需要和它的客户一样，有热情、尽义务地对待质量管理，而不是由买方来"审查"供应商。

2. 数量和交付时间

企业内部不同的部门在面对数量问题时，由于部门利益的不同，各自对数量都有着不同的要求。生产部门作为提出需求方，要求采购或者库存数量能够满足生产的要求，不会因为货物短缺出现停产；库存管理部门关注的则是如何尽可能地提高产品服务水平，以合理的储备应对生产部门的需求；采购人员更关心每次订货的经济性，即订货数量是否经济，如何降低订货成本；财务部门关心的是如何减少库存货物占用的资金，对他们而言，库存越少越好。在需求数量、库存数量和订购数量之间实现平衡是每个采购人员都面临的挑战，因为合适的订货数量并不总是需要的数量。这种状况适合单个的需求，如更换机床或更换一个新的工厂，但是大多数采购活动都是为定期的、经常性的需求而进行的。在这些反复订购中应用了一些订购的政策。尽管这些采购的总量从长期看与需要的数量相同，但不同的采购政策会导致不同的订货数量。

3. 采购成本

采购成本是指企业为了购进原材料、零部件、外协件、设备等而发生的相关费用。它不仅包括购入价格，而且还包括运输费、包装费、途中保险费、自然损耗费等其他费用。影响采购成本的因素很多，不仅包括采购的频率、采购批量的大小、采购价格的高低，还有企业的采购战略、产品成本结构和供应商成本结构和谈判能力等。

与物流成本的不同之处在于：采购成本是与原材料部件采购相关的费用，包含采购价格、相关费用和部分供应物流成本；而物流成本是指产品的空间移动或时间占有中所耗费的各种活动和物化劳动的货币表现。具体地说，它是产品在实物运动过程中，如包装、搬运装卸、运输、储存、流通加工等各个活动中所支出的人力、物力和财力的总和，贯穿于供应物流、生产物流、销售物流、回收物流的整个过程中。

4. 采购质量体系

质量体系的目的是衡量一种产品、流程或机器满足顾客需求的程度。质量的概念与工业组织的职能有关，在这样的组织中，所有的部门密切合作，以达到和维持所要求的质量标准。质量保证体系在各个组织中包括以下职能中的全部或部分：

① 产品质量保证；

② 产品可靠性保证；

③ 质量规划；

④ 供应商质量控制；

⑤ 产品与订单核对；

⑥ 质量测试设备控制；

⑦ 人员培训；

⑧ 向管理层提供有关质量问题的反馈，质量保证体系的全面管理；

⑨ 质量保证体系的评估；

⑩ 质量保证体系的维护和改进。

要想使生产活动成功达到目标，就必须建立一个可靠的质量保证体系，同时还要在各职能部门之间建立有效的沟通机制。

5. 供应商管理

供应商管理是企业保证物资供应、确保采购质量和节约采购资金的重要环节。供应商管理很早就受到企业的重视，随着经济环境的变化不断出现新的内容，现在，供应商管理已经有了很多新的理论和实践成果。从传统的供应商管理发展到供应链供应商管理，供应商管理中最主要的两个内容是供应商的选择和供应商的关系管理。因此，供应商管理不仅包括区分供应商级别，对物资供应渠道进行选择，以及从质量、价格、售后服务、交货期等方面对供应商进行综合、动态的评估，还包括如何管理与供应商的关系。在此基础上，企业可以确定供应商管理的目标及战略。

6. 采购绩效

采购绩效可以定义为从数量和质量上来评估采购的职能部门及其工作人员达到规定目标和具体目标的程度。

许多企业与机构到现在仍然把采购人员看作"行政人员"，对他们的工作绩效还是以"工作品质""工作能力""工作知识""工作量""合作"或者"勤勉"等一般性项目来考核，使采购人员的专业功能与绩效得不到应有的尊重与公平的衡量。实际上，若能对采购工作做好绩效评估，通常可以达到下列目的：

（1）采购绩效的测量有利于更好的决策。这可以从计划实施后产生的结果中鉴别不同的差异；通过对这些差异的分析，可以判断产生差异的原因，并及时采取措施防止未来的突发事件。

（2）能够与其他部门进行很好的沟通。例如，通过分析那些需要特别检查的发货单，可使付款程序得到更加合理的安排，从而增强采购部门与管理部门之间的协调性。

（3）增强业务的透明度。定期报告制订计划的内容和实际执行的结果，可以使客户核实他们的意见是否被采纳，并向客户提供建设性的反馈意见。同时通过向管理部门提供个人和部门业绩，有利于增强采购部门的认可程度。

（4）能够产生更好的激励效果。合理设计的评估体系可以满足个人激励的需要，可以有效地用于确定建设性的目标、个人的发展计划和奖励机制。综上所述，这些关于采购行为的评估可以提高采购部门在企业中的地位、降低运作成本、降低材料的采购价格、减少废品数量，从而产生更优的决策。

7. 采购风险管理

由于采购是企业供应链的源头，所以采购活动是一项很重要的行为和活动，采购过程中的任何一个环节出现偏差，都会影响到采购预期目标的实现，这就使采购活动面临着风险。采购风险是指在采购过程中由于各种意外情况的出现，使采购的实际结果与预期目标相偏离的程度和可能性。

采购风险包括多种类型，比如增大开支的风险、供应商延迟交货的风险、采购质量不符合要求的风险、采购中的道德风险、合同风险、预付款风险和存货风险等。采购风险所带来的不仅是资金上的损失，在不能及时交货方面，也会给企业的生产部门带来较大的压力。为了更好地应对采购过程中的可能风险，要求企业做到明确采购目的、建立供应商资格审查制度、建立保证金制度、建立采购监督管理制度、选择合适的采购方式、建立物资采购合同会签制度以及针对不同风险采取不同的措施，通过不断地完善制度，降低采购过程中的风险。

1.4　采购与供应管理的发展历程

本节介绍了采购与供应管理的产生背景及其发展的各阶段，对比分析了传统采购管理与现代采购管理的区别，并在此基础上给出了采购与供应管理未来可能出现的几个发展趋势。

1.4.1　采购与供应管理的产生背景和发展阶段

最早提出采购重要性的是查尔斯·巴贝奇（Charles Babbage）。巴贝奇在1832年出版的关于机械和制作经济的书中指出，"物料人"将负责几个不同的功能，并认为负责资源的关键职员是"负责选择、采购、接受和配送一切所需物品的物料人"。19世纪中期，美国铁路的发展使采购受到重视，1866年，宾夕法尼亚铁路在供应部门下成立了采购部门。1887年，芝加哥和西北铁路的审计官出版了第一本包括采购职能在内的书《铁路供应的管理——铁路采购和存储》。他所讨论的采购问题在今天看来仍有重大的意义。例如，他提出了在采购代理商中技术专业化的需要，采购部门的中心化需要，以及在采购代理商选择采购人员这一问题上缺乏足够重视等问题。

铁路运输行业的发展主导了采购的早期发展。这段时间，铁路运输行业对采购所做的贡献主要有：促进人们认识采购流程及其对整个企业盈利的贡献。19世纪晚期，采购部门逐步分化为一个具有专业技能的单独职能部门。

采购的第二个比较重要的发展时期开始于20世纪初。在这一时期，连续出现了具体讨论工业采购功能的文章。其中，《机械杂志》对合格的采购人员需求和物料专业的发展给予了很大的关注，采购流程和理论得到了发展。1905年，第一本针对非铁路行业采购的书《关于采购》出版。在这本书中，介绍了采购的一般原则和在不同企业采购系统中所使用的形式和流程。在第一次世界大战期间，人们对采购越来越重视，这主要是由于采购的核心作用在于原材料的订购及能获得重要的战争物料。

第二次世界大战时，采购进入了一个新的时期。在战争期间，对获得所需物料的重视促使人们对采购的兴趣有所增长，而且企业中的其他部门已经认识到采购部门的重要性，很多大学都开始教授采购专业的课程，这对采购理论的进一步完善起到了一定的推动作用。第二次世界大战后，企业的经营重点是满足客户需求和不断扩大的市场需求，而且企业面对的是稳定的竞争和充足的原材料，这使得人们对采购的重视并没有延续到战后。采购没有被列入主要的职能部门。在这一时期，采购处于平静的发展阶段。

20世纪60年代后期，采购在美国工业发展中受到新的重视。在经历了20世纪60年代越南战争和20世纪70年代的石油短缺之后，美国原材料市场变得相对紧张，企业为了寻求新的成本控制和市场发展途径，开始重视物料的采购和控制，采购活动的重点在于降低系统的总成本，而不仅是以控制所购部件的单位成本为目标。

从20世纪80年代开始，由于美国和欧洲各国开始卷入全球化市场竞争，市场对交货期、质量和价格提出了更高的要求。此时，采购部门已经被最高领导层视为最重要的业务部门之一。采购部门通过向企业其他部门提供对企业战略目标可能产生影响的原材料的潜在价格和供货情况信息，以支持并增强企业的竞争优势。

到了20世纪90年代，制造业的发展在经济全球化的背景下出现了两个显著的新特点：①订单驱动的生产方式开始流行，或称为JIT方式或柔性生产方式；②外包生产方式越来越普及，根据需求订单来组织采购和生产，这就要求供应各方有快速反应能力和高度协调能力，后者是将采购与生产、销售分离到不同企业、不同地点甚至是不同国家。这两个特点都使采购管理跨出了一个企业的边界，而要与合作伙伴之间进行高效协同。这样的背景催生了

"链条"的概念,供应链理论获得飞速发展,采购也被融入了供应链体系中。一个标志性的事件是已有上百年历史的"美国采购管理协会"(NAPM)在2002年更名为"美国供应管理协会"(ISM)。采购决策也不再仅仅是围绕着价格,而是更多地关注供应链条的可靠性、及时性、安全性等,有关供应商管理和风险控制的内容成为其中的重要组成部分。此时采购与供应管理被纳入企业的资源管理范畴,其地位也从"成本中心"跃升为"利润中心"。在西方的知识体系中,此类采购被称为"sourcing",相应的岗位也出现了"首席采购官"(CPO)或采购总监,他们通常是跨国公司里以制定战略采购决策为职责的高管,主要是结合企业自身的发展战略,选择供应商作为长期的战略合作伙伴和确定采购策略。

而近年来,随着经济全球化和信息网络技术的高速发展,全球经济运行方式和流通方式发生了巨大变化,企业采购模式也随之不断发展。供应链中各制造商通过外购、外包等采购方式从众多供应商中获取生产原料和生产信息,采购已经从单个企业发展到供应链上的采购。随着科学技术的发展和市场经济的日益成熟,采购也在不断地进化。这种进化表现在功能的升级、管理模式的改善以及关注点的转移上。

1.4.2 传统采购与现代采购的区别

采购管理经历了从传统采购向现代采购的发展。传统采购主要有比价采购、询价采购、招标采购等;现代采购主要有战略采购、电子采购、供应链采购等。

传统采购的重点放在如何和供应商进行商业交易的活动上,特点是比较重视交易过程中供应商的价格比较,通过供应商的多头竞争,从中选择价格最低的供应商作为合作者。虽然质量、交货期也是采购过程中的重要考虑因素,但在传统的采购方式下,质量、交货期都是通过事后把关的办法进行控制(如到货验收等),而将交易过程的重点放在价格的谈判上。因此,在供应商与采购部门之间要经常进行报价、询价、还价等的来回谈判,并且多头进行,最后从多个供应商中选择一个价格最低的供应商签订合同,订单才决定下来。传统采购的主要特点表现在以下几个方面:

1. 传统采购过程是典型的非信息对称博弈过程

选择供应商在传统采购中是首要任务。在采购过程中,采购商为了能够从多个竞争性的供应商中选择一个最佳供应商,往往会保留私有信息,因为如果给供应商提供的信息越多,供应商的竞争筹码就越大,这样对采购商不利。因此,采购商尽量保留私有信息,而供应商也在与其他供应商的竞争中隐藏自己的信息。这样,采购与供应双方不能进行有效的信息沟通,这就是非信息对称的博弈过程。

2. 验收检查是采购部门的一项重要的事后把关工作,质量控制难度大

质量与交货期是采购商要考虑的另外两个重要因素。但是,在传统采购模式下,要有效地控制质量和交货期,只能通过事后把关的办法。因为采购商很难参与到供应商的生产组织过程和有关质量控制活动中,相互的工作是不透明的。因此,需要通过各种有关标准(如国际标准、国家标准等)进行检查验收。缺乏合作的质量控制会导致采购部门对采购物品质量控制的难度增加。

3. 供需关系是临时的或短时期的合作关系,而且竞争多于合作

在传统采购中,供应与需求之间的关系是临时性的,或者是短时期的合作关系,而且竞争多于合作。由于缺乏合作与协调,采购过程中各种抱怨和扯皮的事情比较多,很多时间就消耗在解决日常问题上，因而没有更多的时间用来做长期性预测与计划工作。供应与需求之间这种缺乏合作的气氛加大了运作中的不确定性。

4. 响应用户需求的能力较差

由于供应商与采购商双方在信息沟通方面缺乏及时的信息反馈，在市场需求发生变化的情况下，采购商也不能改变供应商已有的订货合同，因此，采购商在用户需求减少时，库存增加；而在用户需求增加时，供不应求。重新订货需要增加谈判过程，因此，供应商与采购商对用户需求的响应没有同步进行，应对需求变化的能力较差。

传统采购与现代采购的主要区别如表 1-1 所示。

表 1-1　传统采购与现代采购的主要区别

采购模式 项　目	传 统 采 购	现 代 采 购
供应商/买方关系	相互对立	合作伙伴
合作关系	可变的	长期
合同期限	短期	长期
采购数量	大批量	小批量
运输策略	单一品种，整车发送	多品种，整车发送
质量问题	检验/再检测	无须入库检测
与供应商的信息沟通	采购订单	网络
信息沟通频率	离散的	连续的
对库存的认识	资产	不利因素
供应商的数量	多，越多越好	少，甚至一个
设计流程	先设计产品后询价	供应商参与产品设计
产量	大量	少量
交货安排	每月	每周或每天
供应商地理分布	很广的区域	尽可能靠近
仓库	大，自动化	小，灵活

1.4.3　采购与供应管理的发展趋势

随着采购环境和企业管理理念的变化，采购与供应管理出现了新的发展趋势。了解采购与供应管理的发展趋势可以帮助企业调整采购与供应策略，并为企业获取更大的利益。未来采购与供应管理将有可能出现以下发展趋势：

1. 跨职能采购团队

随着采购与供应管理的日益复杂化，仅依靠采购人员来完成采购工作及其相关工作，显然已不能满足新时代对采购的要求。事实上，采购需要更多部门的共同配合：质量部门把关质量、财务部门负责监督、制造部门明确需求时间和需求量、设计部门检验采购对新产品的贡献等，采购已不再是一个孤立的部门。每个部门的员工对各自的业务都有熟练的把握，因此，不同部门的人员一起进行采购决策比采购人员自行做出决策更适宜。不同部门的人员组织起来建立跨职能采购团队对发挥各职能部门专长、提高内部顾客满意度和防止采购中的败德行为都起着十分重要的作用。

2. 战略采购

战略采购一般包括资源识别、新供应商发展、供应商评估、供应商的价格谈判、合同管理以及供应商关系管理。因此，战略采购在企业采购系统中有着举足轻重的地位。战略采购强调与供应商保持密切的合作关系，使供应商能更好地满足企业对成本、质量、周期和服务的综合要求。

很多企业在采购政策、人员配备及管理等方面都强调战略采购，战略采购的工作业绩将直接影响到整个企业采购系统的绩效。在战略采购中，采购商将寻找那些与本组织战略的"未来目标"一致的供应商。采购商将定期通过跨职能采购团队制定采购或外包决策，使其成为战略采购过程的一部分。

3. 供应商整合

供应商整合是为了让供应商的结构和数量变得更为合理，整合后的供应商能更好地满足企业的要求。供应商整合不是简单地减少供应商数量，而是由一系列战略措施组成的，包括重新评估所有供应商、不断考察潜在的供应商、对重大采购项目进行招标及重新考虑供应商的整体结构和开发供应商的战略等。

在很多企业的采购管理发展过程中，刚开始没有明确的采购目标与供应商管理政策，加上采购部门没有及时调整供应商结构，导致供应商的数量越来越多。太多的供应商不仅让采购人员难以应对，还会引发相应的问题：由于数量多，每家供应商的采购份额分散，没有规模效应，从而也就没有规模采购的价格折扣；供应商的供货质量参差不齐；采购部门需要花更多的精力在供应商管理上等。不难想象，把同样多的精力放在 100 家供应商身上和放在 20 家供应商身上，它们之间的效果差异是很明显的。

很多大公司在进行供应商整合时都大量削减供应商。例如，3M 公司曾在 3 年内削减了24% 的供应商，福特削减了 45%；惠普则在 4 个月内削减了 47% 的供应商。这些公司在整合供应商之后，供应结构得到了优化，采购效率和效果都得到了大幅提高。

4. 所有权总成本

所有权总成本是指为了获得某种产品或服务与一个具体供应商交易的各种成本之和，通常包括指定产品或服务的占有、使用、管理、保持和处置等方面的成本。传统采购只注重采购价格的单一比较，没有系统地对采购物料进行成本分析。而利用所有权总成本分析能够真正了解与此产品或者服务有关的所有成本。

5. 绩效管理

绩效管理分为采购部门内部绩效考核和外部供应商绩效评估。在各项绩效评估指标的监督下，绩效管理可以充分促进采购工作的良性发展。供应商的绩效指标主要包括价格、质量和交货服务。应该注意的是，绩效管理重要的是不要孤立地看待供应商的绩效指标，而应把供应商的表现置于整个供应链中，去衡量其绩效对整个供应链的贡献。

6. 合作关系与战略联盟

采购商和供应商的合作关系是双方在互惠互利和信任的前提下开展的。这种关系把供应商的利益与企业自身利益甚至连同客户的利益紧密地结合在一起，制定共同的长期发展规划，真诚沟通、信息共享，达到各方利益最大化。虽然合作伙伴关系的最高阶段——战略联盟关系可以让双方长期从中获利，但要在采供双方之间建立起这种关系，需要双方高层管理者的深层次沟通。只有双方拥有相同或相近的经营理念并达成一致的长期发展目标，才有可

采购与供应管理

能建立战略联盟关系。

日本汽车制造商一般都有几个或者几十个关系密切的零部件商，这些供应商一般持有公司20%左右的股份，并派人担任全职或兼职工作。在战略联盟中，采购者和供应商可以合作开发新产品，共享秘密信息，为共同的产品服务。例如，东芝与摩托罗拉合资建立微处理器企业，与西门子和IBM公司共同开发256MB动态随机存储器技术，与苹果公司联合开发基于只读存储器的多媒体播放系统，与爱立信合资生产数字移动通信系统等。这些都是战略联盟关系的典范。

7. 虚拟价值网

虚拟价值网是指跨行业的合作伙伴在一个指挥官或者合作小组领导下，在共担风险和共享收益的基础上贡献各自的资源和资产，将一系列产品、服务和经验整合起来，共同完成最终产品或服务。由于合作伙伴是通过联合各个网络成员来满足采购需要的，因此中间层（中间商、经纪人）将渐渐消失。当虚拟价值弱化时，将出现虚拟价值网的重组。

世界最大贸易公司之一——利丰公司为每份订单定制一条价值链。例如，一批服装订单的完成可能是这样的：在韩国买纱，在我国台湾地区纺织染色，使用日本公司生产的拉链与纽扣，最后在泰国缝制完成。当这份订单完成后，相应的价值网需要重组，以完成新的订单。

8. 供应商全球化和本土化

随着经济全球化的发展，全球采购已成为一种趋势。目前，全球采购每年以7%～8%的速度增长，我国也逐渐成为全球采购的中心。据统计，近几年来跨国公司在我国的年采购金额已经突破千亿美元。通用电气、西门子、沃尔玛、家乐福等跨国公司和机构都已经在我国设立了国际采购部或采购中心。很多专业化的国际采购组织和经纪人近年来也纷纷到访我国，与我国企业频繁接触，准备将我国企业纳入它们的全球采购网络。

随着这些跨国公司在华投资的增多，其经营活动也开始本土化，主要表现为管理本土化、研发本土化、品牌本土化、人才本土化、生产本土化以及采购本土化。它们纷纷在上海或国内其他城市设立地区总部、研发中心、生产制造中心和跨国采购中心，形成了采购国际化和本土化的有机结合。

【案例分析】

利丰的采购出口业务与供应链管理

利丰集团（简称利丰）是一家以中国香港为基地的跨国商贸集团，为香港上市公司及香港恒生指数和美国摩根士丹利香港指数成份股。利丰集团运用供应链管理的理念经营出口贸易、经销及零售三项核心业务，迄今已有百余年历史。利丰集团于1906年在广州成立，是中国当年首批从事对外贸易的华资公司，打破了当时外国洋行对中国对外贸易的垄断。

从1906年以来，利丰的业务角色经历了从简单的采购代理到全球性的供应链管理者的演变。在业务角色经历演变的同时，利丰为客户提供的增值服务日益增加，创造的附加值也不断增长。

一、利丰的业务转变

1. 采购代理

1906年，利丰初成立的时候，它只是充当客户和供货商之间买卖的中介人角色。由于利丰的创办人通晓英文，利丰成了厂家与海外买家的桥梁。随后，利丰逐渐把简单的采购代理扩展为其他更广泛的业务。

2. 采购公司

第一阶段，利丰扮演一家采购公司，即地区性的货源代理商的角色，通过在亚洲的不同地区，如中国内地、中国台湾、韩国和新加坡开设办事处来拓展业务。除了不时提供最新市场信息给买家之外，利丰所提供的服务还包括对不同的厂家做出产品、生产力及质量方面的评估，然后向买家提供适合的厂家及供货商。利丰也代表买家向厂家商讨价钱以及做品质管理工作，帮助它们以合理的价钱采购到所需的产品。另一方面，利丰贸易也协助工厂做生产管理，以及帮助买家监控工厂在劳工法例、生产环境及环保方面所做出的处理，以保证它们符合国际要求标准。总括而言，作为一家采购公司，利丰主要的目标是能够建立起厂家及买家长期伙伴的关系，进而达到双赢的局面。

利丰在发展过程之中不断引进一些先进的业务及管理理念，从而逐渐进入了一个新的发展阶段。

3. 无疆界生产

除了作为一家采购公司，利丰于20世纪80年代又向前迈进了一步，成为无疆界生产计划管理者与实施者。客户会给予利丰一个初步的产品概念，如产品的设计、外形、颜色和质量方面的要求等，再由利丰为客户制订一个完整的生产计划。根据客户市场及设计部门所提出的草案，利丰会进行市场调查，在各地采购合适的配件，如布料、花边等，以及提供一个最适合的成品制造商。在生产过程之中，利丰也会对生产工序做出规划及监控，以确保产品质量和及时交货。

在这种无疆界生产模式之下，利丰在香港从事如设计和质量控制规划等高附加值的业务，而将附加值较低的业务，如生产工序，分配到其他适合的地方，使整个生产程序及流程实现真正的全球化。

4. 虚拟生产

在推行无疆界生产计划及管理的基础上，利丰又发展了另外一个业务模式，称为虚拟生产。在这种模式之中，利丰不再是中介人或代理采购者，而是客户的供货商。利丰会直接和海外买家签订合同。利丰依旧不会拥有工厂，但是会把生产任务外包给有实力的工厂，而利丰负责统筹并密切参与整个生产流程，从事一切产品设计、采购、生产管理与控制以及物流与航运等其他支持性的工作。

5. 整体供应链管理

虚拟生产企业实际上已经是某个产品全面的供应链管理者。在虚拟生产模式的基础上，为了使整条供应链的运作更加合理与顺畅，利丰继续开发更全面的供应链服务。除了负责一系列以产品为中心的工作，包括市场调查、产品设计与开发、原材料采购、选择供货商和生产监控外，利丰还监管一系列的进出口清关手续和当地物流安排，包括办理进出口文件、办理清关手续、安排出口运输和当地运输等。另外，利丰也会有选择性地对具有潜质的原材料供货商、工厂、批发商和零售商等进行挑选。这些在供应链中占据关键位置的企业进行融资，使供应链上供求双方各个节点的企业能够以最佳状态运作。事实上，在整体供应链的规划方面，利丰会对整条供应链进行进一步分解，对每个环节进行分析与计划，如制定策略性的库存安排和库存补充等方案，力求不断优化供应链的运作。简单归纳，利丰供应链管理的主要目的是为境外买家以合理的价格采购合适的产品并缩短交付周期。可以说，利丰供应链的原动力来自客户的订单。根据客户的需求，利丰为每一份订单都创造一条最有效益的供应链，为客户提供具有成本竞争力的产品。

二、利丰的代理商和直接供货商的业务

利丰的主要业务是为欧美的零售商客户提供采购服务，从中国、其他亚洲国家或邻近欧美买家市场的生产基地采购成衣和各类消费产品。由于利丰具有庞大的采购网络和在客户心中拥有良好的信誉，一些客户宁愿利丰以直接供货商的形式与他们合作。

在不断发展及演进下，利丰贸易至今已经发展成为一个全球商贸供应链的管理者，其网络已遍布全球38个国家和地区，设有68个分公司和办事处。现时利丰贸易的客户包括欧美著名品牌，如 Gymboree、Abercrombie & Fitch、玩具"反"斗城、和路迪士尼、Kohl's、Avon、Reebok、可口可乐、Esprit、Debenhams、Adams 等。部分客户如可口可乐与和路迪士尼，都把其下部分采购业务外判给利丰，这种做法体现了企业把非核心业务外判给专业产品公司的供应链管理理念，使企业可以专注发展其核心业务，提升自身的竞争力。

简单归纳，利丰为客户提供的服务主要包括：

（1）从事各项市场调查来了解消费者的需求，为客户提供主要市场的潮流信息。

（2）研究与开发原材料（如布料、花边和其他服装配件等），为客户收集最新的原材料信息。

（3）根据市场最新的潮流趋势，设计和开发符合市场需求的产品。

（4）根据客户对原材料的需求和不同地区的供应能力进行匹配，与客户共同选择最佳的采购国家与地区，执行无疆界的生产，实现产品全球化的增值。

（5）监控采购、航运和原材料与配件在各个工厂中的配置。

（6）在工厂生产过程中提供技术援助，以确保产品的质量和各个生产环节都能遵循客户的生产要求。

（7）力求做到快速反应的生产，不仅监控主要生产原料的供应，而且策略性地管理库存和适时适量地补充库存。

（8）计划组装运输和航运送货服务。

（9）将信息技术应用到产品开发及寻找新的供货商的环节中，并为境外客户量身设计网页。

利丰拥有庞大的采购网络，并与网络中的供货商保持着良好的合作伙伴关系。利丰对工厂的生产能力有深刻的了解，会协助工厂进行原材料采购，并为工厂留意最新的发展机遇。

除开展代理商的业务外，利丰也发展直接供货商的业务。在代理商的运作模式下，利丰扮演着中间人的角色，提供中介服务。代理商扮演客户代表的角色，起到一个桥梁的作用，促进客户与供货商之间的沟通并协调客户与供货商之间的合作，代表客户对原料采购和生产进行管理。而在直接贸易供货商的模式下，利丰与客户直接交易，为客户提供最终产品，客户无须亲自与供货商打交道。利丰的虚拟生产模式就是利丰作为直接供货商的一个典型例子。

虚拟生产企业一般拥有强大的、具有专业产品知识与技能的队伍来支持产品的设计与开发工作。虚拟生产企业为客户提供更多的产品研究与开发方面的增值服务，力求比客户更早洞察市场的潮流，为客户提供产品设计的灵感。另外，虚拟生产企业也开发新的生产原材料，如新的布料以及其他服装配件供客户参考，并寻找该原材料和服装配件的供货商。虚拟生产企业比较接近整体供应链管理的业务模式，与一般代理业务相比，虚拟生产模式具有以下特征：

（1）狭窄的产品范围。因为虚拟生产模式包含一切与产品有关的设计、采购、生产和运输等工作，这就要求虚拟生产企业对产品的每个细节都有深刻的了解，所以，一般虚拟生产企业供应产品的范围比较狭窄。此外，虚拟生产企业可以拥有自己的产品系列与品牌。

（2）为数不多的几家工厂（即生产伙伴）。在虚拟生产模式下，利丰像是在使用自己的工厂进行生产。虚拟生产企业对工厂的设备和生产能力都有透彻的了解，甚至直接参与工厂各方面的管理。在生产过程中，虚拟生产企业会配置技术人员和质量监管人员长期驻守在工厂内，指导和监督整个生产流程。因此，虚拟生产企业一般只使用极为熟悉的几个工厂进行生产，而不会像其他代理商一样拥有庞大的供货商网络，根据每份订单的具体要求选择合适的供货商。

（3）生产能力的承诺。虚拟生产企业是客户直接的产品供货商。对客户的合同承诺是准时交付合乎要求的产品，即虚拟生产企业必须保证工厂的生产能力和生产质量满足客户的要求。与虚拟生产企业合作的工厂，必须绝对遵从虚拟生产企业在各个生产环节上的规定。

（4）技术知识。正如上文提到的，虚拟生产模式非常注重产品的设计与开发，所以虚拟生产企业对产品的知识与技能有透彻的掌握与了解。

（5）整体的供应链管理。虚拟生产企业可以说是一个供应链管理者，承担从原材料采购到制成品被运送到客户手中的所有责任。在客户的眼中，虚拟生产企业就是它们的生产商和供应商。

思考题：

1. 请从采购与供应的角度分析利丰集团的业务发生了哪些变化。

2. 结合案例分析利丰涉及了哪几种采购方式。

3. 结合案例谈谈无疆界生产和虚拟化生产的特点。

第 2 章　需 求 管 理

采购需求是供应链运行的触发器。采购需求满足的程度、满足的效率、满足的成本是衡量供应链运行绩效的根本标准。企业的需求部门能否准确描述和及时提出需求，采购部门能否准确把握和有效集合需求，供应部门能否准确理解和充分满足需求，需求信息在供应链上能否准确及时传递和全面共享，在很大程度上决定着供应链的运行效果、运行效率和运行成本。采购需求产生于企业生产经营和工程建设过程，在旧的需求不断得到满足的同时，新的需求不断产生，周而复始，循环往复。

2.1　需求管理概述

需求管理是指通过对企业的采购需求资源进行有效整合和优化配置，包括集合企业内部不同单位的需求从而形成批量，促进采购需求及早提出并准确描述，提高需求的标准化程度，发挥需求端的技术资源优势，促进采购工作绩效改进等一系列管理活动。

2.1.1　需求管理的作用

1. 需求管理是供应链构建和平稳运行的基础

供应链的构建是典型的需求导向型技术经济活动。供应链管理必须把需求管理作为首要任务。如果需求分散在企业内部的各个部门而得不到有效集合，或需求产生随机性太强且又缺乏预测、调控措施，或需求标准化程度太低等，这些都会对构建采购供应链造成巨大阻碍。如果采购商没有掌握物资需求消耗规律，且需求方提报的物资需求计划又不及时、不准确、标准化程度低，则供应链就失去了构建基础。

如果采购商能够透彻地掌握需求消耗规律，并且需求方提出的物资需求标准化程度高，就可以对不同单位、不同时间的物资需求进行整合，形成批量，与供应商签订长期框架协议，建立稳定的合作关系。供应商则可以有足够的时间落实原材料资源和有计划地安排生产，从而实现供应链稳定高效运行。

2. 需求管理是降低供应链总成本的关键

加强采购物资需求管理，能够显著降低供应链总成本。①通过设计提出标准化的采购物资需求，使物资的可替代性增强，供应商选择范围得以扩展，降低成本的空间也就进一步扩大，同时标准化设备材料的维护运营成本（如配件）也相对较低；②通过提高物资需求计划管理水平，减少紧急零星采购，加大采购提前期，采购商能够从容地提前订货，供应商能够安排批量生产，可以降低采购供应链的总成本，使供需双方都可以从中受益；③提高物资需求计划的准确率，减少需求计划的临时变更和调整，产生积压浪费的概率就会相应降低。

【案例 2-1】

2004 年，在中国石化所属茂名乙烯项目建设过程中，采购部门提前介入钢管需求形成阶段，说服设计单位采用中国标准取代同期其他同类项目所采用的美国标准。在当时，中国标准的钢管能够形成大规模批量生产，而美国标准的钢管则需要单独采购原材料、单独安排生产。与同期其他项目相比，茂名乙烯项目的碳钢管采用中国标准后，一是采购成本降低了20% 以上；二是交货期缩短了40%；三是在项目投产后，更换成本低、响应需求的时间显著缩短。

2.1.2 采购需求的基本特征

1. 繁杂性

企业生产建设过程产生的物资需求中，既有原料、辅料等生产消耗性并参与转化为产成品的物资，又有构成企业生产条件或固定资产的材料、设备、配件等物资，还有日常消耗使用的材料、低值易耗品等物资，种类繁多，少则上千种，多则数万种乃至数十万种。

2. 不确定性

除原料、辅料和燃料以外，绝大部分物资需求产生的时间，以及具体需求的物资品种、数量、质量和交货时间等都具有不确定性（随机性）。物资需求的不确定性是采购供应链运行风险的根源，增加了采购供应链的不稳定性，是困扰采购供应链运行的一大因素。采购供应链总成本的降低、风险的控制、被动局面的改变等都在很大程度上受制于需求的不确定性。

3. 特定性

每一项采购需求一旦产生，就对应着某一种或若干种特定的规格参数、特定的用途、特定的质量性能需求。这种特定性显著地加大了有效满足需求的难度。因此，采购商越早掌握需求信息，采购工作就越主动，谈判空间就越大；反之，则会形成紧急采购，不仅采购工作被动，而且会造成采购价格高、费用高甚至储备规模增加等问题，还可能增加供应商的供应难度。

4. 时间性

采购需求计划一旦形成，就必须在特定的时间内得到满足，否则，企业的生产经营或工程建设往往将受到比物资本身成本大得多的损失。对生产所需的原料、燃料等物资的供应，进度风险就是生产运行中断风险，即生产装置不能长周期连续、稳定运行的风险。现代化企业大都是连续化大生产的企业，每天可能有数千万元甚至上亿元的产值，即使停产一天，损失也是非常巨大的。对于工程建设所需设备材料，供应延迟交货风险，就是工程建设不能顺利推进和按时建成的风险。交货不及时，就会导致工期拖后、项目不能按期投产。

5. 牛鞭效应

牛鞭效应是供应链上需求产生部门与采购部门、供应商在需求预测修正、采购订货决策和应对市场波动、环境突发变异等方面博弈的结果。一般情况下，采购部门不会针对每一个需求立即向供应商订货，而是在平衡库存和考虑综合成本后，着眼于减少订货频率、降低成本和规避缺货风险，按照最佳经济批量规模和最低安全库存的原则，加量向供应商订货。供应商对采购部门的零星需求，往往在整合不同客户需求、达到最小生产批量后，才安排生产。需用单位为了尽早得到货物或全额得到所需物资，往往会在需求提出时人为地放大需求，从而形成"牛鞭"效应，给供应链带来震荡和波动。

2.1.3 采购需求的分类

企业在生产经营和工程建设过程中，会不断产生大量、繁杂的物资需求，所需物资种类成千上万，质量等级千差万别，品种、规格、质量、数量和时间等要求纷繁复杂，大量的物资需求持续不断涌现。

根据企业生产建设过程中各种物资需求的不同特征，可以将采购需求划分为以下四类：

（1）生产消耗性物资需求。如原料、辅料、燃料，是企业生产经营过程中最主要的物资需求，计划性强，有规律地重复被消耗，品种相对较少，但需求数量大、金额大，一般要占企业物资消耗总值的60%以上。

（2）工程项目性物资需求。如材料、设备，是企业投资的工程项目在建设过程中产生的物资需求，需求计划性较强，品种繁多，需求量依项目设计功能而定，不同项目的物资需求差别很大。这些物资构成工程项目的物质主体，一般要占到工程投资的60%左右。

（3）检维修性物资需求。如材料、备品配件，是企业对生产装置与设备运行状况进行定期检查维修时产生的物资需求，需求缺乏规律性，计划性比较差，时间要求比较急，需求量一般不大，但品种往往很多，按期、按质、按量保供的难度比较大。

（4）日常消耗性物资需求，主要是企业经营管理过程中所需要的办公、通信、劳保等低值易耗品，需求量、需求时间等弹性比较大。

2.1.4 影响采购需求的主要因素

影响采购需求有效对接的因素，主要有需求侧因素、供给侧因素和采购侧因素。接下来具体分析各个因素的具体内容。

1. 需求侧因素

（1）需求的准确性。需求的准确性是指需求方提出的物资需求计划与生产经营、工程建设实际需要相符的程度。需求准确性要求物资名称、规格型号、技术参数、数量、质量、需求时间等要素描述清晰明确、准确无误，并且需求计划一旦提出不会临时变更。如果需求计划不准确，包括需求规格参数描述不清、计划时间不准、性能要求不明、质量等级含糊，特别是需求计划临时变更调整等，往往会导致采购商和供应商都处于被动应对状态，供应链剧烈波动，运行成本明显上升。

【案例2-2】

南方某煤制氢项目中，采购商于如2012年3月底收33台氮气合成气开关阀的需求计划，经询比价后，4月11日与美国F公司签订了采购合同。2012年4月26日，采购商收到该项目设计单位提出的设计变更：33台阀门正常操作压力由14.5MPa变更为14.9MPa，设计压力由16.5MPa变更为16.9MPa。2012年5月9日，采购商再次收到设计变更：33台阀门中，12台阀体材质由316改为Inconel625，15台阀体材质由碳钢改为316L。2012年5月

23 日，采购商收到第三次设计变更：9 台阀体材质由 316L 更改为碳钢。

由于采购商在确定供应商和价格、签订合同后多次发生需求调整变更，采购商只好在原价格、交货期的基础上与 F 公司反复协商。由于难以进行有效的询比价，不仅处于被动地位，而且需要花费更多的时间核实 F 公司所报新的价格是否合理。2012 年 7 月 11 日，按第三次设计变更的内容，采购商与 F 公司完成合同变更：33 台阀门的价格由 83 万欧元调整为108 万欧元，交货时间由 2012 年 12 月推迟至 2013 年 2 月。

（2）需求的及时性。需求的及时性是指物资需求计划按规定时间提报到采购商，满足合理的采购周期。也就是说，物资需求提出要有足够的提前期。因为从提出物资需求到货物交付，客观上需要一定的时间周期，这个周期具有比较强的刚性，压缩的弹性有限。

需求计划提出的时间应满足物资的合理采购周期。采购周期包括：采购商搜寻资源、谈判、评估风险、签订合同需要的时间，供应商根据需求开展设计、采购原材料等需要的时间，供应商实施生产、重要生产环节检验的制造周期和物流过程需要的时间等。

如果需求计划提出的时间不能满足合理的采购周期，采购商搜寻资源、风险评估可能会过于仓促，导致选择不恰当的供应商；供应商设计、备料时间过短，可能造成产品功能不足、原材料出现内在缺陷，如果在后期制造时发现问题则更难处理；供应商的生产时间短于正常周期，可能导致供应商压缩必要的制造或检验环节，造成物资质量隐患；运输时间短于正常的运输周期，本可以采取海运的可能被迫改为空运，本可以火车运输的可能被迫改用汽车昼夜兼程运输等，增加物流成本；如果超重、大件物资的运输方案制订得过于仓促，还可能在运输过程中发生事故，造成人员伤亡、物资损失等。

在实际采购工作中，由于种种主客观因素的影响，需求计划的提出往往不及时，难以满足合理采购周期。在工程项目中，设计单位往往不了解市场资源状况，设计顺序不合理，可能导致本应及早提出的需求计划被推后。在生产运行中，由于设备运行管理、生产计划管理等种种原因，需用单位提报的物资需求不能实时让采购部门了解，而往往是在需求产生一段时间之后才被送达采购部门，耽误了宝贵的采购提前期。

（3）需求的可替代性限制、用户使用偏好和标准化。需求如果难以替代或者用户有强烈的使用偏好，在很大程度上会限制采购供应链的"宽度"，严重影响供应链的运行。在实际采购运作中，对于同类工程项目或同类装置上的同类物资，不同设计单位提出的物资需求往往有较大差异，甚至同一设计单位的不同设计人员提出的物资需求也会有明显不同，造成可供选择的供应商数量大大减少，物资需求流向少数甚至独家供应商，供应链从"阳光大道"变成"羊肠小道"，拥堵断流的风险增加，成本也会急剧上升。

需求管理中，物资需求的标准化程度往往成为制约供应链运行效果的主要矛盾。因为非标需求不仅会显著降低供应链的"宽度"，增加形成物流堵塞的风险，而且非标需求常常伴随着各种形式的指定垄断甚至形形色色的权钱交易。非标需求背景下的采购缺乏竞争，甚至消灭竞争，而标准化采购则有利于形成规范有序的竞争，对保障采购供应链通畅运行至关重要。

【案例 2-3】

硫和磷是影响阀门质量的主要有害元素，但降低硫、磷含量所花费的成本也比较高。在2010 年前后建设的具有相同工艺的不同加氢裂化装置中，两家设计院对用途、材质基本相同阀门的硫、磷含量要求却出现很大差异。虽然甲、乙两家设计院都以美国标准 ASTM

A105 为基础进行设计，但甲设计院要求硫、磷元素的含量满足美国标准要求（硫含量 ≤ 0.035%，磷含量 ≤ 0.040%）即可；而乙设计院则要求"硫、磷元素的含量应均小于 0.020%"。对于乙设计院提出的非标要求，供应商无法对同类阀门进行批量炼钢、备料、制造，制造成本显著上升，进而提高了企业的采购成本。

（4）牛鞭效应的影响。需用单位为保证生产装置的安全稳定长周期运行，担心供应及时性出现问题，存在夸大需求量、压缩交货期的倾向，往往造成过量采购和紧急采购，甚至形成积压。当对市场短缺风险的不确定性预测被人为渲染和强化时，需用单位会人为地加大所提出的需求量，多家需用单位人为放大的需求量通过采购供应链到达供应市场后，会进一步放大供不应求的假象，造成供应链的更大波动。但是，当真相暴露的时候，供应链上虚增的物资就会成为停滞的积压库存，导致大量浪费。

2. 供应侧因素

（1）供应市场的资源丰富程度。供应市场对企业所需物资的满足程度，既受供应市场可供资源种类、数量的限制，又受需求的质量要求、批量规模限制，还受供应市场和需用单位的地理相对位置影响，不可能无条件完全满足。供应市场资源越丰富，则需求与采购越容易建立链接；反之，供应市场资源贫乏，则需求与采购的链接就不容易建立，即使建立起来也比较脆弱。

（2）采购商与供应商关系的可靠性。采购商与供应商的合作关系是否处于可控状态，对采购供应链运行非常关键。供应商的生产加工能力、经营管理水平、财物资金状况、商业信誉等都对采购供应链的运行具有重要影响。如果采购商能够有效集合本企业需求资源并集中到少数优秀供应商，与优秀供应商建立长期稳定的合作关系乃至战略合作关系，就可能将企业外部的优秀供应商资源纳为己用，甚至与战略供应商形成虚拟的联合企业，即使在市场剧烈波动的情况下，采购供应链也能平稳运行，从而有力支撑企业的整体发展战略。

（3）交货时间的限制。不同的物资有不同的生产工艺要求和制造周期，从物资的生产制造地点到物资的需求使用地点往往需要一定的运输时间，而物资的交货时间受客观的技术经济等多方面因素限制，不可能随心所欲或做到无条件满足。同时，供应商的生产组织协调能力和生产负荷大小对交货期也有很大的影响。如果供应商的交货时间与需用单位的要求相匹配，则需求与采购的链接就比较平稳；反之，则容易产生波动。

（4）市场价格波动。市场供求形势千变万化，加上采购商总是要与供应商讨价还价，千方百计降低采购价格，这种竞争博弈性质决定了博弈结果具有很大的不确定性，也是影响采购与需求实现无缝链接的重要因素。如果采购商没有很好地集合需求并集中到少数优秀供应商，进而建立稳定的合作关系，则在市场价格剧烈波动的情况下，采购商与供应商之间的链接就可能发生震荡，采购与需求的链接就可能随之波动。

3. 采购侧因素

（1）对物资需求的集合程度。物资需求具有不确定性和时间性的基本属性，而供应商的生产制造受加工设备和制造周期限制，客观上需要一定的生产批量和备料与制造时间，因此，用户的需求与供应商的供货能力之间往往存在差距。采购供应链的构建，要求采购商对不同时间、不同空间的物资需求进行有效集合，提高物资需求的连续性和稳定性，达到与供应商资源限制的匹配，从而提高对需求的满足程度。

采购与供应管理

（2）采购在企业整体战略中的定位。现实工作中，受制于各方面，特别是企业领导层对采购工作地位与作用认知误区的影响，采购在企业生产经营整体战略的定位普遍处于辅助支持性业务功能的位置。采购商没有被赋予对需求的管理功能，对需用单位过分迁就，造成采购工作长期被动应对需求，对需求的管理考核困难重重。采购与需求的链接失衡，进而影响采购商与供应商的链接，导致整个供应链难以构建和平稳运行。因此，修正对采购在企业生产经营中的地位与作用的认知，提升采购的功能定位，是促进需求与采购稳定链接的重要条件。

（3）需求信息传递与共享。物资需求信息不仅量大，而且种类繁多、随机变化，主要掌握在需求方手中。采购商能否及时、准确、全面地掌握物资需求信息，能否在合适的时间把适当的需求信息传递到供应商，对采购能否有效满足需求影响很大。在实际工作中，需求信息在采购商与需用单位之间交换时，往往难以做到全面、及时、准确，这会对整个供应链的运行造成负面影响。

（4）库存占用资金限制。由于需求的不确定性和供应商生产刚性的存在，客观上要求企业保持一定规模的供应库存以保证对需求的及时响应和满足。但由于企业资金状况的限制，不可能允许采购商占用大量资金拥有所有品种和足够规模的供应缓冲库存，以保障供应链不至于中断。

2.2　需求分析

需求分析是指根据客户的历史或者生产计划等找出需求规律，然后根据需求规律预测客户下一个月的需求品种和需求量，掌握各个客户的需求量，就可以主动地订货，安排采购计划。

2.2.1　需求分析概述

在企业中，传统做法是企业的各个部门层层上报"物料采购需求计划表"和"请购单"，采购部门再把所有需要采购的物料分类整理进行统计，确定采购什么、采购多少、采购时间等问题。这种方法存在的问题是：兴师动众，耗费大；如果有部门的物料采购需求计划表迟报，就会影响到汇总和采购工作效果。现在很多企业已经不用这种方法，改用需求分析法。

需求分析的目的和内容就是通过对需求情况进行分析，找出物料需求规律，从根本上解决客户需要什么、需要多少、什么时候需要等问题。在一般情况下，需求分析很简单。在单次、单一品种需求的情况下，需要什么，需要多少，什么时候需要，都比较明确，不需要进行复杂的需求分析。例如，在企业采购中，采购人员经常接到一个已经做好的采购单，上面明确写明需要采购什么，采购多少，什么时候采购。采购人员只要拿着单子去办就可以，不需要进行需求分析。长期以来，采购人员已经对这样的情况习以为常，好像不需要分析就可以采购。实际上，采购人员拿来采购的采购单是别人进行需求分析后替他们做出来的，所以，还是要进行简单的需求分析。

在较复杂的多品种、多批次采购情况下，必须进行需求分析。例如，汽车制造企业生产的汽车由成千上万个零部件组成，有多个车间、多个工序配合生产。企业的每个车间、工序组织生产，都需要很多原材料、工具、设备、用品以及其他物资等，在各个不同时期需要不同的物料，不可能一个一个地去单独采购，而必须综合起来进行联合采购。所以，需要研究哪些品种先采购、哪些品种后采购、采购多少等问题，找出需求规律，然后根据需求规律主动地进行采购，确定什么时候去采购什么、采购多少。

需求分析是一项重要而且复杂的工作，涉及企业各个部门、各道工序、各种材料、设备和工具以及办公用品等各种物资。其中最重要的是生产所需的原材料，因为它的需求量最大，而且持续性、时间性很强，最直接影响生产的正常进行。做好需求分析，需要依靠企业各个部门的互相配合，并提供相关资料。

2.2.2　需求分析的步骤

采购人员在分析确定采购需求时，应遵循一定的逻辑顺序，方可确定出合理科学的采购需求量，从而制订合理的采购计划，如图 2-1 所示。

1. 分析销售计划和生产计划

（1）分析销售计划。采购人员分析销售计划时，关键在于准确识读销售计划表、综合平衡销售计划，并能对影响产品销售的因素进行分析。

销售部门制订每个销售周期（月、季、年）的销售计划，上交给上级主管部门。接着生产部门根据销售计划表制订出相应的生产计划，以此来确定对物料的需求。因此，销售计划间接地影响着企业的采购决策。

销售计划是企业制订经营规划、未来发展计划、利益计划、损益计划等各项计划的基础。销售计划的内容至少应包括商品计划（销售什么产品）、渠道计划（通过何种渠道）、成本计划（用多少钱）、销售单位组织计划（谁来销售）、销售总额计划（销售到哪里，比重如何）、促销计划（如何销售）。

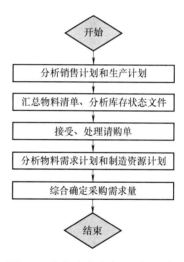

图 2-1　确定采购需求的逻辑顺序

采购人员还应对销售计划的影响因素有一定的认识，从而综合平衡销售计划。其中最主要的是市场供求状况分析。如果市场上供大于求，就意味着企业的预期销售可能存在风险，企业的经营计划调整会以销售计划的调整作为起点；如果市场出现供不应求的状况，则企业的销售计划很容易提前实现，这就需要采购人员做好物料供应的准备工作。

（2）分析生产计划。生产计划工作由总量计划工作与生产进度安排两部分构成，它对确定物资需求的品种、数量、质量、时间等都有着决定性作用。

生产计划则是按照预测的销售数量加上预期的期末存货数量，再减去期初存货数量来制订的，即

$$生产计划 = 预测的销售数量 + 期末存货数量 - 期初存货数量$$

（3）分析生产进度计划。生产进度计划是将全年计划任务按照各个季度、各个月进行分配，从而满足市场或用户不同时期需要的计划。在分析生产进度计划时，主要从影响生产

进度计划的企业生产能力和生产效率两大因素展开：

1）分析企业生产能力。首先分析车间各生产线的产能，然后计算出企业总的生产能力，再通过比较生产计划，最终确定各个时期的物料需求。

2）分析企业生产效率。企业生产效率决定着企业生产进度快慢，也影响着原材料供应部门的物资供应。所以，在做出物料需求计划前，应当对生产效率进行分析。

（4）统计分析销售和生产计划。运用计算机对收集的有关数据和资料进行数理统计，并对统计结果进行相关分析。这种方法是根据过去同类产品或类似零件、工序的工时统计资料，来分析当前组织技术和生产条件的变化来制定定额的方法。这种方法简单易行，工作量小，以占有比较大量的经济资料为依据。凡是生产条件比较正常，产品比较固定，品种比较少，原始记录和统计工作比较健全的情况，一般都可以用这种方法。对于流通企业来说，每天的销售就是用户对企业物资的需求，需求的速率高低反映了企业物资的消耗快慢，因此，由每天的销售日报表就可以统计得到企业物资的消耗规律，所以物资消耗规律也就是物资采购需求的规律。在采购需求的统计分析中，最基本的原始资料主要有各个单位的采购申请单、销售日报表、领料单和生产计划任务单等。需求表现形式如图 2-2 所示。

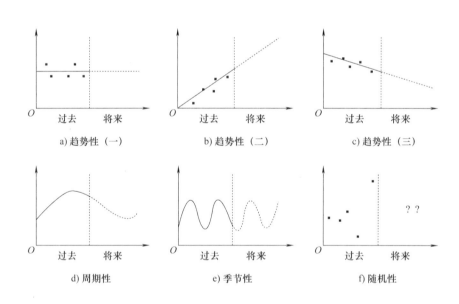

a) 趋势性（一） b) 趋势性（二） c) 趋势性（三）

d) 周期性 e) 季节性 f) 随机性

图 2-2 需求表现形式

2. 分析物料需求

物料需求计划（MRP）是根据生产进度计划和主产品层级结构逐层逐个地求出主产品所有零部件的出产时间和出产数量。若零部件由企业内部生产，需要根据各自的生产实践来提前安排投产时间，形成零部件投产计划；若零部件需要从外部采购，则要根据各自的订货期确定订货时间和采购数量，从而形成采购计划。

生产计划一般只列出产成品的数量，而不能表示某一产品需用哪些物料，以及数量多少，因此必须借助物料清单。物料清单是由研究发展或产品设计部门制成的，根据用料清单可以精确地计算出生产每一种产品的物料需求数量（Material Requirement）。用料清单上所列的耗用量，即通称的标准用量与实际用量相互比较，可作为用料管理的依据。

3. 分析物料存量卡

如果产成品有存货，那么生产数量不一定要等于销售数量。同理，若材料有库存，则材料采购数量也不一定要等于材料需用量。因此，必须先建立物料的存量卡，以表明某一物料目前的库存状况；再依据需求数量，并考虑购料的时间和安全库存量，计算出正确的采购数量，然后再开具请购单，进行采购活动。

2.2.3 需求分析的方法

进行需求分析的采购管理人员要具备比较全面的知识。首先，要有生产技术方面的知识，包括生产产品和加工工艺的知识，会看图样，会根据生产计划以及生产加工图样推算出物料需求量；然后，还要有数理、统计方面的知识，会进行物料性质和质量的分析，会进行大量的统计分析；另外，还要有管理方面的知识。

需求按照来源划分，可以分为独立需求和相关需求。**独立需求**是从单个企业的角度来讲的，是指对企业提供的最终产品或服务的需求。例如，对于汽车轮胎生产商而言，其提供的轮胎从企业产品的角度讲是独立需求。但是，从整个汽车生产供应链的角度来讲，对轮胎的需求是由于整车生产而产生的需求，因此不是独立需求，而是相关需求。**相关需求**也称非独立需求（Dependent Demand），是指某种产品或服务的需求是由其他产品或服务的需求引发的，是一种能够从上一级需求项目派生出这一级需求项目的需求类型，如半成品、原材料。非独立需求是从独立需求中推导出来的。物料需求计划根据独立需求，自动地计算出构成这些项目的部件、零件，以及原材料的相关需求量。对于相关需求，只要确定了独立需求就可以通过计算得到。

1. 独立需求的分析方法

独立需求是指需求变化独立于人们的主观控制能力之外，因而其数量与出现的概率是随机的、不确定的、模糊的。当对某项物料的需求与对其他物料的需求无关时，则称这种需求为独立需求。而对于独立需求的分析方法，一般采用统计分析法、ABC 分析法、定量采购、定期采购等方法。

（1）统计分析法。统计分析法是指运用统计的方法对采购的原始资料进行分析，找出各种物料需求规律的一种方法。在采购需求分析中，统计分析法应用广泛。在采购需求的统计分析中，最基本的原始资料主要有各个单位的采购申请单、销售日报表、领料单和生产计划任务单等。

目前，很多企业采购都采取这样的模式：要求下属各个单位每月提交一份物料请购单，提出每个单位自己下个月的采购品种和数量；然后，采购部门对这些表进行统计汇总，统计出下个月总的采购任务表，再根据此表制订下个月的采购计划。

这种模式使采购申请表汇总变得十分简单。由于它们的需求时间都相同而且需求时间都有一个月之长，所以表项汇总就很简单，只要把各个表中的不同品种照抄，将相同品种的需求数量相加，就可以得到下个月汇总的采购任务表。

这种模式不仅使汇总统计和制订采购计划变得容易，而且完成采购任务也很容易。因为时间单位是一个月，在这么长的时间内完成采购任务绰绰有余。

采购与供应管理

但是，这种模式也有一些问题：一是市场响应不灵敏；二是库存负担重，风险大。因为一个月采购一次，必然使采购的批量大，用以供应的时间长。这样，如果市场需求变化快，可能采购之前很畅销的物资，等采购回来就变成了不畅销的物资。

每天的销售就是用户对企业物资的要求。物料需求规律有两种表示方法：一种是时间函数法；另一种是有序数列法。

时间函数法是指把物料消耗量描述成时间的函数。这是一个连续的时间函数。例如，把第 i 种物料的需求规律描述为时间的函数为 $R_i = f_i(t)$，这就是需求函数。第 i 种物料在一定时期内的总需求量为

$$R_i = \int f_i(t)\,\mathrm{d}t$$

有序数列法是指把各个单位的销售日报表按单位时间（如日、周、月、季、年等，这里假设以日或周为单位）进行汇总，得到一个按先后顺序排列的销售量序列。这个有序的时间序列反映了物料的消耗规律，也就是物料的需求规律。例如，根据上一个月的销售日报表的汇总，得到某种物料需求的时间序列，如表 2-1 所示。

表 2-1　需求时间序列

周次	1	2	3	4	5	6	7	8
需求/t	7	9	10	12	11	14	13	15

这是一个有序的周需求量数列。值得注意的是，为了掌握需求规律，统计的单位越小，则需求规律越精密、越灵敏；时间单位越长，则需求规律越粗糙、越不灵敏。

（2）ABC 分析法。一个企业除了生产所需要的原材料外，还需要办公用品、生活用品等。因此，需要采购的物资品种很多。但是，这些物资的重要程度是不一样的。有些物资特别重要，一点都不能缺货，一旦缺货将造成不可估量的损失；有些物资则相对不那么重要，即使缺货，也不会造成很大的损失。

面对这样的情况，在进行采购管理时应该怎么处理呢？这时候最有效的方法就是采用ABC 分析法，将所面对的成千上万的物资品种进行 ABC 分类，并且按类别实行重点管理，用有限的人力、物力、财力去为企业获得最大的效益。

ABC 分析法在实际运用过程中，通常可以参照以下步骤进行：

1）为确定 ABC 分类，先要进行统计分析，选定一个合适的统计期。在选定统计期时，应遵循几个基本原则：比较靠近计划期，运行比较正常，通常情况下取过去一个月或几个月。

2）分别统计出所有各种物资在该统计期中的销售量（或者采购量，下同）、单价和销售额，并对各种物资制作一张 ABC 分析卡，填上品名、销售数量、销售金额。

3）将 ABC 分析卡按销售额由大到小的顺序排序，并按此顺序号将各物资填上物料编号。

4）把所有 ABC 分析卡一次填写到 ABC 分析表中，并进行统计。

（3）定量采购。所谓定量采购，是指当库存量下降到预定的最低库存数量（订货点）时，按规定数量（一般以经济批量 EOQ 为标准）进行采购补充的一种方式。当库存量下降到订货点（R，也称再订货点）时，马上按预先确定的订货量（Q）发出货物订单，经

过交货周期（LT），收到订货，库存水平上升。采用定量采购必须预先确定订货点和订货量。通常订货点的确定主要取决于需求量和订货、到货间隔时间这两个要素。在需求固定均匀和订货、到货间隔时间不变的情况下，不需要设定安全库存。订货点由以下公式确定

$$R = \text{LT} \times \frac{D}{365}$$

式中　D 代表每年的需求量。

当需求量发生波动或订货、到货间隔时间是变化的时候，订货点的确定方法较为复杂，且往往需要安全库存。订货量通常依据经济批量方法来确定，即以总库存成本最低时的经济批量（EOQ）为每次订货时的订货数量。定量采购的优点是：由于每次订货之前都要详细检查和盘点库存（看是否降低到订货点），能及时了解和掌握商品库存的动态；因每次订货数量固定，切实预先确定好经济批量，方法简便。这种订货方式的缺点是：经常对商品进行详细检查和盘点，工作量大且需花费大量时间，从而增加库存保管维持成本；要求对每个品种单独进行订货作业，会增加订货成本和运输成本。定量采购适用于品种数目少但占用资金大的商品。

定量采购要求规定一个特定的点，当库存水平到达这个点时，就应当进行订购并且订购一定的量。订购点往往是一个既定的数，当可供货量（包括目前库存量和已订购量）到达订货点时，进行一定批量的订购。库存水平可定义为目前库存量加上已定购量减去延期交货量。以下这些假设与现实可能有些不符，但它们为人们提供了一个研究的起点，并使问题简单化：

① 产品需求是固定的，且在整个时期内保持一致。

② 提前期（从订购到收到货物的时间）是固定的。

③ 单位产品的价格是固定的。

④ 存储成本以平均库存为计算依据。

⑤ 订购或生产准备成本固定。

⑥ 所有对产品的需求都能满足（不允许延期交货）。

建立库存模型时，首先应在库存成本和订货成本指标之间建立函数关系。本建模中关心的是成本，下面是有关的计算公式。

年总成本 = 年采购成本 + 年订购成本 + 年存储成本，即

$$\text{TC} = DC + (D/Q)S + (Q/2)H$$

式中，TC 为年总成本；D 为需求量（每年）；C 为单位产品采购成本；Q 为订购批量（最佳订购批量称为经济订购批量 Q^*）；S 为生产准备成本或订货成本；H 为单位产品的年均存储成本（通常，存储成本以单价的百分率表示。例如，$H = iC$，式中，i 是存储成本的百分率）。

等式右边，DC 为产品年采购成本；$(D/Q)S$ 为年订购成本（订购次数乘以每次订购成本）；$(Q/2)H$ 是年存储成本（平均库存乘以单位存储成本）。

在模型建立过程中，第二步是确定订购批 Q 以使总成本最小。将总成本对 Q 求导数，并设其等于零。具体计算过程为

$$\text{TC} = DC + (D/Q)S + (Q/2)H$$

$$\frac{d\text{TC}}{dQ} = 0 + \left[-\frac{DS}{Q^2} \right] + \frac{H}{2} = 0$$

采购与供应管理

$$最佳订购批量: Q = \sqrt{2DS/H}$$

因为该模型假定需求和提前期固定，且没有安全库存，则订购点 R 为

$$R = dL$$

式中，d 为日平均需求量（常数）；L 为提前期，单位为天（常数）。

定量订货系统是对库存水平进行连续监控，当库存量降至某一水平 R 时就进行订购。在该模型中，缺货的风险只发生在订购提前期，即在订购点与收到货物的时点之间，则再订购点的公式为

$$R = \bar{d}L + z\sigma_L$$

式中，R 为再订购点；d 为日平均需求量；L 为提前期（订购点与收到货物时点之间的时段）；z 为既定服务水平；σ_L 为提前使用量的标准差。

计算公式为

$$\bar{d} = \frac{\sum_{i=1}^{n} d_i}{n}$$

式中，n 为天数。

日平均需求量的标准差为

$$\sigma_d = \sqrt{\frac{\sum_{i=1}^{n} (d_i - \bar{d})^2}{n}}$$

i 天的标准差为

$$\sigma_L = \sqrt{\sigma_1^2 + \sigma_2^2 + \cdots + \sigma_i^2}$$

即短缺概率×年需求量＝每次订购短缺量×年订购次数。公式为

$$(1 - P) \times D = E(z)\sigma_L \times \frac{D}{Q}$$

简化为

$$E(z) = \frac{(1 - P)Q}{\sigma_L}$$

式中，P 为期望服务水平。

（4）定期采购。定期采购是指按预先确定的订货间隔期间进行采购补充库存的一种方式。企业根据过去的经验或经营目标预先确定一个订货间隔期间。每经过一个订货间隔期间就进行订货，每次订货数量都不同。在定期采购时，在特定的时间对库存值进行盘点，如每周一次或每月一次。当供应商走访顾客并与其签订合同，或某些顾客为了节约运输费用而将他们的订单合在一起的情况下，必须定期进行库存盘点和订购。另外，一些企业采用定期采购是为了促进库存盘点。例如，销售商每两周打来一次电话，员工就明白所有销售商的产品都应该进行盘点了。

在定期采购时，不同时期的订购量不尽相同，订购量的大小主要取决于各个时期的使用率，它一般比定量采购要求更高的安全库存。定量采购是对库存进行连续盘点，一旦库存水平到达再订购点，立即进行订购。相反的，标准的定期采购模型仅在盘点期进行库存盘点。有可能在刚订完货时由于大批量的需求而使库存降至零，这种情况只有在下一个盘点期才会

被发现，而新的订货需要一段时间才能到达。这样，就有可能在整个盘点期和提前期发生缺货。所以，安全库存应当保证在盘点期和提前期内不发生缺货。

定期采购是从时间上控制采购周期，从而达到控制库存量的目的。只要订货周期控制得当，既可以避免缺货，又可以控制最高库存量，从而达到成本控制的目的，使采购成本最低。

定期采购的优点是：由于订货间隔期间确定，因而多种货物可同时进行采购，这样不仅可以降低订单处理成本，还可降低运输成本；不需要经常检查和盘点库存，可以节省这方面的费用。其缺点是：由于不经常检查和盘点库存，对商品的库存动态不能及时掌握，当遇到突发性的大量需求时，容易造成缺货而带来损失。因而，超市为了应对订货间隔期内需求的突然变动，往往库存水平较高。定期采购适用于品种数目多、占用资金较少的超市商品。材料定期采购计划如表 2-2 所示。

表 2-2　材料定期采购计划表

×年×月×日　页次

材料名称	规格	估计用量	订购交货日期	每日用量	每日最高用量	基本存量	最高存量	基本存量比率	每次订购数量

实际上，采购周期也可以根据具体情况进行调整。例如，根据自然日历习惯，以月、季、年等确定周期；根据供应商的生产周期或供应周期进行调整等。

在定期订货系统中，在盘点期（T）进行再订购，同时安全库存必须为

$$安全库存 = z\sigma_{T+L}$$

订货量 = 盘点期和提前期内的平均水平需求 + 安全库存 − 现有库存(包括已订购的数量)

$$订货量\ q = \bar{d}(T+L) + z\sigma_{T+L} - I$$

式中，q 为订购量；T 为两次盘点的间隔期；L 为提前期（订购点与收到货物时点之间的时段）；$\bar{d}$ 为预测的日平均需求量；z 为既定服务水平下的标准差系数；σ_{T+L} 为盘点周期与提前期间需求的标准差；I 为现有库存（包括已订购尚未到达的）。

需要注意的是，需求量、提前期、盘点期等可以使用任意时间单位，只要整个公式中的单位保持一致即可。在该模型中，需求量 $\bar{d}$ 可以预测出来，并且可以随盘点期而不同；或者可以使用年度平均值，假定需求是服从正态分布的。

z 值可以通过以下求 $E(z)$ 的公式，然后借助表 2-3 找出相应的值。$E(z)$ 的计算公式为

$$E(z) = \frac{\bar{d}T(1-P)}{\sigma_{T+L}}$$

式中，$E(z)$ 为 $\sigma = 1$ 时的期望缺货值；P 为用小数表示的服务水平（如 95% 表示为 0.95）；$\bar{d}T$ 为盘点周期内的需求量，其中 $\bar{d}$ 为预测的日平均需求量，T 为盘点周期；σ_{T+L} 为盘点周期与提前期间需求的标准差；z 为安全库存的标准差系数。

采购与供应管理

表2-3为相对于标准差的短缺期望值（该表建立的基础是标准差为1）。

表2-3　相对于标准差的短缺期望值

$E(z)$	z	$E(z)$	z	$E(z)$	z	$E(z)$	z
4.500	-4.50	2.205	-2.20	0.399	0.00	0.004	2.30
4.400	-4.40	2.106	-2.10	0.351	0.10	0.003	2.40
4.300	-4.30	2.008	-2.00	0.307	0.20	0.002	2.50
4.200	-4.20	1.911	-1.90	0.267	0.30	0.001	2.60
4.100	-4.10	1.814	-1.80	0.230	0.40	0.001	2.70
4.000	-4.00	1.718	-1.70	0.198	0.50	0.001	2.80
3.900	-3.90	1.623	-1.60	0.169	0.60	0.001	2.90
3.800	-3.80	1.529	-1.50	0.143	0.70	0.000	3.00
3.700	-3.70	1.437	-1.40	0.120	0.80	0.000	3.10
3.600	-3.60	1.346	-1.30	0.100	0.90	0.000	3.20
3.500	-3.50	1.256	-1.20	0.083	1.00	0.000	3.30
3.400	-3.40	1.169	-1.10	0.069	1.10	0.000	3.40
3.300	-3.30	1.083	-1.00	0.056	1.20	0.000	3.50
3.200	-3.20	1.000	-0.90	0.046	1.30	0.000	3.60
3.100	-3.10	0.920	-0.80	0.037	1.40	0.000	3.70
3.000	-3.00	0.843	-0.70	0.029	1.50	0.000	3.80
2.901	-2.90	0.769	-0.60	0.023	1.60	0.000	3.90
2.801	-2.80	0.698	-0.50	0.018	1.70	0.000	4.00
2.701	-2.70	0.630	-0.40	0.014	1.80	0.000	4.10
2.601	-2.60	0.567	-0.30	0.011	1.90	0.000	4.20
2.502	-2.50	0.507	-0.20	0.008	2.00	0.000	4.30
2.403	-2.40	0.451	-0.10	0.006	2.10	0.000	4.40
2.303	-2.30	0.399	0.00	0.005	2.20	0.000	4.50

2. 相关需求的分析方法

当独立需求确定下来之后，相关需求则可以从独立需求中进行推导。一般情况下，根据物料需求计划和已经确定的独立需求，就可以推导出项目的部件、零件以及原材料的相关需求量。对相关需求的计算，一般采用推导分析法。

推导分析法是指根据企业生产计划进行需求分析，求出各种物料的需求计划的过程。它必须进行严格的推导计算，不能凭空估计。推导分析法所依据的主要资料和步骤如下：

（1）制订主产品生产计划

1）主产品生产计划。在订单制生产企业中，这种计划主要是根据社会对主产品的订货计划生成的；在库存制生产企业中，这种计划靠预测和经营计划生成。

2）零部件生产计划。在制造企业中，零部件生产有两个用途：一是用于装配主产品；二是用于提供给社会维修企业，对社会上处于使用状态的主产品进行维修保养。这里的零部件生产计划主要是针对第一种情况。

3）制定主产品的结构文件。这个步骤根据装配主产品需要的零件、部件、原材料等，逐层求出主产品的结构层次。每一个层次的每一个零部件都要标出需要数量，是自制还是外购，以及生产提前期或采购提前期。所有自制件都要分解到最后的原材料层次，这些原材料层一般是最底层，一般都是需要采购的。

由主产品的结构文件可以统计得出为了在某个时间生产出一个主产品，需要分别提前多长时间采购一些什么样的原材料、零件、部件，需要采购多少等资料。把这些资料汇总成一个表，就是主产品零部件生产采购一览表。

（2）制定库存文件。采购人员从仓库保管员处了解主产品零部件生产采购一览表中所有部件、零件、原材料的现有库存量以及消耗速率，经过整理，得到一个主产品零部件库存一览表。

【例 2-4】

某企业的主产品甲由两个 B 和一个 C 组成，其中，一个 B 由一个 D、两个 E 组成，一个 D 又由 2.5 个 F 加工得到，而 C、E、F 都是通过外购取得的。主产品的结构文件如图 2-3 所示。图中，甲、B、C、D、E、F 为产品名，括号内的数字表示一个上级产品中所包含本产品的件数，而 LT 表示提前期，单位为天。由主产品结构文件可以得到主产品零部件生产采购一览表，如表 2-4 所示。

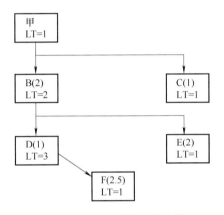

图 2-3　主产品的结构文件

表 2-4　主产品零部件生产采购一览表

零部件名	数量（件）	自　制	外　购	提前期（天）
B	2	√		2
C	1		√	1
D	2	√		1
E	4		√	2
F	2.5kg×2＝5kg		√	2

主产品生产计划表如表 2-5 所示。

表 2-5　主产品生产计划表

时期（周）	第 1 周	第 2 周	第 3 周	第 4 周	月合计
外订甲（件/周）	25	15	20	15	75
外订 C（件/周）	15		15		30
外订 E（件/周）		20		20	40

表中包括主产品生产计划，也包括对零部件 C、E 的订货计划。采购月计划表如表 2-6 所示。

表 2-6　采购月计划表

零 部 件	下月需求量（件）
C	$75 \times 1 + 30 = 105$
E	$75 \times 4 + 40 = 340$
F	$5kg \times 75 = 375kg$

根据主产品生产计划表和主产品零部件生产采购一览表确定需要采购的零部件和原材料，然后确定下月需求量。第 i 个零部件下月需求量为

$$P_i = P\,n_i + P_{oi}$$

式中，P_i 为第 i 个零部件下月需求量；P 为主产品下月的计划生产量；n_i 为一个主产品中包含第 i 个零部件的数量；P_{oi} 为第 i 个零部件下月的外购订货数量。

2.3　需求预测

需求预测是指针对一项产品或服务的预期需求所做的评估，是为企业的产品进行未来需求预测的定性与定量方法。

2.3.1　需求预测的内容

采购需求预测的主要目的是了解对未来经营活动与决策具有重要意义的各种不确定因素和未知事件，为决策提供可靠的依据。根据大量研究发现，准确的预测可以缩短提前期，减少企业的库存，提高客户满意度和企业竞争力，有效地安排生产以及做出信息含量更高的定价和促销决策等。但做到准确预测具有相当的难度，主要原因在于供应链环境、结构的复杂性以及预测流程本身存在的问题等。从杰恩（Jain）等人的实证调查发现，许多企业并没有系统化的预测方法，一般采用经验、专家意见及历史资料进行预测。传统的预测方法主要基于大量的历史数据，采用统计预测方法，求取一个平均趋势线，用外插法求得预测值。其前提和假设是基于过去的数据，且认为会有持续发展的趋势。

需求预测一般是指对独立需求的预测。需求预测按照预测时间的跨度来分，可以分为短期预测（1 年以内，一般为一周或一月）、中期预测（1~3 年）和长期预测（3 年以上）。短期预测需要对原材料、产品、服务以及其他各种资源的需求量都进行预测，以迅速响应需求的变化；中期预测主要用于生产周期较长的设备及原料的采购，为产品生产、工序的管理决策提供支持；就长期来说，预测是调整战略决策的基础，如开发新市场、开发新产品或提供新服务、扩大生产规模或增添新设备等。

对需求的预测可分为两个方面：一方面为对需求影响因素的分析，包括行业领域中特定需求因素的识别、相关模型的建立；另一方面为通过已有数据和预测序列的统计特征，通过组合预测的研究，充分利用已有的信息，以提高预测精度。需求预测假设产品或服务的需求可以分解为六个组成部分：一段时间内平均需求、趋势性需求、季节性需求因素、周期性需求因素、随机偏差和自相关性因素。

2.3.2　需求预测的影响因素和作用

1. 需求预测的影响因素

从宏观概念上看，需求预测的影响因素可以分为经济性因素和社会性因素。经济性因素包括 GDP 和人均 GDP 指数等。例如，恩格尔系数的分析对食品行业和其他日用品企业进行长期预测是有益的。社会性因素包括政治形势、宗教信仰等。同样，社会性因素也只有在产品进行长期预测时才予以考虑。

从微观概念来看，需求的影响因素包括价格因素和非价格因素。价格因素还包括促销，非价格因素包括广告、质量、品牌和竞争因素和其他因素。竞争因素是指竞争对手的价格和非价格促销手段，它是企业外部因素，同时对企业的产品需求产生很大的影响。其他因素包括互补性商品需求的影响因素。

2. 需求预测的作用

预测思想古已有之："凡事预则立，不预则废""人无远虑，必有近忧"。预测是指对尚未发生的事件或已发生事件的未来前景所做的推测或判断。采购市场预测，就是指在采购市场调查所取得的各种信息的基础上，经过分析研究，运用科学的方法和手段，对未来一定时期内采购市场的变化趋势和影响因素所做的估计和推断。

市场预测是生产社会化和商品经济的产物。在商品经济迅速发展的情况下，经济贸易已打破了地区界限、国家界限，市场规模空前广阔，竞争日趋激烈，企业迫切需要了解市场变化趋势和竞争对手的情况，以便进行采购决策。市场预测的作用主要表现在以下几个方面：

（1）市场预测是企业采购决策的前提。决策是企业采购活动的核心，没有对未来发展趋势的预测，决策只能是盲目的；只有在科学预测基础上做出的决策，才能靠得住、行得通。

（2）市场预测是企业编制采购计划的依据。企业采购计划是对未来行动的安排，采购市场预测是对企业采购市场未来发展趋势的估计。只有做了预测，才能更好地制订计划、部署行动，使计划适应采购市场环境的变化。

（3）市场预测是企业增强竞争力和提高经营管理水平的重要手段。

2.3.3　需求预测的方法

采购需求预测方法可以分为定性预测、定量预测和人工智能预测方法，如表 2-7 所示。

表 2-7　常用的预测方法

预测方法	定性预测	类推法	简便易行，不需要复杂的数学公式和工具，但无法判定预测结果的精确度和可靠性
		德尔菲法	
		用户调查法	
		经验判断法	
		专家会议法	
	定量预测	移动平均法	预测结果较精确，克服了定性分析的不足，但对数据资料的要求较高，要求使用者有一定的数学和统计知识
		指数平滑法	
		时间序列外推法	
		回归分析法	
	人工智能预测	支持向量机预测模型	需要数据分析和算法支持，主要用于复杂情况下的辅助预测
		人工神经网络预测方法	

定性预测是对事物性质的预测，是指预测者根据已掌握的历史资料和直观资料，运用个人的经验和分析判断能力，对事物未来的发展做出性质和方向上的判断，然后再综合各方面的意见，对未来的发展做出预测。定性预测的方法很多，如类推法、经验判断法、专家会议法、德尔菲法和用户调查法等。定量预测是指根据调查、统计资料和相关经济信息，运用统计方法和数学模型，对经济现象未来发展的规模、水平、速度和比例关系的测定。人工智能预测则是指计算机系统通过学习大量数据，运用相关模型，自行给出预测结果，不需人工干预的预测方法。

1. 定性预测方法

（1）类推法。类推法是指应用类推性原理，把预测目标同其他类似事物加以对比分析，推断预测目标未来发展变化趋势的一种预测方法。类推法可分为相关类推和对比类推两种。前者是从已知相关的各种市场因素之间的变化来推断预测目标的变动趋势；后者是把预测目标同其他类似事物加以对比分析来推断其未来发展趋势。

（2）德尔菲法。德尔菲法是在专家会议法的基础上发展起来的，它将所要回答的问题以信函的方式寄给专家，将回函的意见综合、整理，再匿名反馈给专家征求意见，如此反复多次，最后得出预测结果。德尔菲法的步骤主要有以下四步：

第一步：筹划工作。内容包括确定预测的课题及各预测项目，确定负责预测组织工作的资料分析人员，选择若干名熟悉预测课题的专家。

第二步：专家预测。资料分析人员把包含预测项目的预测（调查）表及有关背景材料寄送给各专家，各专家以匿名方式独自对每个预测问题做出判断或预测，专家相互之间不存在对此问题的任何形式的交流。

第三步：统计反馈。汇总所有专家的意见后，分析人员对各专家的意见进行统计分析，综合成新的预测（调查）表，并把它再分别寄送给各专家，由专家们对新的预测（调查）表做出第二轮判断或预测。如此反复几轮（通常为 3~4 轮），直到专家们的意见基本趋于一致。

第四步：结果报告。由分析人员把经过几轮专家预测而形成的结果以文字或图表的形式撰写出来。

德尔菲法的特点及适用范围：

1）匿名性。德尔菲法采用匿名函征求意见，应邀参加的预测专家互不相见，可消除心理因素影响；专家可参照前一轮预测结果修改自己的意见，无须做出公开说明。

2）反馈性。德尔菲法一般要经过四轮，每一轮的汇总意见再次匿名反馈给专家，便于互相沟通和启发。

3）预测结果的统计特性。德尔菲法采用统计方法对结果进行定量处理，能科学地综合专家们的预测意见。德尔菲法不仅可以用于技术预测，而且可以用于经济、社会预测；不仅可以用于短期预测，而且可以用于长期预测；不仅可以预测事物的量变过程，而且可以预测事物的质变过程。

德尔菲法遵循的原则：

1）提出的问题要有针对性，并按等级排列，先简单后复杂、先综合后局部，以便引起专家回答问题的兴趣。

2）防止出现诱导现象，如单位或领导小组的意见不应强加于调查意见之中。

德尔菲法是传统定性分析的一个飞跃，它突破了单纯定性或定量分析的界限，为科学、合理地制定决策开阔了思路。它具有以下优点：

1）集思广益，准确性高，能充分发挥各专家的作用。

2）采用多次双向反馈，每个专家在多轮讨论中，可以多次提出和修正自己的意见，又可以多次听取其他专家的意见，取各家之长，避各家之短。

3）专家讨论问题时，采取"背对背"匿名方式，可以消除主观的和心理上的影响，使讨论更加快速和客观。

（3）用户调查法。用户调查法是指调查者向采购企业进行直接调查，分析他们采购量的变化趋势，预测某种物资在未来一定时期采购量的方法。

（4）经验判断法。经验判断法是指依靠熟悉业务的有经验和综合分析能力的人来进行预测的方法。为了提高经验判断的准确性，往往不是依靠个人的经验判断，而是依靠一些人的集体经验对预测目标做出判断，这样可以克服个人认识的片面性。在物资采购的预测中，常用的经验判断法有以下几种：①经理人员评判法。这种方法是指把一些经理人员集中起来，座谈研究市场的前景。由于他们都主管一种业务，对市场情况和发展方向比较清楚，通过座谈互相启发、互相补充，能做出比较切合实际的判断。②采购人员意见综合法。这种方法是指企业召集直接从事市场采购工作的有关人员，对市场进行预测。由于他们对自己负责的区域及联系部门是熟悉的，因此他们的估计比较可信。这些直接从事市场工作的有关人员，尽管他们只看到一个局部，但他们所做的预测对于短期预测还是比较准确的，当然，用于中长期预测是有一定困难的。③意见汇总法。这种方法是指汇总企业采购所属各个部门的预测意见，然后加以分析判断，最后确定本企业预测结果的一种方法。

经验判断法只适用于一定时期内事物的方向和性质没有发生变化的情况，而对事物的性质发生变化的情况并不适用。经验判断预测法的优点是能够充分利用预测者熟悉专业市场的优势进行预测。其缺点是由于预测者长期从事某项专一的工作和业务，容易形成固定的思维和观念，容易具有片面性。

（5）专家会议法。专家会议法是指由预测者组织召开专家会议，向一组专家征询意见，将专家们对过去历史资料的解释和对未来的分析判断汇总整理，以取得统一意见，从而对事物的未来发展变化进行集体判断的一种预测方法。这里所说的专家，是指在某一领域或某个问题上有专门知识和特长的人员。由于通过专家会议获取调查资料的准确程度主要取决于参加会议专家的知识广度、深度和经验，因此，如何选择参加会议的专家是预测前的一项重要工作。专家的选择应根据预测任务来确定，既要选择精通专业的专家，包括相关专业领域内的专家和预测专家，也要注意选择有经验的实际工作者。专家会议的规模要适中，人数太少会限制学科、部门的代表性，使问题得不到全面、深入的讨论；人数太多则不宜组织，对预测结果的处理也较为复杂。会议人数应由组织者根据实际情况的需要与可能确定，一般以15人左右为宜。随着现代计算机及互联网技术的快速发展，专家会议法也逐步由传统形式向电子会议形式转变。

专家会议法虽然可以通过会议使专家之间广泛交换意见，互相启发，为重大预测提供预测依据，但它也存在以下问题：①易于屈服于权威或多数人的意见；②易受劝说性意见的影响；③会出现因自尊心影响而不愿公开修正已发表的，然而是不完全正确的甚至是错误的

采购与供应管理

意见。

2. 定量预测方法

定量预测方法是用数学的方法，对过去的历史资料进行科学的处理与加工，借以揭示有关因素和变量之间的数量关系，以此作为预测的依据。定量预测方法可分为两类：一类是以某一指标过去的变化趋势预测未来，把未来看作是过去的延伸；另一类是利用指标之间的数量关系，以一个指标的变动为基础，来推断另一个指标的变动程度。下面介绍几种常用的预测方法：

（1）算术平均法。这是一种按时间序列进行预测的方法，主要用于企业采购量的预测。具体方法是把过去各个时期的实际采购量进行算术平均，以其平均数值作为下一时期的预测采购量。

设：X 表示平均采购量；N 表示时期数；X_1，X_2，X_3，$\cdots$，X_n 表示以前各时期的采购量，则

$$\overline{X} = \frac{X_1 + X_2 + X_3 + \cdots + X_n}{N}$$

（2）移动平均法。移动平均法可分一次移动平均法和二次移动平均法。

1）一次移动平均法。这是在算术平均法的基础上发展起来的一种预测方法。它是将预测期相邻若干期（设为 M）实际值的平均数作为预测期预测值的一种预测方法。用公式表示为

$$M_t = \frac{1}{M}\sum_{i=1}^{m} D_{i-1}(i = 1,2,\cdots,m)$$

式中，M_t 表示第 t 期的采购量预测值；D_{t-i} 表示第 $t-i$ 期的实际采购量；m 表示所取的期数。

2）二次移动平均法。二次移动平均法只适用于线性趋势的预测。二次移动平均值不直接用于预测，只是在一次移动平均值的基础上，据此建立预测的数学模型 $Y_t = a_t + b_t T$，然后进行预测。

一次移动平均值的计算公式为

$$M_t^{(1)} = \frac{D_t + D_{t-1} + \cdots + D_{t-N-1}}{N}$$

二次移动平均值的计算公式为

$$M_t^{(2)} = \frac{M_t^{(1)} + M_{t-1}^{(1)} + \cdots + M_{t-N-1}^{(1)}}{N}$$

式中，$M_t^{(2)}$ 表示第 t 期的二次移动平均数；$M_t^{(1)}$ 表示第 t 期的一次移动平均数；N 表示分段数据点个数。

平滑系数 a_t 和 b_t 的计算公式为

$$a_t = 2M_t^{(1)} - M_t^{(2)}$$

$$b_t = \frac{2}{N-1}(M_t^{(1)} - M_t^{(2)})$$

（3）加权移动平均法。它是指将预测期相邻若干期的实际值，根据其距离预测期的远近，按照近大远小的原则，分别以实际值在平均值中的权数，以加权平均值作为预测期预测值的预测方法。

（4）指数平滑法。所谓"平滑"，只通过平滑稀疏的加权平均作用，对反映变量历次变化情况的时间序列进行大致修订，消除随机波动的影响，以便预测变量的未来趋势。按其平均的次数划分，指数平滑法可分为一次指数平滑法、二次指数平滑法、三次指数平滑法和高次指数平滑法。本章只要求掌握一次指数平滑法和二次指数平滑法。

一次指数平滑法是指以前期的实际数和预测数为基础，以平滑系数为权数，并利用第一次修订的平均结果，来预测未来时期趋势平均值的方法，其计算公式为

$$\overline{S}_t = \alpha D_{t-1} + (1-a)\overline{S}_{t-1}$$

式中，$\overline{S}_t$ 表示预测期的趋势平均值（本期预测值）；$\overline{S}_{t-1}$ 表示前一期的趋势平均值（前期预测值）；D_{t-1} 表示前一期的实际值；α 表示平滑系数，$0 \leq \alpha \leq 1$。

二次指数平滑法同二次移动平均法一样，只适用于线性趋势的预测。并且，二次指数平滑法同二次移动平均法一样，都不直接用于预测，只是在一次指数平滑的基础上，对有线性趋势的数据再做第二次指数平滑，目的是求出平滑系数，据此建立预测的数学模型 $Y_t = a_t + b_t T$，然后进行预测。

一次指数平滑的计算公式为

$$S_t^{(1)} = \alpha D_t + (1-\alpha)S_{t-1}^{(1)}$$

式中，$S_t^{(1)}$ 表示第 t 周期的一次指数平滑值；D_t 表示第 t 周期的实际采购量；α 表示加权系数。

二次指数平滑值的计算公式为

$$S_t^{(2)} = \alpha S_t^{(1)} + (1-\alpha)S_{t-1}^{(2)}$$

式中，$S_t^{(2)}$ 表示第 t 周期的二次指数平滑值；$S_t^{(1)}$ 表示第 t 周期的一次指数平滑值；$S_{t-1}^{(2)}$ 表示第 $t-1$ 周期的二次指数平滑值；α 表示加权系数。

平滑系数 a_t 和 b_t 的计算公式为

$$a_t = 2S_t^{(1)} - S_t^{(2)}$$

$$b_t = \frac{\alpha}{1-\alpha}(S_t^{(1)} - S_t^{(2)})$$

上述指数平滑法又称为布朗（Brown）单一参数指数平滑法。当预测对象的基本趋势呈线性趋势时，还可以用 Holter-Winter 双参数指数平滑法，其预测公式为

$$\hat{D}_{t+l} = a_t + b_t l$$

$$a_t = \alpha D_t + (1-\alpha)(a_{t-1} + b_{t-1})$$

$$b_t = r(a_t - a_{t-1}) + (1-r)b_{t-1}$$

第二、三式表示两个平滑公式，α 和 r 是平滑常数；第一式表示预测公式，l 为外推预测时期数。

当预测目标的基本趋势是二次曲线趋势时，可以用布朗单一参数二次多项式指数平滑法预测，又称三次指数平滑法。布朗单一参数二次多项式指数平滑预测公式为

$$\hat{D}_{t+l} = a_t + b_t l + \frac{1}{2}c_t l^2$$

$$a_t = 3S_t^{(1)} - 3S_t^{(2)} + S_t^{(3)}$$

$$b_t = \frac{\alpha}{2(1-\alpha)^2}\big[(6-5\alpha)S_t^{(1)} - 2(5-4\alpha)S_t^{(2)}\big] + (4-3\alpha)S_t^{(3)}$$

采购与供应管理

$$c_t = \frac{\alpha^2}{(1-\alpha)^2}(S_t^{(1)} - 2S_t^{(2)} + S_t^{(3)})$$

指数平滑法用公式表示的模型相对比较简单，模型的每一组成项及其参数具有明确的经济意义。除此之外，运用该方法所需要的存储数据少，计算比较简单，适用于大量时间序列的预测。相对于建立模型所做的极少工作，所获得预测结果的准确度是相当令人满意的。表 2-8 列举了三种指数平滑法的优缺点及其适用领域。

表 2-8　各种指数平滑法评价表

大类	细　　分		优　缺　点	适 用 领 域
指数平滑法	一次指数平滑法		确定平滑常数及初始值带有一定的主观性	平稳时间序列的短期预测
	二次指数平滑法	布朗单一参数线性指数平滑法	平滑系数不等于简单指数平滑预测中误差平方和（SSE）最小的平滑系数	适用于存在线性趋势但无明显季节变动的时间序列的短期预测
		Holter-Winter 双参数线性指数平滑法	保留了布朗单一参数线性二次指数平滑法的优点，且更具灵活性；可以选取不同的平滑系数以得到较为满意的预测模型；得到两个最优平滑系数较为困难	
	三次指数平滑法	温特（Winter）线性和季节性指数平滑法	季节指数比较容易估计；模型建立后，在预测时能利用最新的数据；模型中各参数的意义比较直观，容易理解；需要较多的数据（至少 4 ~ 5 年的季度数据、3 年的月度数据）；确定三个最优的平滑系数比较困难	适用于同时具有趋势变动、季节规律及偶然性因素影响的时间序列的预测

【例 2-5】

某企业前 20 周期的采购量统计资料如表 2-9 所示，用二次指数平滑法求第 26 期的采购预测值。

表 2-9　采购量统计资料

周期数（t）	1	2	3	4	5	6	7	8	9	10	11	12	13	14	15	16	17	18	19	20
采购量（D_t）	50	52	47	51	49	48	51	40	48	52	51	59	57	64	68	67	69	76	75	80

解：参见前面的计算公式，列表计算一次指数平滑值和二次指数平滑值。设 $\alpha = 0.3$，则有

$$S_1^{(1)} = 0.3 \times 50 + (1 - 0.3) \times 50 = 50$$

$$S_2^{(1)} = 0.3 \times 52 + (1 - 0.3) \times 50 = 50.6$$

$$S_3^{(1)} = 0.3 \times 47 + (1 - 0.3) \times 50.6 = 49.52$$

$$\vdots$$

其余计算方法同上。计算结果如表 2-10 所示。

表 2-10　计算结果

周期数（t）	采购量（D_t）	一次指数平滑值（$S_t^{(1)}$）（$\alpha = 0.3$）	二次指数平滑值（$S_t^{(2)}$）（$\alpha = 0.3$）
0	—	50.00	50.00
1	50	50.00	50.00
2	52	50.60	50.00
3	47	49.52	49.98
4	51	49.96	49.98
5	49	49.67	49.98
6	48	49.17	49.67
7	51	49.72	49.68
8	40	46.80	48.88
9	48	47.16	48.32
10	52	48.61	48.41
11	51	49.33	48.68
12	59	52.23	49.75
13	57	53.66	50.92
14	64	56.76	52.67
15	68	60.13	54.91
16	67	62.19	57.09
17	69	64.23	59.23
18	76	67.76	61.79
19	75	69.93	64.23
20	80	72.95	66.85

根据平滑系数计算公式，求平滑系数 a_t 和 b_t。假定目前处于第 20 期，即 $t = 20$，加权系数 $\alpha = 0.3$，则有

$$a_t = 2S_t^{(1)} - S_t^{(2)}$$
$$= 2S_{20}^{(1)} - S_{20}^{(2)}$$
$$= 2 \times 72.95 - 66.85$$
$$= 79.05$$

$$b_t = \frac{\alpha}{1-\alpha}(S_t^{(1)} - S_t^{(2)})$$
$$= \frac{\alpha}{1-\alpha}(S_{20}^{(1)} - S_{20}^{(2)})$$
$$= \frac{0.3}{1-0.3} \times (72.95 - 66.85)$$
$$= 2.61$$

预测的数学模型为 $Y_{t+T} = a_t + b_t T$，求得的线性预测模型为

$$Y_{t+T} = 79.05 + 2.61T$$

使用已求得的预测模型，求第 26 周期采购量预测值。目前处于第 20 周期，即 $t = 20$，求第 26 周期时的采购量预测值时，则有

$$T = 26 - 20 = 6$$

故有

$$Y_{20+6} = 79.05 + 2.61 \times 6 = 94.71$$

（5）回归分析法。回归分析法是在大量统计资料的基础上，利用统计方法寻找预测对象与影响因素之间的因果关系，建立回归模型进行预测的方法，也称为因果回归分析法。特别是当因果关系只涉及因变量和一个自变量时，称为一元回归分析；当因果关系涉及因变量和两个或两个以上自变量时，称为多元回归分析。依据描述自变量与因变量之间因果关系的函数表达式是线性还是非线性的，回归分析分为线性回归分析和非线性回归分析。通常线性回归分析法是最基本的分析方法，非线性回归问题可以借助数学手段转化为线性回归问题处理。下面着重介绍一元回归预测。

一元回归预测模型（公式）为

$$y = a + bx$$

式中，y 为预测值（因变量）；x 为影响因素（自变量）；a，b 为回归系数。

利用该公式求需求量，实际上，x 和 y 视为已知数，首要任务是通过已知的 x 和 y 求系数 a 和 b。根据最小二乘法原理，a，b 通过如下两个公式求得

$$b = \frac{\sum (x - \bar{x})(y - \bar{y})}{\sum (x - \bar{x})^2}$$

$$a = \bar{y} - b\bar{x}$$

式中，$\bar{x}$ 为自变量 x 的平均值；$\bar{y}$ 为因变量，即 y 的平均值。

3. 人工智能预测方法

（1）支持向量机预测模型。支持向量机（SVM）算法是一种小样本的机器学习算法，它是在统计学习理论以及结构风险最小原则的基础上探讨所得的一种算法。通过对有限样本信息的分析研究，在模型复杂性（针对特定训练样本的学习精度）和学习能力（准确识别样本的能力）之间寻求一个最佳平衡点，以获得最佳推广能力。其核心思想是通过非线性变换将输入空间变换到一个高维空间，然后在新空间中求取最好的线性分类面。非线性变换的完成主要是依靠准确定义合适的内积函数，其最优分离超平面。

支持向量机算法的优点较多，包括计算便捷、通用性强等。但其也存在一定的缺陷，即无法对大规模训练样本实施运算。因为支持向量机算法是通过二次规划来进行求解的，二次规划求解过程中涉及多阶矩阵的计算问题，当阶数过大时，将会在很大程度上损耗计算机的存储空间，并且增加机器的运算时间。

（2）人工神经网络预测方法。人工神经网络（ANN）是人工智能研究的重要系统之一，它是由大量的处理单元和有向连接组成的，通过模仿生物神经网络结构以及功能来解决其他方法无法攻克的难题，如学习、识别、控制等工作。人工神经网络突破了传统的线性处理方式，属于非线性动力学系统范畴，能够进行分布式存储和并行协同处理，并且已经在智能控制、信号处理、语音识别等诸多领域得到了成功应用。人工神经网络的主要组成单元包括输入单元、隐含单元以及输出单元，各层单元主要通过权值进行连接，网络输出一般受输入、网络权值、网络阈值以及传递函数这四个重要因素影响。另外，人工神经网络有大量的神经元，能够储存大量的信息数据，因此，人工神经网络有很强的信息处理、信息收集能力。除

此之外，人工神经网络还有并行处理能力强、非线性处理能力强、容错能力强、联想记忆能力强以及自适应和学习能力强等特点。人工神经网络的方法有很多，在物资预测方面，应用较为广泛的为 BP 神经网络模型，很多学者研究了其在备件物资预测方面的应用，并取得了较好的研究成果。BP 神经网络是典型的多层前馈神经网络，其中心思想是通过利用梯度搜索技术，不断调整网络权值，使得网络误差最小。

【案例分析】

太古饮料的采购预测与需求计划体系

随着快速消费品行业市场变化的加快，竞争越来越激烈，特别是食品企业，还存在一个货物保质期短的问题。因此，构建一个健全、良好的预测体系尤为重要。因为如果缺乏有效的预测，则整个采购和生产工作将变得很被动，企业也将为此付出额外的成本。为此，知名饮料企业太古饮料对预测和计划体系进行了严格的管理：对销售预测计划、生产计划、产品往各分销中心仓库的调拨计划、采购计划等都制定了严格的流程；清楚规定各项沟通的细节；明确各相关人员的主要责任及业务指标；改善跨部门沟通与合作，从而改善各项计划的精确度，减少因计划问题而导致的断货、产品或原材料过期等现象，最终提升企业利润。

在实际的运作管理中，太古饮料（生产和销售可口可乐系列饮料）建立了严密的预测体系，对从周一到周五每天如何预测，采用什么方式，系统如何操作等，都进行了详细严格的规定。为此，企业开发了功能强大的预测系统，将采集来的基础资料进行初步分析，然后进行人工修订。另外，对促销产品等特殊对象建立独立的预测体系。由于企业在实际运作中涉及大量包装变更，以及促销期间的特殊包装制作等问题，因此，容易产生由于计划不当而导致所需求包装无法及时供应，或特殊包装在需求时间截止后仍大量积压。所以，独立预测该部分产品是有必要的。根据此预测体系，采购和生产部门会制订符合预测的采购和生产计划。一旦确定了计划，一般是不会轻易更改的。有了这些系统，通过专业的独立部分来完成整个预测过程，预测部门就成为企业运作的开始。

以下是部分预测体系：

1. 周一

（1）每周一下午 1：30 前，预测计划（D&OP）部的计划人员利用 Collaborate 调整系统自动生成 13 周销售预测数据（重点在前四周），需要细分到 SKU（库存量单位）和 DC（分销中心）层面。调整依据为市场销售部提供的最新滚动三个月价格促销计划、以往销售预测精确度报表、销量预算、天气预测等信息。

（2）每周一下午 1：30，预测计划部的计划人员调整完预测后，将预测发给销售运作部进行调整与确认。销售运作部在下午 4：30 之前会同 NCB（非碳酸饮料）质量经理与 KA 经理（Key Account，重点客户经理或大客户经理）共同调整公司层面 CSD（碳酸饮料）未来 7 周销售预测数据以及 NCB（非碳酸饮料）未来 13 周销售预测数据。预测计划部的计划人员在下午 5：00 前与销售运作部召开预测计划预备会议，共同讨论并确认以上经调整的销售预测数据，需细分到 SKU 层面。在下班前由预测计划部将最后共同确认的数据输入 Collaborate 调整系统。

（3）销售运作部及 NCB 质量经理、KA 经理对以上销售预测数据进行调整的依据为最新滚动 3 个月周价格促销计划、销售部本月周销售目标、营业所本月周销售预测、新产品上市销售表现跟踪报表等。

（4）最终确认的分周滚动销售预测不仅是一个预测的数字，而且应当是销售运作部门进行分周销售管理的依据。因此，销售运作部进行销售预测时，应当参考各地营业所的预测。在确认滚动销售预测数字后，应当根据此预测制定销售运作部的分周、分营业所、分主要包装组的销售目标，并保证此分周销售目标传达至所有销售人员，使此预测变成可以达到、可以实现的计划。

采购与供应管理

2. 周二

(1) 每周二上午11：00前，预测计划部的计划人员确认本周四到下周五的生产需求，并将生产需求发动给生产计划负责人做生产排班，同时抄送给相关部门（采购、生产、仓库等部门）提前做准备。

(2) 每周二下午1：30前，预测计划部需利用SQZ安排好本周四到下周五的生产计划。同时，必须在下午1：30前将预测计划会议资料准备齐全。资料包括与销售运作部讨论确定的滚动13周销售预测、下周生产计划、采购计划、最新仓库货物报告等。

(3) 每周二下午1：30召开预测计划会议，应按照标准会议流程讨论所有相关内容。必须出席会议的人员包括供应链总监、市场销售总监、预测计划经理、销售运作控制经理、生产部经理、储运部经理、采购部经理。

(4) 在预测计划会议上需共同讨论、调整，并由供应链总监与市场销售总监共同确认讨论后的CSD滚动4周SKU及NCB滚动7周SKU的销售预测数据、下周生产计划、下周采购计划。此会议上，由市场销售部与供应链共同确认的销售预测数据、生产计划、采购计划，将作为对各与会人员进行关键指标考核的依据。

(5) 每周二下午5：30前，发布已确认的本周四到下周五的生产计划。

(6) 每周二下班前，预测计划部根据预测计划会议内容确定预测数据。

(7) 每周二下班前，预测计划部需要在系统中确认NCB产品到货和在途数据。

3. 周三

(1) 每周三，预测计划部需将未来4周的滚动生产计划、物料需求计划、库位及托盘需求计划、人员需求计划等发给相应部门做参考。

(2) 每周三，调拨计划人员通过Fulfillment-DEP模块生成本周四到下周五的DC调拨计划，发给各DC仓库负责人和所在营业所经理，并与各地沟通，确认调拨计划有无需要根据实际情况修改的内容。经确认后，交给运输部安排运输。

(3) 为了保证对市场变化的及时反映，装瓶厂可以根据情况，制作并更新每天的调拨计划，每天应将当天的调拨计划与各地DC仓库负责人和所在营业所经理沟通，并根据DC反馈意见调整后，交给运输部执行。

(4) 每周三，预测计划部负责将周二的预测计划会议记录发给会议出席人员并跟进相关问题。

4. 周四

(1) 每周四下班前，预测计划部结合公司的销售情况，根据滚动计划里的计划到达数量向供应链协调计划下达第三周的订单量。

(2) 每周四至周五，预测计划部的计划人员需通过DPEE模块清理历史异常数据，并且根据销售运作部提供的未来4周滚动促销计划在DPEE里加入促销因素等相关因素并调整数据。

(3) 如果有新产品上市，预测计划部根据市场销售部的通知向系统管理部门提交新产品代码申请表，并将新产品纳入预测计划流程。

5. 周五

每周五销售运作部需要将最新滚动3个月价格促销计划给到预测计划部。

有预测才有计划，而要做好计划，必须有高精确的预测，这也是很多企业追求的目标。人们经常讲"计划没有变化快"，就是说预测的精度不够。而本案例在预测的执行过程中有严格详细的步骤和标准，这样才能科学地进行预测。

思考题：

1. 你认为应如何评价产品预测的重要性？

2. 请结合本案例，试从产品角度合理设计预测计划体系及其实施流程。

3. 参考本案例，分析太古饮料在采购预测中的实践是否存在改进的机会。

第3章 采购组织与流程

组织的运作与流程的设计二者密切相关。组织管理是达成组织目标的基本保证，是管理的一项职能，根据管理职能确定合理的流程，能够提高相应的组织效率。随着采购在企业中战略地位的提高，它对企业经营和赢得竞争具有越来越重要的作用，因此，如何规划采购组织与流程就显得尤为重要。

3.1 采购组织的建立

采购部门是企业中重要的组织结构构成部分，是企业为了能够有效地实施采购活动以及保证生产或服务顺利进行而设置的职能部门。采购组织设计得合理与否，直接关系到采购工作能否正常、顺利进行。

3.1.1 采购组织概述

1. 采购组织发展的四个阶段

（1）隶属于行政部门或者生产部门。采购发展初期，没有独立的采购部门，只在生产部内部设商务部或者只是设置一两个采购员、报关员、运输主管等职位而已。这时采购的主要职责就是购买。采购员的主要职责就是寻找合适的供应商，保证生产工作顺利进行。采购工作由工厂的某一部门，甚至由工厂的所有人操作。基于生产的采购管理组织的基本特点，就是采购管理组织不是简单地管采购，还要管生产，它是站在生产的角度来管采购的。这一阶段的采购管理松散无序，很多企业的很多物料品类是来自这种分散化采购的。

（2）采购部门或者供应管理部门的产生。此时的采购部需要负责供应商选择、开发和管理，价格判定，需求计划制订，以及相应的采购工作。这时采购部门的采购工作大多由专业技术人员和有多年采购经验的人员来完成。负责采购的范围一般远超过企业总采购金额的60%，很多企业经过多年的努力，采购集中度达到50%~75%。这一阶段的关键是内部流程规范和合理，专业化水平不断提高，对供应商政策开放透明，决策流程公正，充分利用总拥有成本（TCO）、作业成本法（ABC）、招标、成本明细、产品全生命周期成本（PLM）等手段，最大限度地降低成本，发挥采购的专业水准。

（3）战略采购阶段。随着全球经济国际化的加强，采购职能也随之发生着变化。

1）随着企业兼并与重组的加剧，企业的规模向着取长补短和强强联合的方向、向着扩大自身市场份额和利益最大化的方向迅速发展。

2）大多数中小企业在扩张中，从片面追求多元化、多角化地盲目扩张，逐渐走上专业化和细分市场的道路。

由于这种专业化和集成化，企业内部供应战略也从企业内部、集团内部自给自足向着外包、外购的方向发展。这促进了采购组织的发展，同时也对采购技术及采购人员提出了更高的要求。企业之间也由相互竞争的关系向着竞争与合作共存的方向发展。

（4）战略供应链管理阶段。战略供应链管理阶段是采购组织发展的最高阶段。供应链管理不仅是管理供应商，还要与销售、战略、服务、客户关系、技术等部门共同制定企业战略。这时，战略采购也就成为企业战略供应链管理的一个环节。构建供应链优势，对外开展商务活动，有效支撑企业的客户与市场，对内覆盖产品研发、技术、质量与成本控制的全部流程。企业采购供应链是企业供应链系统的重要组成部分，是企业提高质量、节约成本的关键。建立企业采购供应链，首先需要将涉及企业采购的各个环节纳入整个系统中，保证采购过程中各个环节之间的信息畅通，从而提高工作效率；同时，通过信息共享，合理地利用和分配资源，为企业带来最大的效益。

2. 建立采购组织的重要性

采购已经成为企业经营的一个核心环节，是获取利润的重要活动，在企业的产品开发、质量保证、整体供应链的经营管理中起着极其重要的作用。为了匹配企业对采购实践的战略性要求，企业的采购组织结构将越来越复杂，也越来越具有挑战性。高效、安全的采购组织结构对提升企业核心竞争力发挥着重要的作用。其重要性主要体现在以下几个方面：

（1）企业采购组织体现了一种适合企业具体情况的采购管理机制。采购组织结构一旦确定，采购管理的权限、职权范围、审批权限、工作内容也就确定下来，这有利于采购管理工作的顺利开展。

（2）采购组织既是企业采购管理的司令部，又是企业采购业务工作的行动部。就像军队打仗一样，既有利于统一指挥，又有利于统一调度、统一行动，可以保证采购业务工作高效有序地开展。

（3）建立起一个完善的采购组织，有利于精简机构、缩短管理流程，做到分工明确、权责分明，可以提高工作效率。

（4）建立起一个完善的采购组织，有利于深入研究企业采购管理工作的规律，逐渐形成采购管理工作的标准规范和一系列的规章制度，指导企业的日常采购管理工作和业务工作正常进行，以及探索发展更加先进的采购管理工作方法和工作手段，使企业的采购管理工作走上正规和健康发展的轨道。

3. 建立采购组织的一般步骤

一般来说，建立采购组织，应根据企业的具体情况深入分析采购组织的职能任务与内容，根据精简和高效的原则，设立职能、岗位、责任和权力。根据岗位选择配备合适的人员，组成一个采购组织，建立采购组织的一般步骤如图3-1所示。

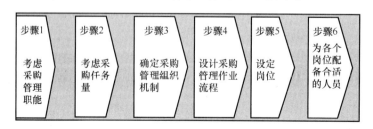

图 3-1　建立采购组织的一般步骤

（1）考虑采购管理职能。首先要确定赋予采购管理什么职能，除了采购，是否还要再赋予一些其他职能。例如，是否做需求分析，是否建立供应商管理体系等。给采购赋予不同侧重的职能，采购组织的结构就有所不同。

（2）考虑采购任务量。职能确定下来后，就要确定任务量。任务量既包括采购职能范围的大小，也包括采购职能下工作量的多少。例如，采购职能范围越大，工作量越多，涉及岗位和人员就越多，采购工作就越复杂、越难，采购组织就会更加细化。

（3）确定采购管理组织机制。所谓管理组织机制，就是指的管理组织的权限范围、审批机制、组织结构机制等。例如，在组织结构机制上，是采用直线制、直线职能制、事业部制还是矩阵制；在权限范围上，是采用总经理负责制、部长负责制还是采购科长负责制；在隶属关系上，是隶属生产部、行政部还是单独作为一个物资供应部门。例如，采购组织隶属于生产部，是为了生产的需要而设立的采购管理组织。这通常是在生产企业中设立的采购管理组织。采购组织隶属行政部，主要是为了获得较佳的价格和付款方式，以达到财务方面的目标。采购组织单独作为一个物资供应部门，则是为了发挥降低成本的作用，使采购部门成为企业创造利润的另一个来源。

（4）设计采购管理作业流程。设计采购管理作业流程，即根据所确定的管理职能，为每一个管理职能的每一项任务设计一个作业流程。对这个作业流程还要进行流程化分析，流程越短，将来工作也就越有效率。

（5）设定岗位。根据具体的管理职能、管理机制和管理任务的作业流程设定各个岗位。岗位的设置既包括对每个岗位责任和权力的设置，还包括对每个岗位的人数、工作职责等的设置。这些一定要设计好，并且形成文件，作为招聘条件予以公布。

（6）为各个岗位配备合适的人员。选择人员是非常关键的一环，要非常谨慎，特别是对各级经理人员的选择。在人员配备完成以后，把所配备的人员和所规定的岗位职责、规章制度、管理职能等结合起来实施，即构成了一个有效的采购组织系统。

4. 采购组织结构的分类

一般企业的采购组织结构可以分成直线制、直线职能制、事业部制和矩阵制几种类型。它们各自有特点，分别适用于不同的情况，一般要根据企业的具体情况选择合适的组织结构形式。

（1）直线制。直线制是由一个上级直接命令指挥多个下级的一种组织结构形式，如图3-2所示。

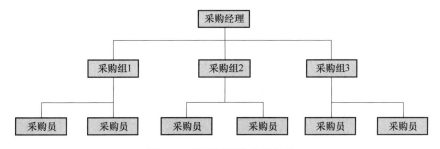

图3-2　直线制采购组织结构

这种组织结构形式优越性的基础就在于"直接指挥"。它可以做到：

1）加强管理控制的强度。

采购与供应管理

2）加强管理责任的强度，有效避免踢皮球、不负责任、擦边溜号等不利于组织发展的行为。

3）实现组织内部信息的高效沟通，提高管理效率。

4）实现个性化管理。由于组织由一个人直接领导，领导者可根据自己的风格进行管理。

直线制采购组织结构的一个根本缺点，就是受管理者本人能力、控制幅度的限制，其管理的人数、事情的多少、事情的复杂程度、管理指挥的智慧都是非常有限的。因此，直线制适合管理的事情比较少、比较简单的小型企业。对于大中型企业以及管理对象比较众多、比较复杂的情况，直线制则不太适用。

（2）直线职能制。直线职能制就是在直线制的基础上再加上职能制，如图3-3所示。这种组织结构形式与直线制组织结构形式相比，只是多了一些职能机构帮助上级来管理下级。这些职能机构都是具有某种职能的一个组合体。例如，计划部就是一个专门帮助厂长制订计划的职能部室，它承担了制订计划整个过程中大量细致烦琐的工作，然后得到一个具体的计划文件。而这正是厂长需要做的，由于厂长没有充足的时间和精力来制订计划，就交给计划部替他来做。计划部替厂长承担了计划职能，它只对厂长负责，并且没有指挥下级的权力，但是可以对下级制订计划或者执行计划方面的一些技术问题予以指导。它们向下发布文件，必须报厂长审批，以厂长的名义向直线制下级发布。

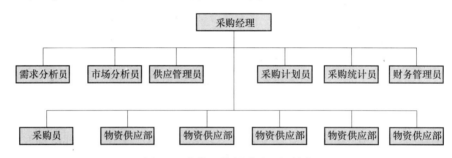

图3-3　直线职能制采购组织结构

直线职能制是在直线制的基础上加上职能制，相当于直线制能力的扩大，能克服原来直线制管理者受个人能力限制而管理不宽、不大、不深入的缺点。因此，这种管理组织结构甚至可以适用于任何大型的、复杂的管理系统，所以，现在一般的企业、事业单位、政府机构，采用最多的管理组织结构形式就是直线职能制。例如采购管理部，如果采用直线职能制，可以这样组建：采购经理和采购员组成直线制管理关系；而采购经理可以配几个职能人员，如需求分析员、市场分析员、供应管理员、采购计划员、采购统计员、财务管理员等，帮助其进行各个职能管理的具体工作，协助采购经理做好采购管理工作，由采购经理对采购员下达具体的工作指令。

（3）事业部制。事业部制就是以某项事业为核心组成的一个从决策到执行的管理全过程都能齐全、精悍、便捷、高效运行的管理系统。事业部制的基本特点是以事业为核心，管理决策程序小而全，因而运行效率高。某企业事业部制采购组织结构如图3-4所示。这里所谓事业，是指某种专一化的业务职能，如专营某种产品或专营某个市场，或者专司某种职能。又如采购部，就是专司采购管理的事业部，它是专门进行采购管理，包含采购有关的各种事务处理、审批决策在内的一个小而全、效率高的处理组织机构。在这个机构内，权力相对集中，所有的采购事务处理决策全都可以在内部解决，避免了跨部处理、逐级上报审批等麻烦的手续，可以节省大量时间、提高工作效率。

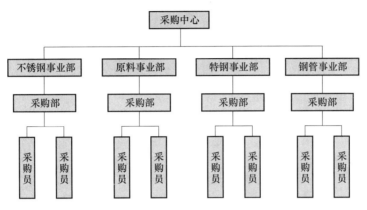

图 3-4　某企业事业部制采购组织结构

事业部制采购组织结构适用于采购规模大、品种多、需求复杂、市场多变的企业采购。事业部制采购组织是一种集中化与分散化相结合的组织结构，各事业部实行的是集中化采购，而从总企业的角度分析，则实行的是分散化采购，即将采购权分散到各事业部。

（4）矩阵制。矩阵制是为了完成某项指定任务（项目）而组成的一种临时性组织机构。矩阵制采购组织结构如图 3-5 所示。当任务完成后，成员各自回原单位工作。这种组织结构突破了一名采购人员只受一个主管领导的管理原则，而是同时接受两个部门的领导，主要适合生产工序复杂的企业。

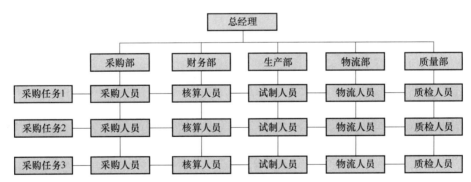

图 3-5　矩阵制采购组织结构

矩阵制采购组织结构的优点是：①增强了不同部门之间的联系；②改进了直线职能制横向联系差、缺乏弹性的缺点，是一种柔性组织，工作效率高；③有利于培养团队合作和创新精神。其缺点是：①采购任务负责人的责任大于权力；②因为参加任务的人员来自不同的部门，但隶属关系仍是原单位，采购经理对他们的管理有一定困难；③没有足够的激励措施与惩治手段；④采购人员受到采购和职能部门双重管理，当两个部门的领导意见不一致时，采购人员的工作就很难开展，这是矩阵制采购组织结构的根本缺陷。矩阵制适合项目型的企业。

3.1.2 采购部门与其他部门的关系

采购部门是为保障企业物资供应，为实施包括计划、组织、指挥、协调和控制等活动而组建起来的。采购是为生产产品服务的，采购活动的开展不仅面向全体采购人员，而且面向企业组织其他人员；产品的设计、生产、销售的整个环节，都需要采购部门参与其中，才能保证产品的正常供应。随着现代企业管理理念的更新和信息技术的发展，采购部门与其他职能部门之间的关系也越来越密切。

1. 采购部门与设计部门的关系

设计部门为采购部门采购物料提供依据。物料的名称、规格品种、技术要求等都是由设计部门根据产品的技术要求确定的，采购人员要根据设计部门的要求采购物料。不过，设计人员有时并不了解物料的市场信息，有时提供的物料信息并不准确或者指定的物料在市场上无法采购到。此时，设计人员需要事先与专业采购人员沟通，以充分了解所选物料的市场信息，如可得性、价格、采购量等；采购人员拿到物料需求之后，在采购之前也需要认真研读物料需求，发现市场上难以采购或者需求信息描述不清楚的物料，要及时沟通，以便了解该物料的详细需求，是否可用替代物料。只有这样，才能保证采购的物料满足企业产品生产的要求。

设计部门根据采购部门的物料信息，可以通过标准化的设计，为采购部门的采购取得批量优势。设计人员通过参考采购人员提供的相关物料的规格、性能以及价格信息，结合产品要求，选用性价比高的物料，并进行标准化设计，为采购部门的物料采购提供批量优势。

采购部门随时为设计部门提供最新的用料规格、性能等相关信息。随着科学技术和经济的不断发展，企业所需的物料也不断更新换代，采购人员要及时将产品所用物料的更新信息反馈给设计部门，由设计部门重新评估。

2. 采购部门与生产部门的关系

生产部门为采购部门提供物料需求资料，采购部门按照生产部门要求确定最终采购物料。生产部门提供产品生产所需的所有物料及其功能属性。采购部门根据生产部门提供的物料需求资料，结合市场供应情况，向生产部门反馈提供的有关物料是否可以获取、物料发运提前期、物料替代品、生产设备供应商等方面的信息。生产部门根据反馈信息制订生产计划并组织生产。此外，采购部门提供的有关维护修理和辅助物料方面的信息对生产部门也有帮助。

采购部门根据生产部门的物料需求，检验库存，相互交换信息，确定采购数量。生产部门向采购部门发送物料需求，采购部门首先要核对库存，根据库存量以及需求时间确定采购数量。

采购部门根据生产部门的要求适时供料。采购部门采购物料要按照生产计划进行，如果采购过多，可能导致库存积压；采购过少，则无法保证生产过程的顺利进行。因此，采购部门要常与生产部门沟通，了解生产计划和生产部门对物料的要求，在适当的时间供应其所需的物料。

采购部门及时采购适当品质的物料，配合生产的需要。因为生产部门是采购物料的使用者，其在使用过程中的实践和技术经验可以为采购部门提供物料质量和生产进度方面的相关信息，从而为采购人员采购合格的物料以及确定采购提前期提供指导。

总之，采购部门与生产部门之间是一种信息互动、互相协作的关系。

3. 采购部门与销售部门的关系

采购部门依据销售计划制订采购计划。销售部门向采购部门提供正确的销售预测、销售目标等资料。采购部门依据从销售部门获得的长期市场销售计划，制定具有现实意义的物料供应战略，并制订相应的具体采购计划。

销售部门销售计划的完成前提是采购部门及时向生产部门供应原材料。一方面，销售部门要依靠采购部门及时地获得高质量的物料，以保证销售目标的实现；另一方面，销售部门通过销售策略和售后服务的实施能够促进采购的优化，使采购部门能更好地满足客户的需要。

销售部门制定产品价格时，需要借助采购部门提供的采购价格。销售部门业绩的完成情况，在很大程度上取决于采购部门的采购价格，只有采购部门采购到质优价廉的物料，才能保证销售部门有较大的竞争优势。

4. 采购部门与仓储部门的关系

采购物料数量的确定需要仓储部门人员的支持。采购部门在采购物料之前，先要查询物料的库存情况，并向库管员核实，从而确定需要的采购数量，避免库存积压和不足。为了保证物资供应，采购部门可设置最低库存量与订购点。仓储部门要定期为采购部门提供紧缺物料以及过剩物料的清单，为采购部门的工作提供指导。

同时，采购物料的到货以及入库都需要仓储部门进行处理。采购物资的到货以及入库需要仓储部门人员的配合，并根据物料的需求情况合理存放。对于体积较大、数量较大的物资，采购部门要提前告知仓储部门到货时间，以确保仓储部门在货物到达时能尽快入库。因此，采购部门和仓储部门的合作可以提升双方的工作绩效。

5. 采购部门与质检部门的关系

质检部门对采购部门所采购的物料进行质量监控。采购部门采购的物料是否满足产品生产的要求，需要质检部门对来料按照质量管理的要求进行抽检或者全检。如果来料质量检验不合格，按照质检部门关于不合格品的处理要求，采购部门需要将来料全部退回供应商，或者仅仅退回不合格品。如果来料质量检验合格，质检部门将合格的物料交由仓储部门做来料入库。

质检部门为采购物料的品质提供指导。当来料出现不合格的情况时，采购部门需要与质检部门沟通不合格的原因，并及时向供应商反馈，根据供应商的整改情况来评估供应商。质检部门通过对采购物料的检验，提供反馈意见。采购部门将质检部门的反馈意见作为今后采购工作的依据。

6. 采购部门与财务部门的关系

采购部门通过生产计划确定采购物料，进而确定大概的采购预算，提交给财务部门。财务部门根据采购预算筹措采购资金，按照合同支付款项。同时，采购部门运作的有效性也可以作为衡量财务工作好坏的依据。采购部门和财务部门在应付账款支付、采购计划和预算方面相互作用。

通过以上对采购部门与其他部门之间关系的分析，能够清楚看到，采购业务的完成不单单是采购部门的事情，而是需要其他各个部门之间的相互交流、配合、监督的。采购活动的开展不仅需要采购人员的统领，而且还需要企业组织中其他各个部门人员的参与；从产品的设计、生产、存储到最后的销售，整个环节都需要采购部门的参与，才能保证产品的正常供应。通过分析也能看出，采购活动不单单只是一个买东西的行为，而是一项需要统筹规划的系统性的工作。

3.1.3　采购组织的岗位设置

1. 采购组织的职责

采购组织全面负责企业采购工作，在相关职能部门的配合协助下，严格制定并执行采购制度与采购工作流程，以确保采购顺利进行。采购组织的职责主要表现在两个方面：一方面是对内职责，即控制和保证采购流程的实施，保证采购质量；另一方面是对外职责，即选择和管理供应商。

下面详细介绍采购组织的具体职责：

（1）建立采购部门的组织结构。结合企业的实际需求和历史文化，建立健全采购部组织结构；优化配置采购部人员，做到分工明确、分工到位；明确采购部门人员的工作范围及职责，提高采购工作绩效。

（2）建立健全采购管理制度体系。根据企业的发展战略和管理要求，制定并严格执行采购规章制度，规范采购流程。

（3）制定供应商管理体系。结合企业物资采购的实际情况，建立供应商认证体系，并完善供应商档案；根据采购需求进行市场和供应商调查，对供应商及采购物资的质量进行检验认证，以确保采购的材料符合企业的质量要求；择优选择信誉好、品质高、价格优的供应商作为企业的长期供应商。

（4）制定采购价格管理体系。严格执行采购预算，监督采购询价、议价、订购过程费用的使用情况，进行成本分析，有效控制采购成本；建立完善的材料进货价格档案系统，结合市场变化及企业的实际情况，更新重要材料及常备物资的价格档案，提高采购工作效率。

（5）制定采购合同管理体系。结合企业长期采购的重要物资，与供应商签订长期采购合同，建立采购合同档案及台账分类管理系统，随时监督采购合同的执行情况，降低企业的采购风险。

（6）制定采购进度控制体系。监督采购合同的签订与执行情况，采取采购跟单与催货形式，并进行交期管理生产采购进度，以确保采购不耽误生产使用，按照生产进度及时准确供货。

（7）制定采购物资质量管理体系。监督采购物资的验收工作，以确保采购入库及进入企业的物资符合企业的质量要求；发现采购物资与实际需要的物资不符或有质量问题时，绝对不允许入库，同时及时与供应商联系，配合质量部门及时处理。

（8）制定采购物资库存管理体系。完善采购物资的入库和领用手续，建立健全物资领用台账及库存台账，随时盘点检查库存物资，避免物资积压或过期，减少库存，降低采购成本和持货成本。

（9）制定采购相关的其他工作职能管理体系。根据企业需要，调配好时间和人员，积极配合企业做好采购相关的其他工作。

2. 采购管理岗位设置及其职责

根据采购组织职责，采购组织应包括如下岗位，具体的岗位名称以及详细的岗位职责如下所述：

采购经理

① 拟定和执行采购战略，拟定采购部门的工作方针与目标。

② 制订采购计划，报采购总监批准后组织实施。

③ 采购谈判的策略和方案并加以实施。

④ 领导开发、选择、处理与考核供应商，建立供应商档案管理制度。

⑤ 处理质量问题，以及退货方案的实施。

⑥ 负责采购部门的日常管理工作，以及与其他部门的协调工作。

⑦ 对采购主管的工作进行监督和检查，以确保采购工作顺利开展。

采购主管

① 全面协助采购经理开展采购及部门管理等工作。

② 分派采购部门所有人员的日常工作。

③ 在部门经理的指导下，参与编制采购预算，并控制采购费用。

④ 参与供应商信息的分析，参与供应商的选择和评估。

⑤ 协助采购稽核专员规范采购政策和行为，确保企业利益。

需求分析员

① 分析企业保证生产需要采购的物料种类、数量、需求时间，制订物资需求计划。

② 通过汇总历史需求数据，预测分析或实际分析未来时间内的采购需求量。

③ 掌握采购需求分析的方法，负责需求确认、需求控制等需求相关工作。

供应商管理员

① 负责新供应商的开发，制订开发计划。

② 负责与供应商签订合作协议，建立供应商档案，年度供应商考核、评定和分级管理。

③ 及时协调解决各过程中产生的供货质量问题。

④ 根据企业采购相关制度，确定合格供应商，参与采购商务谈判和采购协议的签订。

⑤ 监督检查采购进程和价格控制，以确保企业利益。

⑥ 负责对供应商进行后续的维护、管理、评价、筛选和淘汰。

⑦ 对供应商所供物资的质量、价格做清晰准确的跟踪记录，并定期对记录进行分析，以确保企业采购到质优价廉的物资。

⑧ 每月对供应商考核、开发、评估、评审的数据进行汇报。

⑨ 完成领导或上级交办的其他工作。

采购计划员

① 根据销售情况，完成采购计划（月度计划、季度计划、年度计划）的编制，并下达采购计划。

② 统计生产、销售、库存等数据，为各项销售预测、产能分析提供数据基础。

③ 实时跟踪生产车间的生产进度，完成生产计划（月度计划、季度计划、年度计划）的编制。

④ 组织召开月度及临时产销协调会议，追踪决议事项，以确保各项决议按期完成。

⑤ 通过月度销售计划准确率的追踪与预警，提高销售计划准确率，以保证生产、供应、销售顺利进行。

⑥ 完成每周/每月的销售报表，跟进产品销售情况，做好库存管理及未来计划的预估；根据产销情况建立模型，提高计划预估的准确度。

采购员

① 了解所负责物料的规格型号，熟悉所负责物料的相关标准，并对采购订单的要求、交期进行掌控。

② 熟悉所负责物料的市场价格，了解相关物料的市场来源，降低采购成本，每月提交"原材料价格跟踪情况表"及市场调查报告。

③ 遵循适价、适时、适量的采购原则，组织工程和品管人员对供应商进行评审和考核，并及时更新相关的"合格供应商一览表"。

④ 配合生产物料控制（Product Material Control，PMC）部将原材料采购到位，以确保生产顺利进行，并做好物料交货异常信息反馈日报表。

⑤ 对重点物料进行重点跟进，并及时解决到料异常。

⑥ 追踪物料复核报告（Material Review Board，MRB）会议决议的执行情况，积极跟踪供应商品质改善，将供应商回复的结果及时反馈到品管部。

⑦ 追踪外发加工产品全部回仓及跟进外发余料库存情况、采购的售后服务问题，发现问题及时与供应商联系解决。

⑧ 跟催相关部门对样品的确认结果，并在当日内回交供应商。

⑨ 协助财务中心做好对账工作。

⑩ 定期或不定期向采购主管汇报工作。

⑪ 按照企业规定的采购流程进行采购操作。

⑫ 监控物料的市场变化，采取必要的采购技巧降低采购成本。

⑬ 服从上级临时安排的其他工作。

进货管理员

① 负责进货管理，包括运输方式选择、运输路线选择、运输跟踪以及到货检验。

② 负责运输成本核算，以及运输过程中出现的损坏、遗失等问题的处理。

③ 确保货物及时到达，保证生产。

质量管理员

① 建立和完善质量管理体系，并管理企业质量体系文件，及时监督检查与质量体系有关的记录，不断充实、更新。

② 完善质检流程，并严格执行，保证采购质量。

③ 负责对企业质量方针、目标以及质量管理制度的实施情况进行检查与考核。

④ 负责制定不合格品的预防及处理措施。

库存管理员

① 按规定做好物资设备进出库的验收、记账和发放工作，做到账账相符。

② 随时掌握库存状态，为采购计划提供信息支持，特别是库存报警，保证物料及时供应，充分发挥周转效率。

③ 定期对库房进行清理，保持库房的整齐美观，使物料分类排列、存放整齐、数量准确；熟悉相应物料的品种、规格、型号及性能，填写分明。

档案合同管理员

① 负责对采购业务所签的各类采购合同进行文本规范、标的、价格、扩展条款的审核，按规定的报批流程、签订权限办理合同订立，在确认保证金缴纳后，送入合同计算机信息库。

② 根据计划员提供的验收入库凭证和采购员转来的发票，负责进行合同匹配审核，并负责对执行完毕的物资采购合同进行销账（计算机合同信息库）和归档。

③ 对已到期、但未执行或部分执行的合同进行集中管理，在督促和征求相关采购业务意见后，确定作废或延期，报部长审核后执行。

④ 负责合同修改的集中管理，直接参与采购业务与供应商的合同变更、修改的洽谈和监督，并根据上报部长批准的结果修改相应合同条款。

⑤ 负责整理统计汇总各采购业务合同签订、执行履约情况，并提出对相关业务的考核建议。

⑥ 负责与法务室保持经常性工作联络，定期对各类采购合同的文本和条款进行修订和调整，保障企业利益。

采购统计员

① 负责供应部采购账目的记录及管理。

② 定期与供应商、财务、原料库对账。

③ 供应部所有票据的登记工作。

④ 负责物料样品的测试与验收，采购的售后服务问题，发现问题及时与供应商联系解决。

⑤ 检查供方的生产、品质保证能力及不合格件的清退管理工作，适时跟进完成情况。

⑥ 月底制作本月各种表格上交领导。

⑦ 负责本部门的办公用品领用和发放工作。

⑧ 负责联系办公设备的维修。

⑨ 按时完成领导临时交办的其他工作。

财务与成本核算员

① 核算产品的生产用料、成本及报价，以确保成本报价的及时与准确。

② 核算委外加工产品报价。

③ 负责月度物料价格审核。

④ 分析、比较各种产品的成本组成项目，提出降低成本的合理性建议。

⑤ 负责因市场原材料价格波动引起的物料价格波动跟踪、分析。

⑥ 协同跟进降本进度监控、通报。

⑦ 做好相关成本资料的整理、归档、数据库建立、查询、更新工作。

⑧ 完成主管临时交办的其他任务。

采购组织各个岗位的组织结构如图 3-6 所示。由于不同的企业可能有不同数量的采购主管，故这里暂不考虑主管，但标明了其他具体的岗位职责。

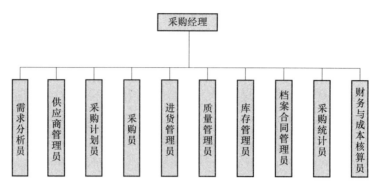

图 3-6 采购组织结构示意图

3.2 采购组织的类型

不同的企业有着不同的情况和各自的特点。对于采用哪种采购组织类型而言，应该针对具体的企业，根据企业的实际情况，选取适当的采购组织类型，这样才能最大限度地发挥企业的优势，提高企业的管理水平，降低企业的成本。下面将介绍几种采购组织类型以及它们各自的特点。

3.2.1 集中型采购组织

1. 集中采购的含义

集中采购是相对于分散采购而言的，它是指企业在核心管理层建立专门的采购机构，统一组织企业所需物品的采购进货业务。集中采购主要是把采购业务归于一个部门管理，消除多头指挥、重复采购和重复库存的现象，强化企业的整体购买力。集中采购通过建立信息平台，跨越组织协调的边界，消除传统采购中部门之间的权力冲突，使企业的不同部门、不同管理层通过信息系统，对运作中出现的问题一目了然，从而实现对整个采购过程有效的管理、协调和控制。集中型采购组织的结构图如图 3-7 所示。

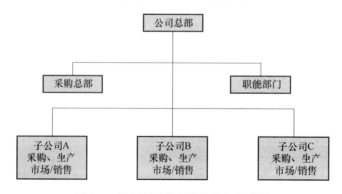

图 3-7 集中型采购组织的结构示意图

2. 集中采购的特点

集中采购的特点主要有规模经济效益、采购业务活动的协调和采购业务活动的控制。

（1）规模经济效益。集中采购使组织机构利用自身的采购规模或杠杆作用以达到最好的效果。其理由如下：货量的集中可以形成价格的批量折扣或优惠；与集中采购部门打交道促使供应商去争取拿到一个企业需求的全部或比例可观的订单；通过与供应商在较长的生产周期中共同分摊经常性管理费用而获得相对低廉的价格；可根据主要产品种类来聘用专业技术人员；可聘用专业的辅助工作人员，如为大量海外订购任务聘用办理进出口手续方面的专业人员；较低的行政开支成本，例如，一次处理价值1万元的订单比处理10次每次1000元的订单更合算。

（2）采购业务活动的协调。采购部门可以协调组织的采购业务活动，包括：采用统一的采购政策，如单一货源、合作伙伴关系组织货源；遵循统一采购程序步骤；消除一个组织机构中多个部门竞相采购物资的现象；采用全企业的统一技术规范，使标准化工作易于推进；方便订单数量和送货日期的决定；协调相关服务，特别是库存控制和生产进程；可以系统地进行员工培训和开发；协助配合采购关于货源、货量和供方表现方面的深入研究；对供应商来说，与一个集中的采购部门联系比与大批单独的部门或工厂联系要方便得多。

（3）采购业务活动的控制。采购部门可以实现对业务活动的控制；采购部门可以成立独立的成本中心，即组织机构中成本可以落实的一个部门，也可以成立独立的利润中心，即企业中一个自负盈亏的单位；预算控制可同时针对采购部门和供应的总开支；由集中采购取得统一的采购价格，有助于成本统一；通过减少废品、降低因多余库存量带来的资本利息损失等方式，使库存得以控制；可贯彻即时采购和生产资源规划等措施。

3. 实施集中采购的优势和劣势

（1）实施集中采购的优势。集中采购可以带来明显优势，特别是当企业拥有不止一个采购中心时。中心小组的任务是促进相似的采购要求和标准化设备采购流程的整合。完成这项工作涉及许多任务，包括选择为整家企业服务的供应商，与之就企业范围的采购合同进行谈判。集中采购具有很多潜在的优势，下面列举了其中比较重要的优势：

1）获得采购规模效益，降低采购成本和物流成本，提升利润率。实施集中采购的企业，由于采购量的增加，可得到数量折扣和其他一些有利的采购条款。人们通常所说的采购杠杆效应，是指采购成本的降低将带来利润率的成倍增加。数量上的优势给采购部门带来更多的议价能力，供应商则因为大批的购买量而更愿意协商价格、提供更好的条款并分享技术。

2）减少重复性采购工作，提高工作效率。实施集中采购的另一个重要原因是，它可以减少重复性工作。想象一下，某家企业的各部门分布在10个不同的地区，如果采用的是完全分散式的采购体制，该企业可能发现企业内存在10套物料单、10种供应商质量评价标准、10种供应商绩效评估系统、10种采购培训手册以及10种与供应商进行电子数据交换的标准。重复性工作会增加企业运作成本，但很少出现价格一致的情况。这种分散式的采购体制成本高、效率低且各业务部门间缺乏一致性。

3）协调采购计划和战略。集中采购能够帮助企业协调采购计划和战略，协调和管理整个企业的采购系统，供应商选择合同准备、谈判工作都可以集中进行，这样可以提升采购的专业化水平，降低采购成本；同时，从企业战略着眼，可以提升企业竞争力。如今，出现了几种趋势：①采购部已不仅仅是一个制定策略的部门，更是一个战略部门；②企业组织正在将公司、业务部以及采购部的计划整合为方案。这两种趋势需要一个集中化管理小组从企业最高层的角度出发制定采购战略。如果没有这样的小组，企业将无法协调自己的采购战略。

4）集中采购还可以提升服务需求。集中采购可以享受大批量运输的优惠；同时，由于与供应商良好的合作关系，小批量的运输也可以安排直接从供应商那里送到使用地。另一方面，统一运输增加了整车运输的概率，减少了零担运输，提高了运输工具的使用效率。例如，企业通常签订用于整家企业的运输合同，这样既能实现成本的降低，又能在所有区域制定统一的绩效评价标准。通用电气公司成立了一个由各部门运输部经理组成的运输委员会，该委员会作为一个中心机构，就公司运输合同对承运人进行评估，与最佳承运人签订运输合同，并在所有部门制定统一的承运人绩效评价标准。通过整合所有运输量，通用电气公司提高了整家公司的服务水平。

（2）实施集中采购的劣势。集中采购的管理方式的应用，有可能造成企业决策与实际需求脱节、市场反应滞后等问题；请购程序太过复杂，缺乏灵活性；而且，有些物料因受场地的限制，不利于集中采购，缺乏对特殊物料的处理措施，当工厂分散布置时，集中采购后再分运，会对仓储管理造成不便，因此对分散布置的工厂不太适用。

4. 集中采购适用的采购主体和采购客体

集中采购的主体通常是需要大量采购的企事业单位；其客体主要是适合集中采购的物品。

采购主体方面，集中采购适合以下情况：

① 集团范围实施的采购活动。

② 跨国公司的采购。

③ 连锁经营、OEM（贴牌生产）厂商、特许经营企业的采购。

采购客体方面，集中采购适合以下情况：

① 大宗或批量物品，价值高或总价高的物品。

② 关键零部件、原材料或其他战略资源，保密程度高、产权约束多的物品。

③ 定期采购的物品，以免影响决策者的正常工作。

3.2.2 分散型采购组织

1. 分散采购的含义

与集中采购相对应，分散采购是由企业下属各单位，如子公司、分厂、车间或分店实施的满足其自身生产经营需要的采购。这是一种集团将权力下放的采购活动。分散采购是集中采购的完善和补充，有利于采购环节与存货、供料等环节的协调配合，有利于增强基层工作责任心，使基层工作富有弹性和成效。分散型采购组织的结构如图3-8所示。

2. 分散采购的特点

分散采购的特点就是每个经营单位经理对自己的财务后果负责。因此，经营单位的管理要对其所有的采购活动负完全责任。这种结构的缺点之一是不同的经营单位可能会与同一个供应商就同一种产品进行谈判，结果达成了不同的采购结果。当供应商的能力吃紧时，经营单位相互之间会成为真正的竞争者。这种结构对拥有多个经营单位的跨行业企业特别有吸引力，每一个经营单位采购的产品都是唯一的，并且与其他经营单位所采购的产品有显著的不同。在这种情况下，规模经济职能会提供有限的优势。

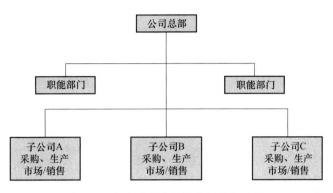

图 3-8 分散型采购组织的结构示意图

3. 分散采购的优势和劣势

分散采购的优势有：

① 快速反应和回应。分散采购的主要优势是能够对用户和消费者的需求做出快速反应和回应。很多采购专家认为，分散采购权力将带来更快的回应和更多的支持。即使现在，仍然有企业反对采取较强的集中采购小组方式，仅仅因为以前集权化管理所带来的深刻经验教训。有些企业则担心集权可能会导致更慢的反应速度。

② 理解特殊的操作性要求。分散采购人员应对当地的运营要求具有更深刻的认识和理解。这些人员会逐渐熟悉产品、流程、商业惯例及部门或工厂所拥有的客户，这将有利于采购商对本部门的需求进行预测，同时保持与当地供应商稳固的合作关系。这对诸如高露洁这样在世界各个人口密集地都有分支工厂的全球公司来说尤为重要。

③ 提供新产品开发支持。由于大多数新产品都是在具体业务部门进行开发的，因此，分散采购结构将有利于在早期就对新产品的开发提供支持，采购部门能够以多种方式支持新产品开发。首先，采购商可以让供应商在新产品设计流程早期就参与进来；其次，他们还可以评估长期物料产品需求，制订战略性计划，判定是否可以获得替代性物料，并预测产品需求。

④ 影响采购决定的所有权。企业更偏好分散采购权力的一个潜在原因是所有权问题。本质上，所有权是指这样的假设：当地工作人员理解并支持业务单元或部门的目标，并对具体的运营操作具有个人责任感；业务部门经理负责部门的盈利，由于大部分的成本和运营效率通过采购表现出来，因此，他们本应该拥有采购的决定权。

分散采购的劣势有：部门各自为政，容易出现交叉采购、人员费用较大等问题；由于采购权力下放，采购控制较难，采购过程中容易出现舞弊现象；计划不连贯，形象不统一，难以实施统一促销活动，企业整体利益控制较难；由于各部门或分店的采购数量有限，难以获得大量采购的价格优惠。由于分散采购制度存在许多弊病，这种方式正逐渐被集中采购所取代。

4. 分散采购所适用的采购主体和采购客体

分散采购的主体通常是不需要进行大量采购的企事业单位或者个人；其客体主要是适合分散采购的物品。

分散采购适用的采购主体

① 二级法人单位、子公司、分厂、车间。

② 离主厂区或集团供应基地较远，其供应成本低于集中采购时的成本。

③ 异国、异地供应的情况。

分散采购适用的采购客体

① 小批量、单件、价值低、总支出在产品经营费用中所占比重小的物品。

② 分散采购优于集中采购的物品，包括费用、时间、效率、质量等因素均有利，不影响正常的生产与经营。

③ 市场资源有保证，易于送达，较少的物流费用。

④ 分散后，各基层有这方面的采购与检测能力。

⑤ 产品开发研制、试验或少量变型产品所需的物品。

3.2.3　混合型采购组织

1. 混合型采购组织的含义

混合型采购组织是指结合了分散型和集中型两种采购管理组织方式，既在一级管理层次上设立企业采购部门，进行战略和战术采购活动，又在各个分支部门设立采购部门，分别进行采购的一种组织形式。混合型采购组织的结构如图 3-9 所示。

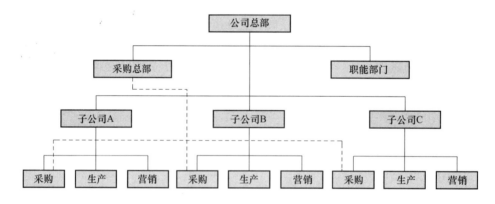

图 3-9　混合型采购组织的结构

2. 混合型采购组织的特点

鉴于集中型和分散型采购组织的优缺点，现在许多企业采用了混合型采购组织形式。在混合型采购组织结构下，在企业一级的层次上设有中心采购部门，同时独立的经营单位也进行采购活动。通常，企业中心采购部门主要负责战略采购部分，如制定企业最高层次的采购战略、分析供应市场、统一审核供应商资格、与供应商谈判以及制定框架性合同、维护采购声誉等。企业或部门的采购组织负责策略性采购，如订货量的制定、发出订单、催货、收货等。但同时，这种模式对于一些新成立的企业或者基础设施不是很完善的企业来说，实施起来比较困难。

3. 混合型采购组织的优势和劣势

混合型采购组织的优势有：

① 集中与分散采购相结合，采购效率更高。混合型采购组织结构通过建立一个中立的组织结构，同时获得集中型与分散型采购组织结构的优点，其采购职能在企业上层被部分集

权，而在各个经营单位被部分分权。中心采购部门会对战略采购品进行详细的供应市场研究，但它并不参与具体的采购活动，具体活动完全由部门或经营单位的采购组织实施。企业在推行集中采购时，可将部分作业合理分散执行，如一些小额采购、地区性采购等。这样就给予了下属单位较大的执行权，不仅可以提高采购效率，而且还可以降低采购成本。

② 更加灵活，适用范围更广。企业在采购物料时，一般会区分重要物料和普通物料。重要物料一般是对企业的生产产品有重要影响的物料。对重点物料采用集中采购，重点监控，选择优质供应商，不仅能够保证产品质量，还能通过批量采购节省成本。而对于普通物料，则可以根据不同单位的生产要求或者不同部门的需求特点选择分散采购，不仅能满足多样化的需求，也能降低管理成本。企业采用混合型采购组织，显然更适合实际的生产需要，适用范围更广。

混合型采购组织的劣势有：采购组织管理难度大。由于组织结构不规范，容易造成管理上的混乱，而且对于集中和分散的程度也很难把握；所设各部门之间差异很大，不利于各部门之间协调与合作，也不利于在全球范围内树立完整的公司形象。

3. 2. 4　跨职能采购小组

1. 跨职能采购小组的含义

跨职能采购小组是采购中一种相对较新的组织形式。它通常是为了一个特定的采购项目或连续性的采购任务而组建的，是由生产、质量、计划、财务、市场、研发等职能部门的成员组成的团队，因而被称为跨职能采购小组。通过交流和合作而形成的团队工作力是跨职能采购团队成功的基本保障，跨职能采购团队通常在新产品开发、商品管理和采购与供应决策中被采用。跨职能采购小组的结构如图 3-10 所示。

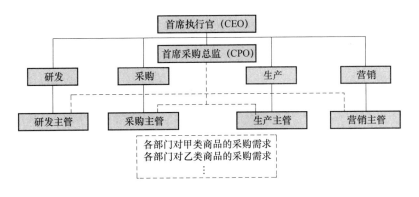

图 3-10　跨职能采购小组的结构

2. 建立跨职能采购小组的要求

（1）注意人员选拔，务必保证所选拔的人员具有组织所需的业务和沟通技能。首先，所选拔的人员应该对其所在部门有整体的了解，尤其是对采购需求方面；其次，所选拔的人员要具有与其他部门人员的良好的沟通技能，以确保信息传递的效率以及准确性。

（2）明确组织的目标，保证目标对小组成员具有足够的吸引力。跨职能采购小组的成

采购与供应管理

员由于来自不同部门，因而只对本部门的业务有较多的了解。小组建立以后，要召开小组会议，说明建立小组的目的以及不同人员所发挥的作用，增强他们的使命感以及荣誉感。

（3）确保小组成员了解组织的运作方式。跨职能组织的运作方式与其他组织是截然不同的。因此，首先要让组织成员了解组织是如何运作的，弄清楚该组织的目标以及与其他组织的区别。这样才能帮助组织成员更好地完成任务。

（4）进行高强度的组织建设，以确保组织的协调性。跨职能采购小组的一个很大弊端就是组织成员的差异性。由于成员来自不同的职能部门，彼此处于同等的位置，往往会更多地考虑自身利益，而忽略集体利益，甚至会出现互不服从的现象。进行频繁的组织建设，让组织成员意识到自己处于一个团队中，只有团队取得成功，才会实现其自身的价值。这样才能确保组织的协调性，从而使组织更快地运转。

3. 跨职能采购小组的优势和劣势

跨职能采购小组的优势

① 减少完成任务需要的时间。组成组织进行合作，往往会减少解决问题或完成任务所需的时间。执行组织任务的传统方式通常会导致各部门间的重复性劳动；并且，如果不同职能小组出现员工拖延的情况，那么可能会延长完成任务需要的时间。组成组织的方式可以促使各部门达成一致意见，这样做可以减少重复性劳动并缩短执行决策的时间。

② 提高企业创新能力。企业希望小组能够开发出创新性的产品和流程以保持竞争优势。创新是企业长期成功的关键。研究表明，减少正式的规定和流程规则并采用非正式的组织结构有利于提高企业的创新能力。采用组织方式，应制定较少的正式规定和规则，并形成不太正式的组织结构。小组形式可以成为一种鼓励成员不断进行创新的方法。

③ 共同享有决策权。小组形式要求各成员达成一致的协议并共同享有决策权。通过小组内部交流，队员开始逐渐理解彼此的需求和极限，并制定出能同时得到各部门支持的解决方案。组织间进行交流的最大好处是，一旦组织做出决定，小组之间的信任会使决策的实施变得很容易。当部门间就变更或决策的协议及所有权达成一致后，利益相关者就能更加及时有效地执行相关决策。

④ 加强部门或组织间的交流。在各个部门严格分割开来的组织中工作的员工深刻理解部门间交流的低效率。当部门团体希望在组织之间开展交流时，这个问题显得尤为严重。而跨职能采购小组形式将有利于减少交流障碍，因为成员之间可以进行直接的交流联系（通过面对面或电子方式交流）。例如，在产品开发阶段，由于小组成员共同制定产品规格，就可以减少设计或物料方面出现变动的情况。跨职能小组鼓励成员之间进行公开、及时的信息交流。

跨职能采购小组的劣势

① 组织效率损失。如果某些成员不积极可能会造成效率损失，如无法全力以赴或者没有受到激励。当这种情况发生时，整个团队的作用将少于各成员作用的总和。

② 糟糕的群体决策。在一个团结的组织中，群体思维可能成为所有成员的问题。为了保持团队的统一和共识，他们可能会放弃自己最初的想法而寻求其他可行的方法。

③ 对个人意见的压制。当某些成员并不赞成决策或者立场时，组织可能会施加压力来执行；同时，有些人在这种集体环境下可能会觉得压抑，或者不能与其他成员很好地相处。

当这种状况发生时，个人绩效就会受到影响。

4. 跨职能采购小组成立的条件

（1）当面对复杂、大型的商业决定时，如新产品开发、购置大型新设施、制定采购战略等。

（2）当小组能够比个人或单个部门更加有效地完成某项任务时，如来自其他部门的人员给采购部提供各种协助。

（3）当面临直接影响企业竞争地位的任务时。

（4）当一个部门不能解决问题时。

3.3 采购流程概述

对于采购员来说，在采购前首先要了解采购流程，只有了解了采购流程，才能有效地提高采购效率和降低采购成本。本节会对采购的基本流程和改进方法做详细介绍。

3.3.1 传统采购的基本流程

采购的基本流程会因为采购品的来源（国内采购、国外采购）、采购的方式（议价、比价、招标）及采购的对象（物料、工程发包）等不同，而在作业细节上有若干差异，但每个企业的基本程序则大同小异。

采购作业流程通常是指有制造需求的企业选择和购买生产所需的各种原材料、零部件等物料的全过程。在这个过程中，作为制造业的购买方，首先要寻找相应的供应商，调查其产品在数量、质量、价格、信誉等方面是否满足购买要求；其次，在选定了供应商后，要以订单方式传递详细的购买计划和需求信息给供应商，并商定结款方式，以便供应商能够准确地按照客户的性能指标进行生产和供货；最后，要定期对采购物料的管理工作进行评价，并寻求提高效率的采购流程创新模式。所以，采购作业流程体系是涵盖从采购计划制订、供应商认证、合同签订与执行，到供应商评审监控的全过程。

美国学者威斯汀（J. H. Westing）主张的采购基本流程如下，并绘制采购流程图（见图 3-11）。

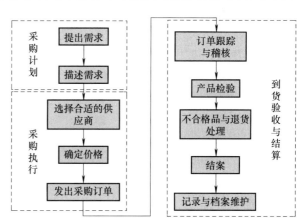

图 3-11　采购流程图

1. 提出需求

任何采购都产生于企业中某个部门的确切需求。负责具体业务活动的人员应该清楚地知道本部门的独特需求：需要什么，需要多少，何时需要。这样采购部门就会收到这个部门发出的物料需求单。当然，这类需求也可以由其他部门富余的物料来加以满足。但是，或早或晚企业必然进行新的物料采购。有些采购申请来自生产或使用部门，有些来自销售或广告部门，对于各种各样办公设备的采购要求，则由办公室的负责人或企业主管提出。通常不同的采购部门会使用不同的请购单。

采购部门还应协助使用部门预测物料需求。采购部经理不仅应该要求需求部门在填写请购单时尽可能采用标准格式，以及尽可能少发特殊订单，而且应该督促尽早预测需求，以免出现过多的紧急订单。由于未了解价格变化和整个市场状况，为了避免供应终端的价格上涨，采购部门必须要发出一些期货订单。采购部门和供应商早期参与合作会带来更多信息，从而可以避免或削减成本，加速产品推向市场的进度，并能给企业带来更大的竞争优势。

2. 描述需求

如果采购部门不了解使用部门到底需要些什么，就不可能进行采购。出于这个目的，就必然要对需要采购的商品或服务有一个准确的描述。准确描述所需的商品或服务，是采购部门、使用部门或跨职能采购小组的共同责任。如果通过某种调整，企业可能获得更多的满足，那采购部门就应该对现存的规格提出质疑。由于未来的市场情况起着很重要的作用，因此，采购部门和提出具体需求的部门在确定需求的早期阶段进行交流就具有重要的意义。否则，轻则由于需求描述不够准确而浪费时间；重则会产生严重的财务后果，并导致供应中断及企业内部关系恶化。

由于在具体的规格要求交给供应商之前，采购部门是能看到它的最后一个部门，因此需要对规格进行最后一次检查。如果采购部门的人员对申请采购的产品或服务不熟悉，这种检查就不可能产生实效。任何关于采购事项描述准确性方面的问题都应该请采购方或采购团队进行咨询，采购部门不能想当然地处理。

采购的成功始于采购要求的确定，应制定适当的办法以保证明确对供应品的要求，更重要的是让供应商完全理解。这些办法通常包括：

（1）制定规范、图样和采购订单的书面程序。

（2）发出采购订单前企业与供应商的协议。

（3）其他与所采购物品相适应的方法。

（4）在采购文件中，包含清晰地描述所订产品或服务的数据，如产品的精确辨认和等级、检查规程、应用的质量标准等。

（5）所有检查或检验方法和技术要求应指明相应的国家和国际标准。在很多企业中，物料单是描述需求的最常用的单据。

3. 选择合适的供应商

根据需求说明在原有供应商中选择成绩良好的厂商。供应商是企业外部影响企业生产运作系统运行的最直接因素，也是保证企业产品的质量、价格、交货期和服务的关键因素。因此，对供应商的评价是很重要的。

4. 确定价格

确定了合适的供应商后，就要进行价格谈判，确定适宜的价格。

5. 发出采购订单

对报价进行分析并选择好供应商后，就要发出采购订单。

6. 订单跟踪与稽核

将采购订单发给供应商之后，采购部门应对订单进行跟踪和催货，并进行稽核。企业在采购订单发出时，同时会确定相应的跟踪接触日期，在一些企业中甚至会设有一些专职的跟踪和催货人员。

跟踪是对订单所做的例行追踪，以便确保供应商能够履行其货物发运的承诺。如果出现了问题，如质量或发运方面的问题，采购商就需要对此尽早了解，以便及时采取相应的行动。跟踪需要经常询问供应商的进度，有时甚至有必要到供应商那里去走访。不过这一措施一般仅用于关键的、大额的和提前期较早的采购事项。通常为了及时获得信息并知道结果，跟踪是通过电话进行的；现在一些企业也使用计算机系统，以查询有关发运日期和在某一时点采购计划完成的百分比。

催货是对供应商施加压力，以便使其按期履行最初做出的发运承诺、提前发运货物或加快已经延误的订单涉及的货物发运。如果供应商不能履行发运的承诺，采购部门会威胁取消订单或以后可能进行罚款。催货应该只是用于采购订单中的一小部分，因为如果采购部门对供应商能力已经做过全面分析，那么被选中的供应商应该是那些能遵守采购合约的可靠供应商；而且，如果企业对其物料需求已经做了充分的计划工作，不是特殊情况，就不必要求供应商提前发运货物。

稽核是依据合约规定，对采购的物资予以严格检验入库。

7. 产品检验

采购合同上应明确产品验证体系。该验证体系应在采购合同签订之前，由供应商和采购方达成协议。下面方法中的任何一种均可用于产品验证：

（1）采购方信赖供应商的质量保证体系。

（2）供应商提交检查检验数据和统计的程序控制记录。

（3）当收到产品时由采购商进行抽样检查或检验。

（4）在发送前或在规定的程序中由采购商进行检查。

（5）由独立的认证机构进行认证。

采购商必须在采购合同上明确指出最终用户（若有最终用户参与）是否在供应商的场地进行验证活动。供应商应提供所有设施和记录以协助检验。

8. 不合格品与退货处理

如果供应商所交货品与合约规定不符而验收不合格，应依据合约规定退货，并立即办理重购，予以结案。

9. 结案

凡验收合格付款，或验收不合格退货，均需办理结案手续，清查各项书面资料有无缺失、绩效好坏等，并签报高级管理层或权责部门核阅批示。

10. 记录与档案维护

凡经过结案批示后的采购案件，应列入档案登记编号分类，予以保管，以便参阅或事后发生问题的查考。档案应该具有一定保管期限的规定。

3.3.2 采购流程分析与优化

1. 传统采购流程中存在的问题

在传统采购模式下，企业的采购流程非常复杂，包括采购申请、信息查询发布、招标投标评标、洽谈签约结算、物流配送交割、协调相关部门等。这些环节全部要手工操作，造成了时间成本和人力成本的极大浪费，过程效率低下。传统采购流程中存在的问题主要表现在以下几方面：

（1）采购时间过长，采购流程复杂，大量手工作业，消耗了很多时间和人力成本；同

采购与供应管理

时，对市场的反应速度慢，很难掌握最新的产品信息供应商信息和市场行情。

（2）库存过多，资本利用率低，企业很难进行全面、细致的数据分析和采购管理，为确保生产，必须保证过量的安全库存。

（3）与供应商关系紧张。面对多变的市场，尽管企业很注重发展战略伙伴联盟关系，但是采购人员因为实质性问题的谈判，仍旧与供应商之间摩擦不断；而且，企业缺乏发展新的合格供应商的渠道，即使找到新的合格供应商，实现供应商转换的成本也比较高。

（4）采购方式单一，企业很难利用适当的采购策略来获得更多的价格折扣，降低采购产品的价格。

（5）采购流程不合理，企业为了有效地管理和控制采购支出，请购需要经过多部门、多人员层层审批，运作的采购流程比较复杂。

（6）处理内部和外部订单消耗大量的时间和成本。

（7）采购过程中的人为因素难以排除，透明度不高，导致不必要的资源流失。

2. 采购流程优化应注意的问题

优化采购作业流程时应注意以下问题：

（1）采购流程应与采购数量、种类和区域相匹配。过多的流程环节会增加组织流程运作的作业成本，降低工作效率。另外，流程过于简单、监控点设置不够多等，将导致采购过程的操作失去控制，产生物资质量、供应、价格等问题。

（2）先后顺序及时效控制。应注意其流畅性与一致性，并考虑作业流程所需的时限。例如，避免同一主管对同一采购文件做数次的签核；避免同一采购文件在不同的部门有不同的作业方式；避免一个采购文件的会签部门太多，影响作业时效。

（3）关键点设置。为便于控制，使各项在处理中的采购作业在各阶段均能跟踪管理，应设置关键点的管理要领或者办理时限。例如国际采购，从询价、报价申请、输入许可证、出具信用证到装船、报关、提货等均有管理要领或者办理时限。

（4）权力、责任或者任务的划分。各项作业手续及查核责任，应有明确权责规定及查核办法，如请购、采购、验收、付款等权责应予区分，并确定主管单位。

（5）避免作业流程中发生摩擦、重复与混乱。注意变化性或弹性范围及偶然事件的处理规则，如"紧急采购"及"外部授权"。

（6）采购流程应反映集体决策的思想。由计划、设计、工艺、认证、订单、质量等人员一起来决定供应商的选择，处理程序应合时宜。应注意采购程序的及时改进，早期设计的处理程序或流程，经过若干时日后，应加以检查，不断改进与完善，以回应组织的变更或作业的实际需要。

（7）配合作业方式的改善。例如，手工的作业方式转变为计算机管理系统作业后，其流程与表格需做相当程度的调整或重新设计。

3. 采购流程优化的方法

采购流程的再造和优化可以参考企业流程再造（BPR）的方法。严格说来，企业的新流程设计并非一个可以拿来作为技术分析或工程化的过程，从某种意义上说，它在更大程度上是一种艺术化的活动。因为在整个流程设计上，所需要的是对原有流程的突破，是一种创意的思考。但流程的重新设计又受到企业具体情况的影响。本节会对这种基于流程导向的新流程设计做一个初步的讨论，并结合实际给出新流程设计的一些方法和原则。

（1）系统化改造法。系统化改造法是指辨析现有流程，系统地通过在现有流程基础上创建提供所需产出的新流程的方式。这种方式的优点在于改变可以一点点地积累实现，能够边改造边取得收益，并且风险较低，对正常运营干扰小。其缺点是仍然以现有流程为基础，创新流程虽然不是不可能，但与全新设计相比，不大容易实现。例如，许多欧洲汽车零配件厂商转向丰田、本田等日产公司供货后，通过在企业中引入 JIT 方法，生产率和质量都取得了大规模渐进改善，通过实现上百个小变革，积累而成功实现绩效的显著改善。

一般来讲，适用于这种渐进式流程再造方式的企业具有以下特点：

1）业绩普遍良好，原有流程的运行并没有出现较大的问题。企业进行流程再造的原因只是为了同行业的竞争或适应顾客环境变化的需要，并希望通过此项目在未来获得技术成本优势，增强其核心竞争力。

2）具有在业务流程中不断进行小规模革新的习惯，并且这种习惯已经深入到企业文化的深层次里，成为企业行为的一种基本模式和习惯。

3）处于比较成熟的产业。企业的工作流程经过多年的考验，具有稳定性；企业文化多趋于稳定、保守。

运用系统化的方法对企业具体流程进行改造，就是尽一切可能减少流程中的非增值活动以及调整流程的核心增值活动。其基本原则是 ESIA，即清除（Eliminate）、简化（Simplify）、整合（Integrated）和自动化（Automate）。下面对每一原则进行简要的分析：

清除：这是将企业原有流程中的非增值活动予以清除。在企业原有流程中存在相当多的非增值活动，当然其中有些是不得已而被允许存在的，而另一些则根本是多余的。这里的多余是指那些为了适应复杂的职能划分和部门划分而产生的无必要活动，或者那些毫无意义而存在于流程中的环节。这些非增值活动主要表现在：活动时间的等待；不必要的运输；反复加工（产品或文件）；过量的库存；缺陷、故障与返工；重复活动；反复检验；跨部门协调等。这些活动是流程再造的首要目标，如何消除或最小化这些活动，同时又不给流程带来负面影响，是重新设计流程的主要问题。

简化：在尽可能清除了非必要的非增值活动后，对剩下的活动仍然应该做进一步简化。因为从流程设计的角度来看，基于原有流程要素的环节应当根据现有因素的变化而予以适当简化。

整合：在对流程的任务体系经过充分的简化后，还需要对这些被分解的流程进行整合，以使流程顺畅、连贯，更好地满足客户需要，实现企业目标。一个流程可以被整合的环节有任务、任务的承担者、流程的上下游（顾客和供应商）。

自动化：这里的自动化不是简单地使用计算机就完成了，事实上，对于许多流程，往往计算机的使用反而使得流程更加复杂和烦琐。因此，在流程自动化以前，应该完成对流程任务的清除、简化和整合，在此基础上才可应用自动化。在进入自动化后，有可能还需要返回前面的阶段，进一步清除、简化和整合流程，如此反复，才能使自动化的新流程更合理有效。

总之，系统化改造法的风险相对较小，具有再造范围窄、牵涉面小、再造方式简单易行、实施阻力相对较小等优点。但是，这只是对局部的关键性环节进行了基于原流程的再造，因此再造力度小，再造效率并未出现本质上的变化。

（2）全新设计法。全新设计法是指从根本上重新考虑产品或服务的采购方式，零起点设计新流程的方式。这种方式的优点是抛开现有流程中所隐含的全部假设，从根本上重新思考企业开展业务的方式。这种方式提供了业绩飞跃的可能性。全新设计法将从目标开始逐步倒推，设计能够达到要求的流程。

组织采取全新设计法的原因可能是他们认为已经达到"转折点"状态；也可能是由于他们先前采取系统化改造法未能成功地取得显著的业绩改善。全新设计法的主要缺点是实现所要求的组织变革，即便不是不可能，也会相当困难。总体说来，这种方式的风险大，组织经历的痛苦大，对正常运行干扰大。许多采用过这种方式的组织发现，实施阶段最大的问题是新流程与现有流程的差别非常大，使得员工难以适应。如果没做好充分的准备或者管理部门不够坚定，员工可能会拒绝使用新方法。有时企业可能还会决定建立新的部门或经营机构，而不是在现有组织内进行变革。这种"新开场地"的做法有许多优点，在一群新劳动力中创建所要的流程和文化，比对现有流程和文化进行重大改变要容易得多。

总的来说，除非企业的绩效严重低下或面临危机，对任何全新的流程设计方案都应该予以充分和谨慎的讨论。

（3）系统化改造法与全新设计法的比较。一般来说，系统化改造法最常用于短期业绩改进，而全新设计法则被企业用于开拓中长期的竞争新途径。虽然初期也会有显著的改善，但系统化改造法更强调随着时间推移，不断地进行大量渐进式变革。全新设计法则是"激进大变"的同义词，目标流程往往同过去联系不大。因此，这种方式通常能够带来业绩的飞跃式提升，但是，取得这种进步的风险很大。

西方的企业通常更倾向于全新设计法，因为激进的变革显得更吸引人，而且如果这样的变革成功了，会带来更大的提升机会。因此，这种方式的风险往往被忽略，造成流程再造的高失败率。尤其值得注意的是，绝大部分大型项目都没有取得项目开始时所确定的全部目标。而通常是选择了低风险持续改善途径的组织取得了显著收效。有些企业认识到，它们的具体情况并不适宜彻底改变其经营方式。如果顾客和股东都更看重企业的可靠性，那么，除非企业业绩严重下滑或面临危机，任何有损这种可靠性的提议一般不会被接受。

许多日本厂商采取了渐进式持续改进现有流程的方式。这种低风险方式的问题是随着时间的推移，它所能带来的收效越来越小，最后将会到达某一转折点——能够从现有流程中"榨出"的业绩改进降至最低。因此，必须从根本上重新思考如何获取进一步的显著收效。但是，本书认为，西方企业更多的是过早地跳入了激进大变的浪涛。许多希望通过激进大变超越竞争对手的企业发现，项目取得预期改进业绩结果的时间如此长，以至于此期间竞争对手通过渐进式持续改进所得到的业绩提高已经超过了自己设定的激进大变目标。因此，对大型变革一定要小心谨慎。这种项目的投资回报可能会低于在渐进式改革上相当投资的收益。经济环境的相对稳定，可能是近几十年日本企业比较偏爱渐进式持续改进的原因。另一方面，一直处于剧烈波动状况的欧洲和美国经济，可能驱使企业采取更为激进的措施。要认识到，全新设计的新流程并不一定立即就能超越老流程，特别是从财务指标的角度来度量。出现这种情形并不意味着一定犯了错误，重要的是要看新流程是否具有能大大提高中长期业绩水平的潜力。

（4）再造方式的选择。在上述两种极端再造方式之间，还有一片广阔的中间地带——许多组织都选择了两种方式相结合的途径。

对两种方式的选择取决于组织的具体情况和涉及的时间范围。企业究竟应该选择哪种再造方式，应该结合企业的实际情况，除了要考虑两种方式各自的风险和要求外，还应当充分考虑企业流程的可改进性。不论选择哪种方式，都要注意对现有流程的分析不能过分。必须一直牢记，不论选择什么方法，目标都是获得显著的业绩改善。因此，应该对新流程而不是对老流程给予更多的关注，后者仅仅是一个起点。可以参照图 3-12 来进行流程优化方式的决策。

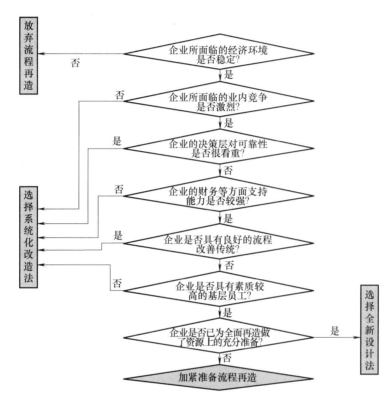

图 3-12　流程优化方式决策框图

【案例分析】

A 集团采购案例

一、案例背景

某能源集团公司（以下简称 A 集团）是国家电力投资集团公司下属的一家国有大型综合能源企业，下辖十多家煤电企业。

A 集团现有产业主要在能源和冶金领域，包括煤、电、铝三大板块，主营业务集中于煤矿开采加工销售、燃煤发电、电解铝制造这一产业链；以原材料生产及初加工为主，产品主要有褐煤、原铝制品，产品销售地区为东北地区、华东地区和华北地区。

（一）A 集团分散采购的实施现状

2008 年以前，A 集团一直采用分散采购的模式。以其电厂的运营为例，A 集团下辖 18 个电厂，各电厂 2008 年的采购总量约为 35245.01 万元，年均增长 8.64%，采购的品种包括配品配件类（包括汽机配件、

采购与供应管理

电气配件、锅炉配件、机炉泵件、热工配件、化学配件、除灰配件、燃料配件）、材料类（包括材料钢材、材料仪器仪表、材料机电、材料阀门、材料电机、材料轴承）、燃料类三个大类的物资。从采购物资的价值构成情况看，燃料类占采购总额的50%，配品配件类占40%左右，材料类占10%左右。该区域各电厂现有机组总计27台，单台装机容量大小不等，从50MW、100MW、135MW、150MW、300MW、600MW到1000MW。

在分散采购模式下，各电厂都设有独立的采购部门负责本电厂的采购工作。在拥有各自独立采购部门的同时，各个电厂也设有相应独立的仓库，二级仓库的数量总共为18个。其总的仓库年运营费用在集团公司的总费用支出中占很大的比例，并且为保证运输，各个电厂同时还配备了相应规模的运输设备。A集团分散采购的组织结构如图3-13所示。

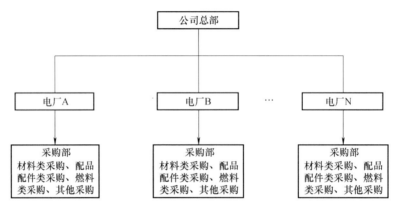

图3-13　A集团分散采购的组织结构

在分散采购模式下，各电厂采购的流程简洁，费时较短，采购的产品直接运送到各个电厂的仓库。以通辽电厂的运营为例，2008年通辽电厂拥有的装机数为4台，总装机容量为800MW，根据测算，其采购总额为5184.5万元。电厂拥有从事采购业务的人员数为6人，其库存水平为6000万元。按照其组织设置的模式，采购业务是由生产部门首先提出采购申请，并报批财务部门，然后向采购部门下达采购通知，采购部门向供应商发出采购邀请，待采购完成后，采购的原材料直接进入电厂所属的二级仓库，并按照相应的程序供应给生产部门。采用这种分散采购的方式手续简洁，采购时间短，并且能够保证所需的原材料及时供应到各个生产部门。其采购流程如图3-14所示。

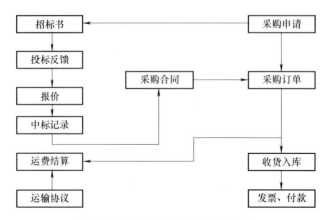

图3-14　A集团的分散采购流程图

（二）A 集团分散采购的特点分析

总体来说，A 集团的分散采购具有以下特点：

（1）采购流程较短，手续简单。对于各电厂来说，当某种材料发生采购需求时，由采购部门直接向目标供应商发出采购邀请，到货后材料直接运送到电厂仓库，并提供给需要的部门，整个采购流程手续相对简单，关系也比较清晰明了。

（2）采购的针对性强。采用分散采购，当某种材料的库存一旦发生缺货，各个电厂就可以立即针对此种材料组织采购，及时补充库存，而不用因为层层申请等原因耽误采购的时间，影响生产的正常进行。

（3）有多个供应商。即使对于同一种原材料的需求来说，在分散采购的情况下，各个电厂由于采购能力的差异，其所对应的供应商也是不同的。因此，考虑所有电厂的各种原料、配件产品的需求以后，对于整个集团来说，其供应商群体的数量是巨大的。

（4）下级单位具有采购自主权。采购材料的类型、供应商的选择、采购策略的选择完全由各个电厂自行决定，各电厂作为与供应商交涉的独立主体，并且独立地进行财务核算、票据处理，而不用通过集团总部的批示。

（三）A 集团分散采购的问题分析

由于行业的特性，A 集团采用分散采购的模式将不可避免地遇到一些问题，如采购产品质量参差不齐、采购价格偏高、材料共用性低、占用库存费用等。其带来的问题具体如下：

（1）各个电厂之间沟通少，材料的共享性低。在分散采购的模式下，18 个电厂根据原材料的市场供应能力以及部门的需要，各自制订相应的采购计划，独立采购，各个电厂之间对材料的拥有情况互不清楚。在这种情况下，对于同一种物资极有可能会出现在这个电厂紧缺，而另一个电厂多余并且占用库存的情况，很难实现资源共享。

（2）采购的产品质量参差不齐。由于采购的数额有限，采购人员的水平不同，采购流程的规范性也有差异，使得各个电厂在原材料的采购中，选择的供应商、产品质量、产品价格与服务差异非常大。正因如此，各个电厂所采购的材料质量参差不齐、价格与价值差别大的情况时有出现。

（3）采购过程的规范化程度低。在分散采购的情况下，各个电厂对材料的采购具有决定权，因此，在很多情况下容易出现因为个人关系或者责任心，造成信息不对称、招标信息公布不及时、发标书时间短、开标时间不符合要求、对供应商资质的歧视性要求、评分办法设置不合理等不规范的采购活动。

（4）元部件重叠采购。A 集团下设 18 个电厂，在不少配品配件类以及材料类产品的需求上都是重叠的，如某电厂需要订购除灰配件，而与其相近的其他电厂也需要相同的除灰配件，多个部门对同一种元部件的需求造成了多次的重复采购。

二、A 集团集中采购的实施

（一）A 集团实施集中采购的条件

随着集团业务的不断发展和扩大，A 集团开始注意到分散采购存在的问题，并且开始将采购环节视为供应链管理的一个重要组成部分。为了解决分散采购的问题，A 集团在充分分析行业性质的基础上，进行采购管理方式的优化和改革，提出了集中采购策略。集中采购策略的提出具有一定的必要性和现实条件。

1. 集中采购的现实条件

从材料与配品配件上看，A 集团的主要业务分布在煤、电、铝、化等几个行业，根据行业特点，这些行业主要的采购包括通用设备和原材料等。其中，原材料主要包括煤、铁、化工材料等几个方面。由于 A 集团下属各铝、电厂生产的产品在品质和规格上具有较强的一致性，所以各铝、电厂对设备的要求是有共性的。因此，所需通用设备由于其标准的规格，各厂需求的产品具有较强的通用性，适合进行集中采购，可以进行大规模的统一订货，采取按需配送的策略。

从采购费用支出来看，目前 A 集团下属几个电厂的采购总额共 4 亿元以上，占用流动资金 2 亿多元。待目前规划和建设的电厂正式建成装机后，未来集团公司内仅电厂的年采购额就将超过 10 亿元。如果仍然实行分散采购，不仅资金占用量大，不利于发挥规模效益，而且无法与供应商结成战略联盟，不能为公司获得更大的竞争优势。实行集中采购是 A 集团进行采购管理、提高采购效率、节约采购成本的关键。

从地理位置上来说，A 集团各下属单位的位置相对集中，并且通过良好的通信设施，能保证采购时效。

2. 集中采购的必要条件

目前分散的采购体系给 A 集团造成了许多困难，可以从两个方面来描述：一方面，从体系结构上来看，庞大的采购人员队伍加大了集团的管理工作量以及各种工资、福利费用的支出，提高了管理成本；另一方面，各个二级库存点的存在需要大量的管理人员进行管理，并且各个电厂仓库保持较高的存货水平，在增加了管理费用的同时，还增加了元部件过期的危险，集团内部元部件的共享程度低，各材料的利用率低。为了实现供应，各个电厂同时还各自配备相应的运输工具，也加大了各种费用的支出，利用率低。

（二）A 集团集中采购策略的实施

对 A 集团进行采购业务改造之前，为了适应改造之后的业务流程，首先必须对集团的组织结构进行调整：取消原来分散在各个电厂的采购部门，而将其直接划归到集团公司的直接领导之下；将分散在各工厂的库存和采购业务独立出来，在集团内部设立统一的采购部门；把采购业务归口一个部门管理，消除多头指挥、重复采购和重复库存的现象。

在操作上，建立相应的信息系统保证集中采购的进行。具体就是要通过信息化手段实施流程整合，在集团公司内部设立统一的采购管理平台，来协调整个公司集团的采购需求。采购系统平台采用先进的 IT 工具，以采购网络管理为支撑，整合信息和通信设备，实现整个集团内部采购信息的共享和交流，为公司的采购工作提供强大的技术支撑。

在制度上，在公司内部设立采购管理委员会对公司的采购工作进行协调。采购管理委员会下设三个部门，即材料类产品采购部门、燃料类产品采购部门以及配品配件类采购部门。在部门内，分别由三个采购经理专门负责该领域的材料采购，每一个采购经理领导一个战略采购小组，分别为材料类战略采购小组、配品配件类战略采购小组和燃料类战略采购小组，它们的职责就是寻找合适的供应商，以达到节约采购成本并确保材料供应的目的。A 集团集中采购管理委员会的组织结构示意图如图 3-15 所示。

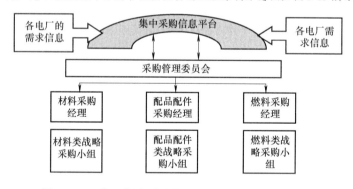

图 3-15 A 集团集中采购管理委员会组织结构示意图

从业务运作流程看，当各个电厂对原料的采购有需求时，就通过先进的管理信息系统将所需的采购信息上报给采购信息平台，采购管理信息平台接收数据后，在采购管理委员会的协调下，根据现有库存量、材料基准用量、出材率、采购周期等自动计算出材料所需采购品种、采购量及要求到货时间，并且自动结合市场供给情况选择合适的供应商，生成采购订单，然后进行订单的确认。供应商发货后，采购部门通知数据库发货情况，数据库据此生成入库通知单、质检通知单和电子发票。采购部门收到供应商的发票后，将发票号填入电子发票有关字段中，并将其交至财务部门。在到货后进行一系列的验货、收货程序，然后供应给各个电厂。采购任务的具体操作则是由采购管理委员会下设的三个采购部门具体负责，各个专业采购经理带领战略采购小组的工作人员分别完成具体的任务，保证所需采购原料的低成本高质量和及时供应。

实施集中采购以后，企业的采购成本明显下降了。但是，一些弊端也开始显现了。例如，原有的供应商会因为不能满足集团的总体需求等原因而被驱逐出供应商体系，而另一些供应商会从这种转换中获得更大的收益。因此，对供应商的选择成为企业集团面临的重大问题。企业集团内部的运营方式会因为采用集中采购的方式而有所改变，造成人员和企业组织结构的变革，这种变革在减少运营成本和人力资源成本的同时，对企业会造成一定的影响。如何妥善安排员工，如何处理好各分公司和总公司之间由于利益分配等原因形成的问题，成为集团总部需要解决的问题。如果能够顺利解决这些问题，则企业集团采购方式的转变将为企业集团带来成本上的节约；否则，将会造成企业集团内部的不稳定因素，影响企业集团的发展。

思考题：

1. 实施集中采购除了案例中提到的优势以外，还有哪些好处？
2. 实施集中采购会有哪些弊端？这些弊端应该用什么方法进行改善？
3. 试画出集中采购的流程图。

第4章 招标与谈判

招标采购起源较早，经过长期的发展已逐步成熟，成为在众多的供应商中选择最佳供应商的有效方法，它体现了公平、公开和公正的原则。企业采购通过招标程序，可以最大限度地吸引和扩大投标方之间的竞争，从而使招标方有可能以更低的价格采购到所需要的物资或服务，更充分地获得市场利益。招标采购方式通常用于比较重大的建设工程项目、新企业寻找长期物资供应商、政府采购或采购批量比较大等情形。本章从招标采购的概念入手，重点介绍招标采购的基本知识、基本操作流程、招标采购中常见的问题和相关的防范措施，以及与招标采购相关的竞价机制和技巧。

采购谈判是采购过程中一项极其重要的工作，掌握良好的采购谈判技术可以维护企业利益，更好地完成采购任务。本章主要介绍采购谈判的概念、内容、特点、类型和流程等，并介绍了一些实际的谈判技巧。

招标与谈判密不可分，采购谈判实质上就是在不需要招标或者招标对象的范围已经确定情况下的一种采购形式。在我国，议标通常被认为是谈判签约。因为议标是限于甲方已经选择了乙方的情况，就没有招标、开标、评标、中标等程序，只要双方协商一致，就可以签订合同。

4.1 招标采购

招标采购制度最早起源于英国，是作为一种"公共采购"和"集中采购"的手段出现的。现在招标采购已成为市场经济国家通行的一种采购制度。我国从20世纪80年代开始引入招标采购制度，目前已经成为企业应用最广泛也是最重要的采购形式。由于公共采购的资金主要来源于纳税人的税收，为保证资金的合理、有效利用，招标采购制度应运而生。该制度先天的优势，又使得其被众多的企业广泛采用。本节主要介绍招标采购概念、招标采购分类和招标采购特征。

4.1.1 招标采购的概念

1. 招标采购产生的背景

在早期的商品经济时期，个别买主为了获得更多的利润，在开展某项采购业务时，会有意识地邀请多个卖家与其接触，然后从中选出供货价格和质量比较理想的成交对象。这可以说是一种早期的招标活动。

比较规范的招标采购活动出现于较大规模的投资项目或大宗物品的购买活动中。一方面，只有较大规模的投资商或买主才愿意采用招标这种比普通交易更为规范而严密的方式；另一方面，只有在那些较大规模的投资项目或大宗货品交易中，招标方才会感到采用招标方式节省成本和建设费用。19世纪上半叶，自由资本主义处于上升时期，大规模机器生产的应用从生产方式上为买方市场创造了条件。这一时期成为现代成熟而独立的招标采购方式正式产生和发展的历史起点。

第二次世界大战以来，招标采购的影响力不断扩大，先是西方发达国家，接着世界银行在货物采购、工程承包中大量推行招标方式。近二三十年来，发展中国家也日益重视招标采购方式的使用，尤其是大型设备和工程项目采购。采购、工程建设招标。招标采购作为一种成熟而高级的交易方式，其重要性和优越性在国内、国际经济活动中日益被各国所认同，进而在相当多的国家和国际组织中得到立法推行。

1979 年，我国土木建筑企业最先参与国际市场竞争，以投标方式在中东、亚洲、非洲和我国香港、澳门地区开展国际承包工程业务，取得了国际工程投标的经验与信誉。国务院在 1980 年 10 月颁布了《关于开展和保护社会主义竞争的暂行规定》，提出"对一些适宜于承包的生产建设项目和经营项目，可以试行招标、投标的办法"。世界银行在 1980 年提供给我国的第一笔贷款，即"大学发展项目"时，便以国际竞争性招标方式在我国（委托）开展项目采购与建设活动。自此之后，招标在我国境内得到了重视，并获得了广泛的应用与推广。

2. 招标采购的定义

招标采购是指通过在一定范围内公开购买信息，说明拟采购物品或项目的交易条件，邀请供应商或承包商在规定的期限内提出报价，经过分析比较后，按既定标准选择条件最优的投标方并与其签订采购合同的一种采购方式。

招标采购可以让供应商之间进行激烈的竞争，使采购商可以从众多供应商中做出最有利于自己的选择。因此，招标采购是一种以买方为主导的采购形式。目前，一些重大的建设工程项目、采购量或采购金额比较大的产品或服务都已经要求必须采用招标采购方式，有些国家和地区甚至有专门的部门负责招标采购的流程跟踪和审查。

4.1.2 招标采购的分类

目前招标采购的分类方法比较多，不同国家和地区的法律对招标方法的阐述存在不同程度的差异。但从总体来看，普遍将招标分为公开招标、邀请招标和议标三种形式。

现实中，公开招标和邀请招标两种招标形式的应用较为广泛，其流程和控制也更加规范。本节也主要介绍公开招标和邀请招标这两种招标采购形式的主要内容。

1. 公开招标采购

公开招标又称竞争性招标，是指由招标方将自己的招标公告通过报刊、互联网等媒体公开发布，吸引能够满足招标方采购需求、符合投标条件的企业在规定的时间内参加竞争，由招标方通过一系列的招标程序从中选择最优的投标方作为中标人，然后与其签订采购合同的招标方式。根据发布招标公告地域范围的不同，公开招标又可以进一步划分为国内招标和国际招标。其中，国际招标是采用最多、占采购金额比重最大的一种方式。

（1）国内招标。国内招标是指招标公告只在国内发布，可用本国语言书写标书，只在国内的媒体上发布，公开出售标书，公开开标的一种招标方式。一般来说，国内招标的投标方只能来自项目所在国，但也有一些国内招标的项目允许一些外国企业参加。国内招标主要适用于一些合同涉及金额较小、采购品种比较分散、分批交货时间较长、劳动密集型产品、商品成本较低而运费较高或者本国价格明显低于国际市场等情况的采购项目。

国内招标由于只需在国内发布信息，省去了包括翻译等在内的众多程序，从而可以缩短招标流程,并节约大量的时间、人力和财力。正是由于这些优点,国内招标受到众多企业的欢迎。但是,由于国内采购的信息发布范围较小,可能造成信息不对称,从而导致竞争不公平。

(2)国际招标。与国内招标相对应,国际招标是指在世界范围内发布招标公告,任何符合条件的本国或外国企业均可参加投标的一种招标方式。由于需要在世界范围内发布信息,国际招标需要招标方提供完整准确的英文标书,并通过外国的报刊、互联网网站等媒体进行公开发布。与国内招标相比,国际招标针对的投标方范围非常广,其带来的竞争性随之增大,招标方的选择面也就扩大,选中最优中标方的概率也就越大。此外,国际招标非常符合世界银行对工程项目采购规定的三个原则:必须注意节约资金并提高效率;要为世界银行的全部成员提供平等的竞争机会,不歧视投标方;有利于促进本国的建筑业和制造业发展。

国际招标与国内招标相比,也具有一些比较明显的缺点,如由于要求在世界范围招标,国际招标从开始到签订合同需要非常长的时间,有的甚至会超过一年;所有的文件必须都用十分规范的英文书写,增加了翻译的工作量,也提升了采购成本;当发达国家和发展中国家企业一起竞争时,常会造成发展中国家企业在竞标过程中处于劣势、中标的概率较低的现象。

公开招标的优缺点如表4-1所示。

表4-1 公开招标的优缺点

优 点	缺 点
• 公平。对招标项目感兴趣又符合条件的投标方都可以在公平竞争的条件下,享有中标的权利和机会 • 价格合理。各投标方自由竞争,招标方可以获得具有竞争力的价格 • 改进质量。招标方可以充分了解投标方的技术水平和发展趋势,促进其改进质量 • 减少徇私舞弊。招标中各项程序和资料公开,经办人员难以徇私舞弊	• 采购费用较高。公开登报、招标文件制作和印刷、开标场地租赁、布置等,需要花费大量人力、财力 • 手续烦琐。从招标文件设计到签订采购合同,每一环节都必须认真准备,严格遵守相关规定,不允许发生任何差错,否则会引起纠纷 • 可能串标。对于金额较大的招标项目,投标方之间可能会串通投标,恶意提高或降低报价,给招标方造成困扰与损失 • 其他风险。如低报价带来的质量风险、事先不了解投标方带来的信用和转包风险等

2. 邀请招标采购

邀请招标也称有限竞争性招标或选择性招标,是指招标方以投标邀请书的方式邀请三家以上特定的供应商或者其他组织参加投标的采购方式。选择供应商数量要依据实际具体的招标项目规模大小决定。由于被邀请参加的投标竞争者有限,不仅可以节约招标费用,而且提高了每个投标方中标的机会。对技术含量高、技术支持及后续服务有特殊要求,且限于有限供应商能够满足供货条件的采购,一般都采用邀请招标形式。邀请招标限制了参与投标的供应商数量,竞争不够充分,因此《招标投标法》规定,在可能的条件下,应尽量采用公开招标。

按照国内外的通行做法,采用邀请招标方式意味着招标方对市场供给情况比较清楚,对供应商或承包商也比较了解。在此基础上,还要考虑以下情况:

(1)招标项目的技术新、要求复杂、专业性强,供应商或承包商的选择面窄。

(2)招标项目本身的价值低,招标方只能通过限制投标方数量来达到节约采购成本、提高采购效率的目的。

邀请招标与公开招标相比,因为不用刊登招标公告,招标文件只需送至几家供应商,招标周期大大缩短。这对采购那些价格波动较大的商品是非常必要的,可以降低采购风险。因此邀请招标是允许被采用的、灵活的、具有一定适用性的一种采购方式。

邀请招标一般具有以下几个主要特点：①邀请招标不使用公开的公告形式；②只有收到邀请函的单位才有资格领取招标文件并且参加投标；③投标方的数量是有限的。邀请招标的优缺点如表 4-2 所示。

表 4-2　邀请招标的优缺点

优　　点	缺　　点
● 被邀请参加招标的竞争者有限，增加了每一个参与投标方的中标机会 ● 减少了对投标方的资格审查和投标书审查的工作量，缩短了招标时间，节约了成本	● 限制了竞争范围，可能使优质的投标方被排斥在外 ● 招标方可以邀请一些不符合条件的法人或组织作为内定中标人的陪衬，搞假招标

由于邀请招标存在的缺点，许多国家对邀请招标的条件都有明确的限定，如为保证适当程度的竞争，被邀请的法人或组织不得低于三家；招标方必须对投标方进行资格审查，以确保参与投标的法人或组织资信良好，具备承担招标项目的能力。

3. 议标招标

议标招标也称限制性招标或谈判招标，是指通过谈判的方式确定中标者，一般直接邀请合格供应商就采购事宜进行谈判的一种招标方式。当采购方公开招标后，没有供应商投标或没有合格的中标者，或者是不可预见的急需采购，无法按公开招标进行采购等情况下，可以采用议标招标方式；当投标文件的准备和制作需要较长时间才能完成或需要高额费用时，也可以采用议标招标的方式。

议标招标又可以细分为直接邀请议标、比价议标和方案竞赛议标。

（1）直接邀请议标。采用直接邀请议标，招标方直接邀请某一企业单独协商谈判，达成协议后签订采购合同。这种招标方式适用于招标方对行业相当了解并且有比较明确的选择意向的情况。直接邀请议标形式比较简单，并且可以就采购的细节问题与投标方仔细协商。但如果与一家企业协商不成，招标方需要不断邀请其他企业进行协商，直到达成协议。有时这个过程会多次重复，耗用较长时间。

（2）比价议标。在比价议标形式下，招标方将采购要求送交选定的几家企业，要求它们在限定的时间内提供报价，通过分析比较最终确定中标单位，就价格、交货期、质量、支付货款等内容进行协商谈判达成协议并签订采购合同。比价议标通常适用于规模不大、内容简单的工程承包或货物采购。通过这种招标形式，招标方可以在限定的范围内找到价格最优的单位，从而降低采购成本。

（3）方案竞赛议标。方案竞赛议标是招标方提出规划设计的基础要求，并提供项目可行性研究报告或设计任务书、场地平面图、场地条件和环境情况说明以及设计管理部门的有关规定等基础材料，参与投标的单位根据这些要求提出自己的设计方案，然后由招标方邀请相关专家对各单位方案进行评审并选出最优方案，招标方与提供最优方案的单位签订采购合同。这种形式主要用于工程规划设计类项目。方案招标过程中，要对每个方案进行评审，可能造成招标时间较长。此外，除了需要支付专家的评审费用，对没有中标的设计单位也要给予一定的补偿，在一定程度上增加了招标的成本。

另外，在科技项目招标中，通常使用公开招标但不公开开标的议标，即招标单位在接到各投标单位的标书后，先就技术、设计、加工、资信能力等方面进行调查分析比较。在取得基本认同的基础上，选择一个最理想的预中标单位，并与其商谈对标书的修改和调整。如能取得一致，则可确定为中标单位；若不行，则寻找第二家预中标单位。这样逐次协商谈判，直到双方达成一致为止。这种议标方式使招标单位具有更大的灵活性，可以选择到比较理想的供应商或承包商。

无论采用哪种议标形式，其最终达成的协议都是通过协商谈判产生的，这不便于公众监督，存在暗箱操作的可能性，容易导致非法交易。因此，很多国家对采用议标的条件都有严格的限制。此外，2009 年《联合国贸易法委员会货物、工程和服务采购示范法》中对议标还有以下规定：

（1）在议标招标过程中，招标方必须与足够数量的供应商进行谈判，以确保有效竞争，如果是比价招标，至少要有三家单位参与竞标。

（2）招标方向某个供应商提供与谈判相关的任何规定、准则、文件或其他材料时，应该同时平等地提供给其他正与招标方进行谈判的供应商。

（3）招标方与某个供应商之间的谈判是保密的，任何一方没有经过对方允许，不得向外透露与谈判有关的任何技术资料、价格或其他市场信息。

4.1.3 招标采购的特征

招标采购存在多种多样的形式，程序也不尽相同，但也具有以下一些共同的特征：

1. 规范性

在招标过程中，从招标、投标、开标、评标、定标到签订合同，每个环节都有严格的程序和规则。这些程序和规则具有法律约束力，任何单位和个人不能随意改变；同时，对招标的组织人、招标的场所、招标的时间都有严格规定，一般不允许随便更改。

2. 公开、公平、公正

公开原则有广义和狭义之分。广义的公开原则是指与招标采购活动有关的所有信息原则上都应当公开；狭义的公开原则是指企业采购主管机关或其委托的企业采购业务代理机构应当依据法定的条件和要求，向作为投标方与潜在投标方的供应商及社会公众真实、全面、充分、及时地披露与企业采购活动有重大关系的有关信息。

公平原则是指采购活动中各方当事人之间的权利与义务应当是大体对等的。它既适用于采购方与供应商之间的合同关系，也适用于采购方与采购方代理人之间的代理关系。

公正原则主要是指采购方及其代理人相对于作为投标方、潜在投标方的若干供应商而言，应当站在中庸、公允的立场上，对每个供应商一视同仁，不得差别对待。

3. 一次性

一般的交易活动中，买卖双方往往要经过多次谈判后才能成交。而在招标采购中，投标方一般只能一次性递交投标文件。在确定中标人之前，招标方与投标方之间不会有就采购价格等细节进行谈判的过程。对于技术复杂或者无法精确拟定技术规格的项目，招标方可以分两阶段进行招标。

4. 竞争性原则

招标采购要求公开竞争，其目的一方面在于保证采购方能够以最优惠的价格采购到最优质的商品或服务；另一方面还在于最大限度地保证所有意向为采购方提供货物或服务的企业获得公平待遇。

5. 优化性原则

投标竞争比较激烈，每个投标方都会调动全部的智慧、竭尽全力制订和提供最优的方案参与竞争，所以，可以说每个投标方提供的方案都是各自的最优方案。而评标小组在这些方案的基础上，进一步选出更优的方案。因此，这就保证了最后的中标方案是在集中了众多投标方集体智慧的基础上所形成的最优方案。

正是由于以上特征，招标采购才可以形成充分的竞争，让所有参与投标的供应商或承包商得到公平公正的待遇，减少采购过程中不透明甚至是违法行为的产生。招标采购之所以可以实现采购资金的效用最大化，可以成为一种竞争激烈的采购方式，都与这些特征紧密相关。

4.2 招标采购的流程及常见问题

招标采购是一个复杂的系统工程，涉及采购的各个方面和各个环节。《中华人民共和国招标投标法》对招标的流程做了明确的规定，一般来说，可以分为招标前准备、招标、投标、开标、评标、定标、签订合同七大阶段。本节主要介绍招标采购流程各个环节的主要内容，以及招标采购中的常见问题和防范措施。

4.2.1 招标采购的流程

1. 招标前准备

招标前准备也就是招标的策划阶段，是对整个招标过程进行整体规划设计的过程。可以说，准备工作做得好坏，直接影响到以后整个招标活动的进展和招标的质量。在这一阶段，必须完成以下几个方面的工作：

（1）确定招标的内容和目标。招标方必须对此次招标采购的必要性和可行性进行充分的研究和分析，以明确本次招标活动想要达到的目标以及达成该目标的可行性。

（2）编制采购成本预算，确定控制价。目前在招标活动中，招标方大多会根据采购预算给出一个控制价，投标方给出的价格只能低于控制价，否则按照废标处理。通过成本预算给出控制价有助于控制采购成本，因此，成本预算和控制价的确定也就成为招标准备过程中最重要的环节之一。

（3）提出招标方案。负责招标准备的部门或人员应以书面形式提出招标方案，招标方案中应当包含所要采用的招标形式（公开招标、邀请招标、议标招标）、招标的操作步骤、评标定标的标准与方法、评标小组的建立以及招标时间表等。

（4）招标方案审批。按照招标单位规定的流程，将招标方案提交公司领导（有的需要提交公司董事会）审批，依据公司领导决策层的建议进行修改和论证并再次提交审批，形成最终的招标方案。

以上四个方面的工作实质是给招标设计一个大纲，其最终目的是提出一个合理规范的书面招标方案。如果采购方自身完成上述任务有困难，或者第一次做招标工作不熟悉，可以邀请咨询公司进行指导或者找一家有经验的准投标单位帮忙。

2. 招标

招标阶段的主要内容包括**招标方招标备案**、**发布招标信息**、**投标方报名**、**投标方资格审查**、**编制和发售招标文件**等。

（1）招标方招标备案。招标方在组织招标前，应依法接受招投标监督管理机构对其是否具有自行组织招标能力情况进行审查。如招标方符合自行招标条件，则可自行组织招标工作；否则，应依法委托具有相应资质的招标代理机构代理招标并报送相关的书面材料。

（2）发布招标信息。不同的招标方式应采用不同的招标信息发布形式。公开招标，应当发布招标公告；邀请招标，则是以投标邀请书的方式邀请特定的法人或者其他组织投标；议标则针对拟合作的一家或几家厂商发布议标邀请。

1）招标公告。招标公告应当依法在国务院发展和改革委员会指定的媒体上发布，在不同媒体发布的同一招标项目的招标公告内容应当一致。《中华人民共和国招标投标法实施条例》第十六条规定，招标公告的发布时间不得少5日。

招标公告应当使用国务院发展和改革委员会同有关行政监督部门制定的标准文本。在法律意义上，发出招标公告就是发布要约邀请，对招标方具有法定的约束力，招标方不得随意变更招标公告的内容。招标公告的内容一般包括：招标条件；项目概况；招标内容；投标申请人资格条件；审查通过方式；报名时间、地点；领取预审文件费用；预审文件送达时间、地点；需公告的其他事项。

2）投标邀请书。投标邀请书简称投标书，是指招标方以投标邀请书的方式邀请三家及以上特定的投标方或者其他组织投标。投标邀请书的内容一般包括：被邀请人名称；招标方名称、地址、项目资金来源；项目概况与招标范围；投标方资格要求；招标文件的获取方式和地点；投标方对招标文件支付的费用和支付方式；投标文件的递交地点和截止日期；投标保证金的金额和支付方式；开标时间和地点。

（3）投标方报名。有兴趣参与投标的法人或者其他组织在看到招标公告或接到投标邀请书后，应该在公告或邀请书规定的时间内组织报名。报名时，法人或其他组织代表需携带本人的身份证原件和单位介绍信。

（4）投标方资格审查。当投标方选择邀请招标时，在发出邀请函之前会对投标方进行供货能力及资信方面的审查，避免以后在招标过程中，投标方因能力或资信方面出现问题而导致招标过程受阻。这里的投标方资格审查主要应用于公开招标。

1）资格审查方式。确定进行公开招标方式后，招标方还应选择资格审查方式。资格审查方式分为资格预审和资格后审。资格预审是指在投标前对潜在投标方进行的资格审查。资格后审是指在开标后对投标方进行的资格审查。进行资格预审的，一般不再进行资格后审，但招标文件另有规定的除外。表4-3给出了两种资格审查方式的比较。

表4-3 资格预审和资格后审的比较

项　目 \ 资格审查方式	资格预审	资格后审
定义	招标方通过发布预审通告，向不特定的潜在投标方发出投标邀请，并组织招标审查委员会根据资格预审文件确定的资格预审条件、标准和方法，对投标申请人进行审查，确定合格的潜在投标方	如果没有进行资格预审，在评标后需要对通过评标产生的中标候选人进行资格审查，以确定其有资格、有能力承担本次采购

（续）

资格审查方式 项　目	资格预审	资格后审
优点	初步淘汰不合格的投标方；减少评标工作量；使招标方事先了解潜在投标方的数量、水平和竞争情况；使潜在投标方事先预评估自己是否合格，以便决策是否提交资格预审申请或购买招标文件，防止时间的浪费和不必要的支出，减轻采购工作量，提高采购效率	省去招标方与投标方资格预审的工作环节和费用；缩短招标投标过程，节约时间；有利于增强投标的竞争性
缺点	延长招标投标时间，增加招标投标双方资格预审的费用	在投标方过多时，会增加社会成本和评标工作量
适用范围	技术复杂或投标方数量较多	潜在投标方数量不多，招标时间紧张
评审方式	合格制和有限数量制。一般采用合格制；潜在投标方过多的，可采用有限数量制	合格制

资格预审和资格后审的评审方式有合格制和有限数量制。下面具体介绍各自的定义和优缺点：

① 合格制。凡符合资格预审文件规定资格条件标准的投标申请人，即取得相应投标资格。优点：投标竞争性强，有利于获得更多、更好的投标方和投标方案；对满足资格条件的所有投标申请人公平、公正。缺点：投标方可能较多，从而加大投标和评标工作量，浪费社会资源。

② 有限数量制。招标方在资格预审文件中既要规定投标资格条件、标准和评审方法，又应明确通过资格预审的投标申请人数量。优点：有利于降低招标投标活动的社会综合成本。缺点：在一定程度上可能限制了潜在投标方的范围。

资格预审的内容包括基本资格预审和专业资格预审两部分。前者主要是指供应商的合法地位和信誉，如是否在工商税务部门注册，是否存在违法乱纪行为等。后者主要是指供应商履行采购合同的技术能力，如过去承接类似采购项目的经验和履约情况，为履行合同所具备的专业人员情况、解决方案能力，以及具备的加工条件、财务状况、售后服务状况和方便性等。

资格预审工作首先是编制资格预审文件，邀请潜在的供应商参加资格预审，发售资格预审文件，进行资格预审评价。其中资格预审文件有规定的格式和内容，要做到标准和规范。严格预审公告一般通过官方媒体发布，内容包括采购实体名称、采购项目名称、采购规模、主要工程量、计划采购开始时间、交货日期、发售资格预审文件时间、地点和售价以及提交资格预审文件的截止时间。采购方在资格预审通告发布之后，应根据事先确定的预审标准和方法，对提交资格预审的供应商进行资格审查，淘汰不合格的供应商。

资格后审和资格预审的工作内容相似，只是完成的时间不同。

2）资格审查的作用。资格审查应主要审查潜在投标方是否符合下列条件：①具有独立订立合同的权利；②具有履行合同的能力，包括专业、技术资格和能力，资金、设备和其他物质设施状况，管理能力，经验、信誉和相应的从业人员；③没有处于被责令停业、投标资格被取消、财产被接管或冻结、破产等状态；④在最近三年内没有骗取中标和严重违约及重大质量问题；⑤法律、行政法规规定的其他资格条件。

资格审查时，招标方不得以不合理的条件限制、排斥潜在投标方或者投标方，不得对潜在投标方或者投标方实行歧视待遇。任何单位和个人不得以行政手段或者其他不合理方式限制投标方的数量。

(5) 编制和发售招标文件。招标文件是招标投标活动中最重要的法律文件，它不仅规定了完整的招标程序，而且还提出了各项具体的技术标准和交易条件，规定了拟订合同的主要内容，是投标方准备投标文件和参加投标的依据，是评标委员会评标的依据，也是拟订合同的基础。编制出完整、严谨、科学、客观公正，集针对性、合理性与保护性一体的招标文件，是招标成败的关键环节。招标文件制作得不科学，往往会导致纠纷、投诉增多，影响采购的效率。

招标文件包括以下内容：

① 投标方须知（包括密封、签署、盖章要求等）；

② 投标方应当提交的资格、资信证明文件；

③ 投标报价要求、投标文件编制要求和投标保证金交纳方式；

④ 招标项目的技术规格、要求和数量，包括附件、图样等；

⑤ 合同主要条款及合同签订方式；

⑥ 交货和提供服务的时间；

⑦ 评标方法、评标标准和废标条款；

⑧ 提交投标文件的方式、地点，投标截止时间，开标时间及地点；

⑨ 其他事项。

上述内容可以概括为技术部分和商务部分两个部分。前者包括技术规格、质量要求、验收方式、参照的标准以及供应商应具备的技术能力；后者包括合同条款、合同总价、付款方式、金额和时间、违约处理。

招标文件规定的技术规格应当采用国际或者国内公认的法定标准。招标文件中规定的各项技术规格，不得要求或者标明某一特定的专利、商标、名称、设计、型号、原产地或生产厂家，不得倾向或排斥某一有兴趣投标的法人或者其他组织。

预审合格的投标方根据预审合格通知书，在规定时间、地点获取招标文件。招标文件的发售期不得少于5日。过期不领取招标文件的视为放弃投标。

《中华人民共和国招标投标法实施条例》第二十一条规定，招标人可以对已发出的资格预审文件或者招标文件进行必要的澄清或者修改。澄清或者修改的内容可能影响资格预审申请文件或者投标文件编制的，招标人应当在提交资格预审申请文件截止时间至少3日前，或者投标截止时间至少15日前，以书面形式通知所有获取资格预审文件或者招标文件的潜在投标人；不足3日或者15日的，招标人应当顺延提交资格预审申请文件或者投标文件的截止时间。

3. 投标

愿意参与投标的投标方在购买招标方的招标文件之后即进入投标阶段。在投标阶段中，最主要的内容是投标方编制并发出投标文件，招标方接受投标文件。

(1) 编制并发出投标文件。与编制招标文件一样，投标文件的编制也需要经过专业人员的认真研究和论证。投标方案的内容既要在竞标过程中富有竞争力，又要保证投标方可以获得足够的利润。投标方应当按照招标文件的规定编制投标文件，投标文件的内容要与招标文件的所有实质性要求相符，否则投标文件将可能被招标方拒收。

投标文件通常可分为价格文件、商务文件和技术文件。价格文件是投标文件的核心，全部价格文件必须完全按照招标文件的规定格式编写，不得有任何改动，如有漏填，则视为其已经包含在其他报价中。商务文件是用以证明投标方履行了合法手续及投标方商业资信和合法性的文件，包括投标保函、投标方的授权书以及证明文件。如果是联合投标，必须提供联合协议、投标方所代表的公司的资信证明等；如果有分包商，还要提供分包商的资信文件。技术文件是证明投标方完成该投标项目所具备技术能力和经验的文件，必须根据投标文件的要求详细编写。

编制投标文件与递交投标书是投标供应商对其投标内容的书面声明，包括投标文件构成、投标保证金、总投标报价和投标书的有效期等。投标方应严格按照招标文件要求编写投标文件，逐项逐条回答招标文件的问题，顺序和编号也应与招标文件一致，可以增加说明或描述性文字。

投标文件对招标文件未提出异议的条款，均视为接受或同意。投标文件与招标文件有差异之处，无论多么微小，均应汇总说明。

一份完整的投标文件应该包含下列内容：

① 封面，内容包括项目名称/投标产品名称、招标编号及日期，如果本次招标包含若干合同包，应注明具体的合同包号和产品名称；在签字本和复印本上标明"正本"和"副本"字样。

② 投标文件目录，列明投标文件包含哪些具体文件。

③ 投标书。

④ 投标分项报价表。

⑤ 货物说明一览表和技术规格偏离表。

⑥ 商务条款偏离表。

⑦ 投标保证金。

⑧ 法人代表授权书。

⑨ 资格声明，内容包括营业执照、授权函、证书、银行资信证明（正本、复印件副本）。

⑩ 售后服务说明。

⑪ 各种注册证、许可证和认证。

⑫ 备品备件清单。

⑬ 专用工具清单。

⑭ 选配件清单。

⑮ 培训计划。

⑯ 国际、国内销售记录。

⑰ 产品样本资料。

⑱ 投标公司近三年的财务报表。

投标文件提交前，每份正本、副本均要用信封密封，信封上注明项目名称、投标方名称、地址，"正本"和"副本"字样，以及"不准提前启封"字样，信封上应加盖投标方

采购与供应管理

公章，并附上投标保函。

投标文件应在规定的截止日期前密封送达规定的投标地点。招标方对在提交投标文件截止日期后收到的投标文件，应不予开启并退还。招标方或者招标投标中介机构应当对收到的投标文件签收备案。投标方有权要求招标方或者招标投标中介机构提供签收证明。

以下投标被视为无效：

① 投标文件未密封或技术文件未按规定要求加盖公章和签字。

② 投标文件中无投标保证金。

③ 投标文件未按规定格式、内容填写或投标文件内容与招标文件严重背离。

④ 在投标文件中有两个以上的报价，且未注明哪个报价有效。

⑤ 其他不符合招标文件的投标。

（2）接受投标文件。招标方应在预先确定的地点和截止日期之前接受投标方的投标文件。招标方在收到投标文件后，应当进行初步审查，检查投标书是否完整，报价计算是否有误，是否足额提交保证金，文件是否签署、盖章，投标书的编排是否有序并满足招标文件要求。对基本合格的投标文件，妥善保存，不得开启；对不合格的投标文件，招标方将予以拒绝。如果收到的投标文件少于三个，表示参与投标的法人或组织数量不足，招标方应重新组织招标。

（3）投标文件的修改和撤回。《中华人民共和国招标投标法》规定，投标方在招标文件要求提交投标文件的截止日期前，可以补充、修改或者撤回已经提交的投标文件，并书面通知招标方。补充、修改的内容为投标文件的组成部分。若撤回投标书，招标方已收取投标保证金的，应当自收到投标方书面撤回通知之日起 5 日内退还。

4. 开标

有的地方和机构称开标为开标仪式或开标大会，其形式都是按照招标文件的规定，按照法定的形式，以会议的方式举行。开标必须保证合法合规，公平、公正、公开。开标程序直接影响后面的评标和定标，对整个招标采购活动影响重大。一般来说，开标程序按以下步骤进行：

（1）开标前准备。开标大会开始前，招标方或其代理机构准备好"投标方签到及投标文件签收表""开标大会议程""开标记录""监督员开标会议致辞"等表单资料。清理开标会议大厅，做好开标准备工作。

（2）投标文件及投标保证金的检查。投标方代表在出示投标保证金凭证后递交投标文件，同时在"投标方签到及投标文件签收表"上签字。招标方或其代理机构对投标文件查验后当即签收，并按接受次序标注投标顺序号，没有出示投标保证金缴纳凭证以及没有按规定密封的投标文件，应当拒绝签收。

（3）开标仪式。开标仪式包括工作人员介绍来宾（主持人、特邀监督员、招标方代表、投标方代表等）。主持人宣读"开标评标注意事项"，宣读公证员、监督员、计标员名单，会同公证处或监督员检查投标文件密封情况，开标时应当众拆封。

（4）唱标。唱标即投标方当众开标并宣读关于投标报价、质量等有实质性要求的内容。记标员在开标记录上如实记录，公证员或监督员负责监督。唱标结束后，投标方如对唱标内容有疑义，经主持人同意可一次澄清，但所做的澄清不得超过投标文件记载的范围或改变投标文件的实质性内容。

（5）其他事项。其他事项还有：投标方代表、记标员及监督员在"开标记录"上签字确认；主持人提请监督员、招标方代表发言、公证部门致公证词；主持人宣布开标大会结束。

在下列情况下，可以暂缓或推迟开标时间：①招标方在招标文件发售后对招标文件进行了变更或者补充；②在招标过程中发现存在违法或不正当行为，导致无法保证招标过程公平、公正进行；③招标采购单位面临诉讼；④采购计划取消；⑤发生不可抗事故等。

【案例 4-1】

开标特殊情况案例

某采购招标项目定于某日上午 9 点开标。开标当日，采购招标中心突然接到招标方相关负责人的电话：由于无法派出代表参加此次招标活动的评标，要求延期开标。随后，招标方传真了加盖公司公章的正式公函。此时，参加开标的投标方已经陆续到达现场，采购招标中心感到万分为难。按照规定，如果由于特殊情况需要推迟开标，必须在招标文件要求提交投标文件的截止时间 3 日前，将变更时间以书面形式通知所有招标文件收受人，并在规定的媒体上发布变更公告。显然，招标方不具备推迟开标的资格。根据规定，评标委员会必须有招标方代表或者经招标方授权的其他人员参与。因此，如果坚持开标，由于招标方没有代表参加评标，开标之后没有办法按照正常的程序进行评标。

最终，经采购招标中心按照规定与招标方进行协商，决定当天只开标不评标。开标结束后，封存所有开标资料和评标文件，在评标有效期内，待招标方派出代表参加评标时，再开启开标资料和评标文件进行评审。

5. 评标

评标的目的是根据招标文件中规定的标准和方法，对每个投标方的投标文件进行评价和比较，以评出最优投标方。评标必须以招标文件为依据，不得采用招标文件规定以外的标准和方法进行评标，凡是评标中应该考虑的因素都必须写入招标文件之中。

（1）评标流程

1）组建评标委员会。招标方应依法组建评标委员会，负责评标活动，向招标方推荐中标候选人或者根据招标方的授权直接确定中标人。评标委员会由招标方以及有关技术、经济等方面的专家组成，成员人数为 5 人及以上的单数，其中技术、经济等方面的专家不得少于成员总数的 2/3。评标委员会负责人由评标委员会成员推举产生或者由招标方确定。评标委员会负责人与评标委员会的其他成员有同等的表决权。在中标结果确定之前，评标委员会成员名单应当严格保密。

评标委员会的专家成员应当从省级以上人民政府有关部门提供的专家名册或者招标代理机构的专家库内的相关专家名单中确定。一般项目，可以采取随机抽取的方式；技术特别复杂、专业性要求特别高或者国家有特殊要求的招标项目，可以由招标方直接确定。评标专家应符合下列条件：①从事相关专业领域工作满 8 年并具有高级职称或者同等专业水平；②熟悉有关招标投标的法律法规，并具有与招标项目相关的实践经验；③能够认真、公正、诚实、廉洁地履行职责。

评标委员会成员应实行回避制度，以下人员应主动提出回避：①投标方或者投标方主要负责人的近亲属；②项目主管部门或者行政监督部门的人员；③与投标方有经济利益关系，可能影响对投标公正评审的人员；④曾因在招标、评标以及其他与招标投标有关活动中从事违法行为而受过行政处罚或刑事处罚的人员。

评标委员会成员应当客观、公正地履行职责，遵守职业道德，对所提出的评审意见承担个人责任。评标委员会成员不得与任何投标方或者与评标结果有利害关系的人进行私下接触，不得收受投标方、中介人、其他利害关系人的财物或者其他好处。评标委员会成员或其他参与评标的人员不得向投标方透露关于评标的任何信息。

2）进行初步评审。初步评审主要针对投标方的资格条件、投标文件的完整性、投标保证金、投标文件与招标文件的一致性、投标价计算准确性等方面的内容进行评审。只有投标方的资格符合规定并且投标文件与招标文件的要求基本一致，才可以认定为符合要求的投标，否则做废标处理。

投标方在经过上述审查之后，还要进行投标价计算方面的核查。当出现数字表示的金额与文字表示的金额有出入的时候，以文字表示的金额为准；当单价与数量的乘积与总价不一致的时候，修改总价；当出现明显的小数点错误的时候，要以标书总价为准，修改单价。投标方必须按照上述方式修改投标书，否则，招标方可以终止其投标并没收投标保证金。

3）进行详细评审。通过初步评审的投标方即可进入详细评审阶段。按照招标文件中事先规定的评标方法对投标方进行详细具体的评价，并按照优劣给出投标方的排列次序。投标方可以向评标委员会宣读自己的投标书，解释投标书中的技术方案和商务条款，接受评标委员会的质询。对于投标文件中出现的含义不清晰的地方，投标方可以在投标文件记载的范围内做出解释，但不得改变投标文件的实质性内容。评标委员会按照招标文件规定的评标方法以及投标方的答辩进行分析评比，最后经过投票选出第一候选人、第二候选人、第三候选人。评标完成后，评标委员会以书面形式向招标方提供评标报告，推荐合格的中标人。

4）提交评标报告。评标报告是评标委员会根据全体评标成员签字的原始评标记录和评标结果编写的报告。评标委员会完成评标后，应当向招标方提出书面评标报告，并抄送有关行政监督部门。评标报告包含以下内容：

① 基本招标情况和投标单位数据表；

② 评标委员会成员名单；

③ 开标记录；

④ 符合要求的投标一览表；

⑤ 废标情况说明；

⑥ 评标标准、评标方法或者评标因素一览表；

⑦ 经评审的价格或者评分比较一览表；

⑧ 经评审的投标方排序；

⑨ 推荐的中标候选人名单与签订合同前要处理的事宜；

⑩ 澄清、说明、补止事项纪要。

评标报告由评标委员会全体成员签字。对评标结论持有异议的评标委员会成员，可以以书面形式阐述其不同意见和理由。评标委员会成员拒绝在评标报告上签字且不陈述其不同意见和理由的，视为同意评标结论。评标委员会应当对此做出书面说明并记录在案。

（2）评标方法。《中华人民共和国招标投标法》第四十一条规定，中标人的投标应当符合下列条件之一：

1）能够最大限度地满足招标文件中规定的各项综合评价标准。

2）能够满足招标文件的实质性要求，并且经评审的投标价格最低，但是投标价格低于成本的除外。

上述条件体现了公平交易中要约的底线原则——物美价廉。其中第一条体现了采购的"物美"，第二条则体现了采购的"价廉"。

也有学者认为，上述两条标准同评标方法相对应。其中第一条对应招标实践广泛使用的综合评估法，第二条对应经评审的最低投标价法。

国家发展计划委员会、国家经济贸易委员会、建设部、铁道部、交通部、信息产业部、水利部第 12 号令（根据 2013 年 3 月 11 日《关于废止和修改部分招标投标规章和规范性文件的决定》2013 年第 23 号令修正），明确提出评标方法有三种类型，即经评审的最低投标价法、综合评估法或者法律、行政法规允许的其他评标方法。

下面对经评审的最低投标价法和综合评估法进行详述。

1）经评审的最低投标价法。《评标委员会和评标方法暂行规定》（第 12 号令）第三十一条和第三十二条陈述了相关内容。第三十一条规定，根据经评审的最低投标价法，能够满足招标文件的实质性要求，并且经评审的最低投标价的投标方，应当推荐为中标候选人。第三十二条规定，采用经评审的最低投标价法的，评标委员会应当根据招标文件中规定的评标价格调整方法，对所有投标方的投标报价以及投标文件的商务部分做必要的价格调整。

这里第三十一条指明了采用这种评标方法的中标条件；第三十二条指明了评标过程价格调整的具体办法。需要注意的是，"经评审的最低投标价法"调整的对象仅仅是商务部分，对技术部分的评审既不打分也不折价，通过即可。这是经评审的最低投标法同下面讨论的综合评估法的主要区别。

经评审的最低投标价法是一种以价格加其他因素为标准的评标方法。以这种方法评标，按照招标文件的规定，以投标报价为基础，综合考虑质量、性能、交货时间、运输及保险费用、设备的配套性和零部件供应能力，设备或工程交付使用后的运行、维护费用，环境效益，付款条件以及售后服务等各种因素，按照招标文件规定的权数或量化方法，将这些因素一一折算为具体的货币额，并加入投标报价中，最终得出评标价。当投标响应高于标准时，不考虑降低评标价；当低于招标文件要求时，每偏离招标文件要求一项，其评标价将在投标价的基础上增加规定比例（一般为 1%），最终以提出最低报价的投标方作为中标候选人。

经评审的最低投标价法一般适用于具有通用技术标准的或者招标方对技术、性能没有特殊要求的招标项目，价格可以作为考评的唯一因素。

2）综合评估法。在采购机电成套设备、车辆以及其他重要固定资产时，如果仅仅比较各投标方的报价或报价加商务部分，则对竞争性投标之间的差别不能做出恰如其分的评估。因此，在这种情况下，必须以价格加其他全部因素综合评估，即应用综合评估法来评标。

《评标委员会和评标方法暂行规定》（第12号令）第三十五条明确规定，根据综合评估法，最大限度地满足招标文件中规定的各项综合评估标准的投标，应当推荐为中标候选人。

衡量投标文件是否最大限度地满足招标文件中规定的各项评估标准，一般做法是将各个评审因素在同一基础或标准上进行量化，量化指标可以采取折算为货币的方法、打分的方法或者其他方法，使各投标文件具有可比性。其中需要量化的通常是技术部分和商务部分，需对其进行综合评估。综合评估法具体还可分为以下几种方法，其中最常用的是最低评标价法和综合评分法。

① 最低评标价法。最低评标价法又称综合评标价法，是指把除报价外其他各种因素予以量化，用货币计算其价格，与报价一起计算，然后按评标价高低进行排序。一般做法是以投标报价为基数，将报价以外的其他因素（包括商务因素和技术因素）量化，并以货币折算成价格，将其加/减到投标价中，形成评标价，以评标价最低的投标方作为中标人。

② 综合评分法。综合评分法又称打分法，是指评标委员会按预先确定的评分标准，对各投标书需评审的内容（报价和其他非价格因素）进行量化，评审打分，按投标书综合评分的高低排序，以得分最高的投标方作为中标人。综合评分法可以较全面地反映投标方的素质。

③ 生命周期法。生命周期法主要是以产品生命周期成本为基础的评价方法。这种方法主要适用于采购生产线、设备、车辆等运行期内各项后续费用很高的货物采购的评标。在计算生命周期成本时，应根据实际情况，在投标书报价的基础上，加上一定运行期年限的各项费用，再减去一定年限后设备的残值，计算过程中应使用投标书规定的贴现率，最终选择生命周期成本最低的投标方。

④ 专家评议法。专家评议法也称定性评议法或综合评议法，具体是由评标委员会根据事先确定的评审内容，对各投标书的共同分项进行定性分析和比较，从中选择出投标书各项指标都比较优秀的投标方作为中标人。此方法一般适用于小型项目或者无法量化的投标条件。

6. 定标

定标是指招标方根据评标委员会提供的评标报告以及推荐的合格中标候选人，最终确定中标人的过程。

（1）确定中标人并公示。招标方应当自收到评标报告之日起3日内公示中标候选人，公示期不得少于3日。

投标方或者其他利害关系人对依法必须进行招标的项目的评标结果有异议的，应当在中标候选人公示期间提出。招标方应当自收到异议之日起3日内做出答复，做出答复前，应当暂停招标投标活动。

（2）发放中标通知书。中标通知书是招标方向中标方发出的告知其中标的书面通知。招标方应在规定时间内将中标结果通知中标方及所有未中标的投标方。

7. 签订合同

定标后，招标方与中标方应当自中标通知书发出之日起30日内，按照招标文件和投标文件的相关内容签订采购合同。合同应对采购物品的质量要求、采购数量、采购价格、验收方式、付款方式等进行规定，中标人签字并按照规定提交了履约保证金之后，合同就正式生效。

4.2.2 招标采购中的常见问题和防范措施

招标采购涉及的供应商很多，存在很强的竞争性。有些供应商为了中标，加上一些招标方人员贪图利益等因素，在招标过程中可能会出现一些违法违纪违规的现象。本小节主要介绍围标、串标以及低价抢标现象。

1. 围标、串标及低价抢标的概念

（1）围标。所谓围标，是指几个投标方之间相互约定，一致抬高或压低投标报价进行投标，通过限制竞争，排挤其他投标方，使某个利益相关者中标，从而谋取利益的手段和行为。

围标行为的发起者称为**围标人**，参与围标行为的投标方称为**陪标人**。

围标是不成熟的建筑招投标市场发展到一定阶段所产生的一种现象。围标成员达成攻守同谋，通常在整个围标过程中，陪标人严格遵守双方合作协议要求，以保证围标人能顺利中标，并对整个围标活动全过程保密。围标成功后，围标人按照事先约定，支付陪标人好处或利益互换。有时围标全过程由围标人一手操办，陪标人提供资质、人员和必要条件予以协助。有时候是投标方入围后将入围资格卖给围标人，围标人借用入围投标方资格操纵投标，而陪标人则保持沉默。

（2）串标。广义上讲，所谓串标，顾名思义就是串通投标，即投标方为获取中标而互相串通、损害项目业主利益；或是投标方与发标方、代理机构互相串通，损害其他投标方或项目业主利益（实质上是国家利益），是招标投标领域常见的一种企图非法获取中标的手段和行为。

狭义上讲，一般所指的串标是指除围标外的串通投标，即排除围标现象的一般串通投标行为，包括投标方与招标方或招标代理机构之间串通和两个以上投标方非正当合谋投标（即未达到围标的操纵强度和影响）。

狭义上的串标与围标处于平行关系，是同为串通投标的两种类型，即围标加一般串标等于广义串通投标，通常所说的串标可理解为狭义串标。

由此可见，广义上所说的串标外延和内涵比围标更加广泛，围标是广义串标中比较特殊的一种，两者是包含关系。如果把串通投标作为全集，则围标和串标（狭义）是子集并互为补集。围标首先表现为串标，即围标以串标为基础又高于串标，是串标的发展和深化。

（3）低价抢标。低价抢标在各类采购，尤其是工程项目采购中经常发生。低价抢标即投标方以明显低于建设项目施工过程中耗用的构成工程实体及组织管理施工所发生的社会平均消耗量，以低于企业个别成本的价格投标报价，进行抢标。一旦中标展开工程施工后，即想方设法改变投标报价文件，或以不合理的理由进行各种索赔、偷工减料、以次充好、高估冒算，或腐蚀拉拢业主、监理人员、设计人员修改图样，调换材料，更改施工内容等，进行高价结算。

围标、串标以及低价抢标等暗箱操作现象变换花样、屡禁不止，严重损害了国家及社会公共利益。防范遏制围标、串标以及低价抢标成为目前贯彻招标投标法、规范招标投标活动、维护公平竞争的市场经济秩序、惩治和预防腐败的一项重要工作。

2. 围标、串标及低价抢标的表现形式

围标和串标的表现形式大致有以下几种：

① 不同投标方的投标文件内容及格式存在非正常一致。例如，不同投标方的投标文件裁剪、装订、页码非正常一致，投标文件中商务标与技术标的表格、式样、文本、图表非正常一致。

② 不同投标方的投标文件错漏之处一致。例如，不同投标方的投标文件中工程量数据、投标单价、自主报价的材料价格、措施费用等错漏一致，技术标中施工进度安排、网络计划图表、人工、材料、机械数量、调配安排、质量与进度保证措施、施工总平面布置图等错漏一致。

③ 不同投标方的投标报价或报价组成异常一致或呈规律性变化。

④ 不同投标方的投标文件相互混装。

⑤ 不同投标方使用同一个人或企业资质交纳投标保证金或投标保函。

⑥ 不同投标方的投标文件载明的项目管理班子出现相同人员。

⑦ 投标方数量较少时，其大部分或全部投标方的投标报价经评审均高于社会平均价格，且其报价组成中人工、材料、机械可竞争费用明显偏高或不合常理。

低价抢标的表现形式有以下几种：

① 投标方的投标报价明显低于其他投标方报价或标底，其所采用的人工、材料、机械消耗量明显低于社会平均消耗水平，按正常施工企业的技术水平、管理水平和工程施工条件及市场价格测算无法解释证明。

② 投标方以周转性材料已摊销完毕为由大幅度降低周转性材料的消耗量，或以机械闲置、机械已折旧完毕为由大幅度降低施工机械折旧成本，或以库存材料、构件、成品、设备、器材为由大幅度降低相应价格。

③ 主要的分部分项工程综合单价明显低于相应时期的综合单价或其他投标方相应的综合单价，且其合价差额较大。

④ 投标方的人工单价明显低于相应时期政府建设行政主管部门发布的工资单价或其他投标方的人工单价。

⑤ 与施工方案或施工组织设计有关的措施项目费用报价与施工方案或施工组织设计明显不对应。

⑥ 企业管理费用无法满足投标方最低管理成本支出，明显低于建设行政主管部门颁发的建设工程企业管理费标准。

⑦ 投标方的投标报价在明显低于正常报价的情况下，仍按零利润投标报价。

3. 围标、串标及低价抢标的防范措施

一方面，针对市场上存在弄虚作假、串标等现象，应该从制度建设入手，建立完善市场监督的制度体系，规范招投标各方主体和相关人员的行为，从源头上预防和遏制围标、串标以及低价抢标现象的发生；另一方面，要积极提高招标投标管理水平，从招标投标活动全过程及项目实施管理全过程加以防范和遏制。

【案例 4-2】

围标小案例

某市密集架招标，采购数量为 460m³，采购预算为 55 万元，共有 4 家公司投标，报价分别为 A 公司 29.86 万元、B 公司 59.17 万元、C 公司 42.98 万元、D 公司 57.93 万元。评标方法采用综合评分法。其具体计算方法为：以所有合格投标方有效报价的算术平均值作为评标基准值，投标方的投标报价等于评标基准值得基本分 40 分；投标方的投标报价每低于评标基准值 1%，在基本分基础上加 1 分，最多加 10 分；投标报价每高于评标基准值 1%，在基本分基础上扣 1 分，扣完为止。

基于这种评分方法，B、C、D 三家公司暗中勾结实施围标。具体的做法是 B、D 公司抬高价格，这样评标基准值就可以得以提高，C 公司的评分也就可以提高。报价分的评标基准值为 47.49 万元，与其相比，A 公司报价低 37.12%，报价得分为 50 分；B 公司报价高 24.59%，报价得分为 15.41 分，C 公司报价低 9.50%，报价得分为 49.5 分；D 公司报价高 21.98%，报价得分为 18.02 分。

此案例中，A 公司虽然报价最低（比中标的 C 公司报价低 30.53%），但由于 B、D 两家公司高抬报价，几乎完全抵消了 A 公司应有的报价优势，使 A 公司的报价得分仅比 C 公司高 0.5 分，加上其他不利因素，A 公司最终与中标失之交臂。

4.2.3　电子招标系统

电子招标投标是指利用现代互联网计算机技术，以电子文档的形式记录，通过可移动电子存储介质或互联网传递招标及投标文件等数据信息，并实现开评标全过程信息化的一种招标投标管理体系。

1. 电子招标投标的概念

电子招标投标是指以数据电文形式，依托电子招标投标系统完成的全部或者部分招标投标交易、公共服务和行政监督活动。传统的招标投标存在明招暗定、弄虚作假、不公开不透明、耗费成本高等缺点，甚至有些地方的招标投标已成为权力寻租和钱权交易的"重灾区"。为了解决这一问题，不仅欧美发达国家已经较成熟地运用立法手段将信息技术应用于公共采购活动，建立了电子招标采购平台，而且在亚洲许多发达国家和发展中国家也已经重视并实施了电子招标采购。我国由国家发展和改革委员会、工业和信息化部、监察部、住房和城乡建设部、交通运输部、铁道部、水利部、商务部联合制定的《电子招标投标办法》已于 2013 年 2 月 4 日发布，2013 年 5 月 1 日实施。《电子招标投标办法》的颁布实施，是对我国电子招标投标的规范与完善，更确保了电子招标投标活动有法可依。

2. 电子招标采购的特点

（1）实现货物和工程建设项目阳光采购。电子招标采购提高了信息透明度，通过建立信息档案库，改善了参与各方的信息对称性，进一步贯彻了"三公"原则。

（2）提高了招标采购的工作效率。电子招标采购系统提供了人性化的操作方式，将很多高强度的手工劳动用计算机来代替，降低了失误的可能性，使业务操作更加便捷和有效。

（3）增强了处理突发事件的应急反应能力。在提高工作效率的同时，降低了恶劣气候、自然灾害等意外事件对招标工作的影响，增强了各方业务操作的抗风险和应急反应能力。

3. 电子招标投标的优缺点

电子招标投标的优点有：

① 有利于降低企业采购成本，绿色、低碳、环保。

② 增强了招标管理工作的透明性和公开性。

③ 有效地提高了采购效率，保障了招标采购效果。

④ 动态掌控过程，提高了招标管理水平。

⑤ 电子招标投标可以预防和减少围标、串标等违法违规现象。

⑥ 电子招标投标的相关资料容易保存，并且具有可追溯性。

电子招标投标的缺点有：

① 围标、串标等违法违规行为将更加隐蔽，更难以发现。

② 缺少统一的电子招标投标标准。

③ 必须采用指定的计价软件制作电子标书。

4. 电子招标采购的具体实施步骤

（1）进行采购分析与策划，对现有采购流程进行优化，制定适宜网上交易的标准采购流程。

（2）建立网站。这是进行电子采购的基础平台，要按照采购标准流程来组织页面。可以通过虚拟主机、主机托管、自建主机等来建立网站，特别是加入一些有实力的采购网站，通过它们的专业服务，可以享受到非常丰富的供求信息，达到事半功倍的效果。

（3）采购单位通过互联网发布招标采购信息（即发布招标书或招标公告），详细说明对物料的要求，包括质量、数量、时间、地点，以及对供应商的资质要求等；也可以通过搜索引擎寻找供应商，主动向他们发送电子邮件，对所购物料进行询价。

（4）供应商登录采购单位的网站，进行网上资料填写和报价。

（5）采购单位对供应商进行初步筛选，收集投标书或进行贸易洽谈。

（6）网上评标，由系统程序按设定的标准进行自动选择，或由评标小组进行分析评比选择。

（7）在网上公布中标单位和价格，如有必要，对供应商进行实地考察后再签订采购合同。

（8）采购实施。中标单位按采购订单通过运输交付货物，采购单位支付货款，处理有关善后事宜。按照供应链管理思想，供需双方需要进行战略合作，实现信息共享。采购单位可以通过网络了解供应商的物料质量及供应情况，供应商可以随时掌握所供物料在采购单位中的库存情况及采购单位的生产变化需求，以便及时补货，实现准时化生产和采购。

4.3　采购谈判

采购谈判是完成采购任务的一项重要的基础工作。对企业而言，掌握采购谈判技巧，有利于维护企业自身利益，保证采购的成功。一场成功的谈判应做好两方面工作：一方面是了解采购谈判的过程；另一方面是掌握采购谈判的技巧。

4.3.1 谈判在采购中的应用

1. 谈判与经济谈判

所谓谈判，是指人们为了改变相互关系而交换意见，为了取得一致而相互磋商的一种行为。它直接影响多种人际关系，是对参与的各方产生持久利益的一个过程。

狭义的谈判是指在正式场合下的谈判。广义的谈判是指包括正式场合下的谈判，以及一切协商、交谈、洽谈、讨论、对话等。进一步讲，谈判是一种人际交往的过程，它有赖于信息交流，是人类行为的一个组成部分，涉及多种学科，范围广泛。诱发谈判的潜在因素是满足欲望，实现利益。

采购谈判是经济谈判的一种。通过经济谈判，一些重大问题会迎刃而解，缓解矛盾，消除分歧。经济谈判是指经济交往各方为了各自的经济利益，就各种提议和承诺洽谈协商的过程。它是一种特殊的经济活动，不仅是一种经济现象的反映，而且是一种人际关系的特殊表现。所以，它不仅要遵循各种经济规律，还要把握各种人类行为规律。为什么一些符合正常规律的事，往往由于双方人际关系处理不好而使谈判失败？道理就在于此。

在谈判中，根据双方的主观能动性，可把谈判双方分为谈判主体和谈判客体。谈判主体的最大特点在于能表现出充分的主观能动性和创造性。这表现为能主动地选择和邀请谈判对手或主动地设定谈判议题和确定评价标准，从而使对方处于被动的客体地位，而自己处于主体地位，以便双方在自己所设定的议题和评价标准范围内进行会谈；或者在对方主动选择和邀请本方作为谈判对手，并设定议题和确定评价标准之后，本方在暂时处于被动的谈判客体地位的情况下，却能通过各种手段，反客为主，占据谈判的主动地位。谈判客体的最大特点在于在谈判中有一定程度的被动性。因此，谈判主体与谈判客体是相对而言的，它们在谈判中的地位是可以相互转化的。面对市场经济的发展，商品供求矛盾发生变化，资源增加，流通渠道宽广，卖方市场逐渐向买方市场转化。在采购过程中，采购人员应力争成为谈判的主体，把对方作为谈判的客体，主观上努力了解对方、影响对方、说服对方理解并接受自己的观点、基本利益和行为方式，以达到自己所期望的目标，取得谈判成功，顺利地签订供货合同。

2. 采购谈判

采购谈判是经济谈判中的一种。它是指企业为采购商品，作为买方与卖方厂商对购销业务的有关事项，如商品的品种、规格、技术标准、质量保证、订购数量、包装要求、售后服务、价格、交货日期与地点、运输方式、付款条件等，进行反复磋商，谋求达成协议，建立双方都满意的购销关系。

采购谈判主要适用于下列几种情况：

① 采购结构复杂、技术要求严格的成套机器设备，在设计制造、安装试验、成本价格等方面需要通过谈判，进行详细的商讨和比较。

② 多家供应商互相竞争时，通过采购谈判，可以使渴求成交的个别供应商在价格方面做出较大的让步。

③ 所采购商品的供应商不多，但企业可以自制，或向国外采购，或可用其他商品代替，通过谈判做出有利的选择。

④ 需用的商品经公开招标，但开标结果在规格、价格、交货日期、付款条件等方面，

无一家供应商能满足要求。可以通过谈判再做决定，但在公开招标时，应预先声明，当开标结果达不到招标要求时，必须经过谈判决定取舍。

⑤ 需用商品的原采购合同期满，市场行情有变化，并且采购金额较大时，可通过谈判进行有利采购。

4.3.2 采购谈判的内容

采购谈判的内容主要有以下三个：

1. 产品条件谈判

采购的主角是产品或者原材料，因此，谈判的内容首先是对产品有关条件的谈判。对于采购商来说，如果购买的产品数量少、品种单一，产品条件谈判就比较简单；如果购买的产品数量多、品种型号也多，产品条件谈判就比较复杂。一般来说，产品条件谈判的内容包括产品的品种、型号、规格、数量、商标、外形、款式、色彩、技术标准、质量标准和包装等。

2. 价格条件谈判

价格条件谈判是采购谈判的中心内容，是谈判双方最关心的问题。通常双方都会进行反复的讨价还价，最后才敲定成交价格。价格条件谈判的内容包括数量折扣、退货损失、市场价格波动风险、商品保险费用、售后服务费用、技术培训费用和安装费用等条件的谈判。

3. 其他条件谈判

除了产品条件谈判和价格条件谈判之外，还有交货时间与地点、付款方式、运输方式、售后服务、违约责任和仲裁等其他条件的谈判。

4.3.3 采购谈判的特点

采购谈判属于商务谈判的范畴，它具有商务谈判的基本特点，但同时也具有自己的特殊性。

（1）目的性。采购谈判是为了最终获取企业所需要的物资，保障企业及时、持续的外部供应。

（2）经济性。采购商希望以最低的价格或者以最经济的方式获得所需商品。

（3）沟通性。采购谈判蕴含了买卖双方"合作"与"冲突"的对立统一关系，买卖双方需要通过不断调整各自的需求和利益而相互接近，最终争取在某些方面达成共识。

（4）科学性和艺术性。采购谈判既是一门科学，也是一门艺术。掌握谈判的基本知识和一些常用策略技巧能使谈判者有效地驾驭谈判的全过程，赢得最大利益。

（5）受主客观条件制约。在采购谈判中，最终达成的协议所体现的利益主要取决于买卖双方和当时的客观形势。另外，谈判结果还在一定程度上受主观条件的制约，如谈判人员的素质、能力、经验和心理状态，以及在谈判中双方所运用的谈判策略和技巧。

4.3.4 采购谈判的重要性

采购是商品流通过程中的一个重要组成部分；是合理组织料源，实现从供方到需方商品所有权转换的商务作业过程；是从确定企业生产对商品的需求开始，到商品验收、入库为止的全部业务活动。其间重要的环节是选择供货单位，选购质高价廉的商品。在与供货单位磋商、讨价还价，以促成交易的过程中，采购谈判起着重要作用。一场成功的采购谈判能起到如下作用：①维护并促进供需双方的协作关系；②满足企业对商品的需求；③维护自身的经济利益；④锻炼采购人员，提高业务素质，增长生产、管理知识。因此，采购谈判是企业进入市场、完成采购任务的开端和前提的一项十分重要的基础工作。

【案例 4-3】

谈判小案例

日本某公司向中国某公司购买电石。此时是它们交易的第五个年头，谈价时，日方要压价 20 美元/t，即从 410 元/t 压到 390 美元/t。据日方讲，它们已经拿到多家报价，有 430 美元/t，有 370 美元/t，也有 390 美元/t。据中方了解，370 美元/t 是个体户报的价，430 美元/t 是生产能力较低的工厂报的价。供货工厂的厂长与中方公司代表共 4 人组成了谈判小组，由中方代表为主谈。谈判前，工厂厂长与中方公司代表达成了价格方面的共同意见：工厂可以 390 美元/t 成交，因为工厂需要订单连续生产。中方公司代表表示，对外不能说，价格水平我会掌控。公司代表又向其主管汇报，分析价格形势；主观认为价格不取最低，因为我们是大公司，讲质量，将服务。谈判中可以灵活，但步子要小。若在 400 美元/t 以上拿下，则可成交；若拿不下，则把价格定在 405～410 美元/t，然后再由主管出来面谈，请工厂配合。

中方公司代表将此意见向公司转达，并达成共识，和工厂厂长一起在谈判桌上争取该条件。中方公司代表为主谈，经过交锋，价格仅降了 10 美元/t，以 400 美元/t 成交，比工厂厂长的成交价高了 10 美元/t。工厂厂长十分满意，日方也满意。

4.3.5　采购谈判的方法

谈判的方法大体上可以分为强硬型、温和型和价值型三种。在采购谈判中，经常采用的是价值型谈判法；有时可根据特殊情况，采用强硬型谈判法；而温和型谈判法在采购谈判中一般是不采用的。

1. 价值型谈判法

价值型谈判法的谈判者认为，参加谈判的双方都是问题的解决者，谈判的目的是以友好关系来产生理想的结果，谈判的焦点是满足利益而不是坚持立场。因此，应把人和问题分开考虑，对争论的关键问题需要双方共同认定，任何一方都必须准备放弃己见，重新构建富有创意的、对大家都有利的方案。谈判的结果往往是彼此的利益都得到了基本满足。价值型谈判法有以下四个要点：

（1）建立双方相互信任的关系。建立相互信任关系，既在谈判前也在谈判中。谈判前的接触，应营造一种诚挚、友好的气氛，避免那些对以后的合作可能有破坏作用的敌视和防范的情绪，使洽谈充满合作前景。

在进行实质性谈判时，双方应交换意见，给对方足够的机会发表不同的意见，提出不同构想，要有合作精神，乐于接受对方的意见，不要妄自怀疑、推断对方的意图。只要对方的建议是合理的、可行的，应尽量予以同意。谈判一开始就要强调双方利益的一致性。在倾听对方的建议、观察对方的态度时，也应及时表达自己的观点和诚意，在保证自己权利的同时尊重对方的权利。

（2）谈判的目标是利益而不是立场。谈判的目标是谋求双方的利益一致，所以，要取得谈判成功，必须注意寻求对立立场背后的共同利益。如果仔细检查隐藏在立场背后的利益，会发现共同的利益多于对立的利益，就容易找到双方都满意的答案。要善于从对方的角度去分析问题，了解对方整个团体的多重利益。谈判的目的在于满足自己的利益，而要使对方对你的利益产生深刻印象，必须强调这些利益的正当性，进行双方意见的交换和沟通。如果双方都能针对利益进行磋商，谈判的目的就容易达到了。

（3）控制谈判，使对方易于做出决定。控制谈判，包括控制谈判议程和控制谈判情绪。控制谈判的议程，是积极地转移人们的注意力、促进谈判向前发展的手段。经验丰富的谈判人员通过进行归纳总结，帮助双方认识谈判进行到哪一个阶段，明确"正在谈什么"和"目前的问题是什么"，或者转变谈判的议题。例如，"看来我们在交货问题上已花了不少时间，下面是不是应该讨论……"，等等，及时把谈判向前推进，提高效率。

控制谈判的情绪，可以使谈判变得愉快，使对方易于做出决定。在谈判中，要培养自己倾听、表达和说服的技巧。只有坚持并仔细听完对方的话，才能准确地知道对方的想法，了解对方想表达的意思。同时，由于你认真倾听对方的主张，对方也能更明白、确切地告诉你他的意见，并且对方会从被倾听、被了解中获得一种满足。为了主动地将谈判引向实质性、建设性的讨论，可以重复表达对方的意思，表示你已理解。然后，将对方的主张以比他们原先所用的更明确的方式加以表达，再指出对方的提案中有问题的地方，予以反驳。这样对方便不会觉得你误解了他的意见，避免了情绪的对立。

（4）寻找对双方都有利的方案。在谈判处于紧急状态时，要找出最佳解决办法，单靠灵机一动是很困难的。因此，事前必须做好充分准备，拟订出多种可供选择的、对双方都有利的方案。这样才能在任何场合下都把握住机会，对谈判进行建设性的调整，消除双方利益的对立，进而达成协议。

2. 强硬型谈判法

强硬型谈判法的谈判者认为自己的观点是十分正确的，他们将谈判视为"战斗"，将对方视为"敌人"，谈判的目的在于取得胜利。谈判时对人对事固执己见，向对方施加压力，提出威胁，要求对方为维持关系而做出让步。谈判的结果往往是使对方蒙受损失。

这种固执而强硬的立场，使谈判的重心始终落在当事人是否同意让步这一关键点上，谈判只能由双方意志力的竞争来决定胜负。如果谈判的一方态度强硬，常常会使另一方中途离开谈判桌，从而中断谈判；如果谈判的双方都坚持自己的意见，将会使双方的人际关系趋于恶化。假设一方坚持己见令对方感到毫无道理，而另一方也认为对方太不讲道理，于是双方都认为对方不注重彼此之间的关系，也就根本不考虑对方的立场了，其结果往往是谈判破裂。

强硬型谈判法有以下五个要点：

（1）最初的极端地位。谈判开始阶段，谈判者总是有强硬的要求或荒谬的提议，以破坏对方的预期目标。当他们为卖方时，他们敞开大门、鼓励竞争，并提出不切实际的要求，怂恿竞争者互相超越，结果最后的卖价达到极点；当他们为买方时，他们最初的出价都十分寒酸，并且常常是秘密出价，力图使卖方相信，除了与他们交易外，别无选择。

（2）有限的权力。强硬型谈判者的权力都有限，没有让步、退缩的余地。当他们作为买方进行采购谈判时，仿佛没有权力做任何让步。这种做法的结果是，卖方由于急于有所进展，只有自己做出让步。

（3）情绪的策略。强硬型谈判者在谈判时常常会涨红脸，提高嗓门，情绪激昂。这些发泄情绪的策略，往往会使谈判对手失去冷静，无法集中精力思考，增加了谈判的紧张气氛。对方为了迁就或安抚情绪发泄者，一般自己就开始让步。

（4）将让步视为软弱。强硬型谈判者常将对方的让步视为软弱，他们缺乏合作精神，所以无论在怎样的劣势中，都会想尽办法诱使对方先让步，而他们又会尽量避免任何回报。

（5）对期限置之不理。强硬型谈判者在谈判过程中从容不迫，对谈判的期限置之不理。而他们所达成的交易，往往是在接近最后期限的时刻才成交的。

只有在以下两种情况下，才可以运用强硬型谈判法：和对方的关系是仅此一次的交易，不再继续往来；在谈判的开谈阶段，对方已明显地表示出强硬的态度，我方不得已采用强硬的办法。

3. 温和型谈判法

温和型谈判法的谈判者认为谈判的双方是朋友关系，为维持这种友好的关系，取得协调，对人对事都要具有弹性，在谈判中必须适度调整立场，为维持、增进双方的关系而做出最大让步。这种谈判方法为了达成协议、避免冲突，往往要屈服于对方的压力，做出很大的妥协，牺牲自己的利益。温和型谈判法在采购谈判中一般是不采用的。

4.4　采购谈判的过程和技巧

4.4.1　采购谈判的过程

采购谈判的过程可分为准备阶段、开局阶段、正式洽谈阶段和成交阶段。

1. 准备阶段

这一阶段的主要工作内容为：

（1）明确谈判的内容。收集与谈判内容有关的各项采购业务资料，如供应商的产销能力和供货服务水平、采购市场供求和价格动态等。

（2）确定谈判的目标。具体、明确的谈判目标有利于谈判的成功；盲目、含糊不清的目标将导致谈判的失败。谈判目标是指在采购目标确定之后，准备在谈判中实现的目标。采购目标要根据采购性质而定，如单项采购或加工配件，其数量、价格、质量、技术性能等，都要有明确要求。

谈判目标分为三个层次：

① 理想目标：谈判者期待通过谈判所要达到的上限目标。

② 现实目标：谈判者期待通过谈判所要达到的下限目标。

③ 立意目标：介于理想目标和现实目标之间的目标。

理想目标是主观上的认识，与现实目标尚有一定距离。如何缩短这个距离，促使目标实现，就要对企业内部实力与外部环境做比较分析，寻找可行的途径以达到目标要求。这就需要掌握以下几方面的信息：

采购与供应管理

① 市场信息：市场可供资源量、产品质量、市场价格、产品流通渠道、供销网点分布等。

② 科技信息：新产品、替代品、新技术的应用、产品质量、检验方法等。

③ 环境信息：影响企业采购活动的外部因素。例如，国家经济政策的制定、价格体系的改革、进出口政策方针的制定、价格体系的改革等。

④ 企业内部需求信息：企业所需原材料、零配件需用量计划，企业计划任务的变更，资金状况等。

⑤ 谈判对手的信息：供货厂商的生产能力、技术水平、信誉等。通过各种信息综合、分析、讨论，最后确定恰当的决策目标，容易取得谈判的成功。

（3）制订谈判策略计划。谈判的成功与否在很大程度上取决于所制订计划的质量和数量。制定谈判策略，就是制订谈判的整体计划，从而在宏观上把握谈判的整体进程。

制定谈判策略的基本步骤如下：

1）明确希望通过谈判达成的目标。例如，以最低的价格购进一批原料，力争采用分期付款方式等。

2）收集相关数据，了解供应商的详细情况，特别是在价格方面的立场，并对所购物资的成本进行分析。

3）确定实际情况，也就是找出认为可信的数据。每一种实际情况都是所希望达成协议的一方面信息。

4）找出分歧点，也就是谈判中重点讨论的问题。谈判的目的就是解决问题，从而签订一份令双方都满意的合同。

5）分析各自的优势和劣势所在。例如，供应商的供应能力、订单积压状况和盈利能力如何，与该供应商签订合同的可能性有多大，是否存在时间上的紧迫性。分析双方实力可以帮助谈判者确定谈判要点，避免产生不切实际的愿望，并且为制定策略提供依据、出谋划策。

6）确立自己在分歧中的地位，并且根据所得资料估计供应商在每个分歧中的地位。什么资料能支撑自己的地位？什么资料可能支撑供应商的地位？在进行优势分析后，应该提出两个问题：谁在谈判中处于更有利的地位？哪些关键点可以使双方都能得到最大的好处？

7）计划谈判策略。首先制定谈判进程，先讨论什么问题，后讨论什么问题，在哪些方面采购者愿意妥协，在哪些方面立场坚定，谈判团队（通常由管理和质量控制人员组成，由采购部门领导）由哪些人员组成，为每一个目标确立谈判范围和指标，从而制定谈判者认为能够实现的合理目标。策略的制定应该建立在对形势和谈判策略正确理解的基础上。如果谈判的目的是达成交易，那么谈判的方法和技巧就十分重要，因为它能够影响谈判者所表达的意图。采取的策略要使另一方感觉谈判者或者合同的结果是积极的，那么他们就会致力于协议的达成，并争取解决签订合同期间所产生的任何问题。

（4）整理谈判问题。整理在谈判中需要提出和解决的问题，按问题的逻辑顺序，制定谈判的日程，并在正式开始谈判前，征求对方的意见，取得其同意。

（5）做好人员安排。如谈判的内容较复杂，需要其他工程技术、财务、法律等专业人员参加，应请有关部门选派得力人员，组成谈判小组。小组成员应充分了解谈判的内容、目标和策略计划，密切配合，步调一致地进行谈判。

谈判小组是为顺利进行谈判、达到既定目标而组成的工作组，它直接决定着谈判的成败。谈判小组规模的大小应视具体情况而定，控制权过大则不易集中，过小甚至如只有一个人又难以应对谈判中涉及各个领域里的种种问题。切记，小组成员不得与对方攀比，宜少不宜多。小组成员主要由谈判负责人即谈判小组的领导人（简称主谈）和专业技术人员、财务人员、记录员等组成。组织谈判小组的人员结构要合理，对成员授权要各负其责，规定必要的工作制度等都是关键问题。

2. 谈判开局

谈判开局对全局及走向有深刻的影响，因此必须精心安排，营造一种和谐的谈判气氛为实质性谈判成功奠定良好基础。谈判开局是谈判双方首次正式接触，是准备工作的继续、正式谈判的开始，起着承前启后的作用。

积极认真地创造一种适合谈判的环境，就是开局的目标。什么样的环境是适合谈判的环境呢？谈判场所应当优雅、舒适，气氛应该友好、和谐，东道主应该热情、好客，这种气氛对任何一方都是迫切需要的。因此，双方刚一接触时应相互打招呼，多使用一些中性语言，避开一些实质性问题，就双方共同关心的议题以坦诚、友好的态度先行交换意见，时间长短视双方情绪高低而定。只要能渲染、烘托起来热烈气氛，就为谈判的顺利进行创造了一个良好的前提条件。

开局阶段需要做的几项工作包括：

（1）进一步加深彼此的了解和沟通。所谓进一步加深彼此的了解和沟通，就是在准备阶段所进行的间接了解的基础上，就谈判的有关问题做进一步的询问或介绍，通过直接的询问，对产品的质量、性能、使用情况以及一些需要专门了解的问题获得满意的答复。厂商也可以通过图像展示或对产品使用情况的表演等方式宣传产品，从而避免广告或说明书的一些不适之词给人们带来错觉，提高产品的可信度。

（2）洞察对方，调整策略。洞察对方是指观察谈判对方的经验和风格，以便采取相应的策略。例如，若对方在初始接触中表现得瞻前顾后、优柔寡断，显然其经验不足；反之，若对方表现得从容自若，侃侃而谈，又能巧用中性语言避实就虚，则肯定是行家。人们的谈吐举止都会直接反映其心理活动和性格趋向。同时，要注意随时调整策略。例如，若发现双方主谈人在权力、地位、资历等方面相差悬殊，应及时调整，以适应人们等级观念的反映。

（3）激发对方的兴趣。在谈判的开局时，双方的听力、注意力、理解力都处在高峰值。一些在谈判过程中说起来无关大局的话，这时很可能引起对方的高度警觉，对后面的谈判带来极大的影响。因此，在谈判开局时，必须采取得力的方式，如提出一系列的假设条件，并留有一定余地，力求激发对方的兴趣。

（4）共同设计会谈程序。开局的另一项任务就是共同设计会谈程序，它涉及议题范围和日程。当然，谁安排会谈的议事日程，谁就有主控权。若双方能共同协商一致并相互尊重，会谈会更有节奏地顺利进行。

3. 正式洽谈阶段

这一阶段可细分为开始洽谈阶段和业务洽谈阶段。

（1）开始洽谈阶段。这是指双方落座，洽谈刚开始的一段时间。在这个阶段，所有参

采购与供应管理

加谈判人员的精力都很充沛，注意力非常集中，双方开始进入最初的议题洽谈。这个阶段要阐述为什么要谈判，谈判的内容是什么，预计谈多长时间等，双方各自表明自己的立场，进一步巩固已经建立起来的轻松、诚挚的工作气氛。

这个阶段虽然很短，但却建立了洽谈的格局，双方都从对方的言行举止中观察与判断对方的特点，以确定自己的行动方式。该阶段需要注意观察如下几点：

① 观察供应商的神态、表情，从而判断他们的心理状态。

② 识别出他们的领导者——谁能够真正做出让步的决定。

③ 如果他们讨论一个问题时犹犹豫豫，那么这就是他们的弱点。

④ 如果供应商没有关键问题的任何信息，这也是他们的弱点。

⑤ 保持紧张，注意力集中，认真倾听对方的发言。

（2）业务洽谈阶段。业务洽谈阶段具体包括摸底和磋商两个阶段。

1）摸底阶段。在合作性洽谈中，摸底阶段双方分别陈述各自对会谈内容的理解，希望得到哪些利益，首要利益是什么，可以采取何种方式为双方获得共赢做出贡献，以及双方的合作前景。这种陈述要简明扼要，将谈判的内容横向展开。

在这个阶段，不要受对方陈述的影响，而应将注意力放在阐明自己的利益上；同时，不要试图猜测对方的意图，而应准确理解对方的关键问题。

陈述之后，双方提出各种可供选择的设想和解决问题的方案。然后，双方需要判断哪些设想、方案更现实、更可行。任何一方都不能为自己的建议辩护。

2）磋商阶段。将所有要讨论的议题内容都横向铺开，以合作的方式，反复磋商，逐步推进谈判内容。通过对所采购商品的质量、价格、交货方式、付款条件等各项议题的反复讨论，互做让步，寻找对双方都有利的最佳方案。

在这个阶段，要注意双方需共同寻找解决问题的最佳办法。当在某一个具体问题上谈判陷入僵局时，可征求对方同意，暂时绕过难题，转换另一个问题进行磋商，以便通过对这一议题的解决，打开前一问题谈判时的僵局。

在这一阶段要做好谈判记录，把双方已经同意解决的问题，在适当的时机归纳小结，请对方确认。通过反复磋商，待所有议题得到圆满解决，谈判就进入成交阶段。

4. 成交阶段

草拟经磋商所达成的协议初稿，经双方进一步修改认可，签订正式协议书，据此签订正式合同。整个谈判过程至此全部结束。

4.4.2 采购谈判的技巧

企业在洽谈过程中与供应商出现争议时，应避免争论，可适当运用一些谈判技巧，以确保谈判顺利进行。一般而言，采购谈判技巧包括入题技巧、阐述技巧、提问技巧、回答技巧和说服技巧等。

1. 入题技巧

当谈判双方刚进入谈判场所时，难免会感到拘谨，尤其是谈判新手，在重要的谈判中，往往会产生忐忑不安的心理。为此，必须讲究入题技巧，采用恰当的入题方法，为谈判营造良好的氛围。

（1）迂回入题。为避免谈判时单刀直入、过于暴露，影响谈判的融洽气氛，谈判时可以采用迂回入题的方法，如先从题外话入题，从介绍己方谈判人员入题，从"自谦"入题，或者从介绍本企业的生产、经营、财务状况入题等。

（2）先谈细节、后谈原则性问题。围绕谈判的主题，先从洽谈细节问题入题，条分缕析、丝丝入扣，待各项细节问题谈妥之后，也就自然而然地达成了原则性的协议。

（3）先谈一般原则、再谈细节。一些大型的经贸谈判，由于需要洽谈的问题千头万绪，双方高级谈判人员不应该也不可能介入全部谈判，往往要分成若干等级进行多次谈判。这就需要采取先谈一般原则、再谈细节问题的方法入题。一旦双方就原则问题达成了一致，那么，洽谈细节问题也就有了依据。

（4）从具体议题入手。大型谈判总是由具体的一次次谈判组成的，在具体的每一次谈判中，双方可以首先确定本次会议的谈判议题，然后从这一议题入手进行洽谈。

2. 阐述技巧

（1）开场阐述。谈判入题后，接下来就是双方进行开场阐述，这是谈判的一个重要环节。

进行开场阐述的要点有：开宗明义，明确本次会谈的主题，以集中双方的注意力，统一双方的认识；表明我方通过洽谈应当得到的利益，尤其是对我方至关重要的利益；表明我方的基本立场，可以回顾双方以前合作的成果，说明我方在对方所享有的信誉；也可以展望或预测今后双方合作中可能出现的机遇或障碍；还可以表示我方可采取何种方式共同获得利益、做出贡献等；开场阐述应是原则性的，而不是具体的，应尽可能简明扼要；开场阐述的目的是让对方明白我方的意图，营造和谐的洽谈气氛，因此，阐述应以诚挚和轻松的方式来表达。

对于对方的开场阐述，我方应认真、耐心地倾听，并归纳、弄懂对方开场阐述的内容，思考和理解对方的关键问题，以免产生误会；如果对方开场阐述的内容与我方意见差距较大，不要打断对方的阐述，更不要立即与对方争执，而应当先让对方说完，认同对方之后再巧妙地转开话题，从侧面进行谈判。

（2）让对方先谈。在谈判中，当我方对市场态势和产品定价的新情况不太了解，或者当我方尚未确定购买何种产品，或者我方无权直接决定购买与否的时候，我方一定要坚持让对方先说明可提供何种产品、产品性能如何、产品价格如何等，然后再审慎地表达意见。有时即使我方对市场态势和产品定价比较了解，有明确的购买意图，而且能直接决定购买与否，也不妨先让对方阐述利益要求、报价和介绍产品，然后在其基础上提出自己的要求。

（3）坦诚相见。谈判中应当坦诚相见，不仅将对方想知道的情况坦诚相告，而且可以适当透露我方的某些动机和想法。坦诚相见是获得对方信任的好办法，人们往往对坦诚的人自然有好感。但是应当注意，与对方坦诚相见难免要冒风险。对方可能利用我方的坦诚逼我方让步，我方可能因此而处于被动地位。因此，坦诚相见是有限度的，并不是将一切和盘托出，应以既赢得对方的信赖，又不使自己陷于被动、丧失利益为度。

（4）注意正确使用语言。对谈判语言有以下要求：

1）准确易懂。在谈判中，所使用的语言要规范、通俗，使对方容易理解，不致产生误会。

2）简明扼要，具有条理性。由于人们有意识的记忆能力有限，对于大量的信息，在短时间内只能记住有限的、具有特色的内容，所以，在谈判中一定要用简明扼要而又有条理的

采购与供应管理

语言来阐述自己的观点。这样才能在洽谈中事半功倍。反之，如果信口开河，不分主次，话讲了一大堆，不仅不能使对方及时把握要领，而且还会使对方产生厌烦的感觉。

3）第一次要说准确。在谈判中，当对方要我方提供资料时，我方第一次要说准确，不要模棱两可、含混不清。如果我方对对方要求提供的资料不甚了解，应延迟答复，切忌脱口而出；要尽量避免含上下限的数值，以防止波动。

4）语言富有弹性。谈判过程中使用的语言，应当丰富、灵活、富有弹性。对不同的谈判对手，应使用不同的语言风格。如果对方谈吐优雅，那么我方用语也应十分讲究，做到出语不凡；如果对方语言朴实无华，那么我方用语也不必过多修饰。

3. 提问技巧

要善用提问摸清对方的真实需求，掌握对方心理状态，表达自己的意见观点。

（1）提问的方式。提问的方式包括**封闭式提问**、**澄清式提问**、**暗示式提问**、**参照式提问**、**开放式提问**、**探索式提问**和**协商式提问**等。

1）封闭式提问。这是指答案有唯一性、范围较小、对回答的内容有一定限制的问题。可以用"是"或者"不是"，"有"或者"没有"，"对"或者"不对"等简单词语来作答。例如，"你们公司是否专门生产××零部件？"这类问句可以使发问者得到特定的资料信息，而答复这类问题也不必花费多少工夫思考。

2）澄清式提问。这是指针对对方的答复重新措辞，使对方证实或补充原先答复的一种提问。例如，"你说你们公司想在交通发达的地方再建一个配送中心，正式决定了没有？"这类问句在于让对方对自己说的话进一步明朗态度。

3）暗示式提问。这是指问句本身已经强烈地暗示了预期答案的提问。例如，"你我双方公司一直保持良好的贸易往来，这次合作也应如此，你说是吗？"这类问句在于督促对方表态。

4）参照式提问。这是指把第三者意见作为参照系提问。例如，"××公司表示，如果我们公司向他们下订单，他们愿意承担货物的运输成本。你们怎么看？"如果第三方是对方熟悉的人或者竞争对手，这可能会对对方产生重大影响，迫使对方让步。

5）开放式提问。这是指在广泛的领域内引出广泛答复的提问。这类提问通常无法以"是"或"否"等简单字句答复。例如，"你认为你们公司与我们公司现在的关系如何，在合作上存在哪些问题？"这类问句不限定答复范围，可以获得更多的资料信息。

6）探索式提问。这是指针对谈判对手的答复要求引申举例说明的一种提问。例如，"你谈到谈判上存在困难，能否告诉我们具体存在哪些问题？"这类问句不仅可以挖掘更多的信息，而且可以显示发问者对对方所谈的问题是否感兴趣和重视。

7）协商式提问。这是指为使对方同意自己的观点，采用商量的口吻向对方发出的提问。例如，"我方愿意增加采购数量，请问你们是否愿意降低采购单价？"这类问句一般与双方的切身利益有关，属于征询对方意见的发问形式。

（2）提问的时机。提问的时机包括在对方发言完毕时提问，在对方发言停顿、间歇时提问，在自己发言前后提问，在议程规定的辩论时间提问。

（3）提问的其他注意事项。这主要包括注意提问速度，注意对方心境，提问后给对方足够的答复时间，提问时应尽量保持问题的连续性。

4. 回答技巧

回答问题不是容易的事，回答的每一句话可能都会被对方理解为是一种承诺，都负有责任。回答有很多技巧，例如：不要彻底答复对方的提问；针对提问者的真实心理答复；有时不要确切答复对方的提问；降低提问者追问的兴趣；让自己获得充分的思考时间；礼貌地拒绝不值得回答的问题；找借口拖延答复。

5. 说服技巧

（1）原则。不要只陈述自己的理由；要研究分析对方的心理、需求及特点；要消除对方的戒心、成见；不要操之过急；不要一开始就批评对方、把自己的意见观点强加给对方；说话用语要朴实亲切；态度诚恳、平等待人，积极寻求双方的共同点；承认对方"情有可原"，善于激发对方的自尊心；坦率承认如果对方接受我方的意见，对方也将获得一定利益。

（2）技巧。讨论先易后难；多向对方提出要求、传递信息，影响对方的意见；强调一致、淡化差异；先谈有利的一面，后谈不利的一面；强调有利于对方的条件；待讨论赞成和反对意见后，再提出我方的意见；说服对方时，要精心设计开头和结尾，要给对方留下深刻印象；结论要由我方明确提出，不要让对方揣摩或自行下结论；多次重复某些信息和观点；多了解对方，以对方习惯的、能够接受的方式和逻辑去说服对方；先做铺垫，不要奢望对方一下子接受我方突如其来的要求；强调互惠互利、互相合作的可能性、现实性；促使对方在自身利益认同的基础上接纳我方的意见。

【案例分析】

网上招标在 S 钢铁公司原料采购中的实践

1. 网上招标采购需要各方合作支持

S 钢铁公司原料处开展网上招标采购，最重要的一个环节是解决怎样通过网络把供应商组织起来的问题，其次是选择好适合应用的网络平台。采、供、网三方对此都要有相应的目标，都要有参与的积极性，并且能成功配合。

从强化日常管理和技术创新角度来看，S 钢铁公司原料处的电子商务开发不仅是实现一个招标采购项目，在 S 钢铁公司与供应商之间，还将带来很多现实作用。例如，S 钢铁公司有如下打算：①借助网络发布采购信息，召开各种网上原燃料供需洽谈会，减少每年各种形式的订货会、洽谈费用，可大大降低采购成本；②定期在网上发布原燃料采购的种类、质量、数量等需求信息，使与原料处有业务联系的供应商可以通过入网，查询了解 S 钢铁公司的原燃料需求情况；③各供应商把产品信息和企业经营情况也在网上发布，使 S 钢铁公司的专业人员可以经常追踪采购信息，更好地进行选择；④利用网络全面了解入网供应商生产经营情况和资信情况，加强对供应商的管理，稳定资源渠道，稳定原燃料质量。

上述这些作用对于供需双方都是非常重要的，网上招标能够吸引供应商加入的关键就在于实现"双赢"的目标。

S 钢铁公司原料处已经与这些业务伙伴进行了多年合作，在互惠互利原则的基础上建立了相互依存的关系。这是非常重要的，在采用新的技术手段发展合作、加强联系的过程中，企业相互之间将继续保持并巩固和发扬这种合作关系。供应商通过与 S 钢铁公司同步应用网络技术，也可能使自身今后处于合作的优势地位。因此，网上招标采购对供应商也有极大的吸引力。

选择一个功能优秀的互联网平台，是实现网上招标采购目标的另一个重要环节。S 钢铁公司原料处根据多方了解，选择了北京 A 互联科技有限公司（以下简称 A 互联公司），它开发的网上采购招标系统最近已经改进、整合为中国联合钢铁网所属的"中国钢铁联合采购招标"系统平台。

S 钢铁公司非常重视 A 互联公司能否根据钢铁企业采购招标的特点，与 S 钢铁公司原料处合作制订出一个切实可行的网上招标采购实施方案。由于 A 互联公司是由一批钢铁企业 1999 年投资成立的网络公司，已经在钢铁行业的电子商务开发方面有比较多的经验，因此它充分考虑了像 S 钢铁公司这样的传统工业企业现有的基础，所采取的技术手段不必经过复杂的培训课程，就可以使业务人员很快地掌握。即使只做一两个品种的网上招标采购运行的时候，对非网上招标项目也不产生干扰，整个原料处的采购计划管理和业务科室分工不需要做较大调整，这就能够保证对其他采购品种不产生冲击。这对于保证钢铁生产的连续供应是十分重要的。

S 钢铁公司原料处与 A 互联公司共同协商签订了"合作协议书"，明确规定了双方的义务和权利；同时还拟订了"S 钢铁公司原料处应用互联网电子商务技术开展网上招标采购业务以及建设网站方案"，对原燃料招标采购业务如何开展，原料供应网站怎么建立，其进度、环节、规模等，都做了详细的书面安排。S 钢铁公司还委托 A 互联公司安排对发标方和投标方的所有操作人员进行技术培训，而动员供应商参加投标则由 S 钢铁公司原料处直接组织。

2. 网上采购招标的筹备、组织和实施过程

S 钢铁公司原料处在上述基础上，确定了把开展应用计算机网络技术工作分两步同时进行：一是进行局域网建设，筹建"S 钢铁公司原料供应"网站；二是进行铁合金网上招标的具体筹备工作。

第一步筹建网站，首先要申请注册独立的域名，在国家域名管理中心办理注册登记。"S 钢铁公司原料供应"网站包括企业概况、采购内容、采购标准、业务流程、经营销售、招标采购、员工培训等内容。

第二步就是积极进行铁合金网上招标的筹备工作。这一步工作又分为对内和对外两个部分来进行。对内是先期培训业务人员，要求尽快地掌握网络操作技术。S 钢铁公司请 A 互联公司人员为整个原料处的业务骨干讲课，普及电子商务知识，讲解和演示网上招标主要流程，还用一周的时间专门对操作人员进行重点培训，使他们初步掌握了网上发标、审定投标资格、投标截止、网上开标等各项操作技术。同时，原料处在内部也落实了铁合金网上招标的有关分工责任人员。

对外的筹备工作，首要是动员"合格分承包方"入网。因为供应商只有入网才能在网上进行交易。原料处的招标采购与大多数钢铁企业一样，目前并不是面向全社会自由开放的，能参加铁合金投标的必须是达到采购标准、经原料处审定的"合格分承包方"。只有这样安排，铁合金网上招标采购才有望取得成功。

选择铁合金供应商参加首次网上招标采购，是经过认真分析研究确定的。事先 S 钢铁公司发出调查表对这些供应商进行了全面了解，回收率达到 100%，从中感觉到这个品种的供应商不仅态度积极，而且基础相对比较好。各单位对 S 钢铁公司进行网上招标采购的改革也很重视，都积极响应，力争掌握新的竞争手段。正式招标开始之前，S 钢铁公司原料处就与这些供应商建立了网络通信渠道，利用电子邮件相互传递信息，大大提高了工作效率，并以此为中心组织起新型的用户群体关系。

经过扎实的准备，全国各地几十家铁合金供应单位纷纷派出有关负责人或业务经理参加会议，并办理入网手续。

紧接着 S 钢铁公司在北京邮电大学网络实验室组织了操作培训，重点是让供应商掌握下载标书、网上投标、文件加密、网上开标等环节，以及掌握安装加密软件和 IC 卡硬件。投标单位中，除了个别已经能熟练掌握计算机和网络操作的以外，都参加了这次培训。然后，A 互联公司配合 S 钢铁公司首先举行了一次远程"模拟招标"。这次模拟招标比较顺利，用最短的时间在互联网上完全模仿发标、投标、截止、开标的整个过程，使各单位对远程进行实际投标、开标增强了信心，同时也充分考验了招标系统平台的正确性。当然，这个模拟也发现了一些存在的问题，在正式开展网上招标前都进行了改进，以保障招标过程安全、可靠地进行。

在充分准备后，S 钢铁公司原料处进行了铁合金网上招标。分布在四川、贵州、湖南、山西、河北、北京、福建、辽宁等国内各地的几十家供应商在此期间下载了标书，用计算机填写标书，并在网上进行投标，包括把"报价单"和"授权委托书"用加密方式传递过来。在原料处一个小会议室举行网上招标采购铁合金的正式开标仪式，在到场观看的领导和专业人员中间，只有 2 台联网的便携式计算机、1 台投影仪

和打印机。上午9点整，随着主管处领导的"开标"指令下达，已经投标的33家铁合金生产企业和经营公司，陆续输入了各自的解密口令。仅用一个半小时，互联网上的"唱标"就结束了，投影迅速显示出网上列出按报价排序的开标结果，并立即打印出本次参加投标各个单位的"报价单"和"授权委托书"，这些文本将作为评标的依据。由于整个开标过程实现网络化、计算机化，大大节省了时间，同时也节约了人力、物力，降低了采购成本。

这次网上招标是在S钢铁公司范围内进行的第一次大规模网上招标项目。这一次网上招标发布2份标书，分别采购5万t左右的硅锰合金和9000t左右的硅铁合金，总价值超过2亿元人民币，创下了目前已知国内冶金行业网上招标采购一次性最高价值，名列全国第一。

通过网上招标采购，供需双方都深切感受到互联网带来的巨大商机和实惠。例如，传统采用手工方式进行招标采购，前后花费至少一个半月。而本次网上招标，从发布招标公告到截标一共才8天，第9天上午就开标，连同人工组织评标，也不超过半个月。供应商由过去为投标一个品种要多次车马劳顿亲自到现场来，变成现在从上网接收招标公告开始直到网上开标结束，外地供应商的业务员没有到现场来一个人；中标企业在网上接到通知后，也只需要为了签署正式合同来一次即可，劳动效率得到了极大地提高。

思考题：

1. 网上招标与普通招标模式相比，有哪些优点？

2. 网上招标需要提前进行哪些准备工作？

3. 你认为网上招标存在的主要困难有哪些？它是否适用于大宗生产性原料的采购工作？

第 5 章　采购成本管理

5.1　采购成本管理概述

采购成本是采购环节中的核心概念，是企业管理者聚焦的关键问题。对采购成本的管理包括采购成本核算、采购成本分析和采购成本控制三个环节。在采购成本核算数据的基础上对采购成本进行分析，并实现对采购成本的有效控制，是采购成本管理要实现的目标。

5.1.1　采购成本管理的概念

本节主要介绍采购成本的概念，同时详细总结了采购成本管理思想的演变过程，从发展的角度对采购成本管理概念进行了阐释。

1. 采购成本

采购成本是指在采购过程中发生的各种费用，也称**总购置成本**。采购成本可分为**交易前成本**、**交易成本**和**交易后成本**。交易前成本是指在确认采购需求、调查货源和选择供应商过程中花费的时间和费用；交易成本是指在采购进行过程中产生的成本，包括采购价格、订货成本、交货运输成本、入库检验成本和不合格产品处理费用等；交易后成本包括生产线上出现的废品处理、设备维护和修理费用等成本。总之，采购成本是采购活动引起的所有成本，它既包括采购活动发生过程中所发生的所有成本，也包括采购活动发生之前和结束之后由采购活动所引起的所有成本和损失。

2. 成本管理与采购成本管理思想的演变

采购成本管理是指对企业采购过程中各项成本的科学管理行为。

成本管理思想经过**要素成本管理**、**作业成本管理**、**流程成本管理**、**TCO 成本管理**等几个阶段。

最早的成本管理思想是要素成本管理，注重对材料、动力、人工、费用等成本要素的管理。在这一思想指导下，压缩要素成本成为成本管理的头等大事，偷工减料、克扣工资、拖延工时、设备超负荷运转、减少对工作条件的投入等成为各个企业降低成本的常用手段。目前仍有些企业采用这种成本管理思想。但是，各个环节的成本之间普遍存在着效益背反现象：某一环节的成本降低，必然导致其他环节的成本上升，总成本常常没有降低，反而上升了。例如，克扣工人工资，虽然人工成本降低了，但会引起工人的不满，工人会采取降低劳动效率、故意损坏机器、降低产品质量、请假、迟到、早退等方式来降低作业的劳动强度或发泄不满情绪，这无疑会提高企业的总成本。另外，要素成本管理没有考虑成本的动因，无法衡量成本支出是否有价值，对成本的分配也常常是不科学的。

为寻求成本支出与产出的联系，合理分配成本，成本管理思想过渡到作业成本管理（Activity-Based Cost Management，ABCM）。作业成本管理把作业动因与产出联系起来，认为任何作业都应当是企业所必需的，能够为产品提供增值性作业而使产品增值，是不可替代的作业；凡不能使产品增值的作业都是应当避免的。作业成本管理把作业动因与增值性联系起来，通过减少或避免非增值作业达到降低成本的目的。很多企业运用这一成本管理思想，取得了不错的效果。但是，作业成本管理也有一些缺陷，如企业的一些作业并不能直接带来产出，但它又是企业正常经营不可缺少的，如仓储等。

以上两种成本管理思想主要是在原来流程的基础上设法降低局部的作业成本，或进行局部的修补和改造，虽然有一定的效果，但效果有限。为突破这一局限，又出现了流程成本管理思想。这一思想主张彻底地打破原有流程，对流程重新设计，通过流程再造、资源重组，实现产品质量的提升、市场响应速度的加快、产品成本的根本性下降等。这一管理思想关注总体成本，以实现总体成本的下降为目标，而不是局部成本的下降。但是，该思想只注重企业内部，而不重视企业外部，没有考虑到企业外部可能带来的成本，也没有注意到企业外部能够给企业带来收益或降低成本的资源，不能通过利用外部资源达到降低成本的目的。为克服这一缺陷，埃尔拉姆（Ellram）提出了完善的所有权总成本的概念。所有权总成本（Total Cost of Ownership，TCO）是指购买商品和服务所支付的实际总价。它考虑了采购、占有、使用和处置商品和服务的所有相关成本，即除价格外，TCO 还包括订货发生的成本、寻找供应商的成本、运输成本、接收货物的成本、检查成本、存货成本和后期处理成本等。TCO 不仅考虑企业内部各个环节的直接成本和间接成本、显性成本和隐性成本，而且其视角从企业内部扩展到企业外部，即考虑供应链上的所有成本。因为传统的成本管理思想只注重企业内部成本的降低，常常把成本转嫁给供应链上的其他企业承担，而供应链上的其他企业只能通过延迟交货、降低产品质量等方式来削减成本，其最终结果还是提高了企业的相关成本。因此，TCO 成本管理的目标是使整个供应链上的成本最低，而不仅仅是本企业的成本最低。它要求供应链上的所有企业分析其流程以及供应链中各个企业流程之间的联系，分析成本产生的阶段及原因，判断成本支出的合理性，寻求降低成本的措施。

5.1.2　采购成本管理的程序

采购成本管理的程序一般包括采购成本核算、采购成本分析和采购成本控制三个阶段。

1. 采购成本核算

采购成本核算是指将企业在采购过程中发生的各种耗费按照一定的对象进行分配和归集，以计算总成本和单位成本。它是采购成本管理的基础环节，为采购成本分析和控制提供信息基础，主要核算采购订货成本、采购维持成本和采购缺货成本。采购订货成本包括请购手续成本、往来沟通成本、采购人工成本、差旅费用、招待费用、保险费用等；采购维持成本包括资金成本、搬运成本、仓储成本、折旧及损耗成本、保险及其他管理费用；采购缺货成本包括安全存货成本、延期交货成本、顾客流失成本等。其基本的核算方法有品种法、分批法、分步法和作业成本法等，具体内容如表 5-1 所示。

采购与供应管理

表 5-1 采购成本核算方法及应用要点

核 算 方 法	应 用 要 点
品种法	以"产品品种"为对象编制采购成本明细账、采购成本计算单；采购成本计算期一般采用"会计期间"
分批法	以"批次""批号"为对象编制采购成本明细账、采购成本计算单；采购成本计算期与产品的生产周期一致，与会计报告期不一致
分步法	以"步"为对象归集费用、计算成本；采购成本计算期一般采用"会计期间"
作业成本法	即 ABC 成本法，把直接成本和间接成本（包括期间费用）作为产品（服务）消耗作业的成本同等对待，拓宽了成本的计算范围

在具体实施采购成本核算时，应遵循以下原则：

（1）合法性原则。合法性是指计入成本的费用都必须符合法律、法规、制度等的规定。不合规定的费用不能计入成本。

（2）可靠性原则。可靠性包括真实性和可核实性。真实性是指所提供的成本信息与客观的经济事项一致，不应掺假，不能人为地提高、降低成本。可核实性是指成本核算资料按一定的原则由不同的会计人员加以核算，都能得到相同的结果。真实性和可核实性都是为了保证成本核算信息的正确可靠。

（3）相关性原则。相关性包括成本信息的有用性和及时性。有用性是指成本核算要为管理当局提供有用的信息，为成本管理、预测、决策服务。及时性强调信息取得的时效性。及时的信息反馈有助于及时采取措施，改进工作；而过时的信息往往往成为徒劳无用的资料。

（4）分期核算原则。企业为了取得一定期间所采购产品的成本，必须将采购活动按一定阶段（如月、季、年）划分为各个时期，分别计算各期产品的成本。成本核算的分期必须与会计期间的分月、分季、分年相一致，这样便于利润的计算。

（5）一致性原则。成本核算所采用的方法，前后各期必须一致，以使各期的成本资料有统一的口径，前后连贯，互相可比。

（6）重要性原则。应将对于成本有重大影响的项目作为重点，力求精确。而对于那些琐碎项目，则可以从简处理。

2. 采购成本分析

采购成本分析是指利用采购成本核算及其他有关资料，分析采购成本水平与构成的变动情况，研究影响采购成本升降的各种因素及其变动原因，寻找降低采购成本途径的分析方法。具体实施步骤如下：

第一步，采购成本分析专员根据采购物资的实际情况编制采购成本分析表。采购成本分析表一般包括材料成本、所需设备工具、人工成本、制造费用、营销费用、税金、供应商利润等，交由采购部经理审核。

第二步，审核通过后将采购成本分析表发给供应商，要求供应商在规定时间内填写交回。

第三步，回收采购成本分析表，对供应商所填写的物资特性、生产工艺、使用设备和工具进行分析，并根据实际情况向供应商提出优化意见。

第四步，采购成本分析专员根据分析和评估的结果估算采购物资的总成本，编制采购成本分析报告，作为采购过程中与供应商议价的基础。

3. 采购成本控制

采购成本控制是指企业根据一定时期预先建立的采购成本管理目标，在采购成本核算和采购成本分析的基础上，对各种影响采购成本的因素和条件采取一系列预防和调节措施，以降低采购成本的管理行为。在具体实施过程中，企业需要联系实际，选择合适有效的成本控制方法。调查发现，一般可采用以下操作方法：

（1）ABC 分类管理法。把采购商品分为不同的类型，相应地采取不同的采购决策，能够有效降低采购成本，可采用 ABC 分类管理法。它以某一具体事项为对象，进行数量分析，以该对象各个组成部分与总体的比重为依据，按比重大小的顺序排列，并根据一定的比重或累计比重标准，将各组分为 A、B、C 三类。其中，A 类是管理的重点，B 类是次重点，C 类进行一般管理即可。应用 ABC 分类管理法对采购物品进行分类，具体操作步骤如下：

第一步，计算每一种材料的金额。

第二步，按照金额由大到小排序并列出表格。

第三步，计算每一种材料金额占采购总金额的比率。

第四步，计算累计比率。

第五步，分类。

累计比率在 0%～60% 的，为最重要的 A 类材料；累计比率在 60%～85% 的，为次重要的 B 类材料；累计比率在 85%～100% 的，为不重要的 C 类材料。ABC 分类管理法应用举例如表 5-2 所示。其中，A、B 类物资可以集中采购。

表 5-2　ABC 分类管理法应用举例

物资名称	采购金额（万元）	累计采购金额（万元）	累计百分比（%）	分类
001	80	80	40	A
002	40	120	60	A
003	20	140	70	B
004	18	158	79	B
005	12	170	85	B
006	10	180	90	C
007	8	188	94	C
008	7	195	97.5	C
009	5	200	100	C
合计	200			

基于采购商品分类管理的成本控制方法，将采购部门的工作同生产部门的质量控制、仓储部门的库存管理、运输部门的车辆调度等紧密相连，有利于部门之间的顺畅交流和通力合作。同时，这种控制方法也成为选择供应商的基础。另外，采购活动一般始于采购需求和商品类型的确定。从这种意义上来看，基于采购商品类型的成本控制方法也是一种基础性的成本控制方法。

（2）卡拉杰克模型。卡拉杰克模型（Kraljic Matrix）最早出现于彼得·卡拉杰克（Peter Kraljic）的《采购必须纳入供应管理》一文，这篇文章发表在 1983 年 9 月 10 日的《哈佛商业评论》上。作为资产投资管理工具，投资组合模型这一概念最初是由哈里·马科维茨（Harry Markowitz）于 20 世纪 50 年代提出的。1983 年，卡拉杰克率先将此组合概念引入采

采购与供应管理

购领域。卡拉杰克模型以采购所牵涉的两个重要方面作为其维度：收益影响（Profit Impact）和供应风险（Supply Risk）。收益影响代表采购物资在产品增值、原材料总成本以及产品收益等方面的战略影响；供应风险代表供应市场的复杂性、技术创新及原材料更替的步伐、市场进入门槛、物流成本及复杂性以及供给垄断或短缺等市场条件。

据此，卡拉杰克模型将采购项目分为四个类别：**杠杆项目**（Leverage Items）、**战略项目**（Strategic Items）、**非关键项目**（Non-Critical Items）和**瓶颈项目**（Bottleneck Items），并且对不同类别项目相应的采购策略进行了简要描述，如图5-1所示。

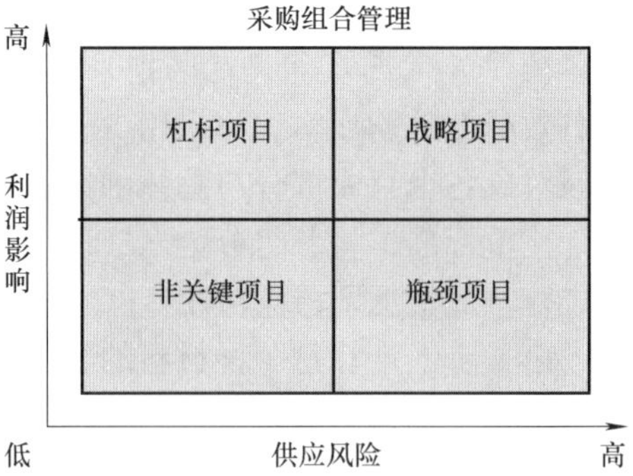

① 杠杆项目（Leverage Items）。杠杆项目是指可选供应商较多、能够为买家带来较高收益的采购项目。这类项目替换供应商较为容易，具有标准化的产品质量标准。

买卖双方地位：买方主动，相互依赖性一般。

图 5-1　卡拉杰克模型

采购战略推荐：采购招标，供应商选择，目标定价，与首选供应商达成一揽子协议，最后按正常供应程序执行、处理分订单（Call-Off Order）。

② 战略项目（Strategic Items）。战略项目是指对买方的产品或生产流程至关重要的采购项目。这类项目往往由于供给稀缺或运输困难而具有较高的供应风险。

买卖双方地位：力量均衡，相互依赖性较高。

采购战略推荐：战略联盟，紧密联系，供应商尽早介入，共同创造，并充分考虑垂直整合，关注长期价值。

③ 非关键项目（Non-Critical Items）。非关键项目是指供给丰富、采购容易、收益影响较小的采购项目。这类项目具有标准化的产品质量标准。

买卖双方地位：力量均衡，相互依赖性较低。

采购战略推荐：通过提高产品标准和改进生产流程，减少对此类项目的采购投入。

④ 瓶颈项目（Bottleneck Items）。瓶颈项目是指只能由某一特定供应商提供、运输不便、收益影响较小的采购项目。

买卖双方地位：卖方主动，相互依赖性一般。

采购战略推荐：数量保险合同，供应商管理库存，确保额外库存，寻找潜在供应商。

卡拉杰克模型的分析步骤如下：

① 采购组合分析准备；

② 确定收益影响及供应风险的具体原则；

③ 决定采购组合分析的层次（分析深入至单体项目还是以组为单位进行，分析是以部门、事业单元或公司整体为单位进行），

④ 将掌握的数据信息输入卡拉杰克模型；

⑤ 对结果进行分析讨论；

⑥ 为矩阵各象限制定采购战略和执行措施；

⑦ 战略执行和监督。

5.2　采购成本分析

对采购成本的分析，主要是要熟悉采购成本结构，对采购成本结构进行合理的分析，尽可能掌握相应供应商的产品或服务的成本结构。在采购成本的分析过程中，涉及学习曲线，可以通过学习，降低采购成本。此外，整体采购成本作为采购过程中看待采购成本的更加合理的方式，能够帮助企业更加全面地分析采购成本。

5.2.1　采购成本结构分析

1. 采购价格与采购成本

在采购过程中，原材料或零部件的采购价格固然是很重要的财务指标，但作为采购人员，不仅要看采购价格本身，还要将采购价格与交货、运输、包装、服务、付款等相关因素结合起来考虑，以衡量采购的实际成本。对于生产所用原材料或零部件，采购成本除包含采购价格外，还应明确或考虑的因素包括价格的稳定性或走向、不同订购数量的价格变化、付款方式与结算方式、供应商样品测试费用、循环使用包装材料、售后服务等。

【案例 5-1】

表 5-3 为某单位的电视机玻壳采购成本分析。

表 5-3　某单位的电视机玻壳采购成本分析

项　　目	单价或单位费用（美元）	该项目占总采购成本之比
玻壳采购价（发票价格）	37.20	54.31%
运输费	5.97	8.72%
保险费	1.96	2.86%
运输代理	0.03	0.04%
进口关税	2.05	2.99%
流通过程费用	0.41	0.60%
库存利息	0.97	1.42%
仓储费用	0.92	1.34%
退货包装等摊销	0.09	0.13%
不合格品内部处理费用	0.43	0.63%
不合格品退货费用	0.14	0.20%
付款利息损失	0.53	0.77%
玻壳开发成本摊销	6.20	9.05%
提供给供应商的专用模具摊销	5.60	8.18%
包装投资摊销	6.00	8.76%
其他费用	0.00	0
总计	68.50	100%

由表 5-3 中数据可知，采购单价为 37.20 美元，而实际采购成本则为 68.50 美元，采购价格仅占采购成本的 54.31%。

对于非生产用原材料（如设备、服务）的采购，除以上因素外，影响采购成本的还有维修与保修、备件与附件、安装、调试、图样、文件与说明书、安全证明、使用许可证书、培训、专用及备用工具等。

2. 供应商产品成本结构

采购人员要想知道供应商的实际成本结构并不容易，而了解供应商的采购价格影响因素及定价方法无疑有助于对供应商进行成本结构分析。此外，要真正掌握成本结构分析方法并据此来判断采购价格的合理性，还必须对国际通行的工业企业成本结构有一定的了解。反映企业成本结构的最直接工具是利润表，它包括产品销售收入、产品销售成本、产品销售毛利、销售费用、管理费用、财务费用、产品销售利润、所得税、净利润等主要项目。计算方法为

$$产品销售收入 - 产品销售成本 = 产品销售毛利$$

$$产品销售毛利 - (销售费用 + 管理费用 + 财务费用) = 产品销售利润$$

$$产品销售利润 - 所得税 = 净利润$$

式中，产品销售成本包括原材料费用和工人（或直接劳动力）成本；产品销售毛利与产品销售收入之比是反映企业盈利能力的一项重要指标，称为毛利率；销售费用包括市场营销、广告及销售部门的固定资产折旧等费用；管理费用则包括企业内所有管理人员的工资、部门费、固定资产折旧、能耗等；财务费用包括利息、汇兑收支等；产品销售利润是反映企业生产经营好坏的财务指标。

此外，工业企业在开发新产品或投资建厂时都会进行盈亏平衡分析（Even Point Analysis）。盈亏平衡分析又称量本利分析或保本分析，通过分析生产成本、销售利润和生产量之间的关系来了解盈亏变化，并据此确定产品的开发及生产经营方案。生产成本（包括工厂成本和销售费用）可分为可变成本和固定成本。可变成本是随着产品的产量增减而相应提高或降低的费用，包括原材料、能耗等；而固定成本则在一定时期内保持稳定，不随产品产量的增减而变化，包括管理费用、设备折旧等。

根据量本利之间的关系，有

$$销售收入 S = 产品产量 Q \times 产品单价 P$$

生产成本 C = 固定费用 F + 可变费用 = 固定费用 F + 产品产量 $Q \times$ 单位产品可变费用 C_v

当盈亏达到平衡，即销售收入等于生产成本或单价等于单位产品成本时，有

$$S_o = Q_o P = F + Q_o C_v$$

从而有保本产量 Q_o 和保本收入 S_o 为

$$Q_o = \frac{F}{P - C_v}, \quad S_o = \frac{F}{1 - C_v / P}$$

式中，$P - C_v$ 表示单位产品销售收入扣除可变费用后的剩余，称为边际贡献或毛利；$1 - C_v / P$ 表示单位产品销售收入可帮助企业吸收固定费用和/或实现企业利润的系数，称为边际贡献率或毛利率。

毫无疑问，供应商在制定产品的价格时，都会考虑到其边际贡献率或毛利率应该大于零，也就是说，产品的单价应该大于成本（单位固定费用摊销与单位产品可变费用之和）。作为采购人员要了解供应商的成本结构，就要了解其固定费用及可变费用的内容。

一般来说，在产品的成本构成中，固定成本比例越高，价格的弹性就越大，随市场季节变化及原材料供应而变化波动也就越强烈。因而，在采购这些产品时可采用加大订购数量、

在消费淡季订购等方法来降低采购成本。而对于可变成本比例较高的产品，则要下力气改善供应商，促进其管理水平的提高并降低管理费用。

5.2.2　采购中的学习曲线

1. 学习曲线的含义

学习曲线（The Learning Curve）是分析采购成本、降低采购价格的一个重要工具和手段。学习曲线最早由美国航空工业提出，其基本概念是随着产品的累计产量增加，单位产品的成本会以一定的比例下降。需要说明的是，这种单位产品价格成本的降低与规模效益并无任何关系，它是一种学习效益。这种学习效益是指某产品在投产的初期由于经验不足，产品的质量保证、生产维护等需要较多的精力投入以致带来较高的成本，而随着累计产量的增加，管理渐趋成熟，所需的人力、财力、物力逐渐减少，工人越来越熟练，质量越来越稳定，前期生产学习期间的各种改进逐步见效，因而成本不断降低。这主要表现为：

（1）随着某产品逐步进入成长、成熟期，其生产经验不断丰富，所需的监管、培训及生产维护费用不断减少。

（2）随着累计产量增加，工人愈趋熟练，生产效率不断提高。

（3）生产过程中的报废率、返工率以及产品的缺陷率不断降低。

（4）生产批次不断优化，设备的设定、模具的更换时间不断缩短。

（5）随着累计产量的增加，原材料的采购成本不断降低。

（6）经过前期生产学习，设备的效率及利用率等不断提高。

（7）通过前期生产学习，物流越发畅通，原材料及半成品等库存控制日趋合理。

（8）通过改进过程控制，突发事件及故障不断减少。

（9）随着生产的进行，前期的工程、工艺技术调整与变更越来越少。

2. 学习曲线的基本模型

学习曲线反映了累计产量的变化对单位成本的影响，累计产量的变化率与单位工时或单位平均成本的变化率之间保持一定的比例关系，如图 5-2 所示。

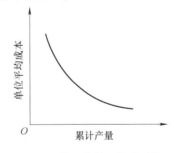

图 5-2　学习曲线：单位平均成本与累计产量

学习曲线的基本原理是，每次当一个特定产品的累计产量翻倍时，生产该产品所要求的平均时间大约为开始所要求的时间的 $x\%$。例如，一个曲率为 80% 的曲线意味着如果生产的产品累计产量翻倍时，生产一单位的产品所要求的时间只需要原始时间的 80%，举例如表 5-4 所示。

表 5-4　某产品的学习曲线效益（80% 学习曲线）

累计产量（件）	单件产品所要求的时间（h）
1000	20
2000	16
4000	12.8
8000	10.24
16000	8.2

3. 学习曲线的应用条件

学习曲线和其他管理方法一样,其应用是有条件的。首先,需要满足两个基本假定:一是生产过程中确实存在着"学习曲线"现象;二是学习曲线的可预测性,即学习现象是规则的,因而学习曲线率是能够预测的。

其次,学习曲线是否适用,还要考虑以下几个因素:

① 它只适用于大批量生产企业的长期战略决策,对短期决策的作用不明显。

② 它要求企业经营决策者精明强干、有远见、有魄力,充分了解厂内外的情况,敢于坚持降低成本的各项有效措施,重视经济效益。

③ 学习曲线与产品更新之间既有联系,又有矛盾,应处理好二者的关系,不可偏废。不能片面认为只要产量持续增长,成本就一定会下降,销售额和利润就一定会增加。如果企业忽略了资源市场、顾客爱好等方面的情况,就难免出现产品滞销、积压甚至停产的局面。

④ 劳动力保持稳定,不断革新生产技术和改革设备。

⑤ 学习曲线适用于企业的规模经济阶段,当企业规模过大,出现规模不经济时,学习曲线的规律不再存在。

4. 学习曲线在采购中的适用情形

① 供应商按采购企业的要求制造零部件;

② 涉及需要大量投资或新添加设备设施的产品生产;

③ 需要开发专用的模具、检验器具或检测设施等,因而不便于同时向多家供应商采购;

④ 直接劳动力成本占总成本的比重较大。

5.2.3 整体采购成本

整体采购成本又称**战略采购成本**,除采购成本之外,还考虑原材料或零部件在本企业产品的全部生命周期过程中所发生的成本。它包括采购在市场调研、自制或采购决策、产品预开发与开发中供应商的参与、供应商交货、库存、生产、出货测试、售后服务等整体供应链各环节中所产生的费用。概括起来是指在本企业产品的市场研究、开发、生产与售后服务各阶段,因供应商的参与或提供的产品(或服务)所导致的成本。它包括供应商的参与或提供的产品(或服务)没有达到最好水平而造成的二次成本或损失。作为采购人员,其最终目的不仅是要以最低的成本及时采购到质量最好的原材料或零部件,而且要在本企业产品的全部生命周期过程中,即产品的市场研究、开发、生产与售后服务的各环节,都要将最好的供应商最有效地利用起来,以降低整体采购成本。

按功能来划分,整体采购成本主要发生在开发、采购、企划、质量和售后服务过程中。

1. 开发过程中因供应商介入或供应商选择而产生的成本

① 原材料或零部件影响产品的规格与技术水平而增加的成本;

② 对供应商技术水平审核而产生的费用;

③ 原材料或零部件的合格及认可过程产生的费用;

④ 原材料或零部件的开发周期对本企业产品开发周期的影响;

⑤ 原材料或零部件及其工装(如模具)等不合格对本企业产品开发的影响等。

2. 采购过程中可能发生的成本

① 原材料或零部件采购费用或单价；

② 市场调研与供应商考察、审核费用；

③ 下单、跟货等行政费用；

④ 文件处理及行政错误费用；

⑤ 付款条件所导致的汇率、利息等费用；

⑥ 原材料运输、保险等费用。

3. 企划（包括生产）过程中可能因采购而发生的成本

① 收货、发货（至生产使用点）费用；

② 安全库存仓储费、库存利息；

③ 不合格来料滞仓费、退货、包装运输费；

④ 交货不及时对本企业生产的影响以及对仓管等工作的影响；

⑤ 生产过程中的原材料或零部件库存；

⑥ 企划与生产过程中涉及原材料或零部件的行政费用等。

4. 质量过程中可能发生的采购成本

① 供应商质量体系审核及质量水平确认（含收货标准）；

② 检验成本；

③ 因原材料或零部件不合格而导致的对本企业生产、交货的影响；

④ 不合格品本身的返工或退货成本；

⑤ 生产过程中不合格品导致的本企业产品的不合格；

⑥ 处理不合格来料的行政费用等。

5. 售后服务过程中因原材料或零部件而发生的成本

① 零部件失效产生的维修成本；

② 零部件供应给服务维修点不及时造成的影响；

③ 因零部件问题严重而影响本企业的产品销售；

④ 因零部件问题导致产品理赔等。

【案例 5-2】

美国密歇根州立大学（Michigan State University）一项全球范围内的采购与供应链研究结果表明，在所有降低采购成本的方式中，供应商参与产品开发最具潜力，成本降低可达42%，利用供应商的技术与工艺可降低成本40%，利用供应商开展即时生产可降低成本20%，供应商改进质量可降低成本14%，而通过改进采购过程以及价格谈判等仅可降低成本11%。欧洲某专业机构的一项调查也得出了类似的结果：在采购过程中，通过价格谈判降低成本的幅度一般在3%～5%，通过采购市场调研比较优化供应商平均可降低成本3%～10%，通过发展伙伴型供应商并对供应商进行综合改进可降低成本10%～25%，而通过供应商早期参与产品开发则可降低成本达到10%～50%。由此可见，降低整体采购成本的最高境界是"上游"采购（Upstream Purchasing），也即在产品的开发过程中充分有效地利用供应商。

在实际采购过程中，整体采购成本分析通常要依据采购物品的分类模块，按80/20规则选择主要的零部件进行，而不必用到全部的采购物料。整体采购成本分析需要由有经验的采购、企划、开发、生产、品质、经济、成本人员一起组成跨功能小组进行。一般先在现有的供应商中选择最重要的进行综合采购成本分析，找出实际整体采购成本与采购价格之间的差距，分析各项成本发生的原因，在此基础上提出改进措施。通过对现有主要供应商的整体采购成本分析的规律性总结，在新产品的开发过程中再综合运用于"上游"采购，可以达到有预防性地降低整体采购成本的目的。

5.3　采购成本控制的方法

采购成本控制是指企业根据一定时期预先建立的采购成本管理目标，在采购成本核算和采购成本分析的基础上，对各种影响采购成本的因素和条件采取的一系列预防和调节措施，以降低采购成本的管理行为。在具体实施过程中，企业需要联系实际，选择适合、有效的成本控制方法。

5.3.1　价值分析法

1. 价值分析的含义

价值分析是降低成本、提高经济效益的有效方法。所谓**价值分析**（Value Analysis，VA），是指通过集体智慧和有组织的活动对产品或服务进行功能分析，以最低的总成本（全生命周期成本）可靠地实现产品或服务的必要功能，从而提高产品或服务的价值。价值工程的主要思想是通过对选定研究对象的功能及费用分析，提高对象的价值。这里的价值是指反映功能与成本之间的比例，用公式表达为

$$价值 = \frac{功能}{成本}$$

2. 价值分析在采购中的应用

早在20世纪40年代，美国通用电气公司的采购员麦尔斯（L. D. Miles）就成功地解决了短缺物资的代用问题，随之创立了价值分析学说。正确选购物资是企业合理使用物资、降低产品成本的先决条件，要做到正确地选购物资，就必须对采购物资进行价值分析，以最低的费用获得所需的必要物资。采购物资不仅是购买一种实物，更重要的是购买这种实物所包含的必要功能，这是价值分析理论的核心。

以合理的价格采购物资，是价值分析的目的之一。获得任何功能都要为之付出费用，而不切实际地追求多功能、高质量势必造成浪费。因此，应以性能价格比作为衡量物资采购成功与否的标志。

降低物资的使用费用是价值分析的另一个目的。购置费用容易引起人们的重视，而使用费用往往被忽视。例如，有的物资购置费用低而使用费用及全生命周期费用却较高。价值分析要求把全生命周期费用降到最低限度。

过去，企业在面对经济萧条时，为了追求利润与降低成本，惯用的方法是通过采购人员的强势或谈判能力，对卖方的报价无情砍杀，以压低采购价格，进而达到降低成本的目的。然而，近年来经济和社会环境的变化，不仅使企业的经营成本大幅提高，更导致企业经营管理的巨变。因此，只凭借往日的强势作为，已无法达到降低采购价格与生产成本的目的。或

许尚有些采购人员仍然抱着以往强势采购的观念，如"卖方（或协作厂商）是靠企业养活的""只有杀价才能买到便宜货"等，但相信如果企业中有此类型的采购人员，将是影响企业成长与发展的重要祸源之一。目前在国内外经营绩效卓著的企业，其采购策略普遍采取 VA 方式。

3. VA 的特征、程序及思想

VA 的特征有：

① 以顾客为中心，即以市场或买主需要为依据；

② 运用以功能为中心的研讨方式，即以成本分析达到节省成本的目的，但它是从产品设计的构想出发，并以确保功能为前提的；

③ 以团队合作方式，凝聚设计、生产、品质管理、采购人员的智慧，进入团队设计共同参与的境界。

在 VA 的工作程序中，包括三个过程（分析、综合及评价）、两个步骤（基本步骤及详细步骤）及一项质询（针对产品的功能、价值、成本等进行质问）。

VA 的思想有：

① 提高功能，降低成本，大幅度提高价值；

② 功能不变，降低成本，提高价值；

③ 功能有所提高，成本不变，提高价值；

④ 功能略有下降，成本大幅度降低，提高价值；

⑤ 适当提高成本，大幅度提高功能，提高价值。

价值分析法与一般降低成本方法的差异比较如表 5-5 所示。

表 5-5　价值分析法与一般降低成本方法的差异比较

价值分析法	一般降低成本方法
<ul><li>以功能为中心</li><li>以功能性研究为基础/进行构想设计</li><li>以团队组织共同努力、共同设计</li><li>通过团队任务编组与分工发挥整体的配合与默契</li><li>可以获得明确的成本降低</li></ul>	<ul><li>以采购品或材料为中心</li><li>以成本分析为中心，节约采购成本</li><li>以采购本位为主，情报不一定全面，功能创意不足</li><li>因本位观念重，造成力不从心</li><li>降低成本目标不易明确</li></ul>

4. 价值分析实施的八大步骤

① 选定对象、设定目标，即以采购物品中最主要的及影响最大的物品（按 80/20 原则，即占 80% 成本的 20% 采购品）为对象；

② 成立价值分析改善工作小组，并以采购为核心，召集设计、生产、质管、采购及提供零组件或模具等人员共同组成；

③ 收集、分析与活用实施对象的信息；

④ 拟订降低采购成本的战略方案（机能设计），以正确掌握价值分析的目的与功能；

⑤ 拟订具体的实施计划，即形成改善方案；

⑥ 改善方案的展开；

⑦ 效果的确认，即确认具体改善方案及其成效；

⑧ 新方案变更（即标准化）与跟催。

【案例 5-3】

某公司是一家马达专业制造厂，引进了 VA/VE 改善活动。首先，由采购部门召集研发、采购、生产、财务各部门及协作厂商共同组成项目改善小组，并由副总经理担任项目改善小组召集人，厂长担任副召集人，采购经理担任总干事，各部门主管担任项目改善小组干事。其次，在企业内召开成立大会，举行宣誓仪式，活动正式展开。

1. 对象选定：2 马力⊖马达（2AP）

2. 目标设定：降低 20% 的零件成本

3. 展开步骤

（1）选定对象情报的收集、分析和活用。

① 将 2 马力马达的所有情况装订成册，分送专业小组每位成员人手一册，并让其反复仔细审视，找出可以改善之处。

② 准备 2 马力马达材料表，列出全部的料号、名称、规格、数量，并将 1 台马达的实际材料放置于改善活动地点，以备研究之用。

③ 将 VA/VE 改善方法及程序摘要制成大字报张贴于活动地点的四周墙壁，以便让项目小组成员随时能看见，增强记忆。

④ 运用材料表，将其材料的品名、料号、材质、单位、单价、每台用量、每台价格及占总成本比例等予以展开，找出适合以 VA/VE 降低成本的材料。

（2）制作成本比重饼图，结果筛选出硅钢片（占 35%）、漆包线（占 25%）及轴承（占 10%）三项合计共占全部成本的 70%，作为主要改善重点。

（3）列出同业竞争者比较表，并拆检竞争者的同机种马达，以了解其用料与用量对照表，希望能知己知彼，取长补短。

（4）提出改善方案，准备实物和磅秤，并确认其功能与重量及效果。

实施 3 个月内，共降低 2 马力马达零件成本达 24 件，占马达总零件 45 件的 53.3%，并在之后 3 个月内又降低了 7 件，累计共降低 31 件零件成本，占马达总零件的 68.9%，其成本降低 6.3%，年节省零件采购成本达 1 亿元左右。

5.3.2　目标成本法

1. 目标成本法概述

当许多行业面临着全球性竞争、消费者越来越高的期望和竞争性定价等情况时，目标成本法可以使企业根据竞争性市场价格确定产品或服务的期望成本，从而获取期望利润

目标成本 = 竞争性价格 - 期望利润

为将成本降低至目标成本水平，企业有两种选择：

一种选择是通过结合新的生产技术，运用先进的成本管理方法，如作业成本法等，并通过改善组织与人的关系，寻求更高的生产效率，从而降低企业成本。

另一种选择是通过产品或服务的再设计，企业可降低成本至目标成本水平。此方法对很多企业均有益，因为它使人清楚地认识到，设计决定着产品生命周期成本的大部分。通过精

⊖　1 马力 = 735.499W。

心设计,使有效降低总成本成为可能。这种达到目标成本的方法首先被运用于日本制造业中。

许多企业同时使用两种方法,既通过经营控制以实现生产率的提高,又通过产品或服务的再设计降低成本。某些管理者认为,持续改进与改善的概念不同,目标成本提供了更显著的目标,它是一种特殊的成本水平。由于这种目标非常明确,它显示了更强的可实现性,从而更具激励性。

多数汽车制造商、软件开发商和其他消费品制造商,在其设计阶段必须运用成本和市场因素,确定包含产品换代周期特点在内的数量和种类。基于功能成本权衡分析的目标成本法,正是适合这些企业的管理工具。就成本生命周期的早期、上游的定位而言,目标成本法可帮助企业明显降低总成本。

日本工业和全球范围内数量不断增长的企业正在使用目标成本法,通用汽车凯迪拉克分部、丰田公司、梅赛德斯-奔驰、康柏计算机公司、英特尔公司和其他众多公司均在使用目标成本法。多数企业发现,单靠成本领先或差异化去获取竞争优势较为困难,它们必须依靠价格和功能两方面去竞争。在增加功能和提高成本两者之间进行权衡,目标成本法不失为一种非常有效的方法。

2. 实行目标成本法的主要步骤

(1) 以市场导向设定目标成本。

(2) 在设计阶段实现目标成本,计算成本差距。

(3) 在生产阶段运用持续改善成本法,以达到设定的目标成本。

目标成本法的具体实施步骤如表 5-6 所示。

表 5-6 目标成本法的具体实施步骤

主 要 步 骤	子 步 骤	主 要 工 作 内 容
1. 以市场导向设定目标成本	(1) 根据新品计划和目标编制新品开发提案	新品上市前开始目标成本规划,每种新品设一名负责产品开计划开发的经理,编制新品开发提案,内容包括新品样式规格、开发计划、目标售价及预计销量等。开发提案经高级主管所组成的产品规划委员会核准后,即进入制定目标成本阶段
	(2) 采用跨部门团队方式,利用价值工程寻求最佳产品设计组合	进入开发设计阶段,以产品开发经理为中心,组成跨职能的成本规划委员会,成员来自设计、生产、技术等各部门。将成本目标分解到各设计部,各设计部进行产品价值和价值工程分析,设计出产品原型。结合原型,把成本降低的目标分解到各个产品构件。在分析各构件是否能满足性能的基础上,运用价值工程降低成本。如果成本的降低能够达到目标成本的要求,就可以转入基本设计阶段;否则还需要运用价值工程重新加以调整,以达到要求
2. 在设计阶段实现目标成本,计算成本差距		目标成本与企业目前相关估计产品成本相比较,可以确定成本差距。目标成本与估计成本的差额为成本差距,它是需要通过设计活动降低的成本目标值
3. 在生产阶段运用持续改善成本法以达到设定的目标成本		新品进入生产阶段三个月后,检查目标成本的实际达成情况,进行成本规划实绩的评估,确认责任归属,以评价目标成本规划活动的成果。进入生产阶段,成本管理即转向成本维持和持续改善,使之能够对成本对象耗费企业资源的状况更适当地加以计量和核算,使目标成本处于正常受控状态

3. 目标成本法的设计和运用

（1）福特汽车的目标成本分析法。许多全球汽车制造商使用目标成本法，在控制成本的同时，通过它来加快新产品开发设计，提高产品性能与质量。

目标成本法在福特汽车公司得到广泛应用。福特汽车公司知道，削减成本的真正机会在于设计阶段。福特的工程师和工人们从金牛座（Taurus）车型的模型制造中削减成本，并采取了以下措施：

① 采用一种新型一体化空调托架（4美元）；

② 在防溅挡泥中使用再生塑料而不是新塑料（45美分）；

③ 从仪表板后面的金属丝质安全带中去掉一个塑料部件（10美分）；

④ 重新设计车门铰链栓（2美元）；

⑤ 用塑料铸模天花板代替金属铸模天花板（7.85美元）；

⑥ 不再在系统之外为汽车安装防盗锁电路（1美元）。

（2）助听器的目标成本分析法。保健品国际企业（HPI）通过对其主要产品——助听器的目标成本分析，实施价值工程方案。HPI以750美元（成本为650美元）的价格出售一个可靠的第二代助听器，单位盈利100美元并获得30%的全球市场份额。然而，近年来竞争对手开发了新的第三代助听器，此种助听器内置一块电脑芯片，从而相当大地改进了功能，价格也上升到1200美元。通过对顾客的分析，HPI断定：具有成本意识的顾客将会选择HPI，并且只要助听器价格不超过600美元，HPI就将保持其市场份额。HPI必须适应新的低价格，希望通过重新设计助听器或其制造过程保持其目前的盈利率（每个100美元）。

新助听器的目标成本是600美元 – 100美元 = 500美元，相当于比目前款式的成本减少150美元。因为产品没有任何附加的功能，HPI决定采用设计分析，每单位产品发生下列变化和相关节省：

方案A：削减研究和开发费用（50美元）；用一个有近似灵敏度的部件替换麦克风部件（30美元）；用更便宜但同样可靠的滑动开关代替反复电路开关（30美元）；在每个装配点用综合的质量检测程序代替现行的检查程序（40美元），共节约150美元。

方案B：用稍低功率的部件替换现有的扬声器（50美元），预计大多数使用者均不会注意到此差异；用一个有近似灵敏度的部件替换麦克风部件（30美元）；用更便宜但同样可靠的滑动开关代替反复电路开关（30美元）；在每个装配点用综合的质量检测程序代替现有的检查程序（40美元），共节约150美元。

方案C：增加研究和开发活动，以便开发出新的第三代助听器电脑芯片（增加40美元）；用稍低功率的部件替换现有的扬声器（50美元），预计大多数使用者不会注意到此差异；用一个有近似灵敏度的部件代替麦克风部件（30美元）；用更便宜但同样可靠的滑动开关代替反复电路开关（30美元）；在每个装配点用综合的质量检测程度代替现行的检测程度（40美元）；与塑料包装的供应商再次协商合同（20美元），用质量稍低的材料代替燃料耳机的材料，但最好在使用者期望使用6~10年的范围内（20美元），净节省$150。

经过对备选方案的评审，HPI最终选择了方案C，主要因为该方案包含了增加研发费用，它将使公司在不久的将来能凭借新型助听器在市场上具有竞争力。生产和市场部门经理一致认为，提出的所有可选择的设计变化，将不会显著改变目前的市场需求。主要管理者也认为这个方案在战略上有重要的意义，因为目前只占市场一部分的新技术在未来10~15年将是主导性的。到那时新产品的价格下降，使用者也将意识到电脑芯片带来的好处。

5.3.3　作业成本法

1. 作业成本法（ABC 法）的定义

作业成本法（Activity-based Costing Method）又称**作业成本分析法、作业成本计算法**和**作业成本核算法、ABC 法**。作业成本法的产生，最早可以追溯到 20 世纪杰出的会计大师、美国人埃里克·科勒（Eric Kohler）教授。科勒教授在 1952 年编著的《会计师词典》中，首次提出了作业、作业账户、作业会计等概念。1971 年，乔治·斯托布斯（George Staubus）教授在《作业成本计算和投入产出会计》（*Activity Costing and Input Output Accounting*）中对"作业""成本""作业会计"和"作业投入产出系统"等概念做了全面、系统的讨论。

斯托布斯的这部著作是理论上研究作业会计的第一部宝贵著作，但是，当时作业成本法却未能在理论界和实业界引起足够的重视。20 世纪 80 年代后期，随着 MRP、CAD、CAM、MIS 的广泛应用，以及 MRPII、FMS 和 CIMS 的兴起，美国实业界普遍感到产品成本往往与现实脱节，成本扭曲普遍存在，且扭曲程度令人吃惊。美国芝加哥大学的青年学者库伯（Robin Cooper）和哈佛大学教授卡普兰（Robert S. Kaplan）注意到这种情况，在对美国公司调查研究之后，发展了斯托布斯的思想，提出**以作业为基础的成本计算**（1988）（Activity Based Costing，简称 ABC 法）。作业成本法在过去 10 年中受到了广泛的关注，新型的咨询公司已经扩展了作业成本法的应用范围并研发出相应的软件。

作业成本法引入了许多新概念，图 5-3 显示了作业成本计算中各概念之间的关系。资源按资源动因分配到作业或作业中心，作业成本按作业动因分配到产品。分配到作业的资源构成该作业的成本要素（图中的黑点），多个成本要素构成作业成本池（中间的小方框），多个作业构成作业中心（中间的椭圆）。作业动因包括资源动因和成本动因，分别是将资源和作业成本进行分配的依据。

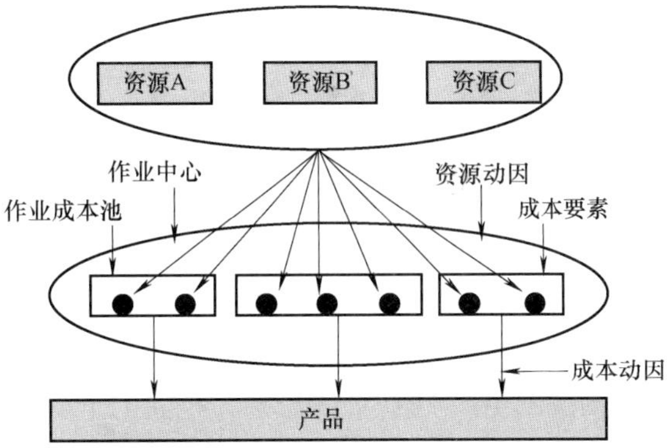

图 5-3　作业成本法的成本分解图

2. ABC 法是基于活动的成本管理

成本管理是按照现行的会计制度，依据一定的规范计算材料费、人工费、管理费、财务费等的一种核算方法。这种管理方法有时不能反映出所从事的活动与成本之间的直接联系。而 ABC 法相当于一个滤镜，它对原来的成本管理方法做了重新调整，使人们能够看到成本的消耗和所从事工作之间的直接联系。这样人们可以分析哪些成本投入是有效的，哪些成本投入是无效的。

ABC 法主要关注生产运作过程，加强运作管理，关注具体活动及相应的成本，同时强化基于活动的成本管理。

ABC 法虽然也可作为一个会计系统使用，但分析特定时间上产品盈利能力的高低才是它的真正作用。由于成本动因和企业的业务是变化的，为确保过去的数据和分析结果能够仍然有效，ABC 法也需要定期进行修订。这种修订应当促使定价、产品、顾客重点、市场份

采购与供应管理

额等战略的改变，从而提高企业的盈利能力。

3. ABC 法的过程

（1）定义业务和成本核算对象（通常是产品，有时也可能是顾客、产品市场等）。如果两种产品满足的是顾客的同一种需求，那么在定义业务时，选择顾客要比选择单个产品更为恰当。

（2）确定每种业务的成本动因（即成本的决定因素，如订单数量）。

（3）最后，将成本分配给每一成本核算对象，对各对象的成本和价格进行比较，从而确定其盈利能力的高低。

4. ABC 法对传统会计成本观的突破

由传统的以数量为基础的成本计算发展到现代的以作业为基础的成本计算是成本会计科学发展的大趋势。因为面对间接费用在产品总成本中比重日趋增大、产品品种日趋多样化和小批量生产的市场需要，面对日益激烈的全球性竞争和贸易性壁垒消除的新市场条件，继续采用早期成本会计控制大批量生产条件下产品成本的方法，用在产品成本中占有越来越小比重的直接人工去分配占有越来越大比重的制造费用，分配越来越多与工时不相关的作业费用（如质量检测、试验、物料搬运、调整准备等），以及忽略批量不同产品实际耗费的差异等，必将导致产品成本信息严重失真，从而造成经营决策失误、产品成本失控。传统成本计算表面上看起来风平浪静，实际上却处处隐藏暗礁，隐藏着不盈利的产品。作业成本计算与传统成本计算不同的是，分配基础（成本动因）不仅发生了量变，而且发生了质变。它不再仅限于传统成本计算所采用的单一数量分配基准，而是采用多元分配基准；它不仅仅局限于多元分配基准，而且集财务变量与非财务变量于一体，并且特别强调非财务变量（产品的零部件数量、调整准备次数、运输距离、质量检测时间等）。这种量变和质变、财务变量与非财务变量相结合的分配基础，由于提高了其与产品实际消耗费用之间的相关性，能使作业成本会计提供"相对准确"的产品成本信息。

与传统会计成本观相比较，作业成本法实现了几个重大突破。具体而言，有以下五个方面：

（1）溯本求源改变成本动因。传统成本法比较关注产品成本结果，成本计算的对象是企业所生产的各种产品，产量被看作是产品成本的唯一动因，并认为它对成本分配起着决定性的制约作用。按照这一思想，企业的全部成本被分为变动成本和固定成本。

作业成本法的成本计算思路是：产品消耗作业，作业消耗资源，生产费用应根据其发生的原因汇集于作业中，并计算出作业成本，再按产品生产所消耗的作业量，将作业成本计入产品成本中。按照这一成本动因，将成本划分为：①短期变动成本，如直接材料、直接人工，其短期内仍以产品数量为基础，与传统成本法基本相同；②长期变动成本，以作业为基础，其成本动因是作业量，某种产品分配的长期变动成本数额在传统成本法下多为固定成本；③固定成本，在给定的时期内不随任何作业的变动而变动的成本，但从长远来看，它也是变动的。

在传统成本法下，成本计算的准确性取决于间接成本分配的合理性。而在现代企业制造过程中，资本的有机构成比例大幅度提高，最终产品和劳务吸纳的间接费用大增。在这种情况下，按传统成本计算方法分配将会使产品成本信息严重失真。因此，应从成本产生的源头入手，分析成本发生的前因后果，将单一标准的分配基础改为按成本动因的多标准分配。作业成本法应运而生，提高了成本计算的准确性。

（2）强调成本的战略管理，延伸成本概念。传统的成本概念只局限于产品的生产制造过程，但随着市场格局逐渐由卖方市场向买方市场转化，产品的价值实现比价值形成更为重要，因此，应选择实施按成本管理要求的全程管理。

ABC 法正是立足于这种全程的成本概念进行管理：将成本视野向前延伸到产品的市场需求，分析相关技术的发展态势；将产品设计向后延伸到顾客的使用、维修及处置阶段，并且尤其重视在产品投产前设计阶段的成本控制。如果说价值工程强调在设计阶段剔除产品过剩功能以达到节约成本的目的，ABC 法则强调在设计过程中消除不增加价值的作业，对于可增加价值的作业，在不影响产品必要功能的前提下，也选用低成本作业。因此，ABC 法被看作是价值工程在成本会计应用中的深化、细化。

（3）强调决策的成本关联性，辅助相关成本决策法。相关成本决策法是管理会计中发展起来的一种重要的管理决策方法，它将与某种决策相关的成本和收入进行配比来做出决策，只考虑随决策而变动的成本，忽略不受决策影响的成本。相关成本决策法假设决策对成本在短期内发生影响，并且多项决策之间是相互独立、互不影响的。

相关成本决策法考虑了决策的短期影响，但是从长远来看：①一旦某项决策敲定，与该决策相关的变动成本就会成为与其他决策无关的固定成本；②所有成本均是变动的，这是因为任何一个企业不可能仅仅只做一项决策，前期决策会对后期决策产生影响。换言之，某些成本就某单个决策而言是固定的，但就一系列决策而言却是变动的。相关成本决策法假设决策互为独立是脱离现实的，生产中企业总是面临许多决策，一些决策还同时进行，其相互影响既体现在机会成本上，又表现在未来的潜在成本上。相关成本决策法没有考虑这种相互影响的内在机制，使用它将导致一定时期内从各项决策中取得的收益不具可加性，即整体效果小于单项的决策效果之和。ABC 法则在一定程度上能辅助相关成本决策法，它从系统的角度出发，认为一项决策不仅要考虑其对同期决策的影响，还要考虑其对后续决策的影响，不仅需要预计未来的机会，而且还要掌握成本的长期习性，其中包括那些不随单项决策变动，但随多项决策变动的成本习性。ABC 法通过揭示各种成本的动因，了解各决策方案的短期和长期效果，使决策后系统的总体效果大于各单项决策效果之和。

（4）重新界定期间费用，完善成本概念。在传统成本观下，产品成本是指其制造成本，就其经济内容看，只包括与产品成本直接有关的费用，而用于管理和组织生产的支出则作为期间费用处理。产品成本按费用的经济用途设置相关项目。而在作业成本观下，产品成本是指完全成本。就一个制造中心而言，该制造中心所有的费用支出只要是合理有效的，都是对最终产品有益的支出，就应计入产品成本。因此，作业成本观强调费用支出的合理有效性，而不论其是否与产出直接相关。

在作业成本观下，也使用期间费用概念，但此时期间费用汇集的是所有无效的、不合理的支出，即所有作业无效耗费的资源价值和非增值作业耗费的资源价值，而不是与生产无直接关系的支出。企业将它们计入期间费用，是希望通过改进相关作业以消除这些耗费。另外，作业成本观下的成本项目是按作业类别设置的。这种成本和期间费用的重新界定，是对管理内涵深层次认识的体现，有助于考核企业的管理效益，同时也完善了产品的成本概念。

（5）降低成本的主观动因，完善责任会计。在产品成本的形成中，除了受产量、作业量等一些客观因素的驱动外，还会受人为主观因素的驱动。例如，员工的成本管理意识、工作态度和责任感，员工之间以及员工与领导之间的人际关系等；在作业成本观念下，该作业设立责任中心，使用更为合理的分配基准，易于区分责任，减少成本的主观动因。同时，

采购与供应管理

ABC 法还特别强调产品的零部件数量、调整准备次数、运输距离和质量检测时间等非财务变量，因为它们与产品实际成本耗费也有极强的相关性。

ABC 法是适应于现代企业的制造环境而产生的，弥补了传统成本计算方法在现代企业制造系统中的一些缺陷，在西方发达国家已呈现出较好的发展势头。尽管我国企业目前还没有采用 ABC 法的现实基础，但完全可以在企业的经营管理中借鉴其先进的思想和方法。例如：①成本的全程战略管理思想。使企业在"开源"过程中，就对拟使用的资源做好预先的筹划和安排，使日后的潜在成本得到事前的控制。②成本分配思想。当企业采用单一分配标准计算的成本可信性受到怀疑，已影响到企业决策时，如工艺复杂、难以生产的产品在其售价高于其他同类产品的情况下，会计资料却表明该产品与其他产品一样具有很高的盈利能力时，可采用 ABC 法对产品成本重新加以验证。③对成本过程进行剖析，并尽量消除非增值作业的思想。这启发人们在企业的生产中要强化成本意识，尽量减少无谓的操作，控制和降低成本。

5. ABC 法的实施步骤

ABC 法的实施一般包括以下几个步骤：

① 设定作业成本法实施的目标、范围，组成实施小组；

② 了解企业的运作流程，收集相关信息；

③ 建立企业的作业成本核算模型；

④ 选择、开发作业成本实施工具系统；

⑤ 作业成本运行；

⑥ 分析解释作业成本运行结果；

⑦ 采取行动。

6. ABC 法的应用关键与前景

ABC 法没有固定的框架和统一的模式，不同的企业有不同的实施目的和核算体系，因此，在多个行业的具体应用中，必须结合企业的实际开展。在我国"信息化带动工业化"的国家战略引导下，制造业企业应用 ABC 法的空间十分巨大。但企业必须通过理论学习、模型设计等途径，获得成功实施作业成本管理的知识和经验。

总体看来，ABC 法是一种个性化的成本核算方法。在推行科学和流程管理的企业中，一定要以客户和作业流程为中心来对工作任务进行管理，即开展作业成本管理。我国企业应用 ABC 法开展作业成本管理的关键包括：

（1）获得企业领导者的认同。企业领导者的认同是实施 ABC 法的前提。我国制造企业对作业成本的认同，与国际型企业的认同存在较大差距。这不仅与经济体制的不同有关，也与国内理论和实践中对作业成本的了解不足有关。只有获得了企业领导者的支持，才能为在企业中推广 ABC 法，进而开展作业成本管理创造条件。

（2）明确实施的责任主体。ABC 法属于管理会计范畴，同时牵涉企业内部的各个部门。但我国制造业企业内部，大多没有管理会计这一职位或负责部门，其功能多分散在财务、采购等多个部门中。如果作业成本的实施中没有一个具体的主管部门，就可能出现人人有责、人人都不负责的情况。

（3）推动组织再造。作业成本管理从某种程度上说是全员实施的一项工程，因为作业成本管理必须清楚企业的运作过程，作业成本核算体系设计、基础数据收集以及改善行动都需要全员参与。另外，实施 ABC 法，成本在产品之间的重新分配和对作业进行核算，不可避免地导致对个人和组织的绩效的影响，受到影响的组织和个人可能会抵制作业成本管理的实施。因此，推动组织再造是成功实施 ABC 法的重点之一。

（4）开发和应用实施工具。作业成本管理的实施离不开软件的支持，国外已经有许多成熟的作业成本软件。但在国内，目前还没有出现成熟的软件工具，当前一些应用 ABC 法的企业多是利用自行开发的工具来支持。没有软件工具的支持，作业成本的运行与数据分析都是困难的。尽快开发适合中国企业特色的作业成本软件，使作业成本法的实施标准化、信息化，同时加快与企业现有信息系统的集成，是促进作业成本管理在制造、电信和 IT 等行业中规模化实施的关键。

旨在改变传统成本会计的 ABC 法和作业成本管理，适应了新的制造环境，提出了新的管理理念和方法，是企业管理和成本核算的一次大变革。在我国信息化和工业化的道路上，制造企业对作业成本的需求将会十分强烈，而一些非制造行业的成本核算与控制比较复杂，传统成本对此无能为力，如在电信行业、银行、保险、铁路、医疗行业的成本核算和控制上，作业成本管理也将大有作为。

5.3.4　降低采购成本的方法

在理论研究和企业实践中，用来降低采购成本的方法很多，除了上述介绍的价值分析法、目标成本法和 ABC 法外，还有供应商早期参与、联合采购、标准化采购、准时化采购、集中采购等常见的降低采购成本的方法。

1. 供应商早期参与

这是在产品设计初期，选择让具有伙伴关系的供应商参与到新产品开发小组中来。经由供应商早期参与的方式，新产品开发小组对供应商提出性能规格的要求，借助供应商的专业知识来达到降低成本的目的。

2. 联合采购

这种方法主要发生于非营利事业单位，如医院、学校等的采购，经由统合各不同采购组织的需求量，以获得较好的数量折扣价格。它也被应用于一般商业活动之中，应运而生的新兴行业有第三方采购，专门替那些维护、维修和运行（MRO）需求量不大的企业服务。

3. 标准化采购

企业实施规格的标准化，为不同的产品项目或零件使用共同的设计和规格，以降低定制项目的数目，从而取得规模经济效应，达到降低制造成本的目的。但标准化采购只是标准化工作的其中一环，标准化工作还包含许多其他内容，如包装、运输及操作过程的标准化等，应扩大标准化的范围，以获得更大的效益。

4. 准时化采购

准时化采购是一种直接面向客户需求的先进的采购模式。准时化采购也称 JIT 采购，是在 20 世纪 90 年代，受 JIT 生产管理思想的启发而出现的。准时化采购起源于 20 世纪 60 年代的丰田汽车公司，在 1973 年爆发的危机中使丰田公司渡过难关，之后逐渐受到各国重视。准时化生产方式的基本思想是"只在需要的时候，按需要的量，生产所需的产品"，也就是追求一种无库存或者库存达到最小的生产系统。

5. 集中采购

集中采购是指企业单独设置高度集中的物资采购中心，由其专门负责企业所有物资的采购活动，其他部门不再具有物资采购资格的采购方式。集中采购有很多优点：首先，这种采购方式把各部门的需求汇总，形成一定的采购规模，能够增强企业讨价还价的能力，获得更多的价格折扣。其次，采购中心对企业的生产性原料或大宗非生产性物品进行集中采购规划和管理，能够一定程度上减少采购物品的差异性，提高采购服务的标准化，减少后期管理的工作量。集中采购形成的采购规模较大，便于选择最优的物流方式进行配送，有利于降低物流成本。最后，集中采购便于物资在各部门之间进行调度，可以减少库存量。但是，集中采购也有一些缺点：首先，集中采购需要经过多个环节的审批，效率较低，不适合紧急订货和追加订货。其次，对于企业的零星订货，集中采购也不能获得价格折扣，但其采购成本和物流成本更高。再次，各部门对物料的品质、规格有自己的要求，集中采购虽然价格折扣较多，但标准化采购的产品并不一定满足所有部门的需求。最后，如果集中采购出现问题，会影响企业的整体运作，风险较大。

【案例分析】

作业成本法在制造业企业采购成本管理中的应用实例

一、公司背景

成都 J 公司成立于 1994 年，是一家集贸易、工程和制造为一体的综合型企业。公司业务涉及冷冻、空调设备及安装材料的批发和销售，冷库工程、中央空调工程的设计和安装，制冷机组、冷水机、冷油机和铝合金风口、组合聚醚的生产。经过十多年的积极开拓，现已发展成为西南地区颇具规模、声誉和影响的专业制冷公司。该公司对原材料和零组件的采购效率和效果非常注重，毕竟公司营业额的 60% ~ 75% 都用在了对供应商的采购上。目前，该公司正努力实现从 OEM（Original Equipment Manufacturer）到 ODM（Original Design Manufacturer）的转变，即从按单生产到按单设计生产的方向转化。ODM 强调按单设计生产，企业收到客户订单后对产品进行设计制造，然后按客户的需要进行生产，而不是从前的单纯按订单，并且按照客户的产品设计方案进行生产。这种要求既表现为生产作业方式的现场性和工艺方式的变革性发展，又表现为采购供应管理的绝对支配性。

每年 4 ~ 8 月，是 J 公司空气压缩机的采购高峰期。约克（苏州）压缩机有限公司（简称约克）是 J 公司的长期供应商。但是，近年来有许多其他公司进入该行业，而且约克的空气压缩机价位太高，使得获利空间变小。因此，J 公司决定开发新的供应商，由采购部经理和设计部的主任负责，初步锁定为上海柯索公司（简称柯索）。两家供应商都采用提前生产的方式进行生产，一旦接到订单就可以立即发货。所购空气压缩机的质量控制并不是由供应商全部完成的，在收货时要对其进行抽查检测，每十台抽查一台。但是，约克公司是 J 公司的长期供应商，因此对约克公司的空气压缩机不进行抽检。在当月的抽检中，柯索公司的空气压缩机都合格。但这也不能保证合格率为 100%，一旦发生质量问题，会造成生产过程的中断。在当月生产中发现三台空气压缩机有质量问题，约克一台，柯索两台。这样，导致停产及换货三次，每停产一次的经济损失大约为 2.5 万元人民币。

二、采购成本核算

根据上述背景，成本核算模型宜采用按分派成本到成本对象的方式建立的核算模型。

1. 采购作业确定

在 J 公司中，采购不仅与企业中的设计和生产部门合作密切，也与财务部门关系密切。图 5-4 展示了 J 公司的采购流程，描述了组织内的各个步骤之间的相互联系。

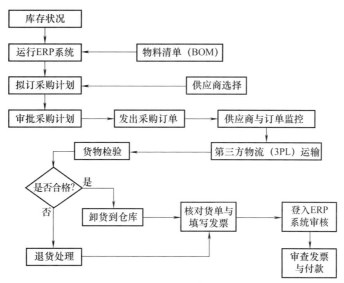

图 5-4　J 公司的采购流程

一般可以通过绘制作业流程图划分和识别作业单位。其基本原则是必须对研究对象的具体流程有着准确、深入的理解。图 5-4 对 J 公司的采购流程进行了详细的描述。通过对这一采购流程的深入分析，得到了采购计划、选择供应商、订购、运输、验货、收货、存储、付款八项基本作业，还有为内部系统服务的辅助作业，即人力资源管理作业。其八项基本作业如图 5-5 所示。

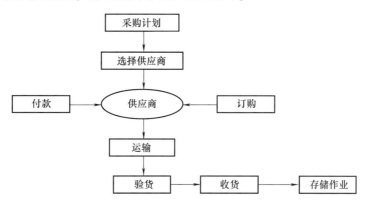

图 5-5　J 公司的采购作业流程图

各个作业所涉及的部门如表 5-7 所示。

表 5-7　采购作业的相关部门

采购作业	负责部门
采购计划	采购部、生产部
选择供应商	采购部、设计部
订购	采购部
运输	第三方物流（3PL）
验货	仓储部、设计部
收货	仓储部
存储	仓储部
付款	财务部

2. 计量和确认 J 公司本月的采购所涉及的各类资源费用

由于约克公司是 J 公司的长期合作伙伴，J 公司每月月初一次订购完当月计划所需的空气压缩机。当月，在约克公司订购 20 台空气压缩机，其单价为每台 2 万元，共计 40 万元。由于柯索公司是新的供应商，因此 J 公司当月分两次订购，每次 10 台，合计 20 台，其单价为每台 1.9 万元，共计 38 万元。

由于 J 公司所采购物资都是由第三方物流公司来负责运输的，运输费用没有划分到采购部，而是直接由公司的财务部支付给物流公司。该物流公司的运输费用按照货物的实际重量和公里数计，约合 0.5 元/（t·km）。从苏州到成都的公路里程为 1576.323km，从上海到成都的公路里程为 1650.857km。约克公司的空气压缩机重量为 232.21kg/台，柯索公司的空气压缩机重量为 252.23kg/台。因此，从约克公司订购一次空气压缩机的运费为 3660 元，从柯索公司订购一次空气压缩机的运费为 1917 元，合计 3834 元。

由财务部得到当月 J 公司采购所涉及的各类资源费用，如表 5-8 所示，另外还有一项各部门的共同费用——水电费 100000 元。

表 5-8　当月 J 公司采购所涉及的各类资源费用

资源 \\ 部门	采购部	生产部	设计部	仓储部	财务部	人力资源部
员工人数（人）	5	3	4	10	4	4
工资（人/元）	3500	3500	3500	3000	3500	3500
办公费（人/元）	500	300	300	200	200	200
差旅费（元）	5000		5000			
检验费（元）			6000	18000		
装卸费（元）				30000		
折旧费（元）	5000	4500	10000	40000	2000	3000
仓库经费（元）				60000		

注：相关部门的人员配置如下：
采购部：1 名经理，1 名采购计划员，3 名采购员。
生产部：3 名计划员。
设计部：1 名主任，3 名设计员。
仓储部：1 名仓储主管，9 名仓库管理员。
财务部：1 名主任，3 名会计。
人力资源部：1 名经理，1 名薪酬 HR，2 名员工发展 HR。
J 公司共有 200 名员工。

3. 确认资源动因

确认资源动因，分配当月所归集的资源费用到各项作业上。

（1）采购计划作业。此项作业的资源消耗费用项目中，除了员工工资、办公费，还有折旧费。采购计划作业费用归集表如表 5-9 所示。

表 5-9 采购计划作业费用归集表

作 业	资源费用	资源动因	资源耗费的分配	消耗资源（元）
采购计划	工资	人	$3500 \times 1 + 3500 \times 1$	7000
	办公费	人	$500 \times 1 + 300 \times 1$	800
	差旅费	—		
	检验费	—		
	装卸费	—		
	折旧费	人	$5000/5 \times 1 + 4500/3 \times 1$	2500
	仓库经费	—		
作业耗费总额（元）				10300

（2）选择供应商作业。该项作业只对柯索的产品进行。采购经理和设计部主任的工资分配到该作业的资源动因是他们进行此次作业去上海考察的出差天数；办公费分配的资源动因是他们查询相关供应商的天数；折旧费分配的资源动因同办公费；差旅费是特定用途，直接归集。选择供应商作业费用归集表如表 5-10 所示。

表 5-10 选择供应商作业费用归集表

作 业	资源费用	资源动因	资源耗费的分配	消耗资源（元）
选择供应商	工资	出差天数	$(3500+3500)/30$	1667
	办公费	查询供应商 的天数	$(500+300)/30 \times 4$	105
	差旅费	特定用途	$5000+5000$	10000
	检验费	—		
	装卸费	—		
	折旧费	查询供应商的天数	$(5000/5+10000/4)/30 \times 4$	467
	仓库经费	—		
作业耗费总额（元）				12239

（3）订购作业。采购员的工资分配到该作业的资源动因是此次订购空气压缩机的人员数；办公费和折旧费分配的资源动因同工资。订购作业费用归集表如表 5-11 所示。

表 5-11 订购作业费用归集表

作 业	资源费用	资源动因	资源耗费的分配	消耗资源（元）
订购	工资	人	3500×1	3500
	办公费	人	500×1	500
	差旅费	—		
	检验费	—		
	装修费	—		
	折旧费	人	$5000/5 \times 1$	1000
	仓库经费	—		
作业耗费总额（元）				5000

采购与供应管理

（4）验货作业。设计员和仓库管理员的工资分配到该项作业的资源动因是参与此次压缩机抽查的人员数；检验费是特定用途，直接归集。验货作业费用归集表如表5-12所示。

表5-12　验货作业费用归集表

作　业	资源费用	资源动因	资源耗费的分配	消耗资源（元）
验货	工资	人	$3500 \times 1 + 3000 \times 1$	6500
	检验费	特定用途	$6000 + 18000$	24000
作业耗费总额（元）				30500

（5）收货作业。仓库装卸员的工资分配到该项作业的资源动因是参与此次压缩机卸货的人员数；装卸费是特定用途，直接归集到该作业。收货作业费用归集表如表5-13所示。

表5-13　收货作业费用归集表

作　业	资源费用	资源动因	资源耗费的分配	消耗资源（元）
收货	工资	人	3000×2	6000
	装卸费	特定用途	30000	30000
作业耗费总额（元）				36000

（6）存储作业。仓库管理员的工资分配到该项作业的资源动因是管理压缩机的人员数；办公费分配的资源动因同工资；折旧费和仓库经费按照存储空气压缩机的区域占仓库面积的比例来归集。存储作业费用归集表如表5-14所示。

表5-14　存储作业费用归集表

作　业	资源费用	资源动因	资源耗费的分配	消耗资源（元）
存储	工资	人	3000×1	3000
	办公费	人	200×1	200
	差旅费	—		
	检验费	—		
	装修费	—		
	折旧费	存储区域的比例	$40000 \times 1/4$	10000
	仓库经费	存储区域的比例	$60000 \times 1/4$	15000
作业耗费总额（元）				28200

（7）付款作业。财务部会计的工资分配到该项作业的资源动因是付款给以上两家供应商的人员数；办公费和折旧费的分配资源动因同工资。付款作业费用归集表如表5-15所示。

表5-15　付款作业费用归集表

作　业	资源费用	资源动因	资源耗费的分配	消耗资源（元）
付款	工资	人	3500×1	3500
	办公费	人	150×1	150
	折旧费	人	$2000/4 \times 1$	500
作业耗费总额（元）				4150

采购活动总成本 = 采购计划作业费用 + 选择供应商作业费用 + 订购作业费用 + 验货作业费用 + 收货作业费用 + 存储作业费用 + 付款作业费用

= （10300 + 12239 + 5000 + 30500 + 36000 + 28200 + 4150）元

= 126389 元

由以上各表汇总出各作业中心的成本分配情况（见表5-16）。运输作业的费用直接归集到所购的两种空气压缩机。

表5-16　各作业中心的资源费用归集表

作　业	采购计划	选择供应商	订　购	验　货	收　货	存　储	付　款
资源费用（元）	10300	12239	5000	30500	36000	28200	4150

4. 确定作业动因

依据公式作业动因分配率＝资源费用/提供的作业动因数量，计算作业动因分配率。

首先确定作业动因，然后根据作业成本库归集的资源的能力确定作业动因数量能力，用资源费用除以作业动因数量就得到各个作业的作业动因分配率。要注意，这里所用的作业动因数量是该公司能够提供的作业数量，而不是实际耗费的作业动因数量。具体的基本作业和辅助作业的作业动因及作业动因分配率计算过程如表5-17所示。

表5-17　作业动因及作业动因分配率的计算

作　业	作 业 动 因	资源费用（元）	提供的作业动因数量	作业动因分配率
采购计划	采购计划次数	10927	30 次	364 元/次
订购	下订单分数	5305	50 份	106 元/份
验货	每天能检测的空气压缩机台数	32358	15 台/天	72 元/台
收货	每天能卸载的空气压缩机台数	38193	20 台/天	64 元/台
存储	每天能存储在仓库的台数	29918	20 台/天	50 元/台
付款	所附账单数	4403	80 单	55 元/单

5. 计算两种品牌空气压缩机的实际采购总成本

依据公式，能够计算出两种压缩机所需作业实际消耗的资源费用，如表5-18所示。

表5-18　两种压缩机所需作业实际消耗的资源费用计算

基本作业	分 配 率	实际消耗作业动因数		实际耗用资源（元）	
		约　克	柯　索	约　克	柯　索
采购计划	364	1	1	364	364
订购	110	1	2	110	220
验货	72	0	2	0	144
收货	64	20	20	1280	1280
存储	49	20×22.5	20×22.5	22050	22050
付款	55	1	2	55	110

计算出两种空气压缩机的采购总成本

（1）约克 C_1：

① 购买价格

$$20000 \text{ 元} \times 20 = 400000 \text{ 元}$$

② 作业费用

$$364 + 110 + 3660 + 0 + 1280 + 22050 + 55 \text{ 元} = 27519 \text{ 元}$$

（2）柯索 C_2：

① 购买价格

$$19000 \text{ 元} \times 20 = 380000 \text{ 元}$$

② 作业费用

$$（364 + 220 + 3834 + 144 + 1280 + 22050 + 110）元 = 28002 元$$

根据上面的计算结果，尽管柯索提供的空气压缩机单价相对较低，但是由于其较低的合格率等原因导致资源费用消耗比较多，因此，采购总成本反而比约克的高。所以，综合考虑还是应该选择约克公司作为J公司的供应商。

通过以上案例对采购成本的核算分析，作业成本法可以提供各项作业耗费的成本信息，因而使管理人员能够开展作业管理并使作业链的改善成为可能。其次，成本分配基础不同。作业成本法采用多元分配基准，为制造采购成本管理中的库存优化、供应商选择、利益分配等问题提供了必要的成本信息依据。同时，这也有利于企业分析采购成本产生的原因，进而落实控制和降低成本的方法和措施。

三、采购成本控制

1. 采购作业分析

按照图 5-5 的采购流程，以及前述成本核算中各项作业的作业动因，对采购作业的增值性进行分析，如表 5-19 所示。

表 5-19　J 公司采购作业的增值性分析

作　业	增　值	不　增　值
采购计划		
信息收集	★	
确定需求	★	
运行 ERP 系统	★	
采购申请	★	
审核采购申请		★
选择供应商		
供应商信息收集和调查	★	
评估和选择	★	
订购		
发出采购订单与确认	★	
供应商与订单监控	★	
运输	★	
验货		★
收货		
卸货		★
核对货单		★
填写发票		★
登入 ERP 系统审核	★	
存储		★
付款		
审查发票、订单及货单		★
付款	★	

按照价值链的观点，在采购作业中除了采购计划、选择供应商、订购、运输和付款等基本作业为增值作业，其余的验货、收货、存储和审查等都属于非增值作业。因此，J 公司采购活动中的审核采购申请、验货、卸货、核对货单、发票填写、存储以及审查发票、订单及货单，都属于在公司生产经营活动中不增加价值的非增值作业。其中，审核采购申请、验货、核对货单以及审查发票、订单及货单增加了流程中的

等待时间和资源耗费，而且并非支持产出主要目标的必要作业，因此可以对其进行消除。另外，卸货、存储和填写发票，虽不带来增值，但有助于实现一定的业务职能，属于非增值必要作业。它们同增值作业一样，需要通过减少作业来提高其运行效率。

2. 采购作业流程改进

通过对 J 公司采购作业增值性的分析，按照图 5-6 的流程对该公司以前的采购作业流程做出改进。

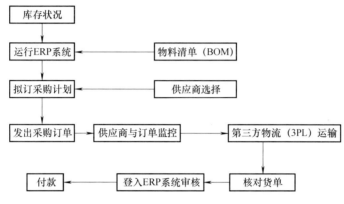

图 5-6　J 公司改进后的采购作业流程

在新的采购作业流程中，消除的非增值作业如下：

（1）审核采购申请。这样的作业并没有在实际上对采购申请起到多大的监管控制作用，相反，既没有价值还增加了不少等待时间。事实上，运行了 ERP 系统，并最终拟订采购计划以后，这项多余的手续完全可以精简掉。

（2）验货。质量的真正保障在于生产前和生产过程中，而不是生产后的检验。因此，需要停止依靠检验来达到质量要求的做法。

（3）填写发票和核对货单，以及财务付款前的审查发票、订单及货单。这些作业耗费了企业采购和财务人员大量的时间与精力，并且消耗了企业资源。消除这几项作业，不仅将采购人员和财务人员从大量的文档工作中解放出来，还缩短了企业内部作业处理时间，缩短采购周期，提高了企业的反应速度。原来的采购作业流程中，货物从运输到仓库存储，中途经过了验货作业、卸货作业，过多的作业造成了大量的流程滞留时间，消耗了许多额外的人力和物力。

思考题：

1. 从 OEM 到 ODM 的转变对公司采购成本有何影响？

2. 是否还能采用其他方法对 J 公司空气压缩机采购活动进行成本分析？

3. 除了通过对采购作业进行增值性分析来改进采购作业流程，还有什么方法可以降低 J 公司的采购成本？

第6章 供应商管理

6.1 供应商管理概述

供应商管理是采购管理最重要、最关键的工作之一。传统的供应商管理主要集中在供应商选择上。然而,随着社会的发展和技术进步,市场也随之发生深刻的变化。快速迭代引起产品周期不断缩短,全球化导致供应链格局日渐优化,这些都推动着供应链管理水平的提高,传统的供应商管理已经不适应企业发展的新环境。新形势下,企业需要抛弃传统的管理理念,与时俱进,与供应商合作共赢、协调发展,以提高供应链整体的竞争力。

6.1.1 供应商管理的概念

供应商是指可以向零售商提供原材料、设备、工具及其他资源和相应服务的企业。供应商可以是生产企业和流通企业,也可以是供应产品和服务的个人或法人。企业要维持正常的生产活动,就必须要有一批可靠的供应商为企业提供各种各样的物资和服务供应。因此,供应商在企业的生产运营中扮演着非常重要的角色。采购管理就是直接与供应商打交道,从供应商那里获得各种物资服务于企业的生产加工和销售。因此,采购管理的一项重要工作就是要管理好供应商。**供应商管理**(Supplier Management)是采购企业对其供应商进行调查、选择、开发、使用和控制等综合性管理工作的总称。这项工作的目的在于建立稳定可靠的供应商关系,为企业生产经营活动提供可靠的物资和服务保障。企业通过有效的供应商管理,不仅可以获得符合企业质量和数量要求的产品和服务,而且能够确保供应商以优惠的价格在正确的时间内提供这些产品和服务。同时,企业还能够与供应商保持良好的关系,不断开发具有竞争力的潜在供应商,从而不断优化整条供应链。

供应商管理经历了三个阶段:

第一阶段为**"监控式"供应商管理**。在该阶段,采购企业只是监控供应商,不做系统的评价和后续的差异化管理。采购企业只是解决了供应商的供应质量问题,但供应商的质量管理和采购相对分开,不具备协同联动机制。

第二阶段为**"评估式"供应商管理**。在该阶段,采购企业建立了完整的供应商评价机制,能够围绕关键指标进行量化评价,定期向供应商反馈评价结果。基于评价结果,采购企业还可以进行供应商分类管理。

第三阶段为**"引导式"供应商管理**。在该阶段,采购企业建立了完善的供应商绩效考核体系,能够有效引导供应商与企业的长远战略相适应。通过综合评价和差异化管理手段,采购企业能够对供应商的运营进行精准和全面的考量,而且评估结果能够直接指导供应商持续改进。

6.1.2　供应商管理的意义

供应商作为资源市场的重要组成部分，也是企业外部环境的组成部分，必然会直接或间接地影响企业的生产运营。资源市场中的物资供应量、供应价格、竞争态势、技术水平等，都是由资源市场的所有成员共同形成和影响的。因此，企业采购物资的质量水平和价格水平都必然受到资源市场每个成员的共同影响。事实证明，供应商对资源市场的影响至关重要。以资源交换为依托，企业的供应链得以构建和有效运转。可以说，企业的供应商管理水平高低将直接影响企业所在供应链的竞争力水平。供应商管理水平高的供应链，其供应能力强、持续性好，最终产品和服务的质量有保证，价格更具有竞争力。总体而言，供应商管理的意义体现在以下几个方面：

（1）供应商管理能够确保企业采购品的高质量供应。采购品质量是保障企业生产运营安全稳定的重要条件，而采购品质量的落实取决于供应商所提供产品质量的可靠性。供应商产品的质量是企业生产质量和研发质量的组成部分，原材料的质量直接影响到产成品的质量状况。因此，加强供应商管理，选择合适的供应商，可以提高原材料、零配件的质量，这对保证采购质量具有积极的意义。

（2）供应商管理有助于保障企业采购品的及时供应。采购方与供应商之间的关系往往具有不稳定性，双方掌握的信息具有不对称性，在时间上难以实现供应商的交货与用户的需求完全匹配。一方面，如果物资需求计划不准确、不及时，或者采购方对未来物资需求预测不准，采购方就很难及时提出准确的采购订单；另一方面，供应商收到的需求信息不准确、不及时，就不能够对采购方所需物资的种类、数量、发货期进行准确估计，很难及时妥善安排生产计划，因而供应商的供货及时性会对企业的生产运营产生巨大影响。良好的供应商管理，将使采购企业和供应商之间的信息能够充分共享，供应与生产的协同性大大加强。供应商在采购企业生产和研发体系中的参与程度不断加深，也将帮助供应商提前预测需求并组织生产，使采购企业在供应的及时性上得到最大限度的保障。

（3）供应商管理是企业降低采购成本的源头。一般来说，采购成本占据企业总成本相当大的比重。因此，供应商的成本控制能力对采购企业的成本竞争力影响很大，企业可以通过加强与成本控制能力强的供应商合作来为企业赢得低成本的资源，从而增强企业在市场上的成本竞争优势。

（4）供应商管理有助于提高供应链竞争力。首先，与供应商之间的物流业务优化、信息共享和资金协同等合作能够帮助供应链上下游的企业降低交易成本，从而使整个供应链获得更大的价格优势。更为重要的是，通过这些合作，整个供应链对最终客户需求变化反应的敏捷性增强，客户满意度也进一步提高。

综上所述，供应商管理是企业供应链管理的一项重要任务。通过科学、理性地选择供应商，确定合适的供应商关系管理策略，实行合理的供应商管理流程，培育优质供应商，企业将能获得更大的发展空间。

6.1.3　供应商管理的特征

为了确定合适的供应商关系管理策略、实施合适的供应商管理流程，首先需要了解供应商的主要特征。

（1）扩张性。供应商在满足于现有销售订单的基础上，会通过持续增强制造能力、扩大销售网络、加强与采购商的密切沟通协作和提供优质服务等措施，不断扩大其市场份额。并且，供应商大都希望在同行中脱颖而出，设法成为采购商的主要甚至唯一供应源。更进一步地，很多供应商会想方设法地占领甚至试图垄断采购商的供应渠道，以此获得在销售谈判中的主导权并提高影响力。

（2）趋利性。供应商的一种本质特性即扩大销售、提高利润，这是由其追求利益最大化的本能决定的。供应商为用户提供产品和服务，最终目的是获取与其提供的物资和服务对等甚至更高的货币价值，实现盈利和增值。

（3）多面性。一方面，供应商希望企业需求的产品标准化程度高，则其产品生产线能保持稳定，产品生命周期可以延长，从而实现长期、稳定的利润；另一方面，供应商又希望采购方的需求个性化，是只有自己或包括自己在内的极少数供应商能够供应的非标准化产品，以取得市场主动权甚至垄断地位，进而可以提高销售价格和获取高额利润。

供应商管理不仅要契合企业的战略目标，而且要维护客户、中间商和供应商之间的偏好信息，以确保成功的合作关系。在战略性采购模式下，基于对供应商市场及其动态变化，运用差异化采购技巧以达到双方最佳经济效果。此时，供应商管理出现以下新的特征：

（1）动态发展性。战略性采购是基于对市场的深入了解和分析之后，根据供求市场关系制定采购策略和开展采购行为的运作模式。在供应商管理中，需要根据在供应市场分析的采购及供应商发展策略基础上，建立供应商发展维度的分类。供应商的分类应该具备发展的眼光，以支撑企业战略性采购的实现。

（2）差异性。战略性采购就是运用差异化采购技巧以达到最佳经济效果。不同的采购品在企业中的地位不同，给企业带来的经济效益不同，需要管理者投入的精力也不同。供应不同采购品的供应商，由于其供应市场和自身能力的不同，需要建立差异化的供求关系。在供应商的分类、准入、评价和退出标准和流程上，都应该体现差异化的原则。

（3）双赢性。战略性采购强调的是供应链与供应链之间的竞争，强调供应链的整合，最终实现企业的双赢。因此，供应商关系管理对于战略性采购企业尤为重要。企业与供应商之间不再是零和关系，而是建立在共同发展、共同进步的基础上，需要相互配合和相互改进，实现组合优势。

6.2　供应商管理策略

供应商管理主要包括供应商选择、供应商绩效考核和供应商关系管理三部分内容。供应商选择主要描述了企业按照一定标准，综合运用定性和定量评价方法，对供应商进行选择的过程。供应商绩效考核是对企业现有供应商的日常表现进行的定期监控和考核，而供应商关系管理则是以多种信息技术手段为支持，通过对双方资源和竞争优势的整合，以求实现共赢的管理策略。

6.2.1　供应商选择

1. 供应商选择应遵循的标准

（1）供应商选择的短期标准。选择、评价供应商的短期标准一般是合适的商品质量、成本低、交货及时、整体服务水平高、履行合同的承诺与能力。采购商可以通过市场调查获得有关供应单位的资料，把获得的信息编制成表，并就这几个方面进行比较，依据比较结论做出正确决策。

1）合适的商品质量。采购物品的质量是否合乎采购单位的要求，是企业生产经营活动正常进行考虑的首要条件。质量偏低或偏高，都不满足企业的需求，并且企业将无法控制总生产成本，造成一定程度的浪费。评价供应商的商品质量，不仅要从商品检验入手，还要从供应商企业内部去考察，如企业内部的质量检测系统是否完善，是否已经通过了 ISO 9000 认证等。

2）成本低。对供应商的报价单进行成本分析，是有效甄选供应商的方式之一。成本不仅仅包括采购价格，而且包括原料或零部件使用过程中或生命周期结束后所发生的一切支出。较低的采购价格对于降低企业生产经营成本、提高竞争力和增加利润有着明显的作用，因而是选择供应商的一个重要条件。但是，价格最低的供应商不一定就是最合适的，总成本最低才是选择供应商时考虑的主要因素。所谓总成本，包括取得成本、作业成本和处置成本。

取得成本主要包括下列几项：

① 开发成本，即寻求、查访、评选供应商的支出，还包括订单处理的费用。

② 采购价格，即与供应商谈判后采购的成本。

③ 运输成本，如果是从国外采购，供应商以 FOB 报价，买方还需要支付运费，甚至保险费。

④ 检验成本，即进料检验所需支付的检验人员的工资以及检验仪器或工具的折旧费用。

作业成本主要包括下列几项：

① 仓储成本，包括仓库租金、仓管人员的工资、仓储设备的折旧费用等成本。

② 维修成本，包括各种材料的维护、修理等成本。

处置成本主要包括以下几项：

① 直接费用，为使资产达到规定状态所发生的搬运及处理费用。

② 相关税费，包括与资产处置有关的法律费用、相关税费。

3）交货及时。供应商能否按约定的交货期限和交货条件供货，直接影响企业正常的生产和供应活动，因此，交货时间也是选择供应商时所要考虑的因素之一。企业在考虑交货时间时，一方面要降低原料的库存数量，另一方面又要降低缺货风险。因此，要审慎供应商交货的及时性，以决定其是否能成为企业的往来对象。影响供应商交货时间的因素主要有：

① 供应商从取得原料、加工到包装所需的生产周期。

② 供应商生产计划的规划与弹性。

③ 供应商的库存准备。

④ 所采购原料或零部件在生产过程中所需要的供应商数目与阶层（上下游）。

⑤ 运输条件及能力。供应商交货的及时性一般用合同完成率或委托任务完成率来表示。

4）整体服务水平高。供应商的整体服务水平是指供应商内部的各作业环节能够配合采购商的能力与态度，如各种技术服务项目、方便采购商的措施、为采购商节约费用的措施等。评价供应商整体服务水平的主要指标有以下几个方面：

采购与供应管理

① 安装服务。对于采购商来讲，安装服务是一大便利。通过安装服务，采购商可以缩短设备的投产时间或应用时间。供应商能否提供完善的安装服务，是评价供应商的一个重要指标，同时也是认证人员对供应商进行认证的重要依据。

② 培训服务。对于采购商来讲，会不会使用所采购的产品决定着该采购过程是否结束。如果采购商对如何使用所采购的产品不甚了解，供应商就有责任向采购商教授所卖产品的使用知识。有新产品问世时，供应商应该推出相应的辅助活动（如培训或讲座）。供应商对产品卖前与卖后的培训工作情况，也会大大影响采购商对供应商的选择。

③ 维修服务。供应商对所售产品一般都会做出免费维修一段时间的保证。如因产品质量问题而出现使用难题，都可以得到供应商的免费维修。免费维修是对买方利益的保护，同时也对供应商提供的产品提出了更高的质量要求。供应商会想方设法提高产品质量，避免或减少产品需要维修的情况出现。

④ 升级服务。这也是一种常见的售后服务形式，尤其是信息时代的产品，更需要升级服务的支持。信息时代的产品更新换代非常快，各种新产品层出不穷，功能越来越强大，价格越来越低廉。供应商提供免费或者有偿的升级服务，对采购商是一大诱惑，也是供应商竞争力的体现。

⑤ 技术支持服务。这是供应商寻求广泛合作的一种手段。供应商可以向采购商提供相应的技术支持，且供应商在替采购商解决难题的同时，也销售了自己的产品。前面提到过，这种双赢的合作方式是现代采购工作中经常采用的。

5）履行合同的承诺与能力。企业在进行采购时，确定供应商有无履行合同的承诺与能力，要考虑以下几点：

① 首先确认供应商对采购的项目、订单金额及数量是否感兴趣。订单数量大，供应商可能生产能力不足；而订单数量小，供应商可能缺乏兴趣。

② 供应商处理订单的响应时间。

③ 供应商在需要采购的项目上是否具有核心能力。

④ 供应商是否具有自行研发产品的能力。

⑤ 供应商目前的闲置设备状况，以了解其接单情况和生产设备的利用率。

（2）供应商选择的长期标准。选择供应商的长期标准主要在于评估供应商能否提供长期而稳定的供应，其生产能力是否能配合企业的成长而相对扩展，供应商是否具有健全的体制、与企业相近的经营理念，其产品未来的发展方向能否符合企业的需求，以及是否具有长期合作的意愿等。

1）企业实力。在企业实力的层面，主要考虑的指标有企业规模、行业地位以及人员素质水平和技术能力。

① 企业规模是反映企业整体实力的一个重要指标，包括供应商的总资产、销售收入等。可以用供应商的相应数据与行业平均水平进行比较，数值高者得分高。

② 行业地位反映供应商在市场中的地位，能影响其在供需市场中的话语权，一般可以用市场占有率来衡量。

③ 人员素质水平是指企业内部管理人员的整体状况，反映企业的专业技术人员占员工总数的比例。

④ 技术能力是指企业的生产技术水平、所采用的标准以及发明和专利数量，可以进行

不同供应商之间的比较。

2）供应商财务状况的稳定性。供应商的财务状况直接影响到其交货和履约的绩效。如果供应商的财务状况出现问题，周转不灵，导致倒闭破产，将会造成企业自身供料不足，甚至出现停工的严重危机。因此，供应商的财务状况是考虑供应商长期供货能力的一个重要指标。虽然企业不容易判断一家供应商的财务状况，但是可以利用资产负债表来考核供应商一段时期的营运成果，观察其所拥有的资产和负债情况；通过利润表，考察供应商一段时期内的销售业绩与成本费用情况。如果供应商是上市公司，还可以利用其年度报表中的信息来计算各种财务比率，以观察其现金流动情况、应收应付账款的状况、库存周转率、获利能力等。

3）供应商内部组织与管理的良好性。供应商内部组织与管理是关系到日后供应商服务质量的因素。供应商内部组织机构设置是否合理，影响着采购的效率及其质量。如果供应商组织机构设置混乱，采购的效率与质量就会因此下降，甚至由于供应商部门之间的互相扯皮而影响到供应活动能否及时、高质量地完成。另外，供应商的高层主管是否将采购单位视为主要客户，也是影响供应质量的一个因素。如果供应商的高层没有将买主视为主要客户，在面临一些突发状况时，便无法取得优先处理的机会。

除此之外，还可以从供应商机器设备的新旧程度及保养状况，看出管理者对生产工具、产品质量的重视程度，以及内部管理的好坏。另外，可以参照供应商同业之间的评价及其在所属产业中的地位，对客户满意度的认知、对工厂的管理、对采购原材料来源的掌握、生产流程的控制，也是评估供应商内部管理时的管理指标。

4）供应商员工的状况是否稳定。供应商员工的平均年龄也是反映企业管理状况的一个重要指标。若平均年龄偏高，表明供应商员工的流动率较低，同时也可能显示出供应商无法吸收新员工的加入，从而缺乏新观念、新技术的引进。另外，供应商员工的工作态度及受培训的水平会直接影响到产出的效能，这些都是可以在现场参观时观察到的。

5）供应商长期发展的情况。长期发展注重的是供应商的信誉、财务状况、发展潜力以及经营理念和管理水平要符合企业长期合作方面的指标。

① 供应商信誉主要考虑供应商的还贷信誉以及履行合同的能力。

② 财务状况能直接影响到供应商的交货和履约，能反映其长期供货能力。

③ 发展潜力考察供应商的持续发展能力，这是建立长期合作伙伴关系的基本保证。

④ 经营理念和管理水平的兼容性反映供应商与企业在经营理念和管理水平方面的接近程度，接近程度越高，越能实现长期合作。

⑤ 供应商的环境包括自然环境、经济与技术环境、政治法律环境等。这些环境的变化会对供应商产生较大的影响。

6）供应商的社会责任感。企业社会责任（CSR）是近年来跨国公司选择供应商的新要求，它衡量供应商承担对员工、消费者、社区和环境的社会责任履行情况。

这些选择标准是采购商在选择供应商时采用的一般长期标准。在实际的采购工作中，可以根据物资种类、供需市场状况等因素的不同进行相应调整，帮助企业选择合适的供应商。

2. 供应商选择的方法

选择供应商的方法较多，一般根据供应商的数量、对供应商的了解程度以及对物资需要

采购与供应管理

的时间紧迫程度等要求来确定。目前，国内外主要采用的方法有以下几种：

（1）定性评价选择法。定性评价选择法有：

1）直观判断法。直观判断法是指通过调查、征询意见、综合分析和判断来选择供应商的一种方法，是一种主观性较强的判断方法，主要是倾听和采纳有经验的采购人员的意见，或者直接由采购人员凭经验做出判断。这种方法的质量取决于对供应商资料掌握得是否准确、齐全，以及决策者的分析判断能力与经验。直观判断法主要依靠经验来做出选择，运作方式简单、快速和方便，但是缺乏科学性，受掌握信息的详尽程度限制。它常用于选择企业非主要原材料的供应商。

2）招标法。当采购物资数量大、供应市场竞争激烈时，可以采用招标法来选择供应商。招标采购详见本书第4章。

3）协商选择法。在可供单位较多、采购商难以抉择时，也可以采用协商选择法，即由采购商选出供应条件较为有利的几个供应商，同它们分别进行协商，再确定合适的供应商。和招标法相比，协商选择法因双方能充分协商，在商品质量、交货日期和售后服务等方面较有保证；但由于选择范围有限，不一定能得到价格最便宜、供应条件最有利的供应商。当采购时间紧迫、投标单位少、供应商竞争不激烈、订购物资规格和技术条件比较复杂时，协商选择法比招标法更为合适。

（2）定量评价选择法。定量评价选择法有：

1）评分法。评分法是指依据供应商评价的各项指标，由采购商列出对供应商评选的各个因素，并给每个标准档次赋予不同的分值，根据最后的评分情况，在各个供应商之间进行比较，最后确定最高分者为最佳供应商，并据此要求选定的供应商改进不足之处。

2）考核选择法。所谓考核选择，就是在对供应商进行充分调查了解的基础上，再认真考核、分析比较而选择供应商的方法。根据供应商选择目的和依据的不同，供应商调查可以分为初步供应商调查和深入供应商调查。初步确定的供应商还要进入试运行阶段进行考察，试运行阶段的考察更实际、更全面、更严格。在运作过程中，就要进行所有评价指标的考核评估，包括产品质量合格率、准时交货率、准时交货量率、交货差错率、交货破损率、价格水平、进货费用水平、信用度、配合度等的考核和评估。当选定供应商之后，应当终止试运行期，签订正式的供应商关系合同。进入正式运行期后，就开始了比较稳定、正常的物资供需关系运作。

3）作业成本法（ABC法）。该方法针对单一订单，在一组供应商中选择最佳者。其基本思想是，供应商所供物资的任何因素的变化都会引起采购企业总成本的变动，价格过高、质量达不到要求、供应不及时等都会增加采购企业的成本。因此，通过分析供应商总成本来选择合作伙伴。由于作业成本法要求供应商能够提供详细信息，并且此方法实行的条件要求具备强有力的计算机环境，故所花费的成本比传统方法要高，但它的成本计算更准确，能够给管理者提供更有用的成本信息。

（3）定性与定量相结合的评价选择法。定性与定量相结合的方法有：

1）层次分析法（Analytic Hierarchy Process，AHP）。该方法在20世纪70年代初由美国运筹学家萨蒂（Satty）教授提出，是一种对较为模糊或复杂问题使用的定性与定量分析相结合的进行多目标决策的方法。这种方法的基本原理是根据具有层次结构的目标、子目标、约束条件等来评价方案，采用两两比较的方法确定判断矩阵，然后把判断矩阵的最大特征值所对应的特征向量的分量作为相应的系数，最后综合给出各个方案的权重和供应商各自的权重，通过所有层次之间的总排序计算所有元素的相对权重并进行排序。

2）人工神经网络算法。该方法是建立接近于人类思维模式的定性与定量相结合的选择评价模型，通过对样本模式的学习，获取评价专家的知识经验、判断以及对目标重要性的倾向。当对供应商进行综合评价时，可再现评价专家的敏捷思维，从而实现了定性和定量分析的有效结合，也可以较好地保证供应商选择评价的客观性。

3. 供应商选择的一般步骤

供应商选择是供应管理中的一个重要决策。目前在市场上，同类产品的供应商越多，供应商的选择就越复杂，这就需要有一个规范的程序来操作，且不同的企业在选择供应商时所采用的步骤千差万别。下面给出一般步骤，实际操作可能多于或少于这些步骤，这个框架只起到理论指导作用，如图 6-1 所示。

（1）分析市场竞争环境。环境分析是供应商选择的重要步骤，包括供应环境的分析和市场需求的分析。市场需求是企业一切活动的原动力，企业首先要分析环境，确定需求以及需要建立的基于信任、合作、开放性交流的供应链合作关系。同时，还要从供应商的市场分布、采购物品的质量和价格、供应商的生产规模等方面收集供应商的信息。

（2）确定供应商选择的目标。企业在选择供应商之前必须明确目标，并且目标要与企业发展的长期目标、战略相适应，能够服务于企业的核心能力和市场竞争力。不同行业和企业对供应商选择的要求是不同的，所以，企业应在确保获得符合总体质量和数量要求的产品和服务的目标基础上，根据自身情况适当确定目标，来选择供应商。

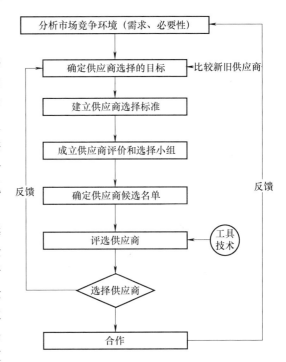

图 6-1　供应商选择的一般步骤

（3）建立供应商选择标准。该部分的内容可参照前文介绍的供应商选择应遵循的标准。

（4）成立供应商评价和选择小组。供应商选择涉及企业的生产、技术、计划、财务、物流、市场等部门，因而评价和选择小组成员也分别来自开发部、技术支持部、采购部、市场部和计划部等多个部门，必须具有团队合作精神和一定的专业技能，并且评价和选择小组必须同时得到本企业和供应商领导层的支持。

（5）确定供应商候选名单。通过供应商信息网站、问卷调查、行业杂志等渠道来了解市场上能提供所需产品和服务的供应商，并由评价和选择小组确定候选名单。

（6）评选供应商。评选供应商是在完成供应商候选名单的基础上进行的，主要的工作就是全方位调查、收集有关供应商的生产运作管理等信息，并利用一定的工具技术方法对供应商进行评价。目的是确认、筛选出优秀的供应商，优化供应商结构和提高企业的业绩水平。

（7）选择供应商。在考虑多方面的重要因素之后，依照评选标准，选择最合适的供应商。如果选择成功，则可以达成合作；否则，返回步骤（2）重新评价选择。

（8）合作。由于供应环境和市场需求在不断变化，企业可以根据实际情况及时修改供应商选择的目标或进行新的一轮供应商评选，并且给予已合作供应商足够的时间来应对企业的需求变化。

【案例6-1】

如何选择供应商？

H化妆品公司向J公司下了一笔护肤品包装瓶的订单，要求用一种特制塑料做材料，交货期为一个月。由于这种塑料比较特殊，要求也高，几个正在供货的现有供应商没有做过这种瓶子；并且这张订单的数量又比较少，因此需要定做，而且定做周期比较长。

J公司负责这个项目的小李找到了D公司，D公司之前曾经与J公司有过几次合作，为其提供过类似的产品。D公司对这个单子表示出极大的兴趣：单子虽小，但他们希望通过这次机会，成为J公司的长期供应商。他们立刻去制作样品，只用了两天就交给了小李，并且承诺在15天后交货。样品经过技术人员的质量检验并开出了合格的报告，于是，小李就向D公司下了订单。

下订单之后，小李又接到H化妆品公司的电话，说这种特制塑料可以从S公司买，因为H化妆品公司过去的供应商就是从S公司购买的，推荐使用这家供应商。小李思考了一下，认为过去没有与S公司做过生意，不知深浅，H化妆品公司也只是推荐而已，并无强求的意思，并且已经向D公司下订单了。

可是，承接这笔订单的业务员小王听说之后，表示绝对不可以与D公司合作，还推荐了另外一家供应商——O公司。O公司也已经给其送来了样品，得到了技术上的确认，并且表示交货期会提前到13天或者更早一些。在小王的强烈要求下，小李只能通知D公司取消了订单，转而把订单下给了O公司。由于之前没有与O公司合作的经验，小李很不放心，就一再要求O公司确认这种特制塑料的质量和交货期，O公司的业务员保证一定不会有问题。

可是，O公司最终把货交到J公司的时候，生产部门发现来料的颜色与客户的样品颜色有很大出入，所以尽管最后双方弄得很不愉快，小李还是把O公司的货退掉了。

没有办法，小李只好再找D公司订货，可是交货期却要再往后推15天，这样一来，J公司给H公司的交货期就得往后拖几天了。延期交货已成事实，让小李起了个大早，赶了个晚集。

讨论：

1. 如何处理销售人员和客户指定供应商的情况？
2. 在案例中，供应商选择的过程有没有问题？应该如何从这三家供应商中做出选择？
3. 延期交货的失误应该由谁来负责？

6.2.2 供应商绩效考核

1. 供应商绩效考核的目的、原则及准备工作

供应商绩效考核，就是对企业现有供应商的日常表现进行定期监控和考核。在传统上，

即使企业一直在进行供应商的考核工作，但是一般都只是对重要供应商的来货质量进行定期检查，而没有一整套的规范和程式。随着采购管理在企业中的地位越来越重要，供应商管理的水平也在不断上升，原有的考核方法已不再适应企业管理的需要。

（1）供应商绩效考核的目的。供应商绩效考核的主要目的是确保供应商供货的质量，对各供应商进行比较，以便继续同优秀的供应商合作，淘汰绩效较差的供应商。同时，对供应商进行绩效考核也可以发现其中存在的不足之处，并将其反馈给供应商，以此来促进供应商改善其业绩和为日后更好地完成供应活动打下良好的基础。

（2）供应商绩效考核的原则。有以下主要原则：

1）整体性。要从供应商和企业自身各自的整体运作方面来进行评估，以确立整体的目的。

2）持续性。供应商绩效管理必须持续进行，要定期检查目标达到的程度。同时，让供应商知道会定期评估，这样它们自然就会致力于改善自身的绩效，从而提高供应质量。

3）综合性。对供应商的绩效进行评估时，不能仅仅衡量绩效，还要考虑到外在因素带来的影响。

（3）供应商绩效考核的准备工作。供应商绩效考核是一项需要负责和必须公正对待的工作。要实施供应商考核，就必须制定一个供应商考核工作程序或办法，并且有关部门或人员必须依文件实施。因此，在考核前需要做好以下工作：

1）确定供应商绩效考核原则和指标体系。考核原则体现功能和公平；考核指标要明确、合理，与企业的战略目标基调一致。

2）确定考核的具体步骤细则并文件化。

3）选择要进行考核的供应商，并将考核指标及要求与对方进行充分沟通。

4）采购商成立考核小组，小组成员可以包括采购、生产、市场、计划等部门的人员，也可以是专家和管理顾问等。

2. 供应商绩效考核指标

确定供应商绩效考核的内容以后，为了科学、客观地反映供应商的运作情况，应该建立与之相适应的供应商绩效考核指标体系。在制定考核指标体系时，应该突出重点，对关键指标进行重点分析，尽可能地采用实时分析与考核的方法；要把绩效度量范围扩大到能反映供应活动时间运营的信息上去，因为这要比做事后分析有价值得多。供应商的考核指标很多，不同行业企业的做法可能不同，所用的考核指标也有所差异，但是，归纳考核供应商绩效的因素主要有质量指标、供应指标、经济指标、支持配合与服务指标等。

（1）质量指标。供应商质量指标是供应商考核的最基本指标，每个采购单位都要对供应商供应的产品质量进行检查。检查可分为两种：一种是全检；另一种是抽检。一般采用的是抽检的方法，全检仅适合量少的采购品。供应商质量指标具体包括来料批次合格率、来料抽检缺陷率、来料在线报废率、供应商来料免检率等。

$$来料批次合格率 = （合格来料批次 \div 来料总批次） \times 100\%$$

$$来料抽检缺陷率 = （抽检缺陷总数 \div 抽检样品总数） \times 100\%$$

$$来料在线报废率 = （来料总报废数 \div 来料总数） \times 100\%$$

式中，来料总报废数包括在线生产时发现的废品。

采购与供应管理

$$来料免检率 = (来料免检的种类数 ÷ 该供应商供应的产品总种类数) × 100\%$$

这四个指标中，来料批次合格率是最为常用的质量考核指标之一。此外，有些企业将供应商体系、质量信息等也纳入考核，比如供应商是否通过了 ISO 9000 认证或供应商的质量体系审核，是否达到设定的水平标准。还有些企业要求供应商在提供产品的同时，提供相应的质量文件，如过程质量检验报告、出货质量检验报告、产品成分性能测试报告等。

（2）供应指标。供应指标又称企业指标，是与供应商的交货表现以及供应商企划管理水平相关的考核因素，分为交货和柔性两个方面。

1）交货。交货指标最主要考虑的是准时交货率、交货周期、订单变化接受率等。

$$准时交货率 = (按时按量交货的实际批次 ÷ 订单确认的交货总批次) × 100\%$$

式中，交货周期为自订单开出之日到收货之时的时间长度，一般以天为单位

$$订单变化接受率 = (订单增加或减少的交货数量 ÷ 订单原定的交货数量) × 100\%$$

式中，订单变化接受率是衡量供应商对订单变化灵活性反应的一个指标，是指在双方确认的交货周期中可接受的订单增加或减少的比率。

供应商能够接受的订单增加接受率与订单减少接受率往往不同。前者取决于供应商生产能力的弹性、生产计划安排与反应快慢以及库存大小与状态（原材料、半成品或成品）；后者主要取决于供应商的反应、库存（包括原材料与在制品）大小以及因减单而带来可能损失的承受力。

2）柔性。柔性是指一个企业对市场和客户需求变化的反应能力。供应商的柔性既能表现在灵活的定制生产方面，也可以表现在满足顾客在短期内需求快速变化等方面。通过批量柔性、品种柔性和时间柔性三个指标，可以对供应商应对需求变化的能力做出全面的衡量。

批量柔性是指供应商改变产出水平的能力，即应对顾客需求量波动的能力。它是供应商在生产系统有效运行的前提下，所能够提供的各类产品总产量的变动范围。批量柔性用供应总量中可变动数量与需求总量的变动数量之比来衡量，反映了供应商生产能力的弹性。

品种柔性是指供应商开发新产品和改进现有产品的能力。它可用一定时期内新产品引进种类总数占产品种类总数的比例作为评价指标，也可通过引进新产品所需要的时间和费用来衡量柔性的大小。品种柔性反映了供应商应对下游需求的创新能力。

时间柔性也可称为交货柔性，是指供应商改变计划或交货日期的能力。时间柔性可用交货期缩短时间占合同交货期长度的百分比来衡量，也可用缩短单位交货时间所需要增加的成本来衡量，反映了供应商响应顾客需求的速度。

（3）经济指标。供应商考核的经济指标总是与采购价格和成本相联系。与质量和供应指标不同的是，质量和供应指标通常每月考核一次；而经济指标则相对稳定，多数企业是每季度考核一次。此外，经济指标往往都是定性的，难以量化。具体考核指标如下：

1）价格水平：往往同本企业所掌握的市场行情比较，或根据供应商的实际成本结构及利润率进行判断。

2）报价是否及时，报价单是否客观、具体、透明（分解成原材料费用、加工费用、包装费用、运输费用、税金、利润等，以及相对应的交货与付款条件）。

3）降低成本的态度及行动：是否真诚地配合本企业或主动地开展降低成本活动，制订改进计划、实施改进行动，是否定期与本企业检讨价格。

4）分享降价成果：是否将降低成本的好处也让利给本企业。

5）付款：是否积极配合响应本企业提出的付款条件要求与办法，开出付款发票是否准确、及时、符合有关财税要求。

有些单位还将供应商的财务管理水平与手段、财务状况以及对整体成本的认识也纳入考核。

（4）支持、配合与服务指标。同经济指标一样，考核供应商在支持、配合与服务方面的表现通常也是定性考核，每季度一次，相关的指标有反应表现、沟通手段、合作态度、管理水平、共同改进、服务水平、参与开发、其他支持等。

1）反应表现。对订单、交货、质量投诉等反应是否及时、迅速，答复是否完整，对退货、挑选等是否及时处理。

2）沟通手段。是否有合适的人员与本企业沟通，沟通手段是否符合本企业的要求（电话、传真、电子邮件以及文件书写所用软件与本企业的匹配程度等）。

3）合作态度。是否将本企业看成是重要客户，供应商高层领导或关键人物是否重视本企业的要求，供应商内部沟通协作（如市场、生产、计划、工程、质量等部门）是否能整体理解并满足本企业的要求。

4）管理水平。这是供应商经营管理能力最重要的体现。企业的管理水平高，经营绩效就好。管理水平可通过人员素质和管理能力两个主要指标来衡量。

5）共同改进。是否积极参与或主动参与本企业相关的质量、供应、成本等改进项目或活动，或推行新的管理做法等，是否积极组织参与本企业共同召开的供应商改进会议，配合本企业开展的质量体系审核等。

6）服务水平。供应商是否主动征询本企业的意见、主动访问本企业、主动解决或预防问题的发生，是否及时安排技术人员对发生的问题进行解决。

7）参与开发。是否参与本企业的各种相关开发项目，以及如何参与本企业的产品或业务开发过程。

8）其他支持。是否积极了解本企业提出的有关参观、访问事宜，是否积极提供本企业要求的新产品报价与送样，是否妥善保存与本企业相关的文件等不予泄露，是否保证不与影响到本企业切身利益的相关企业或单位进行合作，等等。

【案例 6-2】

通用电气公司对供应商的要求

通用电气（GE）公司是一家有着悠久历史的全球性技术服务财务公司，成立于 1896 年，目前主要有 13 个全球性的商务操作部门，全球拥有 30 多万名员工、132 个销售部门。GE 是一个非常全球化的公司，有将近 90% 的员工来自于美国以外，40% 的销售来自海外。

GE 的采购模式不以国家作为分界，对全球供应商的要求都是一样的，各个国家的供应商都要达到同样的标准、同样的程序、同样的思维操作方式。

GE 对供应商有四个最基本的要求：价格、质量、交货和诚信。

首先，在价格方面，GE 是全球采购，这种全球竞争会使供应商的价格压得很低，因为全球范围内有很多公司参与竞争。同时，GE 看中的不仅是一开始的价格，与 GE 合作开始之后，它会要求供应商第二年、第三年每年都要下降 5% ~ 10% 的价格。GE 的理念是："我要成为世界上最有竞争力的公司，我的供应商也要成为世界上最有竞争力的供应商。我不光希望我自己的内部成本降低，还希望供应商的成本也降低。"因此，GE 要求供应商改革自己的采购程序、供应效应、成本等。如果供应商连续三年不降低价格，GE 就要考虑选择新的供应商。

在质量方面，如果供应商有一年质量非常差，它就有可能不能再与 GE 合作了——在质量问题上就没有任何商量，因为 GE 的设备大多用在医院或者是家庭医疗当中，如果出了问题就会造成比较严重的后果。

GE 对全球供应链的要求非常严格，供应商一定要准时交货，如果不能准时交货，就要用飞机运输，而不是用船，成本就一下提高了。GE 不仅有质量和价格方面的要求，对整个的供应要求从来都没有放松过。对于供应商来说，难的是怎么样保持整体的质量水平。如果供应商有一个程序错误，就会被 GE 取消供应商资格，如供应商对 GE 的人员行贿，还有对自己人员的管理不足等。

很多供应商通过与 GE 合作，合作规模越做越大，而且提高了自身的整体竞争力。所以，这个机会对于很多中国企业的发展是非常好的机会。怎样在这个过程当中真正与国际接轨，与众多来自各个国家的对手竞争，是中国企业应该思考的问题。

6.2.3　供应商关系管理

供应商关系管理是市场营销中关系营销思想在供应链环境下的应用。它摒弃了传统的以价格为驱动的竞争性采供关系，以共同分享信息、实现共赢为导向，实现采供双方以合作为基础的共同发展。供应商关系管理通过对双方资源和竞争优势的整合来共同开拓、扩大市场需求和份额，降低产品前期的高额成本，实现双赢；同时，它又是以多种信息技术为支持和手段的一套先进的管理软件和技术，它将先进的电子商务数据挖掘、协同技术、ERP、MRP 等信息技术紧密地集成在一起，为企业的新产品设计开发、供应资源获取、采购方式选择、采购成本控制、供应绩效考核以及相应的合同招投标文档等过程提供科学的管理策略。

1. 供应商关系的演变

传统的企业与供应商关系是一种短期的、松散的、两者之间作为竞争对手的关系。在这样一种基本关系之下，采购商和供应商的交易如同"0-1"对策，一方所赢则是另一方所失，与长期互惠相比，短期内的优势更受重视。采购商总是试图将价格压到最低，而供应商总是以特殊的质量要求、特殊服务和订货量的变化等为理由尽量提高价格，哪一方能取胜主要取决于哪一方在交易中占上风。

相反，另一种与供应商的关系模式，即合作模式在当今受到了越来越多企业的重视，尤其是这种模式在日本企业中取得了很大成功并广为流传之后。在这种模式之下，采购商和供应商互相视对方为伙伴，双方保持一种长期互惠的关系。

两种模式的比较如表 6-1 所示。

表6-1　供需之间"竞争模式"与"合作模式"的比较

名称	主 要 特 征	缺　　陷
竞争模式	• 采购商以权势压人来讨价还价。采购商以招标的方式挑选供应商，选中报价最低的供应商，且能中标的供应商出的价格低于成本 • 供应商名义上的最低报价并不能作为真正的低成本。供应商一旦被选中，就会以各种方式要求采购方企业调整价格，因此，最初的低报价往往是没有效果的 • 技术和管理资源相互保密。由于供需双方之间是受市场支配的竞争关系，因而双方的技术、成本等信息都被保护，不利于传播新技术和新的管理方式 • 双方的高库存和高成本。由于双方关系松散，都会用较高的库存来缓解出现需求波动或其他意外情况时的影响，而这种成本的增加最后对消费者是不利的 • 不完善的质量保证体系。存在不低的次品率，并采取事后检查的方式，会给产品检验造成一定的麻烦 • 采购商的供应商数目很多。每一种物料都有若干个供应商，使供应商之间竞争，采购商因此获利	由于双方之间的讨价还价，双方缺乏信息交流，则成本不容易下降，质量也不能很好地保证，难以快速响应市场的要求
合作模式	• 供应商的分层管理。采购商尽可能地将完整部件的生产甚至设计交给第一层供应商。这样零件设计总量则大大减少，有利于缩短新产品的开发周期；另外，还使采购商可以只与数目较少的第一层供应商联系，从而降低了采购管理费用 • 双方共同降低成本。双方在确定的目标价格下，共同分析成本和共享利润。采购商可充分利用自己在技术、管理、专业人员等方面的优势，帮助供应商降低成本；并且调动了供应商生产的积极性，从而有可能使价格不断下降，市场竞争力不断提高 • 共同保证和提高质量。一旦出现质量问题，采购商会与供应商一起通过各种方法来分析原因和解决问题。由于双方建立起了一种信任关系，采购商可以随时了解产品质量状况，甚至可以不经检查而直接使用供应物料 • 信息共享。采购商可以向供应商提供自己的技术、管理等方面的信息和经验，供应商的成本控制信息也会对采购商开放；除此之外，供应商还可以随时了解采购商的生产计划、供货计划及未来的长期发展计划 • JIT式的交货方式。即需要的时候按可以得到需要的量的供应物品。由于买卖双方建立起了一种长期信任的关系，双方可以随时了解对方的情况，这样就有可能做到JIT式交货，并且这种做法使双方的库存都大大降低，双方均可受益 • 采购商只持有较少数目的供应商。一般一种物料只和1~2个供应商合作，这样供应商可以实现大批量、低成本的生产，甚至可以考虑扩大设施和设备能力甚至将新厂房建在采购方附近，这样几乎就等于采购商的一种"延伸"组织	• 如果一种物料只有1~2个供应商，那么会增加供应中断风险 • 供应商缺乏竞争压力，则可能缺乏不断创新的动力 • JIT式的交货方式可能有中断供应的风险

由表6-1可以看出，建立供应商合作伙伴关系可以使供需双方采取共担风险、共享利益的长期合作关系，以此来实现共同的目标。建立供应商合作伙伴关系具有以下意义：

① 可以缩短供应商的供应周期，提高供应灵活性。

② 可以降低企业原材料、零部件的库存水平，降低管理费用，加快资金周转。

③ 可以提高原材料、零部件的质量。

④ 可以加强与供应商沟通，改善订单的处理过程，提高材料需求的准确度。

⑤ 可以共享供应商的技术与革新成果，加快产品开发速度，缩短产品开发周期。

⑥ 可以与供应商共享管理经验，推动企业整体管理水平的提高。

2. 防止供应商控制

随着供应商伙伴关系的发展、供应商体系的优化，许多企业的某些零部件出现了独家供应的局面。独家供应可能出现在以下几种情况：

（1）按客户要求专门制造的高科技、小批量的非标准化产品。其中，产品的技术含量高，且是专门小批量配套，往往不可能要求两家以上的供应商同时供应。

（2）某些企业的产品及其零部件对工艺技术要求保密，不能让更多的供应商知道。

（3）工艺性外协，如电镀、表面处理等，因受企业周围工业基础等条件所限，有可能只固定由一家供应商提供。

（4）产品的开发周期很短，必须依靠伙伴型供应商的全力、密切配合。

独家供应的主要优点是采购成本低、效率高；缺点是对供应商依赖度高。当企业遇到只有一家供应商或该供应商享有专利保护的情况时，供应商能够在很大程度上左右采购价格，从而使采购商落入供应商的垄断供货控制中。面对这种情况，采购人员可根据所处的环境，采取以下方法防止供应商控制：

1）寻找其他供应商。独家供应一般有两种情况：一种为单源供应（Single Source），即供货商不止一家，但仅向其中一家采购；另一种为唯一供应（Sole Source），即仅此一家别无其他供应商。通常，单源供应多是买方造成的，如将原来许多家供应商削减到只剩下最佳的一家；唯一供应则多是卖方造成的，如独占性产品的供应商或独家代理商等。

在单源供应的情况下，只要"化整为零"，变成多家供应（Multiple Sources），造成卖方的竞争，卖方自然不会任意抬高价格。另找一家供应商是值得的，除非技术上不可能，每个产品会由两个或更多供应商供货，可以规避供应风险，保持供应商之间的良性竞争。

在唯一供应的情况下，由于市场信息缺乏，讨价还价的结果是买方依然吃亏。此时，若能与供应商建立良好的人际关系，签订长期合约，也可以避免买方在缺货时必须支付很高的现货价（Spot Price）。

2）提高供应商的依赖性。多给供应商一些业务，这样可以提高供应商对采购方的依赖性。

3）控制采购成本。采购人员可以说服供应商在采购的非价格条件下做出让步来消除其垄断，而采购总成本中的每个因素（如送货的数量和次数、延长保修期、放宽付款条件等）都可能使供应商做出让步。

4）更好地掌握信息。要清楚了解供应商对采购商的依赖程度。例如，有家公司所需的元件只有一家货源，但它发现自己在这一供应商仅有的三家客户中是采购量最大的一家，供应商离不开自己。结果在该公司要求降价时，供应商做出了相当大的让步。

5）与其他用户联合采购。与其他具有同样商品需求的企业联合采购，由一方代表所有采购商采购。这种方式一般在应对产出不高、效率低下的独家供应商时使用。

6）让最终客户参与。如果采购商能与最终客户合作并给予它们信息，摆脱垄断供应商的机会也会随之而来。例如，工程师往往只认准一个商标，因为他们不了解其他选择，但如果向他们解释只有一家货源的难处，他们往往就可以让采购商采购其他品牌的元件。

7）一次性采购。如果采购商预计所采购产品的价格可能要上涨，才可选择这种做法。具体做法是根据相关的支出和库存成本，权衡一下将来产品价格上涨的幅度，与营销部门紧密合作，获得准确的需求数量后，进行一次性采购。

8）协商长期合同。当采购商长期需要某种产品时，可以考虑订立长期合同。一定要保证持续供应和价格控制，采取措施预先确定产品的最大需求量以及需求增加的时机。

9）全球采购。当采购人员进行全球采购，得到更多供应商的竞价时，不管能实际供货的有几家，采购商至少要求三家报价。采购商能够有把握找到最佳供应商，就可以打破供应商的垄断行为。

10）未雨绸缪，化解垄断。如果供应商在市场上享有垄断地位，仗势压人，而采购商又不具备有效的手段与其讨价还价，最终结果势必是采购商无奈地俯首称臣，轻则接受对方苛刻的价格和信用条款，重则自己的竞争策略倍受掣肘，错失商机。其实，明智的企业主管完全可以未雨绸缪，化解供应商的垄断力量。

3. 友好结束供需关系

采购商和供应商的关系不是永恒的。当采购商决定停止或暂停某种产品的生产时，当采购商转换生产产品的品种时，当供应商提供的物资或服务不尽如人意时，或当采购商寻找到更优秀的供应商时，原来的供需协议和合作关系都不得不被考虑终止。无论出于何种原因结束供需关系，采购商和供应商都不应在敌对的气氛下拆伙，而应使破坏最小化，需要尽可能地减小与供应商的敌意。

供需关系的终止并不一定意味着未来没有合作的可能，说不定某天出于某种考虑，采购商会重新启用已终止合作的供应商。如果采购商简单粗暴地停止与偶尔出现纰漏的供应商的合作关系并给予其相应的惩罚，甚至发誓永远不再与其有任何合作，那么可能会对后面的合作造成不必要的麻烦和障碍。

因此，采购商在结束采供关系时也应尽量做到完美，在不损害企业采购绩效、运营绩效和名誉的基础上，尽量采取协商调解等温和的拆伙方式，最大限度地维护双方的感情。这里，首先了解下什么情况会导致拆伙。

（1）拆伙原因。从采购商来讲，可分为自愿拆伙与非自愿拆伙。自愿拆伙的原因中最常见的是对供应商的表现不满。例如，企业连续向对方派出质量小组帮对方解决重复性的问题，对方却没有做出相应的改变，而退货还在持续发生，最终只能放弃它转而去寻找新的能做出积极响应或更有能力的供应商。非自愿拆伙往往来自供应商的破产或无法预测的风险。

除了上述原因外，另一导致供应商伙伴关系破裂的普遍原因是相互失去了信任。采购商与供应商失败的沟通，尽管双方都是无意的，但会直接损害双方的信任。因此，为了企业的利益最大化，使破坏最小化，需要尽可能地减小与供应商的敌意，这样在转换供应商的过程中才能得到它们的协作。

（2）终止合作的途径。在与供应商的合作过程中，采购商要及时监控供应商的表现，对供应商的绩效考核结果也要及时反馈给供应商。尤其是供应商的表现不尽如人意时，采购人员更要密切关注供应商的供货行为，提出改进的要求甚至是终止合约的警告。

有的企业会在事先没有通知对方的前提下突然提出结束合作，或者以一些含糊的指责，如"你做得不好"或"你欠了我们的"，甚至是以不光彩的手段来结束与供应商的合作等。所有这些做法都会使供应商充满敌意，同时也会挫败新的供应商的积极性，它们会担忧自己以后是否会被同样对待，并且企业在供应商管理方面的声誉也会遭到损害。

如何才能平静而又友好地结束采供关系呢？简单地说，在确定合作关系之初，企业应该与供应商沟通好终止合作的各种情况。当然，在合作关系的维持过程中，企业可以在供应商的表现、管理或者成本接近"危险区"时，坦率而直接地发出警告信号，而不是隐瞒自己的不满，这样供应商就不会感到不合理。这里有3个"P"原则可以帮企业在与供应商拆伙时减弱对方的敌对情绪。

1）Positive Attitude（积极的态度）。与其面对延续的挫折，不如先结束合作，等以后双方情况改善后再寻求合作机会。

2）Pleasant Tone（平和的语调）。不要从专业的或个人的角度去批评侮辱对方。这好比离婚，双方都会有种失落感，都不要过多地相互指责。如果彼此丧失了信任，终止合作即可，没必要的侮辱对提高企业的采购绩效没有任何帮助，也不是专业人员应有的道德素养。

3）Professional Justification（专业的理由）。这不是个人的问题，采购人员要告诉供应商终止合作的原因，其职责是为企业创造价值，帮助企业吸引和留住客户。

（3）友好结束采供关系的过程。采购人员应先向供应商解释这次拆伙对双方可能都有好处，然后再寻求迅速公平的转换方法以使"痛苦"降到最低。接着，采购商应清楚合理地列出供应商该做哪些事项，如对方需按指示停止相关的生产工作，并同意终止合同和分包合约，送回采购商的资产，并依照有关的法律事项以双方最低的成本处理现有库存。

拆伙过程不是一蹴而就的，双方要在协商的基础上共同确立转换过程的合理时间表，拟订一份"出清存货合同清单"，正规地对所有细节加以回顾，申明双方的职责和结束日期。对这一公平的过程所期望的结果应是：

① 有秩序的退出；

② 对采购商的客户没有损害；

③ 对其他供应商的积极性和企业的声誉没有影响；

④ 最少的浪费和开支；

⑤ 双方认可的、清楚的结算记录；

⑥ 对这次拆伙原因有清醒的一致认识；

⑦ 对所有相关人员也是一次教训，以后再也不犯同样的错误。

6.3 供应商管理模式

根据双方博弈关系的特征，常见的供应商管理模式可归纳为零和博弈、双赢博弈和战略合作三种。此外，由于环境的变化性，企业必须以动态和发展的视角来管理供应商。供应商动态管理贯穿于企业整个供应商管理进程中，通过对供应商不断进行合理的优胜劣汰和优化组合，使供应商队伍不断满足企业发展的需要。

6.3.1 常见的供应商管理模式

在过去的几十年中，供应商管理和供应链管理作为企业取得竞争优势的手段，受到越来越多的重视。目前，供应商管理的模式主要有交易模式和伙伴模式。供应商管理的交易模式较为传统，主张把对供应商的依赖程度降到最低，把企业与供应商的讨价还价能力最大化。这种模式曾一度被美国企业看作是最有效的供应商管理模式，但后来在世界舞台叱咤风云的日本企业没有采用，却同样取得了巨大的成功，这就使得人们对该种交易模式进行了重新审视。日本企业获得成功的原因可归于其建立的亲密的供应商关系，即伙伴模式；并且，各方面的研究表明，与交易模式相比，同供应商建立伙伴模式更能取得满意的绩效。

在本书中，研究目光放在我国特定的市场环境中。采购商与供应商都希望努力减少采购供应链运行成本、降低合作风险，很多买卖双方的关系也已经由对立竞争发展到了合作竞争，但是，双方的利益冲突关系没有根本改变，采购商仍想通过营造竞争氛围来降低采购价格、控制采购成本，而供应商则想提高销售价格、增加销售收益。根据双方的博弈关系的特征，可以将供应商管理模式可归纳为零和博弈、双赢博弈和战略合作三种典型模式。

1. 零和博弈模式

在零和博弈模式下，采购商与供应商之间的关系是对立的，要经过一番讨价还价才能成交，采购商会试图把价格压到最低，而供应商则找出种种理由来抬高价格。在这种对立博弈模式下，通常只有一方能成为赢家。并且，采购商通常引入多个供应商参与竞争，并分别与供应商进行多轮反复谈判，以谈判结果最优、价格最低即可采购。采购商与供应商之间的关系以对立竞争为基本特征，如表 6-2 所示。

表 6-2　零和博弈模式下采购商与供应商的关系

采　购　商	供　应　商
降低采购价格	提高销售价格
减少供应库存	减少成品库存
争取批量优惠与折扣	引入多购买者
准时的交货期	灵活的供货期
严格的质量要求	宽松的质量标准区间
附赠的附加服务	附加服务收费
延迟支付	需预付款

零和博弈模式具有以下几个基本特征：

① 采购商重视货比多家，遵循竞价采购的基本原则，选择供应商数目多。

② 采购商以订单分配权为基本工具控制供应商，并与其讨价还价，追求一方利益的最大化。一般情况下，采购商的行为带有主动进攻性，供应商的行为带有被动防卫性。

③ 采购商与供应商之间的交易关系短暂，一般以单笔买卖合同的有限期为限，供应商变动往往比较频繁。

④ 由于双方缺乏长期合作的打算，采购商通常以较高库存来防范可能出现的供应中断风险；供应商往往以较高的产品销售库存来应对随时可能到来的订货。

⑤ 需求、技术、资源、知识等信息不相通。采购商在采购询价时往往只给出物资的具体规格型号等参数，对供应商尽量封锁详细的需求信息；供应商则只能按照采购商既定的参数进行生产加工，对采购商封锁自身的生产技术信息。

2. 双赢博弈模式

采购商的工作目标是保证生产建设所需物资供应、降低采购成本和控制风险，而供应商的营销目标是在满足用户需求的基础上占领市场和提高业绩。尽管双方各自追求的目标有冲突，但客观上双方之间存在一个最大的共同之处，即有效满足物资需求。这是双方合作的基础，也增大了采购商与供应商求得双赢的可能性。

双赢博弈模式是一种竞争与合作并存的关系，它强调在保持一定竞争氛围的前提下，双方保持相对稳定的供需合作关系。双方之间经过竞争博弈，通过较多的信息交换和协调行为，达到双方利益的均衡点，并在均衡点上维持一定时间的合作关系，以取得双方都比较满意的结果。双赢博弈模式的基本特征主要表现在以下方面：

① 采购商强调努力联合降低成本，摒弃了单方面要求供应商降低价格的思想，愿意帮助供应商降低生产运营成本、改进产品质量和加快产品开发速度，并从降低采购供应链总成

采购与供应管理

本中分享好处。

② 不局限于价格的采购决策，综合考虑价格、性能、物流运输、储备资金占用、售后服务、维护成本等多个方面，既降低当期交易的直接成本，又降低未来管理的间接成本。

③ 双方在一定时期的信任和合作替代了一次性合同，采购商与供应商的关系相对和谐稳定。

④ 采购商与供应商相互比较了解，合作比较主动和默契，双方之间存在较多的信息交流与共享。

3. 战略合作模式

经过供应商选择的竞争与淘汰之后，与业绩优秀的主要供应商建立战略伙伴关系，成为采购商的一种重要策略。随着战略合作关系的建立，越来越多的采购供应链成本会在合作过程中降下来，采购商与供应商之间的竞争博弈将逐步被供需之间的合作和不同采购供应链之间的竞争所替代。

战略合作模式是指采购商与供应商之间建立战略合作伙伴关系，在一定时期内相互做出承诺并履行，以互惠互利的原则协同工作，共担风险、共享利润。

战略合作模式是指在长期的采购实践过程中，经过大浪淘沙和大量的合作考验，供需双方建立了相互信任，双方都有进一步强化紧密合作的愿望，进而结成的伙伴关系。这种模式要求采购商与供应商通过紧密协作和积极互动，实现长期的双赢和竞争优势。战略合作具有以下主要特征：

① 采购商与供应商关系紧密，联合降低营销费用和采购费用，减少双方总库存水平，共同降低供应链运行总成本。

② 战略伙伴关系维系的时间较长，比双赢博弈模式更稳定。

③ 供需双方在物资资源、信息资源等方面深度合作，双方倾向于共同解决合作过程中出现的各种问题，可能有反市场的倾向，带有一定的垄断特征。

④ 双方的合作范围可进一步扩大，不仅限于资源合作，而且可能在技术、信息、储备等方面深入合作，形成利益共享、风险共担的经济联盟。

⑤ 双方都追求积极建设高度的信任和互助机制。

【案例 6-3】

海尔与供应商从博弈到协同共赢

几年前，如果海尔计划生产一款产品，如一台洗衣机，海尔与供应商的对话模式是："我计划要销售一批洗衣机，一年能卖 20 万台，模具、图样都在这里，你给我提供零配件吧。"现在，同样的案例，供应商则会参与到产品的前端设计、研发中，他甚至会对海尔说："你这台洗衣机如果增加了某项功能，用户可能就会更想买它。这样的话，你可能还会多卖 5 万台。"

供应链扁平化，意味着海尔转型成平台型企业，然后驱动着供应商一起在这个平台上也做转型，直接去面对终端用户。

"以前是海尔来研究怎么满足用户，与上游供应商没有关系，我们对上游供应商提要求，供应商只要达到我们的要求就可以了，至于能不能满足用户，那是海尔的事。但现在的情况是，海尔与供应商一起去满足用户了。大家充分地进行交互，零距离协作，共创共赢。"海尔集团采购战略负责人王晓琳说。

　　从最初的上游供应商和企业互相博弈的角色，到如今为了共创共赢成为战略同盟的角色，无论是供应商还是海尔都明白，现在不是为了创新而创新，而是为了奔着达成用户的需求，进行自我的更新和改变，这种更新和改变永远是沿着用户需求这条线的。让供应商主动去面对市场，是让供应商能够最大化地发挥自身优势的有效途径。不得不说，供应链的扁平化缔造了海尔共创共赢的机制，同时也挖掘了创新的动力源——用户价值的分享。

6.3.2　动态的供应商管理模式

1. 供应商动态管理的含义

　　事物在不断地变化和发展，供应商也在变化和发展；同时，企业所处的环境也在不断地变化和发展。所以，对供应商的管理方法和策略也不可能一成不变，企业必须要以动态和发展的视角来管理供应商。供应商动态管理是贯穿于企业整个供应商管理的进程中，通过对供应商不断进行合理的优胜劣汰、优化组合并协调发展，使供应商队伍不断满足企业发展的需要。供应商的动态管理包括以下两层含义：

　　（1）供应商主动引入和退出。企业根据自身的发展战略，并结合采购策略、采购物品的特征、供应商的现状等制订供应商开发计划，并根据开发计划进行供应商开发，引入和储备一定数量的新供应商，营造供应环境的竞争氛围，以提高供应水平。同时，对已合作的供应商开展日常和定期考核工作，并将考核中发现的问题及时反馈给供应商，督促供应商加以改进。对无法满足战略合作要求的供应商予以降级；对符合供应商退出标准的供应商，企业可以在不影响供货的情况下果断让其退出，以实现供应商的成长同企业发展的动态匹配。

　　（2）动态调整供应商管理办法。企业的供应商管理办法也需要进行检查和动态调整，以适应企业的不断发展和内外部环境变化所导致的需要。例如，供应商准入评价标准、供应商日常考核标准、供应商定期考核标准、供应商退出标准、战略合作供应商评定标准等。

2. 供应商动态管理的实施

　　供应商动态管理需要做好以下工作：

　　（1）密切追踪供应商的发展变化。只有在充分了解供应商变化发展趋势的基础上，才能对它们进行有效的管理。通过定期的高层会面和对供应商进行问卷调查，与它们进行频繁的沟通和信息交流，尤其是对合作双方的现状和未来发展方向进行针对性的交流探讨，同时要及时更新供应商档案，记录供应商的发展态势，这样才能密切追踪到供应商的发展变化。

　　（2）密切注意供应链环境的发展变化。采购人员需要具有对市场高度的警觉性和敏感度，追踪市场的发展趋势，可以通过一些有公信度的市场标准来分析。同时，也要关注某些突发事件（如极端天气、自然灾害）的发生对供求关系的影响，需要有效利用互联网建立一个有效的信息渠道，与它们保持畅通的信息交流。

　　（3）动态调整管理策略。无论是供应商的改变，还是市场环境的变化，发展到一定程度都会导致管理策略随之改变和调整。企业可能已经失去了与一些供应商合作的前提和条件，此时，原有供应商的级别发生变化，对应的管理策略也需要随之进行相应的调整。同样，市场环境的变化也会导致管理策略的改变，所不同的是市场变化更加复杂，更需要企业保持高度的敏感度，这可能会导致原有的市场竞价的合作方式转变为战略联盟的合作方式。

【案例分析】

以战略合作为基础的供应商管理——美国应用材料公司供应商管理案例

美国应用材料公司成立于 1967 年，是一家全球领先的高科技企业，也是一家美国纳斯达克上市公司。应用材料公司的设备、服务和软件被广泛应用于先进半导体芯片、平板显示器和太阳能光伏产品制造产业。应用材料公司早在 1984 年就在中国开展业务，并且成为第一家进入中国的外资半导体生产设备供应商，于 1997 年正式在中国注册独资公司。

1. 半导体产业链中的"多重角色"

在整个半导体电子产业链中，应用材料公司已是全球最大的设备、服务和软件产品供应商，它的客户包括众多知名的电子半导体厂商。作为它们的供应商，应用材料公司必须符合客户的要求。另一方面，应用材料公司也要采购大量设备、原材料，有着严格而独特的采购要求。在这条产业链上，应用材料公司担当着"多重角色"。应用材料公司的前十大客户包括三星、台积电、英特尔等全球主要的电子半导体厂商。随着 45nm 以下半导体制程技术的广泛引用，应用材料公司对 300mm 的圆晶片、8 代以上的液晶面板都加大了投资，成为这两个领域的全球设备主要提供商，并且为客户提供设备不间断运行支持。

圆晶片或液晶面板制造过程的要求是非常高的，往往用到一些毒性或腐蚀性很强的特殊气体或化学品，哪怕人体摄入微量泄漏，都会造成巨大伤害；同时，半导体制程本身也要求高清洁度、高真空度，其程度甚至高于航空、航天工业要求。这些都使为客户提供不间断运行支持的难度很大。在这两类工厂里，某些关键设备一天停产造成的损失可能达 100 万美元以上，在某些情况下，若是由于应用材料公司提供的设备造成的停机损失，该公司也必须按照合同规定承担相应的损失。

另一方面，以英特尔为代表的半导体厂商每日的产值都在 1000 万美元以上，哪怕是 0.1% 的成品率损失都是上万美元损失，所以这些厂商严格要求它们的供应商必须遵守"精确复制"的变更管理要求。因此作为这些厂商的供应商，应用材料公司的管理要与这些厂商完全接轨。

应用材料公司采购的一大特点是品种多、技术要求高、需求量低，很多重要的部件全年的采购数量可能只有 100 多件，这使得传统意义上的统计技术不完全适用。这就要求应用材料公司的生产设备、每颗螺钉或者一段导线，甚至一个小小的标签，无论生产企业或产品本身都必须经过严格认证，以保证产品的一致性和可靠性。

2. 应用材料公司的供应链管理理念

正因为应用材料公司在产业链中的独特地位，应用材料公司认为，打造完美的供应链，供应商之间的合作应是战略高度的，对上游和下游企业都要如此。在上游或者下游企业遇到问题时，应用材料公司会全力以赴，与对方团队一同攻关，有时候甚至两支团队集中封闭、共同改进。这就是应用材料公司体现出的战略合作供应商与供应商战略管理思想。具体来看，应用材料公司主要有以下理念：更好地服务客户；提升全球支持的供应能力；合作的战略举措满足企业的改进目标；开发供应能力；供应商管理方法的一致性；建立更强大和开放的关系；更好地沟通和信息共享。

建立在战略合作基础之上的供应商关系决定了应用材料公司供应商管理的特色就是共同开发、持续改进。应用材料公司的质量方针是："在应用材料公司，质量和持续改进是每个人的职责。我们着力于提供可靠的产品、高质量的服务及创新的解决方案来满足和取悦于我们的客户，这些质量方针应用于应用材料公司的所有产品和服务。

国内外很多客户与供应商之间的关系非常简单，就是客户只管出钱，供应商负责提供产品。应用材料公司关注的不仅仅是供应商所提供的样件能否满足产品各方面的要求，而且要评估供应商的综合能力。应用材料公司确信，只有综合能力达到一定水平的供应商，才具有"成熟"特质。而评估这种成熟特质的依据之一是供应商必须具有 3 年以上持续优秀的供应商绩效。绩效评估的工具是 BAT。

3. 供应商评估工具——ISAT

集成供应商评估工具（Integrated Supplier Assessment Tool，ISAT）是由应用材料公司开发的，它是应用材料公司在供应商质量管理中运用的一种重要工具。实践证明，这一工具有效地提升了供应商的质量水平。ISAT 是一种全面的评估工具，用来评估以及认证供应商，以及推动持续改进。ISAT 由 5 个不同的评估模块构成。它们是：①标准化供应商质量评估（Standardized Supplier Quality Assessment，SSQA）；②技术评估（Technical Assess）；③特殊工艺评估（Special Process）；④业务融合能力评估（Business Alignment）；⑤商业基础设施评估（Business Infrastructure）。

（1）标准化供应商质量评估是由半导体制造技术协会（SEMATECH）设计的一种评估工具，用来帮助供应商开发全面的质量驱动工艺过程以及改进质量管理体系。资深 SSQA 专家约翰·舒勒（John Schuler）在 IEEE（美国电气和电子工程师协会）发表的论文中写道，SEMATECH 联盟的质量方针是基于与供应商的伙伴关系。SSQA 过程不是审计，而是评估供应商的长处和弱点。作为全球半导体领军企业的英特尔一直是 SSQA 的极力倡导者，其在《供应商持续改善》一文中写道：SSQA 不是审计，审计讨论往往是"通过"或"失败"；评估是一个工具，以确定当前质量体系状态，用于确定需要改进的地方；并且指出供应商的 SSQA 评分需要达到 5 分以上。

SSQA 评分方法：质量体系的成熟度是用一个打分矩阵来评价的，分四个部分，每个部分的打分阶梯都是 0~10 分。

1）管理承诺：各级管理如何支持客户的要求。

2）系统方法：持续改进的文件化以及要求的完整性。

3）部署：对既定流程的部署和执行。

4）结果：关键指标的衡量以及实际监控。

（2）技术评估是 ISAT 的第二大支柱，主要是评估供应商在某一领域的技术能力。应用材料公司需要的供应商主要技术能力主要包括机械加工、焊接、陶瓷加工以及系统组装和测试能力。

（3）特殊工艺评估是评估供应商的某些特殊加工能力。例如，特殊焊接包括电子束焊、钎焊、氢弧焊等；阳极氢弧、镀镍、油漆等表面处理工艺。

（4）业务融合能力和商业基础设施评估主要是针对供应商的业务持续能力、危机应对机制、知识产权保护、环境与健康的保护等方面进行评估。

以上五大支柱共同构成 ISAT 的评估体系。应用材料公司要求所有的新供应商都必须通过以上评估，才能作为合格供应商。

应用材料公司也不断对评估工具 IAST 进行改进。应用材料公司通过对主要供应商连续 3 年的 SSQA 分数变化与供应商的质量业绩提高进行研究，发现二者之间的相关程度约为 80%。应用材料公司在过去的 5 年对中国供应商管理中，把 ISAT 的评估分数作为评估供应商的一项重要指标加以要求。其结果是中国供应商的质量指标排名由 5 年前远远落后于其他国家和地区，到 2010 年逐步进步为全球最优。

思考题：

1. 根据半导体产业特点，你认为供应商评估工具 ISAT 不同评估模块的具体指标可能有哪些？

2. 应用材料公司的供应链管理理念是如何影响它的供应商管理模式的？

3. 根据应用材料公司"共同开发、持续改进"的供应商管理特点，谈谈你对供应商早期介入的理解。

第7章　供应过程管理

7.1　采购供应计划

7.1.1　采购计划

采购计划是为了维持正常的产销活动，对在某一特定的时期内应在何时购入多少何种材料的一种预先安排。一般情况下，在生产企业中，采购计划是根据生产计划进行编制的；在流通企业中，采购计划可以根据销售计划进行编制。

计划是对未来的谋划，是管理的首要职能，采购计划是企业计划体系中的重要组成部分。制订采购计划的目的就是要根据市场的需求、企业的生产能力和采购环境等制定采购清单和采购日程表。采购计划是采购管理运作的前提，它包含两部分内容：采购计划的制订和采购订单计划的制订。只有这两部分工作综合平衡运作，才能保证企业生产物料的正常供应，同时降低紧急订单的产生，降低风险。

1. 编制采购计划的目的

编制采购计划是采购作业的第一步。采购计划的编制应该达到如下目的：

① 预计物料需用的时间和数量，防止供应中断，影响产销活动。

② 避免物料储存过多，积压资金，占用库存空间。

③ 配合企业的生产计划和资金调度。

④ 使采购部门事先准备，选择有利时机购入物料。

⑤ 确定物料的耗用标准，以便于管理物料的采购数量和成本。

2. 影响采购计划的因素

（1）年度销售计划。在激烈的市场竞争中，企业根据市场销售情况确定生产经营规模。当市场没有出现供不应求的情况时，企业的年度计划多以销售计划为起点。而销售计划的拟订又受到销售预测的影响。

（2）生产计划。生产计划规定了企业在计划期内所生产产品的品种、质量、数量和生产进度以及对生产能力的利用程度，它以销售计划为主要依据。生产计划确定了企业在计划期内生产产品的实际数量及其具体分布情况。其公式为

$$预计生产量 = 预计销售量 + 预计期末存货量 - 预计期初存货量$$

生产计划决定采购计划，采购计划对生产计划的实现起物料供应保证作用。企业采购部门应积极参与生产计划的制订，提供各种物料的资源情况，以便企业领导和计划部门制订生产计划时进行参考。企业制订的生产计划要相对稳定，以免出现物料供应不上或物料积压现象。

（3）用料清单。在企业中，特别是在高新技术行业的企业中，为适应市场需求，新产

品开发层出不穷。如果用料清单难以及时修订，将致使根据产量所计算出来的物料需求数量与实际的使用量或规格不相符，造成采购数量过多或不足，物料规格过时或不易购得等情况，影响企业的生产经营。因此，为保证采购计划的准确性，必须依赖最新、最准确的用料清单。

（4）存量管制卡。若产品有存货，则生产数量不一定等于销售数量；同理，若材料有库存数量，则材料采购数量也不一定等于根据用料清单所计算的材料需用量。因此，必须建立物料的存量管制卡，以表明某一物料目前的库存状况，再依据物料需求数量、采购物料的作业时间和安全存量标准等，计算出正确的采购数量，然后开具请购单，进行采购活动。由于应该采购的数量必须扣除库存数量，因此，存量管制卡的记载是否正确，将是影响采购计划准确性的因素之一。

（5）物料标准的设定。在编制采购预算时，因对将来拟采购物料的价格不易预测，所以价格多用标准成本替代，但由于多种原因很难保证其准确性。因此，标准成本与实际购入价格的差额是影响采购预算准确性的评估指标。

（6）劳动生产率。劳动生产率的高低将使预计的物料需要量与实际的耗用量之间产生误差，从而影响到采购计划的准确性。

（7）价格预期。在编制采购预算时，常对物料价格涨跌幅度、市场景气或萧条、汇率变动等进行预测，并将其列为调整预测的因素。

由于影响计划的因素很多，故拟订采购计划后，必须与产销部门经常保持联系，并针对现实情况做出必要的调整与修订，以实现维持正常产销活动的目标，并协助财务部门妥善规划资金来源。

3. 采购计划的编制

常见的采购计划的主要环节有**准备认证计划、评估认证需求、计算认证容量、制订认证计划、准备订单计划、评估订单需求、计算订单容量**和**制订订单计划**。

（1）准备认证计划。准备认证计划是采购计划的第一步，也是非常重要的一步。关于准备认证计划，可以从以下四个方面来理解：

1）接收开发批量需求。开发批量需求是采购供应程序流动的牵引项。因此，在制订比较准确的认证计划前，必须非常熟悉开发需求计划。目前，开发批量需求通常有两种情形：一种情形是在以前或者是目前的采购环节中就能够挖掘到的物料供应。例如，若是以前所接触的供应商的供应范围比较大，就可以从这些供应商的供应范围中找到企业需要的批量物料需求。另一种情形就是企业需要采购的是新物料，在原来形成的采购环境中不能提供，需要企业的采购部门寻找新物料的供应商。

2）接收余量需求。余量需求的产生主要有两个方面的原因：一是随着企业规模的扩大，市场需求也会变得越来越大，旧的采购环境不足以支持企业的物料需求；二是因为供应商规模有了下降的趋势，从而导致物料的采购容量逐渐缩小，这样就无法满足采购的需求。采购环境容量的信息一般由认证人员和订单人员提供。

3）准备认证环境资料。采购环境的内容包括认证环境和订单环境两部分。有些供应商的认证容量比较大，但是其订单容量比较小；有些供应商的情况恰好相反，其认证容量比较小，但是订单容量比较大。产生这一情况的原因是认证过程本身是对供应商样件的小批量试制过程，这个过程需要强有力的技术支持，有时甚至需要与供应商一起开发；但是，订单过

采购与供应管理

程是供应商规模化的生产过程，其突出表现就是自动化机械流水作业及稳定的生产，技术工艺已经固化在生产流程之中，所以订单容量的技术支持难度比起认证容量的技术支持难度要小得多。由此可见，认证容量和订单容量是两个完全不同的概念，企业在对认证环境进行分析的时候一定要分清这两个概念。

4）制定认证计划说明书。制定认证计划说明书就是把认证计划所需要的材料准备好，主要内容包括认证计划说明书（物料项目名称、需求数量、认证周期等）、开发需求计划、余量需求计划及认证环境资料等。

（2）评估认证需求。认证需求是指通过认证手段，获得有一定订单容量的采购环境。认证需求制定出来以后，还需要对其进行评估。评估认证需求是采购计划的第二个步骤，其主要内容包括三个方面：分析开发批量需求、分析余量需求和确定认证需求。

1）分析开发批量需求。做好开发批量需求的分析，不仅需要分析量上的需求，而且要掌握物料的技术特征等信息。开发批量需求的方式是各种各样的，主要有：

① 按照需求的环节，可以分为研发物料开发认证需求和生产批量物料认证需求。

② 按照供应情况，可以分为可直接供应物料和定制物料。

③ 按照采购环境，可以分为环境内物料需求和环境外物料需求。

④ 按照国界，可以分为国内供应物料和国外供应物料等。

对于如此复杂的情况，计划人员应该对开发物料需求做详细的分析，有必要时还应该与开发人员、认证人员一起研究开发物料的技术特征，按照已有的采购环节及认证计划经验进行分类。从以上分析可以看出，认证计划人员需要兼备计划知识、开发知识、认证知识等，具有从战略高度分析问题的能力。

2）分析余量需求。分析余量需求首先要对余量需求进行分类。前面已经说明了余量认证的产生来源：一种情况是市场销售的扩大；另一种情况是采购环节订单容量的萎缩。这两种情况都导致了目前采购环境的订单容量难以满足用户的需求，因此需要增加采购环境容量。对于市场需求原因造成的，可以通过市场及生产需求计划得到各种物料的需求量及时间；对于因供应商萎缩造成的，可以通过分析显示采购环境的总体订单容量与原订单容量之间的差别。这两种情况的余量相加即可得到总的需求容量。

3）确定认证需求。可根据开发批量需求及余量需求的分析结果来确定认证需求。

（3）计算认证容量。计算认证容量主要包括四个方面的内容：分析项目认证资料、计算总体认证容量、计算承接认证量和确定剩余认证容量。

1）分析项目认证资料。分析项目认证资料是计划人员的一项重要事务，不同的认证项目过程及周期有着天壤之别，它们的加工过程各种各样、非常复杂。一般情况下，企业需要认证的物料项目可能是上千种物料，尤其是对于规模比较大的企业，分析认证资料的难度要大得多。

2）计算总体认证容量。在采购环境中，供应商订单容量与认证容量是两个不同的概念，有时可以互相借用，但绝不是等同的。通常订单容量是采购商向供应商发出的订单的数量；而认证容量则经常用在认证供应商的过程中，是采购商为了保证供应物品的质量以及其他各方面工作的顺利进行而要求供应商提供一定的资源用于支持认证操作。总之，在与供应商的认证合同中，应说明认证容量与订单容量的比例，防止供应商只做批量订单，而不愿意做样件认证计算。采购环境的总体认证容量的方法是把采购环境中所有供应商的认证容量相加即可，但对有些供应商的认证容量，需要加上适当的系数。

3）计算承接认证量。供应商的承接认证量等于当前供应商正在履行认证的合同量。一般认为认证容量的计算是一个相当复杂的过程，各种各样的物料项目的认证周期也是不一样的，一般是要求计算某一时间段的承接认证量。最恰当、最及时的处理方法是借助电子信息系统，模拟显示供应商已承接的认证量，以供认证计划决策使用。

4）确定剩余认证容量。某一物料所有供应商群体的剩余认证容量的总和称为该物料的"认证容量"，可以用下面的公式简单地进行说明

物料认证容量 = 物料供应商群体总体认证容量 – 承接认证量

这种计算过程也可以被电子化，一般 MRP 系统不支持这种算法，因而可以单独创建系统。认证容量是一个近似值，仅作为参考，认证计划人员对此不可过高估计，但它能指导认证过程的操作。

采购环节中的认证容量不仅是采购环境的指标，而且是企业不断创新、发展的动力源。源源不断的新产品问世是基于认证容量价值的体现，也由此能生产出各种各样的产品新部件。

（4）制订认证计划。制订认证计划是采购计划的第四个步骤，它的主要内容包括对比需求与容量、综合平衡、制订余量认证计划和制订认证计划四个方面的内容。

1）对比需求与容量。认证需求与供应商对应的认证容量之间一般都会存在差异，如果认证需求小于认证容量，则没有必要进行综合平衡，直接按照认证需求制订认证计划；如果认证需求量大大超出供应商容量，就要进行认证综合平衡，对于剩余认证需求，需要制订采购环境之外的认证计划。

2）综合平衡。综合平衡是指从全局出发，综合考虑生产、认证容量、物料生命周期等要素，判断认证需求的可行性，通过调节认证计划来尽可能地满足认证需求，并计算认证容量不能满足的剩余认证需求。这部分剩余认证需求需要到企业采购环境之外的社会供应群体之中寻找容量。

3）制订余量认证计划。制订余量认证计划是指对于采购环境不能满足的剩余认证需求，应提交采购认证人员分析并提出对策，与其一起确认采购环境之外的供应商认证计划。采购环境之外的社会供应群体如果没有与企业签订合同，那么制订认证计划时要特别注意，并由具有丰富经验的认证计划人员与认证人员联合操作。

4）制订认证计划。制订认证计划是认证计划的主要目的，是衔接认证计划和订单计划的桥梁。只有制订好认证计划，才能根据该认证计划编制好订单计划。下面给出认证物料数量及开始认证时间的确定方法

认证物料数量 = 开发样件需求数量 + 检验测试需求数量 + 样品数量 + 机动数量
开始认证时间 = 要求认证结束时间 – 认证周期 – 缓冲时间

（5）准备订单计划。准备订单计划也主要分为四个方面的内容：接收市场需求、接收生产需求、准备订单环境资料和制定订单计划说明书。

1）接收市场需求。制造市场需求的产品才是企业生产的目的。要想制订比较准确的订单计划，首先必须熟知企业的市场销售计划。将市场需求进一步分解，便得到生产需求计划。企业的年度销售计划一般在上年年末制订，并报送至各个相关部门，同时下发到销售部门、计划部门、采购部门，以便指导全年的供应链运转；根据年度计划制订季度和月度的市

采购与供应管理

场销售需求计划。

2）接收生产需求。生产需求对采购来说可以称之为生产物料需求。生产物料需求的时间是根据生产计划产生的，通常生产物料需求计划是订单计划的主要来源。为了便于理解生产物料需求，采购计划人员需要深入了解本企业的生产计划及工艺常识。在 MRP 系统中，物料需求计划是主生产计划的细化，它主要来源于主生产计划、独立需求的预测、物料清单文件和库存文件。编制物料需求计划的主要步骤包括：决定毛需求；决定净需求；决定订单下达日期及订单数量。

3）准备订单环境资料。准备订单环境资料是准备订单计划中一个非常重要的内容。订单环境是在订单物料的认证计划完毕之后形成的。订单环境资料主要包括：

① 订单物料的供应商信息。

② 订单比例信息（对多家供应商的物料来说，每一个供应商分摊的下单比例称为订单比例，该比例由认证人员生成并予以维护）。

③ 最小包装信息。

④ 订单周期。它是指从下单到交货的时间间隔。订单环境一般使用信息系统管理。订单人员根据生产需求的物料项目，从信息系统中查询了解该物料的采购环境参数及其描述。

4）制定订单计划说明书。制定订单计划说明书就是准备好订单计划所需的资料，其主要内容包括：

① 订单计划说明书，如物料名称、需求数量、质量、到货日期、付款方式等。

② 附有市场需求计划、生产需求计划、订单环境资料等。

（6）评估订单需求。评估订单需求是采购计划中非常重要的一个环节，只有准确地评估订单需求，才能为计算订单容量提供参考依据，以便制订出好的订单计划。它主要包括三个方面的内容：分析市场需求、分析生产需求和确定订单需求。

1）分析市场需求。市场需求和生产需求是评估订单需求的两个重要方面。订单计划不仅仅来源于生产计划：一方面，订单计划首先要考虑的是企业的生产需求，生产需求的大小直接决定订单需求的大小；另一方面，制订订单计划还要兼顾企业的市场战略及潜在的市场需求等。此外，制订订单计划还需要分析市场要货计划的可信度。必须仔细分析市场签订合同的数量和还没有签订合同的数量（包括没有及时交货的合同）等一系列数据，同时研究其变化趋势，全面考虑要货计划的规范性和严谨性，还要参照相关的历史要货数据，找出问题所在。只有这样，才能对市场需求有一个全面的了解，才能制订出一个满足企业远期发展与近期实际需求相结合的订单计划。

2）分析生产需求。分析生产需求是评估订单需求首先要做的工作。要分析生产需求，首先就需要研究生产需求的产生过程，然后再分析生产需求数量和要货时间。

3）确定订单需求。根据对市场需求和对生产需求的分析结果，就可以确定订单需求。通常来说，订单需求的内容是通过订单操作手段，在指定的时间内，将指定数量的合格物料采购入库。

（7）计算订单容量。计算订单容量是采购计划中的重要组成部分。只有准确地计算出订单容量，才能对比需求和容量，经过综合平衡，最后制订出正确的订单计划。计算订单容量主要有四个方面的内容：分析项目供应资料、计算总体订单容量、计算承接订单容量和确定剩余订单容量。

1）分析项目供应资料。对于采购工作来说，在目前的采购环境中，收集和掌握采购物料的供应商信息是非常重要的。如果没有供应商供应物料，那么无论是生产需求还是紧急的市场需求，一切都无从谈起。所以，分析项目供应资料就是最大限度地掌握供应商的全部资料，并认真分析它们的供货能力，以满足采购的需要。

2）计算总体订单容量。总体订单容量一般包括两方面内容，即可供给的物料数量及交货时间。

3）计算承接订单容量。承接订单容量是指供应商在指定的时间内已经签下的订单量。

4）确定剩余订单容量。剩余订单容量是指某物料所有供应商群体剩余订单容量的总和，可以用公式表示为

$$物料剩余订单容量 = 物料供应商群体总体订单容量 - 已承接订单容量$$

（8）制订订单计划。制订订单计划是采购计划的最后一个环节。它主要包括四个方面的内容：对比需求与容量、综合平衡、确定余量认证计划和制订订单计划。

1）对比需求与容量。对比需求与容量是制订订单计划的首要环节，只有比较出需求与容量的关系，才能有的放矢地制订订单计划。如果经过对比发现需求小于容量，即无论需求多大，容量总能满足需求，则企业可以根据物料需求来制订订单计划；如果供应商的容量小于企业的物料需求，则要求企业根据容量制订合适的物料需求计划，这样就产生了剩余物料需求，需要对剩余物料重新制订认证计划。

2）综合平衡。综合平衡是指综合考虑市场、生产、订单容量等要素，分析物料订单需求的可行性，必要时调整订单计划。

3）确定余量认证计划。在对比需求与容量的时候，如果容量小于需求，就会产生剩余需求。对于剩余需求，要提交认证计划制订者处理，并再次确定供应商能否按照规定的时间及数量交货。为了保证物料及时供应，此时可以简化认证程序，并由具有丰富经验的认证计划人员进行操作。

4）制订订单计划。制订订单计划是采购计划的最后一个环节。订单计划制订好之后，就可以按照计划进行采购工作了。一份订单包含的内容有下单数量和下单时间两个方面，可用公式表示为

$$下单数量 = 生产需求量 - 计划入库量 - 现有库存量 + 安全库存量$$
$$下单时间 = 要求到货时间 - 认证周期 - 订单周期 - 缓冲时间$$

【案例 7-1】

某公司采购计划申请管理办法

为了规范公司采购行为，降低公司经营成本，特制定如下采购计划申请管理办法：

（1）根据公司年度经营计划、物品材料消耗定额、各部门物资需求以及现有库存情况，可以制订年度采购计划预案。

（2）根据年内生产进度安排、资金情况和库存变化，相应制订半年、季度和月度的具体采购计划，该计划按期滚动修订。

（3）公司年度采购计划必须经总经理办公会批准实施；半年和季度采购计划必须经总

经理审批；月度采购计划变化不大的必须经总经理或主管副总经理核准。

（4）根据采购计划制作的采购预算表，以一式多联方式提交，分别经采购部经理、主管副总经理、总经理按权限签批核准。

（5）公司物料库存降低到安全库存量或控制标准时，可及时提出采购申请，并分为定量订购和定期订购两种方法。

7.1.2 订单数量与库存控制

通常，库存通过消除总运营中各个部门之间的相互影响，使制造商的运营更加顺利有效。外购零件库存在某种程度上允许采购和供应人员独立于生产运营工作之外实施计划和执行工作。同样，这些库存也能增加供应商在计划、生成和交付特定部件的订单方面的灵活度。

因此，经过精心策划并能有效控制的库存有助于企业有效地运营，增加企业的收益。最基本的挑战是确定组织内生产系统或其他现有系统最有效的库存水平。现实中处理具体供应商和物料市场方面的库存问题更为可行。

1. 库存的定义与分类

库存是指为了满足将来的需求而暂时处于闲置状态的资源。一般而言，库存可以起到防止短缺和需求中断、缩短订货提前期、保证生产过程连续性、分摊订货费用、快速满足用户需求等作用。但是，过高的库存水平意味着大量资金的占用，容易产生较高的财务风险。过高的库存水平也证明了运作系统的低效，因为高库存往往掩盖了生产经营过程中不确定的需求、不准确的预测、不可靠的供应商、低质量的产品与服务等诸多问题。

库存可以从物资的用途、存放地点、来源、所处状态等几个方面来进行分类。了解库存的分类有助于人们更好地理解库存的内涵。

（1）按库存物资的用途划分。按物资的用途可以将库存划分为五类，即原材料库存、半成品库存、在制品（Work in Process，WIP）库存、产成品库存，以及维护、修理和运营（Maintenance，Repair and Operations，MRO）等非生产性物料库存。

（2）按库存在企业经营中的作用划分。按库存在企业经营过程中的作用可将库存划分为六类，即经常库存、安全库存、季节性库存、促销库存、投机库存和积压库存。

1）经常库存。经常库存是指在正常的经营环境下，企业为满足日常需要而建立的库存。这种库存随着每日的需要而不断减少，当降低到某一水平（如订货点）时，就要按一定的规则进行订货来补充库存。经常库存一般包括处于加工状态以及为了生产的需要而暂时处于储存状态的零部件、半成品或成品库存，也包括运输过程的库存。运输过程的库存是指处于运输状态或由于运输的目的而暂时处于储存状态的库存。

2）安全库存。安全库存是指为了防范风险而建立的缓冲库存。由于在供应与需求方面存在很多不确定因素，进行安全库存决策要比经常库存决策更难。

3）季节性库存。季节性库存是指为了满足特定季节出现的特定需要而建立的库存，或对季节性出产的原材料在出产的季节大量采购所建立的库存。

4）促销库存。促销库存是指为了应对企业开展促销活动引起的预期销售增加而建立的库存。

5）投机库存。投机库存是指为了避免因物资价格上涨造成损失，或为了从物资价格上涨中获利而建立的库存。

6）积压库存。积压库存是指因物资品质变坏而不再有效的库存，或因没有市场销路而卖不出去的产品库存。

2. 库存的作用

（1）缓冲供应与需求的矛盾。供应库存存在的最主要原因之一就是采购供应链中需求和资源供应在时间、数量等方面不能完全匹配。物料需求具有强烈的特定性、时间性和不确定性，要求按照特定的数量、质量在规定时间内满足；但是，供应商安排生产则往往要求合理的生产周期和一定的生产批量，需求和资源往往难以完全匹配。供应库存的设置则可以缓冲供需矛盾，起到降低供应中断风险的作用，以确保物资需求一旦产生就能够得到及时满足。

（2）降低采购供应链的运行成本。按照安全库存和经济订货批量原则，通过调整库存水平，集合不同空间、不同时间的物资需求，对于采购商来说，可以进行批量采购，获得数量折扣优惠，降低采购和物流成本；对于供应商来说，可以实现批量生产，降低生产成本。

在认真研究需求规律和供应市场变化规律后，采购商可以把握采购节奏、优化采购时机。例如，对于需求稳定的生产原辅料、燃料类大宗物资，在市场价格较低时适当增加采购量，形成一定库存，可以有效降低采购成本，同时对平抑市场波动也能起到积极作用。

（3）增强采购供应链的弹性。由于供应市场复杂多变，加之物料需求具有很强的不稳定性、难以准确预测等特点，一些对需用企业生产经营非常重要的物资存在被供应商垄断的风险。因此，保持一定量的供应库存，可以有效规避供应商垄断风险，增强采购供应链的弹性。

（4）提高采购商的快速反应能力。如果需求方要求高水平的快速反应能力，则采购商可以在靠近需求方的地方设置较大容量库存，一旦产生紧急需求可以快速供应，以提高对需求的快速反应能力，提高响应速度。

3. 库存成本

在通过采购来补充库存时，应考虑以下库存成本：

（1）存储成本。存储成本包括存储设施的成本、运输费、保险费、过时损失、折旧费、税金以及资金的机会成本。很明显，存储成本使采购企业必须保持低库存量并经常补充库存。

（2）生产准备成本。生产一种新产品包括以下工作：取得所需原材料，安排特定设备的调试工作，填写单据，确定装卸时间和材料，以及转移仓库中原来的材料。

（3）订购成本。订购成本是指准备采购订单所发生的管理和办公费用。例如，盘点库存和计算订货量所产生的成本就属于订购成本。另外，订购成本还包括有关跟踪订单系统的成本。

（4）短缺成本。短缺成本是指由于缺少原料无法生产而对生产企业造成的损失或机会成本。当某一物资的储备耗尽时，对该物资的需求或者被取消，或者必须等到再次补充库存后才等得到满足。这就涉及权衡补充库存满足需求的成本与短缺成本之间的关

采购与供应管理

系。这种平衡经常是难以达到的，因为难以估计损失的利润、失去顾客的影响以及延误损失。

4. 降低库存的方法

库存的代价是昂贵的，并且大部分组织的库存都过多，需要进行降低库存而不减少服务的努力。降低库存包括以下方法：

① 安排货品及时交付，而不是进行提前储存。

② 设计降低订购成本、组织成本以及交货周期的方法，以便使库存最佳数量更小。

③ 更准确的预测，以保证记录的正确性，以及制订更好的计划。

④ 另外，针对有规律的需求发出经常性的小额订单，而不是偶尔的大额订单，可以实实在在地降低库存。但是，这样做也会增加办公与管理的工作量。

5. 采购时间与数量的关系

大多数的采购都是为了定期、经常性的需求而进行的。在这些反复采购中应用了一些采购政策，尽管这些采购的总量从长期来看与需要的数量相同，但不同的采购政策会决定不同的订单数量。

订购数量会影响到价格、运输成本和库存成本。何时订货、订多少货，不同的方法会产生不同的采购成本，因而需要对采购多少以及何时采购做出决策。

数量与交付之间的联系非常紧密。订货少，交付就频繁；订货多，交付就不频繁。各种供应商评价模式都将数量与交付视为权威的评价标准之一。

对供应管理职能来说，在数量决策中占重要地位的是基于时间的决策。它的优势在于：

① 减少过程中的活动时间（减少循环周期）；

② 协调资源流通，消除系统浪费，确保物料与设备以经济的批量按时或准时抵达。

7.1.3 基于 MRP 的采购计划控制

20 世纪 70 年代初，以计算机为基础的物料需求计划方法首次在企业中得到大规模运用。尽管当时也被称作 MRP，但在那些年里，该方法主要用来生成与特殊需求计划相关的零件和原料订单。随后，人们发现只要做一些改良，它就可以作为一种计划编制法用于反馈有关安排变化的数据，重新安排现有订单的信息，以保持物料数据和工作单数据的有效性。因此，MRP 成为一种更加有价值的工具。

物料需求计划（Materials Requirements Planning，MRP）通过主生产计划、物料清单和库存状况来计算较低层次的物料零部件和组装件的需求。对于自制的物品，需求计划会传到生产车间；而对于采购的物品，需求计划则传给供应商。

1. MRP 采购的特点

（1）需求的相关性。在流通企业中，各种需求往往是独立的；而在生产系统中，需求具有相关性。例如，根据订单确定了所需产品的数量之后，由新产品结构文件物料清单（BOM）即可推算出各种零部件和原材料的数量。这种根据逻辑关系推算出来的物料数量称为相关需求。不仅品种与数量有相关性，需求时间与生产工艺过程的决定也是相关的。

（2）需求的确定性。MRP 的需求都是根据主产进度计划、产品结构文件和库存文件和各种零部件的生产时间或订货、进货时间精确计算出来的，品种、数量和需求时间都有严格要求，不可改变。

（3）计划的精细性。MRP 计划有充分的根据，从主产品到零部件，从需求数量到需求时间，从出厂先后到装配关系都做了明确的规定，无一遗漏或偏差。计划还全面规定和安排了所有的生产活动和采购活动。不折不扣地按照这个计划进行，能够保证主产品出厂计划的如期实现。

（4）计算的复杂性。MRP 计划根据主产品计划、主产品结构文件、库存文件、生产时间和采购时间，把主产品的所有零部件的需要数量、需要时间、先后关系等准确计算出来，其计算量是非常庞大的。特别当主产品复杂、零部件数量特别多时，人工计算不太现实。所以，MRP 的产生和发展与计算机技术的发展有紧密的联系。

2. MRP 系统对采购的影响

（1）广泛运用"买方规划师"和"供应商调度"的概念。在进行物料需求计划工作时，计划人员应持续关注物料需求以及其频繁变化。通常，计划人员对多数物料的需求要比采购人员更加敏感。因此，为了提高计划购买工作的效率，也为了更好地与供应商交流，很多企业采用一种组织方案，即让计划人员就日常物流工作与供应商进行交流。

买方规划师的概念现在已较为常见。大体上，现在采购人员与计划人员的工作已合二为一，由一人完成，即买方规划师。显然，其负责的工作是原先采购人员或计划人员工作项目中的一小部分。买方规划师要负责确定物料需求，制订物料计划，确定订货量，把所有物料计划分发给供应商，操作所有与采购相关的工作。由于买方规划师的这种综合职能，他们通常都与许多供应商保持密切的联系。

另一种常用的方法是让计划人员承担与供应商直接处理有关物料清单派发和追踪方面问题的责任。在这种安排中，采购人员承担除违背现有合同的需求发放之外的一切采购责任；计划人员处理随后的工作并成为购买企业与供应商的联络者，负责一切日常物料调度事务，企业称之为供应商调度。

（2）广泛开展合同采购工作。由于 MRP 系统需要安置数目相对较小的物料的经常订单，如果可能，甚至会为了每周的新需求而采购，显然，这会降低效率。为了解决这个问题，可以与供应商订立每年或长期的需求合同，之后只需要在有新生产操作要求时，通过 MRP 系统调度安排进行协商解决即可。

（3）需要供应商具有灵活性与可靠性。由于多数 MRP 系统每周更新，也会重新安排计划，因此，供应商必须具有灵活性。即使供应商了解接下来数个月内买方的物料需求计划，不规律的需求以及临时变化等情况也会给供应商的工作带来诸多不便。解决这些潜在问题需要周密的合作计划，也需要双方做出一定的妥协。

同时，供应商必须可靠。由于现代企业的目标之一就是降低库存，采购商持有的库存相较传统情形下降很多，因此，企业更不可能用备用库存来解决延期交货的问题或者替换不合格货品。这就要求提高供应商的可靠性，继而提高供应链整体的效率与质量。

（4）与供应商的联系更加密切。由于采用合同采购的方式，以及对供应商的灵活性和可靠性的需求，要求采购人员与供应商的关系必须更加紧密、更加协调。在 MRP 系统条件下，要有效地工作就必须对彼此的操作和问题能够充分理解。在这种工作环境下，需要高度的协调、合作及良好的团队精神。这实际上是一种非正式的合作伙伴关系，是一种双赢的

采购与供应管理

交易。

当涉及进度安排与配送发货等相关工作时，买方规划师或者供应商调度人员就必须与供应商每周都保持密切的联系，而采购人员（买方规划师）还要定期、及时地处理与供应商销售和技术人员关系方面的有关事务。

（5）提高记录的精确性。生产计划系统的精确性取决于其所应用的数据的精确性。如果系统要有效地运行，那么有关规格、物料清单、供应商前置时间、收货报告单以及库存余额等数据就必须保证绝对准确。

【案例 7-2】

京凯公司实施 MRP 的案例

京凯公司是一家生产电子产品的公司，产品特点是多品种、小批量。在没有应用计算机管理系统之前，公司的管理工作十分繁杂，管理人员经常加班仍不能满足公司的要求。

1. 使用 MRP 系统前的情况

在没有使用计算机管理之前，PMC（生产及物料控制）部每次下达生产计划都要通过人工计算生产用料清单，花费大量的时间清查现有库存，计算缺料等；材料品种多，进库、出库、调拨的频繁操作也使得仓库的管理工作量十分大，人工误差导致库存数量不准也影响到生产发料；停工待料现象经常发生，造成生产交货不及时。供应商的交货信息、客户的发货情况不能及时反馈到财务部门；各个部门各自为政，信息流通滞后，严重影响经营决策，整个公司的管理比较杂乱。

2. 使用 MRP 系统后的情况

京凯公司于 2002 年年初开始应用 MRP 管理系统。应用该系统后，PMC 人员下达一个生产计划由原来的 2 天变为十几秒，自动生成的生产发料单又快又准，材料仓的进货可在第一时间自动补充生产缺料，使生产得以及时、顺利进行，管理人员再也不用为下达生产计划而忙得团团转，生产状况得到极大的改善。

库存管理体系建立后，加强了重点物资的管理，通过对库存超储、积压处理等功能的实施，减少了库存的积压，有效地控制了库存资金的占用。公司内多个库房准确的动态库存数据随时为生产计划提供有效的信息。

公司的销售、采购、客户、供应商、应收、应付信息被紧密地联系在一起，通过采购订单自动生成的入库单入库后，入库信息即时反馈到采购部门和财务部门；通过销售订单自动生成的发货单发货后，发货信息即时反馈到销售部门和财务部门。这有效地改善了原来信息严重滞后的情况，大大减轻了财务人员的工作负担，提高了工作效率。通过基础工程数据的实施，整个公司原来各部门分别组织数据、部门各自为政、相互独立的情况得到了全面的改善，公司的数据统一组织和管理不再受部门分工界限的限制，达到了公司信息管理的规范化和标准化，信息的高度集成使公司的管理面目焕然一新。公司的销售、供应、生产计划，库存等各个系统协同运行，通过对物料需求功能的实施，销售计划指导主生产计划，根据产品定额产生物料需求计划，对库存数据、采购合同进行平衡计算后产生物资采购清单，有效地缩短了计划的编制周期，提高了物资采购的计划性、准确性，很好地解决了生产缺料和库存物料积压过多这两个方面的矛盾，也消除了生产线停工待料的现象。

利用系统内质量监测数据档案，对原材料、半成品、成品等进行相关的质量分析。主管领导通过质量分析的结果，找出影响质量的原因，提出短期或中期的质量改进措施，大大提高了产品的质量。所有生产、经营信息的即时传送，使公司的决策层能随时掌握公司各方面的最新数据。MRP 系统不失时机地为经营决策提供有力的支持。

3. MRP 系统的经济效益

MRP 系统提高了生产计划的准确性和成本核算的可靠性，降低了物料储备和物料消耗，减少了在制品数量，缩短了生产周期，降低了储备资金、生产资金、成品资金及其他资金占用，节约了流动资金，降低了生产成本，加速了流动资金的周转，提高了单台产品的利润。

使用 MRP 系统后，企业极大地提高了管理人员的工作效率，产品质量的提高赢得了客户的好评，大大提高了产品的市场占有率，取得了良好的经济效益。

7.2　供应组织与流程

7.2.1　VMI 采购供应模式

VMI（Vendor Managed Inventory）即**供应商管理库存**，通常也译为寄售。简单地说，VMI 就是供应商把产品放在客户的仓库中，客户消费一件，付费一件，在消费之前，库存属于供应商。在供应链管理领域中，VMI 介于采购商和供应商之间，可以消除不必要的库存，减少资金占用和积压，提高对采购商需求的反应速度，提高整条供应链的效率。VMI 是一种供应链运作模式，也是实现低成本采购的较好选择。实质上，它体现了基于供应链上各个企业合作机制下的采购-供应模式的创新。对客户来说，VMI 降低了库存成本；而对供应商来说，VMI 有利有弊。

VMI 的历史可以追溯到快速响应（Quick Response，QR）的早期阶段，是针对零售商和供应商的有效合作提出来的。1984 年，美国纺织品行业竞争日益加剧，为了缩短提前期并减少库存成本，研究者们提出了 QR 战略：供应商从零售商那里获得实时销售 POS（Point of Sells，POS）数据，并根据这些实际数据及时调节生产与控制库存；零售商则根据自己的销售和库存情况来订货，从而提高了供应商需求预测的准确性，使生产计划得到改善。1985 年，宝洁公司（Procter&Gamble）和沃尔玛公司（Wal-Mart）开始实施 VMI 战略，明显改善了宝洁公司的准时交货和沃尔玛公司的销售，库存周转率和顾客满意度均得到大幅度提高。随后，凯马特（Kmart）、戴尔（Dell）、惠普（HP）等公司也采用 VMI 系统来降低库存成本。迄今为止，VMI 系统已经在许多行业得到了广泛应用。

1. VMI 模式必须遵循的原则

（1）合作精神（合作性原则）。在实施 VMI 模式过程中，相互信任与信息透明是很重要的，供应商和用户（零售商）都要有较好的合作精神，才能够相互保持较好的合作。

（2）使双方成本最小（互惠原则）。VMI 不是关于成本如何分配或谁来支付的问题，而是关于减少成本的问题，通过该模式使双方的成本都得以减少。

（3）框架协议（目标一致性原则）。双方都明白各自的责任，观念上达成一致的目标，如对库存放在哪里，什么时候支付，是否要管理费，要花费多少等问题都要回答，并且体现

采购与供应管理

在框架协议中。

（4）连续改进原则。这使供需双方能共享利益和消除浪费。

2. VMI 的运行机制

VMI 模式的提出，主要源于对供应链管理模式功能集成化的考虑，即 VMI 模式的基本设想是力图通过集成供应链上各节点企业的库存控制职能，从而达到降低整体库存费用的目的。VMI 模式的基本内涵是通过供应商和用户之间实施战略性合作，采取对双方来说能实现成本最小化的方案，并在双方满意的目标框架下由供应商管理库存的方法。

在 VMI 运营实践中，需求方往往要设定其库存量上、下限，如以 4 周的平均需求（销售）量为上限，2 周的平均需求（销售）量为下限。这取决于需求方对需求量的预测。对于供应商而言，则要维持库存水平介于上、下限之间。当需求量高、稳定时，VMI 不失为一种好模式，因为它简化了围绕订单的一系列操作流程（如买卖双方不需频繁下单、跟单、催单、收货、付费），供应商的库存周转率也可以得到改善；但当需求波动较大或需求量较低时，要么库存水平频频低于下限甚至为零而影响客户，要么库存积压，影响供应商的库存周转率。在周期性强的行业，采购商是否要求将某项产品纳入 VMI，需要谨慎考虑，尤其是生产周期短的产品。这是由于在 VMI 框架下，客户有责任保证需求最高水平下的库存，并对供应商的一部分过程产品库存负责（因为为了维持正常库存水平，供应商必须在生产流程的不同阶段维持一定的半成品）。一般地，在供应链系统中，客户越是强势，其责任和风险就越小。对供应商而言，VMI 的库存属客户专用，无法用来支持其他客户，这也降低了库存资产利用率。

对供应商来说，采用 VMI 可以较好地掌握客户的需求量信息，有利于保持市场份额，因为 VMI 模式下的产品一般消费量稳定，如果客户变更其供应商，则原供应商从销售量的变化上就很容易看出客户的流失情况。有些供应商设定 VMI 的前提之一就是客户不得向其他企业采购同一产品。此外，VMI 也可以降低大订单带来的波动。例如，有些客户的采购、物料管理不够成熟，动辄就下很大的订单，如半年的消费量，然后就几个月不订货。要在很短的时间内满足这么大的订单，对整条供应链的产能影响很大，但进入 VMI 后，每周补货多次，每次补货规模减小，改善了管理效率。

3. VMI 的适用范围

（1）供应商的经济实力雄厚，有较强的库存存储和货物运输、配送能力，以及稳定、可靠的信息来源。

（2）需求方的库存设施有限，自己难以有效地管理库存。

（3）供应商与需求方的合作关系密切。

（4）仅仅适用于供应链上不同环节，即上下游企业之间的合作。

（5）适用于产品品种较少的供应链和以零售商为中心构建的供应链。

4. VMI 的前提条件

（1）正确选择合作伙伴。只有合作伙伴对 VMI 都感兴趣，并且对库存管理的观念基本一致，VMI 控制的策略和方式才能基本一致。

（2）成本与风险的合理分担。

（3）流程的标准化管理，主要是指订单业务处理的标准化管理由供应商和用户共同负责，质量保证由供应商负责。

（4）信息平台的支持。例如补货决策支持系统（RDSS）、电子数据交换系统（EDI）、信息收集系统（ICS）、运输跟踪系统（TTS），是以 RDSS 为核心，以 EDI、ICS、TTS 等信息系统为依托的智能化自动补货系统，是多个系统的集成体。

（5）合作伙伴共同完成需要的信息和库存控制参数，用户库存状态透明，即供应商或零售商的库存状态能随时进行跟踪调查和检查等。库存状态对供应商透明化是实施 VMI 的关键，进行持续的改进和提高是 VMI 成功实施的关键。

5. VIM 采购供应模式的特点

与同传统的库存控制方法相比，VMI 采购供应模式具有以下几个特点：

（1）合作性。VMI 模式的成功实施，客观上需要供应链上各企业在相互信任的基础上密切合作。其中，信任是基础，合作是保证。

（2）互利性。VMI 追求双赢的实现，即 VMI 主要考虑的是如何降低双方的库存成本，而不是考虑如何就双方的成本负担进行分配的问题。

（3）互动性。VMI 要求企业在合作时采取积极响应的态度，以实现快速反应，努力减少因信息不畅而引起的库存费用过高的情况。

（4）协议性。VMI 模式的实施要求企业在观念上达到目标一致，并明确各自的责任和义务。具体的合作事项都通过框架协议明确规定，以提高操作的可行性。

6. VMI 模式的实施

（1）评估双方的运作方式与系统，探讨合作的可行性。合作前，双方评估各自的运作能力、系统整合程度、信息实时程度、彼此配合的步调是否一致等，来判定合作的可行性。

（2）高层主管承诺与团队建立。双方在最高主管的认可下，由部门主管出面协议细节，并做出内部投入的承诺，确定初步合作的范围，开始进行合作。

（3）密切沟通与系统建立。双方人员每周至少召开一次会议讨论具体细节，并且逐步确立合作方式与系统，包括补货依据、时间、决定方式、建立评分表、系统选择与建置等。

（4）同步化系统与自动化流程。不断地测试，使双方系统与作业方式及程序趋于稳定，成为每日例行工作，并针对特定问题做出处理。

（5）持续性训练与改进。回到合作计划本身，除了使相关作业人员熟练作业方式和不断改进作业程序外，还要不断思考库存管理与策略问题以求改进，长期不断地进行下去，进一步研究针对促销品的策略。

7. VMI 的优势与劣势

（1）VMI 的优势。VMI 的优势可概括为以下几方面：

① 供应商对自己的产品进行管理比下游企业管理库存更有经验、更专业化，可以克服下游企业自身技术和信息系统的局限，满足下游企业降低成本和提高服务质量的需要，大幅度减少下游企业的存货投资，使下游企业可以专注核心业务的开发。

② 供应商可以获得下游企业的必要经营数据，以供应商掌握的销售资料和库存作为市场预测和库存补充的解决方法，可以由销售资料得到准确的消费需求信息，帮助供应商消除预期之外的短期产品需求所导致的额外成本，降低对安全库存的需求。对整个供应链来说，就可以降低库存总量并且改善库存周转，进而维持最佳库存量，使库存管理水平得到显著

提高。

③ 可以大大缩短供需双方的交易时间，使上游企业更好地控制其生产经营活动，提高供应链的柔性，有利于实现供应链上、下游企业的双赢。

（2）VMI 的劣势。VMI 的劣势主要有：

① VMI 是一个单行的过程，必须有一个强势的企业来控制存货。这使得各方缺乏足够的协商，未能实现真正的系统集成，整体协作水平有限。

② 财务计划在销售和生产之前完成，风险较大。

③ 供应链没有实现真正的集成，订单落实速度较慢。

④ 促销和库存补给项目没有协调起来。

⑤ 当发现供应出现问题时，留给供应商解决问题的时间非常有限。

⑥ 责任与利益不统一，虽然减少了库存总费用，但库存费用、运输费用和意外损失由供应商而不是用户承担，实际上是对传统库存控制策略进行责任倒置后的一种库存管理方法。这会导致供应商的库存费用比实施 VMI 前高，加大了供应商的风险，为此必须建立合理的利益分配机制，以实现利益共享。

8. VMI 在我国的应用

虽然 VMI 有明显的好处，在国际上尤其是欧美发达国家有着成功的应用经验，但是在我国的应用并不很成功，甚至在一些用户与供应商的合作中出现了相反的效果：一是出现供应商对用户的垄断，追逐暴利；二是用户与供应商的总库存量不降反升，最终导致用户承担的成本提高。

出现这种结果的主要原因：一是合作双方对我国当前市场机制不够完善、信用水平不够高的特殊背景认识不足；二是一些用户与供应商僵化、教条地套用国外的 VMI 模式，而没有把握国际上成功应用 VMI 的本质内涵和市场条件。

【案例 7-3】

雀巢与家乐福的 VMI 计划

过去在实际运作中，因供应商与零售商的价格对立关系，以及系统和运作方式的不同，双方很难有具体的合作。雀巢与家乐福两家公司协议决定，在有效客户反应（ECR）方面开展更密切的合作。整个运作的重点在于，雀巢建立整个计划的机制，总目标是增加商品的供应率、降低顾客（家乐福）的库存持有天数、缩短订货提前期以及降低双方物流作业的成本等。

雀巢与家乐福在全球均为知名厂商。就雀巢与家乐福既有的关系而言，只是单纯的买卖关系，唯一特别的是家乐福对雀巢来说是一个重要的顾客，所以设有相对应的专属业务人员，买卖方式也仍是家乐福具有十足的决定权，可以决定购买产品的品种与数量。在系统方面，双方各自有独立的内部 ERP 系统，彼此间不相容。在推动计划时，家乐福进行与供应商以电子数据交换（EDI）连线方式的推广计划，雀巢的 VMI 计划也打算以 EDI 的方式进行连线。因此，整体系统的构建就是为了改善上述状况。在经费的投入上，家乐福公司主要是在 EDI 系统建设方面的花费，没有其他额外的投入；雀巢公司除了 EDI 系统建设外，还引进了一套 VMI 系统。

经过近半年的实际上线执行 VMI 后，雀巢对家乐福物流中心的产品到货率由原来的

80% 左右提升至 95%（超越目标值）；家乐福物流中心对零售店面的产品到货率也由 70% 左右提升至 90% 左右，现仍在继续改善中；库存天数由原来的 25 天左右下降至目标值 15 天以下；在订单修改率方面，也由 60% ~ 70% 的修改率下降至现在的 10% 以下。

除了在具体成果的展现上，对雀巢来说，最大的收获却是在与家乐福的合作关系上。过去雀巢与家乐福是单向的买卖关系，所以顾客要什么就给什么，甚至是尽可能地推销产品，彼此都忽略了真正的市场需求，导致卖得好的商品经常缺货，而不畅销的商品却有很多库存。经过这次合作，双方更为相互了解，也愿意共同解决问题，并使各项问题的症结陆续浮现，有利于根本改进供应链的整体效率，同时掌握销售资料和库存量来作为市场需求预测和库存补货的解决方法。另外，雀巢在原来与家乐福的 VMI 计划基础上，也进一步考虑针对降低缺货率以及促销合作各方面加强合作。

7.2.2　CPFR 下的采购供应组织

联合计划、预测和补货（Collaborative Planning, Forecasting and Replenishment, CPFR）是针对以下问题提出的：大多数节点企业各自制定独立的需求预测，而没有考虑供求之间的匹配性；预测的准确性普遍较低，而又难以测定；制造商把库存压力放在配送上而不是放在客户需求的拉动上等因素，是在导致较高的库存水平而又满足不了客户要求。CPFR 出现于 20 世纪 90 年代末，从 VMI 和 JMI（联合管理库存）发展而来，保留其中一些先进的技术和管理思想，克服其中的不足，代表着未来库存管理技术的发展方向。

1995 年，由沃尔玛与其供应商华纳兰伯特公司（Warner-Lambert）、管理信息系统供应商 SAP 公司、供应链软件商 Manugistics 公司、美国咨询公司 Benchmarking Partners 公司联合成立了工作小组，进行 CPFR 的研究和探索。践行的零售企业有沃尔玛、凯马特和威克曼斯等，生产企业有宝洁、金佰利、惠普等。从 CPFR 实施后的绩效看，华纳兰伯特公司零售商品满足率从 87% 提高到 98%，新增销售收入 800 万美元。在 CPFR 取得初步成功后，组成了由零售商、制造商和方案提供商等 30 多个实体参加的 CPFR 委员会，与美国产业共同商务标准（Voluntary Interindustry Commerce Standards, VICS）协会一起致力于 CPFR 的研究、标准制定、软件开发和推广应用工作。美国商业部资料表明，1997 年美国零售商品供应链中的库存约 1 万亿美元，CPFR 理事会估计，通过全面成功实施 CPFR，可以减少这些库存的15% ~ 25%，即 1500 亿 ~ 2500 亿美元。由于 CPFR 巨大的潜在效益和市场前景，一些著名的企业软件商，如 SAP、Manugistics、i2 等公司相继投入 CPFR 软件系统开发和从事相关服务。

1. CPFR 的思想原则

CPFR 首先是一种理念，在于应用一系列的处理和技术模型，提供覆盖整个供应链的合作过程，通过共同管理业务过程和共享信息来改善零售商与供应商的伙伴关系，提高预测的准确度，最终达到提高供应链效率、减少库存和提高消费者满意度的目的。

CPFR 是体现供应商与零售商之间协调与合作关系的新型模型。早在 CPFR 提出之前，关于供应链伙伴的合作模式就有了总体预测与补给（AFR）和联合管理库存（JMI）、供应商管理库存（VMI）等。CPRF 建立在 JMI 和 VMI 的实践基础上，同时摒弃了 JMI 和 VMI 中的主要缺点，如没有一个适合左右贸易伙伴的业务流程、未实现供应链的集成等。

CPFR 的主要思想是基于协同式的供应链库存管理技术，从全局的观点出发，制定统一的管理目标以及方案实施办法，以库存管理为核心，兼顾供应链上其他方面的管理，能同时降低销售商的存货量，增加供应商的销售量。CPFR 既是一种理念，又是一系列活动和过程。供应链上各节点企业建立相互信任、优势互补、利益共享、风险共担的合作关系，合作伙伴构成的框架及其运行规则，主要基于消费者的需求和整个价值链的增值。CPFR 采用系统工程、信息工程和计算机技术，实现各节点企业之间信息和过程的集成，其生产计划的制订基于同一销售预测报告，帮助合作伙伴建立准确的预测和高效的补给计划。节点企业之间分工协作，顺利完成产品的原材料供应、制造、销售等工作，较好地解决贯穿于产品制造、运输、分销等过程的企业之间资源优化调度问题。各节点企业还可以合作解决例外事件，提高计划、预测的准确度及供需链效率和消费者满意度，在高水平服务的基础上扩大销售并降低库存，实现双赢乃至多赢。

2. 实施 CPFR 的目标

CPFR 推动的目标在于促成整合性商业流程的自动化，可以分成以下四级：

层级 1：单向通信。这个层级中只有单向的通信，另一对象并不需做回应，如以电子邮件传输档案或以浏览器浏览网络信息皆属此类。

层级 2：数据库存。这个层级中，使用者可以存取数据库中个性化信息。

层级 3：资料交换。这个层级主要是指交易双方共享数据，交换电子信息。

层级 4：程序共享。不同的企业通过网络，不仅分享资料，也进行商业流程的整合与分享程序。CPFR 着眼于不同的供应链成员利用电子资料交换的意见与支援信息，使参与者集中于需求预测数字的差异，共同找出差异的原因，以改善预测的准确度。就电子商务的层级定位，CPFR 隶属第四层，因其目标在于提供一个产业标准的需求预测程序，以促成此项商务流程的整合。

3. 实施 CPFR 的步骤

计划部分：

步骤 1：确定前端协定。生产制造商、零售商与分销商共同确定合作的原则和指南；各业务合作伙伴提出它们的期望并确定需要的介入资源。在这一步要形成一个通用业务协定，包括对合作的全面认识、合作目标、机密协议、资源授权、合作伙伴任务和成绩的检测。

步骤 2：创建协同商务计划。生产制造商和零售商交换有关企业策略的信息并创建协同策略。该步骤的目标是减少异常情况的数量。这一阶段也会包括一些营销和促销的协议。合作伙伴首先建立合作伙伴关系战略，然后定义分类任务、目标和策略，并建立合作项目的管理简况（如订单最小批量、交货期、订单间隔等）。

预测部分：

步骤 3：创建销售预测。该预测基于 POS 数据和源自步骤 2 的特殊因素及计划促销的信息。

步骤 4：标识销售预测中的异常情况。该步骤确定了那些与实际需求相比偏差超过了一定阈值的预测（在步骤 1 中定义）。产生这些偏差的原因不仅在于预测的不准确，还有可能是一些外部干扰造成的。

步骤 5：异常处理与协作。该阶段可以采用现场、电子邮件、电话、交谈及电子会议等解决销售预测例外情况，同时可以利用共享数据库的方法提供新事件对销售将会带来何种影响的信息。该步骤的结果是一个修正后的预测，产生的变化可以提交给销售预测。

步骤 6：创建订单预测。需求预测、因果关系信息和库存信息（实际库存、未执行订单和在途库存等）在本步骤中合并起来用于预计可能获得的实际订单，提出分时间段的实际需求量，并通过产品及接收地点反映库存目标。订单预测周期内的短期部分用于产生订单，在冻结预测周期外的长期部分用于计划。

步骤 7：标识订单预测的异常。在本步骤中，实际到达的订单可能与生产制造商和零售商协定的数量不符。比如，可能会出现因生产能力不足或物流不畅而无法满足需求的情况。

步骤 8：异常处理与协作。步骤 8 紧随步骤 7 而来，决策支持信息再一次从数据库中获得，它用于决定该异常能否被忽略，如果不能，应该如何反应，可能的解决方案有哪些。可通过查询共享数据、电子邮件、电话、交谈会议等调查研究订单预测例外情况，并将产生的变化提交给订单预测。

补给部分：

步骤 9：生成订单。在该步骤中，预测订单将被转变成固定订单，订单确认必须送回客户处。订单产生可由制造厂或者分销商根据能力、系统和资源来完成。

4. CPFR 的主要特点

（1）协同。从 CPFR 的基本思想看，供应链上下游企业只有确立共同的目标，才能使双方的绩效都得到提升，获得综合效益。CPFR 这种新型的合作关系要求双方长期承诺公开沟通、信息分享，从而确立其协同性的经营战略。尽管这种战略的实施必须建立在信任和承诺的基础上，但这是买卖双方获得长远发展和良好绩效的有效途径。正因如此，协同的第一步就是保密协议的签署、纠纷机制的建立、供应链计分卡的确立以及共同激励目标的形成（例如不仅包括销量，也同时确立双方的盈利率）。应当注意的是，在确立这种协同性目标时，不仅要建立起双方的效益目标，更要确立协同的盈利驱动性目标，只有这样，才能使协同性能体现在流程控制和价值创造的基础之上。

（2）规划。1995 年，沃尔玛与华纳兰伯特的 CFAR 为消费品行业推动双赢的供应链管理奠定了基础，此后，当 VICS 定义项目公共标准时，认为需要在已有的结构上增加 "P"，即合作规划（品类、品牌、分类、关键品种等）以及合作财务（销量、订单满足率、定价、库存、安全库存、毛利等）。此外，为了实现共同的目标，还需要双方协同制订促销计划、库存政策变化计划、产品导入和中止计划以及仓储分类计划。

（3）预测。任何一个企业或双方都能做出预测，但是 CPFR 强调买卖双方必须做出最终的协同预测，像季节因素和趋势管理信息等，无论是对服装或相关品类的供应商还是销售商都是十分重要的。基于这类信息的共同预测能大大减少整个价值链体系的低效率、高库存，促进产品销售，节约使用整个供应链的资源。与此同时，最终实现协同促销计划是实现预测精度提高的关键。CPFR 所推动的协同预测还有一个特点是，它不仅关注供应链双方共同做出最终预测，同时也强调双方都应参与预测反馈信息的处理和预测模型的制定和修正，特别是如何处理预测数据的波动等问题。只有把数据集成、预测和处理的所有方面都考虑清楚，才有可能真正实现共同的目标，使协同预测落在实处。

（4）补货。销售预测必须利用时间序列预测和需求规划系统转化为订单预测，并且供应商约束条件，如订单处理周期、前置时间、订单最小量、商品单元，以及零售商长期形成的购买习惯等，都需要供应链双方加以协商解决。根据 VICS 的 CPFR 指导原则，协同运输计划也被认为是补货的主要因素。此外，例外状况的出现也需要转化为存货的百分比、预测精度、安全库存水准、订单实现的比例、前置时间以及订单批准的比例，所有这些都需要在双方公认的计分卡基础上定期协同审核。对于潜在的分歧，如基本供应量、过度承诺等，双方事先应及时加以解决。

5. CPFR 的优势与劣势

CPFR 的优势：CPFR 的应用使供应链流程和数据的集成得到加强，实现了企业之间的多方功能合作，提高了企业的库存预测及计划精确度，降低了供应链内的库存水平及成本，并因此挖掘出更多的商业机会，从而在增加销售量、减少缺货和提高客户满意度等方面有着不俗的表现。

CPFR 的劣势：

① 实施过程和标准过于复杂，往往需要耗费很大成本来分析并重组业务流程，而且缺乏明确的反馈环路，因此，并不能充分保证 CPFR 执行的闭环环境。例如，执行过程中很难去管理例外及再次检查过程的预测（销售及订单预测）。

② CPFR 对企业自身、客户和合作伙伴的价值观有较高要求，需要各企业的合作关系长期稳定，并且能够正确处理长期利益和转向机会的关系。

③ CPFR 的实施及各种预测、协同功能需要良好充分的信息技术支持，包括相应的流程和软硬件设施，但目前有关 CPFR 的专家知识及技术成本过高，并非是一般企业能够轻松获得的。

④ CPFR 强调数据集成及数据的同步化，但目前并没有一个联合决策支持系统可以提供消费者、客户及市场的相关信息，对于数据分析及决策的制定，并未提出有效的方法。

⑤ CPFR 强调对例外事件的监控，但仍有很多例外（如新品项目、价格折扣、促销、暗箱回扣等）无法完全纳入其事前的共同规划事项之中。并且，由于合作企业往往过多专注于供应链中传统的作业阶段，因此有可能忽略了例外及再次检查的过程。

6. CPFR 的适用范围

随着企业间联盟的进一步形成，CPFR 将成为未来库存管理技术的发展方向。VMI、JMI、CPFR 都是先进的库存管理方法，但关注的侧重点不一样：VMI 关注供应链上不同环节企业间的库存；JMI 关注供应链上不同环节及同一环节企业间的库存；CPFR 不仅关注供应链上企业间的库存，还关注库存管理与其他方面管理的关系。供需双方都是在合作的基础上开展工作，但合作意识的强弱程度不一样：VMI 的合作意识不强，企业间有合作意愿；JMI 的合作意识一般，企业间是以协调为中心的管理；CPFR 的合作意识非常强烈，企业间是基于协同式的管理，管理责任和决策主体不同：VMI 由供应商承担客户的库存管理决策和费用及管理责任；JMI 由供需双方共同协商承担库存管理责任和决策；CPFR 由合作伙伴共同承担库存管理责任和决策。

但是，CPFR 比较适合信息基础条件好的企业之间采用。对我国企业而言，可能会暂时由于信息基础条件方面存在的诸多问题及障碍，限制了 CPFR 的更广泛应用及作用发挥。同时还要看到，目前在国内尚没有针对 CPFR 的统一的管理机构、计划、组织和推广机制，更没有建立起标准化的模型。再者，目前我国企业缺乏良好的合作与协调信用基础条件，基于多赢的供应链意识和共赢的价值观尚未培养起来。一些先进的供应链思想和技术在国内缺乏深层次的应用，再加上 CPFR 的相关专家知识、技术以及实施和维护的过高成本，从而使得一般企业都不能轻易获得并实施或配合 CPFR。相比之下，VMI 虽然没有 CPFR 的功能完善，但因其更宽容的适用条件、相对低廉的获取和实施成本，受到了众多企业的欢迎。更重要的是，只要有一家有实力的供应商牵头，VMI 就可以实施起来。同时，VMI 在降低企业库存、减少缺货、改善库存周转率及需求预测的精确度上，也基本能够满足目前的市场需求。因此，可以认为，当前 CPFR 可以在有条件的企业中应用；但目前对于很多企业来说，VMI 仍是提升供应链效率的主要技术手段之一，应根据企业的实际情况选择合适的管理方式。

【案例 7-4】

沃尔玛的 CPFR

沃尔玛百货有限公司是一家美国的世界性连锁企业，以营业额计算为全球最大的公司。到 2015 年，沃尔玛在全世界有 230 万名员工，在美国、墨西哥、波多黎各、加拿大、阿根廷、巴西、中国、韩国、德国和英国等有 8500 家商店。沃尔玛被认为是世界上最好的供应链运营商之一，其商品成本要比主要竞争对手低 5% ~ 10%，这给公司提供了竞争优势。

沃尔玛也是很早采用协同计划、预测和补货（CPFR）的企业，通过全盘管理、网络化运营的方式来管理供应链中的贸易伙伴。CPFR 帮助沃尔玛建立起一套针对每件商品的短期预测方法，用来指导订货。这种由相互协商确立的短期预测成为改进需求管理的动力，实现了对供给和库存水平的更好控制。CPFR 项目的实施帮助沃尔玛和供应商节约了大量的库存维护成本，并促使沃尔玛逐步成为一个准时制（JIT）系统。

沃尔玛实施了一个数据仓库项目，在一台中央服务器上汇总历史数据并进行分析，从数据中更好地了解商业环境，并做出最佳决策。最初系统只收集销售点和运输的数据，之后数据仓库包括了 65 周的库存数据、预测数据、人口统计数据、降价数据、退货和市场数据。这些数据按照每件商品、每个商店和每一天进行归类。数据仓库中除了沃尔玛的运营数据以外，还包括竞争对手的数据。这些数据向沃尔玛的买家、中间商、物流提供商和预测相关人员以及 3500 家合作伙伴开放。例如，当沃尔玛的竞争对手开设了一家杂货商店时，沃尔玛会努力去分析其设立对自身销售的影响。预测过程从数据仓库开始。沃尔玛应用的数据挖掘软件是由 NeoVista Software（被 J&A 软件集团收购）开发的，用来分析一年来的销售点销售数据，并向美国的商店提示购进各种商品的贸易伙伴。其目标就是节约几百万美元的库存成本，更好地处理季节性和每周的销售变化，针对顾客需求和市场变化制订商业计划。

预测过程是这样运转的：沃尔玛的买家提交一份初步预测，这个数据会显示在华纳兰伯特（华纳兰伯特是一家世界一流的制药公司，在 2000 年与辉瑞合并）实施 CPFR 的服务器上。华纳兰伯特的计划人员将意见和建议分享给沃尔玛的计划制订者。最后，经协调统一的

采购与供应管理

每件产品的预测结果用于华纳兰伯特的生产和沃尔玛的仓库管理。沃尔玛和它的供应商使用同样的系统。

数据挖掘软件发现一些有趣的事情。例如，每家商店的购买模式都十分不同，以及全年都保持较高库存的护齿产品和宠物食品的销售模式也十分不同。这一发现被应用于沃尔玛的自动订货和供给系统中。沃尔玛将7亿种商品进行组合分析，实现了将正确的商品在正确的时间以合适的价格运送到正确的商店，卖给顾客。沃尔玛不断提高预测的准确性，取得了零售行业内无法比拟的竞争优势。

7.3 订单管理

7.3.1 订单的内容

采购订单是企业根据产品的用料计划和实际能力以及相关的因素，所制订的切实可行的采购订单计划，并下达至订单部门执行。在执行的过程中，要注意对订单进行跟踪，以使企业能从采购环境中购买到企业所需的商品，为生产部门和需求部门输送合格的原材料和配件。

1. 准备工作

具体的准备工作包括以下几项：

（1）熟悉需要订单操作的物料项目。订单人员首先应熟悉订单计划。订单的种类很多，有时可能是从来没有采购过的物料项目，对其采购环境不一定熟悉，这就需要采购人员花时间去了解物料项目技术资料等。订单的难易程度也有差异，有时可能需要到国外去采购。值得注意的是，直接从国外采购可能获得较好的品质和较低的价格（对认证人员来说），但手续复杂、交货期长、监控操作困难等问题会大大增加订单环节操作的难度。

（2）价格确认。由于采购环境的变化，订单人员应对采购价格负责，不能认为价格的确定完全是认证人员的责任。订单人员有权利向采购环节（供应商群体）价格最低的供应商下达订单合同以维护采购的最大利益。

（3）确认项目质量需求标准。订单人员日常与供应商的接触通常会远远多于认证人员，由于供应商实力的变化，前面订单的质量标准是否需要调整，订单操作作为认证环节的一个监督部门将发挥应有的作用。

（4）确认项目的需求量。订单计划的需求量应与采购环境的订单容量相匹配，或者小于采购环境的订单容量；如果大于采购环境的订单容量，应提醒认证人员扩展采购环节容量。另外，对计划人员的错误操作，订单人员应及时提出来。

（5）制定订单说明的价格、确定的质量标准、确定的需求量、是否需要扩展采购环境容量等方面，还有必要的图样、技术规范、检验标准等。

2. 订单格式

采购订单的格式有很多种，但几乎每一种采购订单所必备的要素有序号、下单日期、接受订单的供应商的名称和地址、所需物品的数量和描述、交货日期、运输要求、价格、支付条款，以及对订单有约束的各种条件，如表7-1所示。

表 7-1 采购订单

供应商　　　采购单号：
名称：　　　下单日期：
地址：　　　页码：
联系人：
电话/传真：

序号	物料号	数量（　）	规格（　）	单价（不含税）	总额（不含税）	备注

税额（17%）：
总计：

说明：

1. 交货日期：

2. 交货地点：

3. 质量要求：

4. 付款方式：

1）本批次订单的预付款为本批次订单加工费用总额的　　　　％。

2）双方根据本订单约定，订单盖章生效后 3 日内甲方向乙方支付预付款，余款在收到乙方正规有效的增值税发票后 2 个月内付清。

3）若订单签字盖章后甲方没有按时支付预付款，乙方有权停止履行本批次订单，直至甲方按合同规定支付预付款后，乙方开始履行本批次订单，且订单规定的交货期顺延，由此造成的延期交货由甲方负责。

4）鉴于若干订单均应当作为《外包加工合同》的组成部分，故乙方在上批次的订单中不能提供符合数量、质量要求等货物，则甲方有权对本批次订单的预付款暂扣作为上批次的争议保证金，乙方不得因此停止甲方本批次的订单生产。

采购商：　　　　　　　　供应商：
经办人：　　　　　　　　经办人：
签订日期：　　　　　　　签订日期：

这些约束采购商和供应商之间关系的条件极为重要，至于哪些应该体现在订单中而哪些是不必要的，则要通过磋商决定。实际上，在某个企业的采购订单中包括哪些条款常常由多年的采购经验决定。订单中的条款项目一般包括如下方面：

（1）那些当侵犯了别人的专利时，保护采购方不受诉讼连带责任的条款。

（2）有关价格的条款。例如，"如果订单中没有指明价格，那么，在我方没有接到通知并对其表示接受的情况下，所购物料的价格不应高于上次支付的价格。"

（3）明确指出不允许就装箱和运输进行收费的条款。

（4）明确规定货物的接受取决于对其进行质量检测的结果。

（5）指明拒收货物后，如果采购商再次采购会重新发出订单。

（6）详细描述质量要求以及质量保障、控制的方法。

（7）如果所发货物在订单指定日期没有到达，允许取消订单。

采购与供应管理

（8）指明采购商拒绝支付汇票给供应商的几种情况。

（9）有些条款涉及货物数量，即关于实际装运数量多于或少于所定货物时如何处理。在某些行业中，很难控制一次生产产出的数量（如印刷业）。这时，产量在一定限度内的超量和不足都可以接受。

（10）涉及对企业有特殊利害关系事件的条款。例如，有关仲裁和制造部件时所需工具的处理等问题的条款。

7.3.2 采购订单管理流程设计

订单管理是采购商和供应商的供应链管理的基础环节。也就是说，买卖双方都很关注该环节，都需要有一套完整的管理系统和操作流程。对于供应商来说，订单是最基础的渠道行为，订单流程是渠道组织结构的重要依据，订单信息是相关业务控制的重要依据；对于采购方，订单管理实际上关联了库存管理、物流管理、财务控制、供应商管理、需求预测、电子单据（供应商管理系统）等诸多因素。因此，订单管理是影响供应链管理的关键因素。以订单管理驱动流程优化，进而实现买卖双方的供应链管理能力和渠道能力提升，是一般企业应该遵循的采购管理规律。

1. 设计采购订单管理流程

掌握采购订单管理流程的设计原理，是采购经理人员进行采购管理的一项重要工作。

（1）基本目标与原则。作为业务流程管理的一部分，采购订单管理流程设计的目标一般包括简化工作手续、减少管理层级、消除重复业务、打破部门界限、实现跨部门业务合作、进行工作平行处理、缩短工作周期。据此，采购订单管理流程设计的基本原则应该是：符合逻辑、符合实际；简捷、实用、规范；利于部门协作，便于与供应商的信息交流。

（2）现有流程分析。在制定每一项业务流程之前，需要对该流程涉及的各种问题进行全面分析和评价，发现真正的问题，找到解决问题的办法。问题诊断是任何流程改造的初始环节，其目的是确认订单管理流程中当前最需要建立或改变的条件，以及找到建立新的或改变现有流程可能会遇到的制约因素。在此基础上，才能进入流程方案改造和开发过程。

（3）编制订单流程管理文件。订单流程管理文件的主要内容有：①准确的名称、编号及发布日期、实施日期、核心内容、相关文件名称、文件更改记录、附加说明（包括文件归属部门、文件起草、起草人、审核人、最终批准者）、目的（为什么要制定本文件）等；②范围（本文件适用的管理范围、业务）；③术语（对较关键或较专业的术语给出明确定义或解释）；④职责（本文件的主管部门及实施部门的职责）；⑤工作流程和使用说明，需要以标准流程图表示（见图7-1）；⑥工作内容，包括序号、工作描述、输入、输出、责任部门；⑦工作条例。

2. ERP 系统下的采购订单管理分析

随着 IT 技术，特别是网络技术在采购中的应用，采购订单管理流程设计改造的技术性工作一般交由专门的软件商完成。在这里介绍一下 ERP 系统下的采购订单管理分析。

基本程序如下：

（1）请购单录入/维护。用于手工登录需求信息，同时可对请购做适当的调整（包括由生产、销售、库存部门自动生成的请购申请），并可将一项请购拆成不同供应商、交货日期及交货地点的多项请购。对于没有通过审批的请购单，可以将其置为 HOLD（锁定）状态，暂停生成订单。

（2）采购订单录入。采购订单的直接入口，需要输入订单所需的全部数据，允许同一采购单有不同的交货日期及交货地点。提供选择是否打印采购订单的功能。

（3）采购订单维护。可以通过此程序处理所有未发放的采购订单，可选择打印修改的订单。

（4）采购订单确认。采购订单一经确认，即认为已正式向供应商提供采购请求。在此统计订购额及订购量，同时将打印采购订单送至打印队列。

（5）采购订单确认后维护。已发放的采购订单若有变动，经过与供应商协商后，也可以中止该订单。

（6）采购订单收货。可以针对某张采购订单进行收货处理，且将到货、实收及拒收数量自动反馈到采购订单；还可以使用功能键，一次性完成实收物品的收货、分配及入库工作。

（7）无采购订单收货。可以完成直接到货（未事先录入采购订单）物品的收货，也可由用户选择，一次性实现物品的到货、库存分配及入库工作。

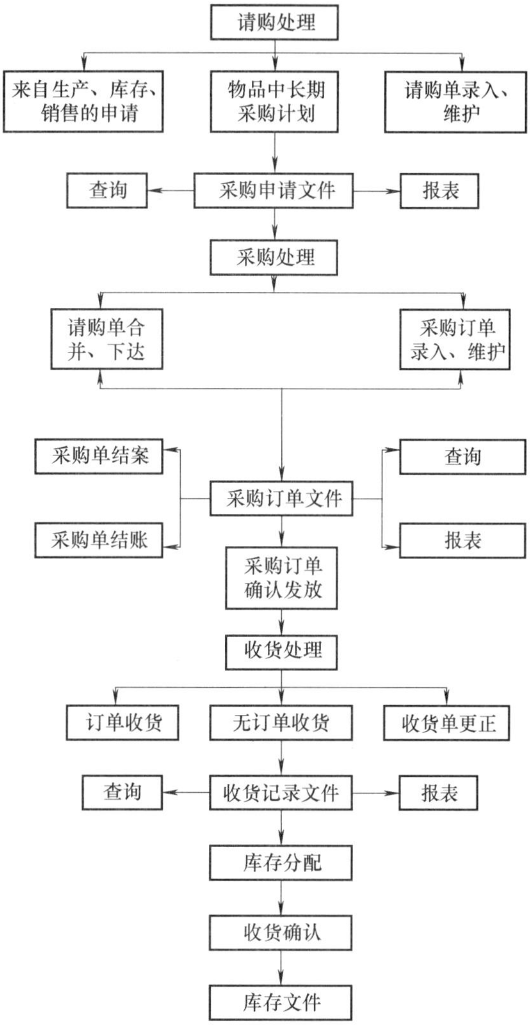

图 7-1　常见的订单管理流程

【案例 7-5】

ERP 系统下采购订单管理流程案例

1. 公司订单结构

一张订单通常包含三层：第一层是订单头，包含订单号、发出日期、订货类型、供应商名称等；第二层是订单行（Line Item），一张订单可以包括多个订单行，列出本订单需要的产品，包括订单行号、产品编号、货币名称、价格、数量、总价、产品单位、供货日期和供货地点等；第三层是订单子行（Subline Item），因为有的产品可能不是同时到货，因此一个订单行可以有多个订单子行，其包含的信息与订单行类似，但订单子行一些数据的总和（如总价、数量）应该等于订单行相应栏目的数据。

2. 发出采购订单流程

公司向供应商发出新的订单，并根据供应商的答复进行相应的处理。其流程图如图 7-2 所示。

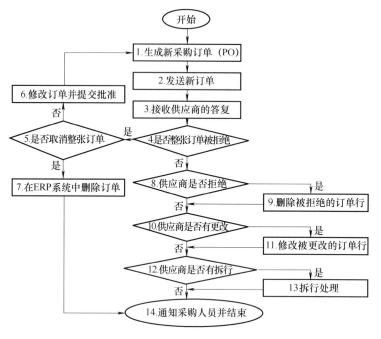

图 7-2　发出采购订单流程

各个步骤的处理如下：

（1）ERP 系统中通过新订单，触发本流程。

（2）B2B 集成系统将新订单数据进行格式转换，发送给供应商，并等待供应商收到确认；若在指定时间内没有收到确认，则重发直到收到确认为止。

（3）接收供应商发来的答复，存入历史数据库，同时转换成 ERP 系统的格式。供应商在接收订单后，会马上根据其 ERP 系统中的数据计算能否满足客户的要求，并给予答复（通常在一两分钟内完成）。

（4）判断供应商是否拒绝整张订单。若是则转到步骤 5，否则转到步骤 8。

（5）判断本公司是否需要取消整张订单，还是更改订单，继续进行采购。若是取消则转到步骤 7，否则转到步骤 6。

（6）修改订单并提交批准，然后转到步骤 1 重新触发本流程。

（7）在 ERP 系统中删除订单，然后转到结束。

（8）判断供应商是否拒绝某些订单行。若是则转到步骤 9，否则转到步骤 10。这通常也是由于产品停产等极少发生的原因。

（9）在订单中删除被拒绝的订单行，然后转到步骤 10。

（10）判断供应商是否进行订单行一级的修改。若是则转到步骤 11，否则转到步骤 12。这有几种情况：①由于价格发生变动，但客户没有得到通知或没有及时更新 ERP 系统中的价格；②在供货日期前不可能生产出客户要求的数量，因而要求修改数量；③客户要求的数量不可能在供货日期前完成，需要推后供货日期。

（11）按照供应商的回复，修改相应订单行的价格、数量或供货日期等信息，然后转到步骤 12。

（12）判断供应商是否有拆行。若是则转到步骤13，否则转到步骤14。当供应商产能不足，不能满足客户的订单要求时，除了要求客户修改供货日期和数量外，还可以把订单行拆成若干个子行，或把订单行内的一个子行拆成若干个子行，分批交货。而客户一般都会接受供应商的拆行要求。

（13）按照供应商的答复，处理要拆行的订单行和订单子行，然后转到步骤14结束。

（14）将供应商的答复通知采购人员，并在通知中列出被更改的内容，然后结束流程。

3. 订单更改通知流程

供应商的回复有三种：拒绝、接受和未决。拒绝的原因已经在前面说明；未决则是指供应商即时的生产力计算不能决定能否满足客户的订单需求，需要等待供应商的进一步计算，可能还需要人工调配。其处理流程如图7-3所示。

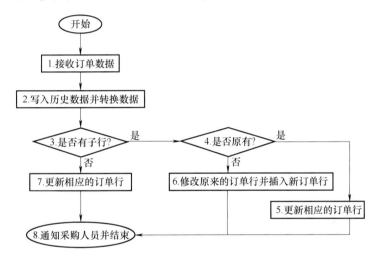

图7-3　更改订单通知流程

各个步骤如下：

（1）B2B集成系统接收到供应商发来的订单数据，在向供应商回复确认的同时触发本流程。

（2）将发来订单数据写入历史数据库，并转换成公司ERP系统中的格式，供下面的处理使用。

（3）判断订单行中是否有子行。若有则转到步骤4，否则转到步骤7。如果没有子行，则说明供应商没有拆行，处理将简单得多。

（4）判断订单行中的子行是否是原有的订单行。若是则转到步骤5，否则转到步骤6。因为此公司的ERP系统不能设定子行，因此需要把子行匹配成订单行。

（5）按照供应商的通知，更新ERP系统中对应于订单数据订单子行的订单行数据（如数量、供货日期等），然后转到步骤8。

（6）按照供应商的通知，把ERP系统中要拆行的订单行修改成相应的子行的数据，然后把其余的子行作为新的订单行插入，然后转到步骤8。

（7）按照供应商的通知，更新ERP系统中对应于订单数据中订单行的订单行数据，然后转到步骤8结束。

（8）将供应商发过来的订单数据通知采购人员，并在通知中列出更改的内容，然后结束流程。

7.3.3 订单的执行

1. 跟单与催单

采购订单发给供应商之后，采购商会对订单进行跟踪和催单。订单发出的同时会确定相应的跟踪接触日期。具体的工作内容如下：

（1）跟踪供应商工艺文件的准备。工艺文件是进行加工生产的第一步。对任何外购件（需要供应商加工的物料）的采购，订单人员都应对供应商的工艺文件进行跟踪，如果发现供应商没有相关工艺文件，或工艺文件有质量、货期问题，应及时提醒供应商修改，并提醒供应商如果不能保质、保量、准时到货，则要按照合同条款进行赔偿。

（2）确认原材料的准备。备齐原材料是供应商执行工艺流程的第一步。有时有经验的订单人员会发现供应商有说谎的可能性，如有可能，最好实地考察。

（3）跟踪加工过程进展状态。不同物料的加工过程是不同的。为了保证货期、质量，订单人员需要对加工进行监控。有些物料采购，其加工过程的监工小组要有订单人员参与，如一次性、大开支的项目采购、设备采购和建筑采购等。

（4）跟踪组装调试检测过程的进展状态。组装调测是产品生产的重要环节，这一环节的完成表明订单人员对货期有一个结论性的答案。订单人员需要有较好的专业背景和行业工作经验，否则，即使跟踪也难以达到效果。

（5）确认包装入库。此环节是整个跟踪环节的结束点。订单人员可以向供应商了解物料最终完成的包装入库情况。

2. 收货和验货

（1）收货。物料和其他项目的正确接收有重要的意义。如果不是在地域上分布较分散的大企业，许多有经验的企业采用将所有货物的接收活动集中于一个部门的方法。由于收货部门与采购部门的关系十分密切，所以，许多企业中的收货部门直接或间接地向采购部门负责。

货物接收的基本目的：

① 确保以前发出的订单所采购的货物已经实际到达。

② 检查到达的货物是否完好无损。

③ 确保收到所订购货物的数目正确。

④ 将货物送往应该到达的下一个目的地以进行储存、检验或使用。

⑤ 确保与接收手续有关的文件都已进行了登记并送交有关人员。

（2）验货。验货的内容主要包括：

1）确定检验日期。有些物料如机械、设备、大型电子装备往往需要到供应商处进行现场检验；有些物料如轻小型物品可以由供应商送过来检验，检验日期及地点按照惯例进行。

2）通知检验人员。检验信息传送至质检部门之后，要根据物料需求的轻重缓急统一安排。

3）物料检验。对一般物料，施行正常检验程序；对重要物料或者供应商在供应上质量稳定性较差的物料，则要严格检验；对不重要物料或者供应商在供应上质量稳定性持续表现较佳的物料，则可放宽检验。

4）处理检验问题。对有致命及严重缺陷的物料要求供应商换货；对有微小缺陷的物料，应与认证人员、质量人员、设计人员协商，同时考虑生产的紧急情况，确定是否可以代用。对偶然出现的质量问题，可由检验部门或订单部门通过供应商处理；对多次出现的质量问题，由认证人员正式向供应商发出"限期整改通知单"，令其限期改正质量问题；对出现重大问题或经常出现问题的，则由认证部门组织专题会议，讨论解决质量问题的对策。确定原因是设计方案的问题还是供应商的问题，前者需要修改方案，后者要对供应商进行处理，包括罚款、质量整改、降级使用、取消供应商资格等。

3. 接受和付款

验收合格后的物资在经过查询物料入库信息、准备付款申请单据、付款审批、资金平衡等环节后，再执行向供应商付款的流程。

（1）查询物料检验入库信息。对国内供应商的付款，一般是在物料检验通过并且完成入库操作之后进行的。所以，订单人员（或者专职付款人员）要查询物料入库信息，仅对已经入库的物料办理付款手续。对国外供应商，付款手续则会比较复杂。

（2）准备付款单。对国内供应商付款，拟制付款申请单，并且附上合同、物料检验单据、物料入库单据和发票。

（3）主管审批。由管理办或者财务部专职人员审核，内容包括单据的匹配性，即上述五份单据在六个方面的匹配性，即合同编号、物料名称、数量、单价、供应商、总价上的一致性及正确性。

（4）资金平衡。

（5）向供应商付款。企业财务部出纳接到付款申请单及通知后，即可向供应商付款，并提醒供应商注意收款。

（6）供应商收款。企业之间的交易付款活动一般通过银行进行，有时因为付款账号疏漏，可能导致供应商收不到款。对于大额资金的付款活动，企业有必要在付款之后向供应商做出收款提醒。

【案例7-6】

宝洁在中国的采购订单处理流程优化案例

2004年12月，宝洁在广州市经济技术开发区的宝洁黄埔工厂设立了采购订单处理中心。这是宝洁公司在全球范围内设置的第四个采购订单处理中心，负责处理所有在中国的总部、分公司及工厂发生的所有采购业务所涉及的采购订单。其主要处理非采购决策的环节，包括采购部指引的部分询价，所有订单的创建、修改和确认，供应商对采购订单的执行情况等。

宝洁公司采购订单处理的具体流程可细化为以下10个环节：

（1）线下申请：采购申请人根据本部门需求，通过电子邮件或填写采购申请表提交详细的采购申请。

（2）指引询价：采购人员根据申请部门提供的预算和需求量来决定进行招标或指引订单处理员（简称处理员）向其指定的供应商进行询价。

（3）采购决策：处理员向供应商询价，将所有报价整理后退回给采购人员进行采购决策，采购人员将选择的报价退回给处理员。

（4）系统申请：处理员将报价退回给申请部门出具系统采购申请，采购申请人在部门经理批准以后，在公司 SAP 系统中提交采购申请。

（5）创建订单：处理员将系统采购申请下载整理后共享给采购人员，并在采购人员的指引下创建采购订单，交给订单处理中心由授权人签字后，扫描并发送给相应的供应商。

（6）确认订单：供应商在订单上签字或盖章并回传以示确认。

（7）执行订单：供应商送货并开具发票。

（8）确认收货：采购申请人收到货物，确认无误后在系统中收货。

（9）解决问题：处理员处理采购订单付款过程中出现的问题，并提供相应的解决方案。

（10）财务付款：财务部根据发票和系统的收货执行付款流程。

7.4 供应质量管理

供应质量管理是企业全面质量管理的重要组成部分，也关系着企业生产产品的质量，进而影响着企业的销售。

7.4.1 供应质量管理方案的制订

1. 供应质量在采购方面的管理

采购是供应的开端，采购质量管理直接影响乃至决定供应质量管理。采购质量管理的任务是根据生产的需求，保证采购部门适时、适量、适质地向供应部门提供各种所需的物料。

（1）物料采购的计划工作。在面临较复杂的采购情况时，针对多品种、多批次的需求，采购部门要进行需求分析。需求分析涉及企业各个部门、工序、材料、设备、工具及办公用品等各种物料，需要进行大量的、彻底的统计分析，在此基础上编制物料采购计划，并检查、考核执行情况。

（2）物料采购的组织工作。依据物料采购计划，采购部门需要按照规定的物料品种、规格、质量、价格、时间等要求，与供应商签订订货合同或者直接购置物料。

1）运输与组织到货。确定供应商与采购方案后，根据采购计划内容（包括质量、运输方式、交货时间、交货地点等）要求，组织运输与到货，并尽量在合理时间内提前完成。

2）验收。物料到货后，根据有关标准，经有关部门对进厂的物料进行品种、规格、数量、质量等各方面的检验核实后方可入库。对质量连续不合格的物料供应商，一方面提请供应商进行质量改进；另一方面，如果供应商的物料质量已经达到极限，则应从物料设计系统入手，选择适合大批量生产的物料种类。对质量连续符合标准的物料供应商，则可以考虑对其实行免检。实行免检的物料事先要签订"质量保证协议"，并列出相应的处罚措施，从合同上对供应物料质量进行制约，提高供应产品的质量。

（3）物料采购的控制工作。由于采购活动涉及资金的流动以及各方的利益关系，为了减少因贿赂所造成的采购物料质量差以及采购活动所带来的风险，必须加强采购控制工作，建立采购预计划制度、采购请求汇报制度、采购评价制度、资金使用制度、到货付款制度、保险制度等。

（4）供应商的评估和认定。采购质量管理的重点之一在于正确地选择供应商。在供应链管理环境下，为了降低企业成本，往往需要减少供应商数量。当然，供应链合作关系也不意味着单一的供应商。从供应链管理的需要和采购产品的质量出发，企业采购质量管理要求进行供应商的评估和认证。

2. 供应质量在物资方面的管理

对于企业正常运转而言，保持一定数量的物资库存是非常必要的。物资仓储的控制和质量管理是供应质量管理的重要方面。对库存物资实施有效的控制和质量管理，有助于降低物资供应在仓储过程中的成本，为企业生产运营提供合格的、数量准确的物资供应。

（1）在物资入库前要严把质量验收关。对物资入库进行验收时，要认真检查物资的货号、规格、品质、标识标志甚至外观等资料，核对物资的数量、规格、技术指标等，要出具检测证明；对达不到生产使用要求或不合格的物资要杜绝入库，更不能出库发放使用。

（2）要提高供应物资在仓储中的质量管理水平，尽量减少物资在仓储中的损耗。要依据物资的不同用途、规格、型号等，按照一定的标准对其进行分级、分类质量管理。

（3）严把物资出库关。在物资出库的时候，物资保管员和仓库复检员应该认真进行检查，避免在生产环节出现有问题的物资。

（4）在物资装卸的过程中，一定要严格遵循相关的规章制度，避免由于人为出错而对物资间接造成严重损害的现象。

3. 供应质量在机制方面的管理

（1）制定供应质量标准。质量标准应包括以下要素：

① 规格、图样与采购产品或服务的要求。供应人员应拟定一套合适的规则，以确保供应物料的要求得以明确叙述、沟通，而最重要的是要完全为供应人员所了解。这些规则可包含拟定规格、图样及采购产品或服务的要求等。

② 质量保证协议。

③ 接受检验计划与管制。

④ 接受质量记录。

（2）还应建立质量检验体系。主要的质量检验制度如：

1）三检制。所谓三检制，就是生产工人自检、生产工人之间互检和专业检验人员专检相结合的一种检验制度。

① 自检。自检就是生产工人对自己所生产的产品，按照作业指导书规定的技术标准自行进行检验，并做出是否合格的判断。这种检验充分体现了生产工人必须对自己生产产品的质量负责，这也是工人参与质量管理的重要形式。

② 互检。互检就是生产工人相互之间进行检验。互检的内容主要包括：下道工序对上道工序流转过来的产品进行检验；小组质量员或班组长对本小组工人加工出来的产品进行抽检等。这种检验不仅有利于保证加工质量，防止因疏忽大意而造成成批的废品出现，而且有利于搞好班组团结，加强生产工人之间良好的群体关系。

③ 专检。专检就是由专业检验人员进行的检验。专业检验是现代化大生产劳动分工的客观要求，它是互检和自检不能取代的。而且，三检制必须以专业检验为主导，这是由于现代生产中，专业检验人员无论是对产品的技术要求、工艺知识还是检验技能，都比生产工人熟练，所使用的检测量仪也比较精密，检验结果比较可靠，检验效率也比较高；其次，由于生产工人有严格的生产定额，定额又同奖金挂钩，所以容易产生错检和漏检，有时，生产工人的情绪也有影响。

应当指出，ISO 9000 系列国际标准把质量体系的"最终检验和试验"作为企业中一种重要的质量保证模式，对质量检验提出了严格的要求和规定。

2）签名制。签名制是一种重要的技术责任制，它是指在生产过程中，从原材料进厂到成品入库和出厂，每完成一道工序，改变产品的一种状态，包括进行检验和交接、存放和运输，责任者都应该在相关记录文件上签名，以示负责。特别是在成品出厂检验单上，检验员必须签名或加盖印章。操作者签名，表示按规定要求完成了这套工序；检验员签名，则表示该工序达到了规定的质量标准。签名后的记录文件应妥善保存，以便以后参考。

3）质量复查制。我国有些生产重要产品（特别是军工产品）的企业，为了保证交付产品的质量或参加试验的产品稳妥可靠，不带隐患，在产品检验入库后至出厂前，要请与产品有关的设计、生产、试验及技术部门的人员进行复查。这种做法，对质量体系还不够健全的企业，还是十分有效的。

4）追溯制。在生产过程中，每完成一道工序或一项工作，都要记录其检验结果及存在问题，记录操作者及检验员的姓名、时间、地点及情况分析，在适当的产品部位做出相应的质量状态标志。这些记录与带标志的产品同步流转。产品标志和签名制都是具有可追溯性的依据，在必要时，都可弄清责任者的姓名、时间和地点。职责分明、查处有据，可以大大加强员工的责任感。产品出厂时还同时附有跟踪卡，随产品一起流通，以便用户把产品在使用时所出现的问题及时反馈给生产者。这也是企业进行质量改进的重要依据。

7.4.2 不合格品管理

《质量管理体系基础和术语》（GB/T 19000—2016）中对**不合格**（Nonconformity）的定义为"不能满足规范要求"。此处的"要求"是指"明示的、通常隐含的或必须履行的需求或期望"。在质量控制工作中，对可疑的不合格品或生产批，必须认真加以鉴别；对确实不符合要求的产品必须确定为不合格品。

在与供应商的合作过程中，可能会出现不合格品，客观合理地判定与处理不合格品对形成良好的供应商关系非常重要。

1. 不合格品的发现

产生不合格品的原因很多，如设备损坏、原材料不合格、工艺控制不严格、人员疏忽、包装防护不够、搬运过程中的损坏、安装调试不当等。依据不合格品产生的原因，质量责任的归属也不尽相同。不合格品的发现，往往在商品的使用和检验过程中。如果在抽样试验时，发现进厂零部件达不到可接受的质量水平，根据契约或协议规定可以拒绝接收。如果已经发现了不合格品，但达到了所要求的 AQL（接收质量限）值，则该批产品可以接收。但从概率上讲，该批合格产品中肯定存在不合格品。这些不合格品和后来由于企业自身搬运不当、装配不合理及其他意外因素造成的不合格品的判定是否恰当，会影响供需双方关系。

2. 不合格品的质量责任

合格品与不合格品的判定应由统一的部门来实施，必要时可由供需双方共同判定。进行不合格品判定时，其检验设备与环境应该保持一致。例如，同一块线路板，在不同的环境温度下，其电气性能、抗干扰性能等可能会有较大的差别。因此，检验应在双方认可的条件、方式和环境下进行。判定应该保留相应的记录，以满足可追溯性要求。

同一个配套件，进厂检验时合格，出厂检查时却发现是不合格品。这有可能是环境或其他意外因素的影响导致了产品的不合格，也有可能是该配套件与其他配件之间不协调。例如，两台抽油烟机的电动机来自同一个配套厂家的同一批商品，其中一台装配到机器 A 上，发现噪声很大。这时车间调试人员会在该台机器上标记"噪声大"，作为不合格品退回。但配套厂家运回电动机后，重新测试，发现电动机运转平稳，无异常声。该电动机被重新装机试验，发现确无噪声大的问题。而车间调试人员坚持自己的发现。经过工程人员仔细分析，原来该电动机转子的固有频率与机器 A 比较接近，装机运转会发生谐振而引起较大噪声。如果把该电动机重新装到另一台机器 B 上，"症状"便会完全消失。像这种问题，在企业中可能经常发生，如果分析不出原因，往往会造成供需双方合作上的不愉快。如果退货前企业经进货检验部门重新检验确认，就可及早发现问题。

3. 不合格品的管理

不合格品的管理不仅包括对不合格品本身的管理，还包括对出现不合格品的生产过程的管理。当生产过程的某个阶段出现不合格品时，绝不允许对其做进一步的加工。同时，根据"三不放过"的原则，应立即查明原因。如是生产过程失控造成，则在采取纠正措施前，应暂停生产过程，以免产生更多的不合格品。根据产品和质量缺陷的性质，可能还需要对已生产的本批次产品进行复查全检。

对于不合格品本身，·应根据不合格品管理程序及时进行标识、记录、评价、隔离和处置。所谓对不合格品的标识和记录，应按产品特点和质量体系程序文件的规定进行。对不合格品的标识应当醒目、清楚，并应采用不能消除或更改的标识。对不合格品及其标识必须按统一的格式认真做好记录。对已做了标识和记录的不合格品，供应商应在等候评审和最终处置期间将其放置在特定的隔离区，并实行严格控制，以防在此之前被动用。

4. 不合格品的处理

对不合格品的处理有返工、返修、原样使用、降级、报废和退货等几种方式。

（1）返工。可以通过再加工或其他措施使不合格品完全符合规定要求。例如，机轴直径偏大，可以通过机械加工使其直径符合公差范围而成为合格品。返工后必须经过检验人员的复验确认。

（2）返修。对不合格品采取补救措施后，仍不能完全符合质量要求，但能基本满足使用要求，判为让步回用品。在合同环境下，修复程序应得到需求方的同意。修复后，必须经过复验确认。

（3）原样使用。当不合格程度轻微，不需要采取返修补救措施，仍能满足其使用要求时，不合格品被直接让步接收回用。这种情况必须有严格的申请和审批制度，并得到用户的同意。

（4）降级。根据实际质量水平降低不合格品的产品质量等级，或作为处理品降价出售。

（5）报废和退货。如不能采取上述各种处理方式时，只能报废或者退货处理。

采购与供应管理

不论采取哪种方式，费用的分担肯定是双方协调的关键。费用应根据不合格品所占比例的大小和不合格品的影响程度确定，应在协议或合同的相关条款中做出明确规定。企业可利用统计方法，分析出供需双方都可以接受的不合格品比例，从而确定合理的费用分担方式。某电器公司的高扭矩统计资料，发现外购电器配套件的投入使用合格率一般在99.66%以上。这样可在双方签署的协议中规定阅读投入使用合格率指标为99.66%，并要求达不到该指标的供应商负责不合格品的处理费用。

【案例7-7】

判定不合格品的案例

某公司供应部检查供方供货质量记录时发现，第31号供应商1月以后所供漆包线进货检验连续15批不合格，但均办理代用手续。调查代用审核单发现，不合格原因为外径超差大于上限；继续追查原因，发现是本公司技术部为提高漆包线的绝缘性能，要求供应商增加漆的厚度，并向供应商发出临时采购标准。而质检部仍按常规产品检验，因此造成多批不合格代用情况。请分析以上情景中对不合格品的判定有何不妥之处。

7.4.3 现代质量管理方法

从20世纪50年代开始，由于科学技术的迅速发展，工业生产技术手段越来越现代化，工业产品更新越来越频繁，加上出现了许多大型产品和复杂的系统工程，质量要求大大提高了，特别是对安全性、可靠性的要求越来越高，伴随而来的新的质量管理方法也层出不穷。各企业往往根据自身的生产或服务类型，同时使用几种不同的质量管理方法。下面介绍几种比较常见的现代质量管理方法：

1. 全面质量管理

（1）全面质量管理的含义。**全面质量管理**（Total Quality Management，TQM）是企业管理现代化、科学化的一项重要内容。它于20世纪60年代产生于美国，最早是由费根堡姆（A. V. Feigenbaum）提出的，后来在西欧与日本得到推广与发展。费根堡姆对全面质量管理的定义是"在最经济的水平上和考虑到充分满足顾客要求的条件下，进行市场研究、设计、制造和售后服务，把企业内各部门的研制质量、维持质量和提高质量的活动构成一体的一种有效体系"。

全面质量管理是代表组织执行持续改善的一个理念和一套指导原则。它利用大量的人力资源，提高供应给组织的产品和服务水平，改善组织的所有流程和客户满意度。"全面质量"不仅指产品和服务质量，还包括工作质量，用工作质量来保证产品和服务质量。整个质量管理包括了采购、设计、生产制造直至储存、销售、售后服务的全过程。它强调"好的质量是设计、制造出来的，而不是检验出来的"。

根据美国会计总署（General Accoimting Office，GAO）的资料，全面质量管理有四个重要的特征：①质量管理必须与整个企业的业务活动融合在一起；②员工必须为不断改进质量做出努力；③顾客的满意度以及与其有关的系统性、连续性的研究过程是全面质量管理系统的推动力；④供应商是全面质量管理过程中的合作方。

（2）全面质量管理的步骤和方法。全面质量管理活动通常通过PDCA循环完成。PDCA

循环又称戴明环，是美国质量管理专家戴明（W. E. Deming）博士首先提出的，它由英语单词 **Plan**（计划）、**Do**（执行）、**Check**（检查）和 **Action**（处理）的第一个字母简写而成，是全面质量管理所应遵循的科学程序。全面质量管理活动的全部过程就是质量计划的制订和组织实现的过程。这个过程按照 **PDCA 循环**，不停顿地、周而复始地运转。它基本可分为以下四个工作阶段：

第一阶段：计划阶段，也称 P 阶段，主要是在调查问题的基础上制订计划。计划内容包括：制定目标、方针和活动过程以及管理项目和制定完成任务的方法。为了达到这些目标，怎样干、干到什么程度，都要在计划中予以明确，一般应有具体的数量化指标和可操作的措施。

第二阶段：执行阶段，也称 D 阶段，主要是按照制订的计划去实施，落实计划中的各项措施。

第三阶段：检查阶段，也称 C 阶段，就是检查计划的落实情况，找出存在的问题，肯定成功的经验，对执行计划的结果进行检测评定。

第四阶段：处理阶段，也称 A 阶段，就是把经过实施、检查之后找出的问题进行处理。对正确的做法要加以肯定，总结成文，纳入企业标准体系中，使之制度化、标准化并保持下来，在以后的工作中执行；对错误的做法要引以为鉴，在以后的工作中注意避免；对在本次 PDCA 循环中没有解决或解决不彻底的问题，要转入下一个 PDCA 循环中加以解决。在每次 PDCA 循环中都不断赋予其新的内容，反复下去就会使工作效率不断提高。

PDCA 循环具有以下几个特征：①PDCA 循环像一个不停转动的车轮，周而复始，依靠组织的力量推进，不停地转动。管理工作做得越扎实，则转动越有效，企业管理水平也越高。②PDCA 循环是由大环套小环、一环扣一环、环环相接的制约环所组成的，大环和小环都在不停地循环转动中。③PDCA 循环每转动一次，就把质量管理活动推向一个新的高度，而不是在原来的水平上空转。④PDCA 循环必须围绕标准转动，以企业的质量方针为目标，并在循环的过程中，把行之有效的措施、对策上升为管理制度或标准。

全面质量管理活动的运转，离不开管理循环的转动。这就是说，改进与解决质量问题、赶超先进水平的各项工作，都要运用 PDCA 循环的科学程序。无论是提高产品质量，还是减少不合格品数量，都要先提出目标，即质量提高到什么程度，或不合格品率降低多少。这个计划不仅包括目标，也包括实现这个目标需要采取的措施。制订计划并执行之后，就要按照计划进行检查，看是否实现了预期的效果，有没有达到预期的目标，并通过检查找出问题和原因。最后要进行处理，将经验和教训制定成标准或制度。

2. 六西格玛管理

"西格玛"（Sigma）一词源于统计学中标准差 σ 的概念。标准差 σ 表示数据相对于平均值的分散程度。"西格玛水平"则将过程输出的平均值、标准差与顾客要求的目标值、公差限联系起来并进行比较。这里，目标值是指顾客要求的理想值；公差限是指顾客允许的质量特性的波动范围。

六西格玛管理强调对组织过程满足顾客要求的能力进行量化，并在此基础上确定改进目标和寻找改进机会。这里，西格玛水平（通常用 Z 表示）是过程满足顾客要求能力的一种度量。西格玛水平越高，过程满足顾客要求的能力就越强，过程出现缺陷的可能性就越小；反之，西格玛水平越低，则过程满足顾客要求的能力就越低，过程出现缺陷的可能性就越大。

六西格玛质量管理的重点在于减少过程波动，达到每 1000000 次仅产生 3.4 个次品，在产品制造过程中衡量质量水平。3.4/1000000 的缺陷率（DPMO）是衡量的标准，如果企业能够符合六西格玛的标准，那么产品质量就近乎完美。表 7-2 显示的是西格玛质量水平和其相对应的产品合格率，通过使西格玛的数字增大，为企业改进质量水平提供了一个清晰和明确的目标。

表 7-2　西格玛质量水平和产品合格率

西　格　玛	产品合格率（%）	DPMO
1	30.9	690000
2	69.2	308000
3	93.3	66800
4	99.4	6210
5	99.98	320
6	99.9997	3.4

【案例分析】

BZ 公司采购经理工作日记

李小姐毕业后来到拥有欧洲背景的 BZ 公司已经快 6 年了。在这些年中，李小姐工作兢兢业业，认真钻研业务，业务能力赢得了公司上下的认可。凭借出色的工作经历，李小姐的职位如芝麻开花节节高，现在已荣升为公司采购经理。难能可贵的是，李小姐 6 年来坚持写工作日记，记录自己和部门的工作得失。下面的内容就摘自李小姐的工作日记：

日记 1：采购依据变更

很久以来，由于市场需求还没有达到膨胀的状态，BZ 公司一直采用"见单生产和见单采购"的原则，并且结合以往的历史销售记录，制订采购计划。随着公司产品市场需求不断增加，原有的采购模式已无法满足市场的要求。供应部提出销售部直接接触市场、接触客户，直接了解市场需求。因此，要求销售部每月根据市场变化，做出 3 个月后的销售预测，以便采购部门提前备货，满足市场需求。总经理同意了供应部的请求。该方案运作了三四个月后，效果很好，库存充足，生产安排井然有序，已经很少有客户由于交货期的问题再投诉。

日记 2：X-280 库存之患

X-280 型仪器（简称 X-280）需求经历了一段高速增长之后，订单量急剧下降。什么原因导致该产品提前进入衰退期？原来市场上同时出现许多 X-280 的替代产品。其他公司采用国内的部件，生产出许多虽质量不及 X-280，但价格却相对比较低的产品，所以导致 X-280 的订单量急剧下降。而 BZ 公司的供应部并未得到相关的市场反馈，还保有大量的 X-280 在库中。等到发现实际订单与预测有很大差异时，许多货物已经在从欧洲到中国的路上了。

这时，新的问题出现了——库存太高。为什么会有这么高的库存呢？供应部对以往的预测和实际销售量进行了分析，发现销售人员一般都比较乐观，喜欢多下计划，以便随时提货。如果有一些订单由于种种原因没有签下来，销售人员也不会向总部取消计划中的这部分采购。曾有一个订单涉及一个援外项目，订单量为 100 多台设备。由于伊拉克战争，该项目被搁置了，但销售人员没有把新的变化通知采购部门；而采购人员对市场并不是很了解，还是按照原来的计划采购。结果，该部分的原材料形成高的库存积压；还有一部分原材料由于市场的变化，很少有客户订购，也造成库存积压。

供应部将该信息反馈到总经理处，没想到受到了总经理的严厉批评，指出销售部的乐观是正常现象，供应部应该追踪订单，以确保库存尽快降下来，并责成财务部来督办。

在财务部的大力推动下，许多原有的虚拟订单被删除，供应部连续两个月的采购额只及原来的 1/3，库存在 1~2 个月内，很快降了下来。财务部经理的脸上露出了笑容。

日记 3：部门冲突——确定合理的库存水平

财务部经理脸上的笑容尚未消退，新的问题出现了：因为销售市场火爆，不仅消耗了原来的库存，还产生了大面积的缺货，很多货品数百台地短缺。而且，短缺得最多的就是从欧洲采购的精密仪器部件。因为国内的采购可以很快补过来，国际采购则因采购前置期太长，无法迅速补充。这时销售部不仅不能履行对客户一周交货的承诺，还有大批已经到期的合同无法交货。企业甚至采用大规模的空运以弥补不足，最大的一单仅空运费就高达十几万元。高额的运费使成本迅速增加，但更多的时候空运是治标不治本。缺什么，补什么，导致不断有小件货物需要空运，生产也无法顺畅地安排下去。于是，各部门纷纷抱怨、互相指责。

生产部反映，由于产品销售量增加，维修的部件也相应增加，那么原本在计划中用于生产的部分部件，被临时用于维修了，结果导致相当一部分机器不能按计划生产。通过与销售部协调，销售部表示，为了客户的利益和公司的信誉，宁可由于部分元件短缺而造成产量下降，也不能降低对客户的服务水平。

财务部抱怨库存周转率不高、资金利用率不高，认为供应部的工作效率不高。人们都觉得供应部的工作没有做好，不是缺件，就是库存高。供应部觉得更委屈：我们天天加班，没日没夜地干活，供应不足或剩余有多种原因，怎能全都是供应部的错？到底是哪里出了问题？

大家经过讨论，发现如下问题：

(1) 对销售预测的准确性重视不够。销售预测的准确性不高会直接导致采购计划的失真。而且，生产部是按照实际的销售订单来生产的，供应部则是按照销售预测来采购的，预测与现实之间的出入直接导致了库存积压或货物短缺。

(2) 客户服务水平过高。按客户服务部经理的报告，客户服务一直要求达到客户满意率 99.5% 左右。在供应链管理中，企业追求以最低的成本达到预期的服务水平。服务水平的高低直接影响着库存水平。如果产品的需求呈正态分布，99% 的服务水平所需要的库存，可能比 95% 的服务水平所需要的库存多出近 1/3。这意味着 1/3 的库存只是为了提高 4 个百分点的服务水平所准备的，其代价和成本自然也是极其昂贵的。因此，在进行采购和生产计划之前，确定合理的服务水平和库存水平是非常必要的。

(3) 物料清单的准确度不高。由于采购计划以物料清单为基础，所以，其准确与否直接决定了采购人员能否买回所需要的物料。一件由几百种零件组成的产品，往往会由于缺少一两个部件而无法组装，无法向客户交货，而且 99% 的部件不得不留在库中等待最后缺件的到来。这样造成库存资源的极大浪费，不仅占用资金，而且占用仓库。用于补救的措施多会采用空运，甚至用 DHL 快递紧急订购缺件，给公司造成很大的浪费。

例如，有一种从欧洲采购的精密部件 PX33 温控保护装置。该装置属于选配件，但由于这种保护装置可以使温控设备的主机避免由于发生故障而烧掉，有类似于漏电保护的功效，销售部在进行销售的时候，一般推荐客户选配该部件。但在物料清单中，该部件作为选配件并不在其列。每次供应部根据销售部的销售预测和物料清单进行采购的时候，无法从系统中得到这种温控保护装置的需求数量，只能根据以往的历史记录来推算预计的采购数量。但这种历史推算很难跟得上现在市场的变化，该货物经常处于短缺的境地。

(4) 内部运作与外部销售的沟通不足，部门间的沟通也不足。这不仅反映在市场反馈不足，而且员工对其他部门的工作及需求也不了解、不理解，并且不关心。

通过对上述问题的讨论，大家意识到在企业飞速发展的情况下，各部门一定要很好地协作和沟通，才能跟得上企业发展的步伐。

公司给出的解决方案是这样的：

采购与供应管理

（1）提高销售预测的准确性。各部门一起参加如何做好销售预测的培训，提高对销售预测的重视程度。由人事部对销售人员进行销售预测准确率的考核，将销售预测的准确程度与其奖金挂钩。

（2）寻找库存水平与客户服务水平的平衡点。首先分析其合理性和可行性。销售部和供应部应紧密配合，结合公司的采购环境，分析销售趋势并确定出一个合理的库存水平，提交总经理批准。如果认为这样的库存仍然太高，那么就需要相应地调低客户服务水平。该库存水平由供应部专人跟踪。

（3）对于维修的零部件，由客户服务部制订维修备件需求计划，由供应部根据计划单独做备件的储备，避免由于维修件而打断正常的生产安排。如果有特别情况的确需要调拨生产线上的部件，必须有销售总监的批准。

（4）制订合理的采购计划，并及时调整再订购水平和经济订购批量，保证其合理性。

（5）由技术部负责核对所有物料清单的准确性，消灭由此产生的误采购。根据实际情况酌情调整物料清单，将80%的客户都选配的部件按照必选件采购；对于少数不选配的客户，由销售部每月月底通知供应部调整数量，避免积压库存。

（6）加强与国外供应商的沟通。在国外供应商实行"见单生产""零库存"的情况下，尤其要与它们保持密切、有效的沟通，通过年度采购计划和季度采购计划的形式通知供应商及早做出生产和发货的准备。这样可以紧密地跟踪货物的生产情况，及时处理突发事件，敦促供应商及时、准确地发货。

思考题：

1. 影响采购计划制订的因素有哪些？如何确定制订采购计划的依据？

2. 制订采购计划时，如何确定合适的订货水平？

3. 采购计划制订完成后，如何对其进行动态调整，以使其更贴合公司实际？

第8章 采购与供应风险管理

在采购实践中，采购商向供应商采购货物、原材料时，由于自身或外部因素的影响，往往会导致实际结果与预期目标不尽相同的情况。这种可能性就给采购管理工作带来了一定的风险。尽管所有的管理者都在极力避免这种风险的发生，但是这种风险仍然普遍存在。因此，寻找行之有效的预防和控制采购与供应风险的方法成为采购管理人员的一项重要职责。

8.1 采购与供应风险的含义

一般的风险研究认为，从风险来源的角度来剖析风险有利于认识风险，如将风险划分为内因型风险和外因型风险等。按照这种思路，采购管理中的内因型风险主要有计划风险、合同风险、验收风险、存量风险、责任风险等；外因型风险主要有意外风险、市场风险、汇率风险、技术风险、采购质量风险等。

随着信息技术的日益普及以及新的商业模式不断涌现，采购工作所处的内外部环境发生了革命性的变化，这也要求人们不断更新对采购风险的认识。首先，采购管理服务于产品（或服务）的整个生命周期，因此，采购风险也遍布于产品（或服务）的整个生命周期。现实中，供应、生产、销售、物流、售后服务及回收处理等后续环节可能产生的质量问题或者直接损失，往往可以追溯到原材料或服务的采购环节。因此，有经验的采购人员往往要在供应商的低价和潜在的采购风险之间寻找平衡。其次，采购风险已经成为企业系统风险的重要组成部分。采购管理面对的是一个复杂的系统，而不再局限于一个部门或单一流程。采购风险应当综合考虑采购的环节化、流程性、系统性等特点，从系统的视角对风险进行识别和剖析，然后有针对性地对这些风险点提出解决对策，以期达到全局优化的效果。再者，采购风险日益成为供应链管理工作的关键。现代企业的竞争已经变成供应链之间的竞争，而采购管理成为连接供应链上企业的天然锁扣。它承载着众多上游企业的产品输出，维持着自己企业的生产供应，还影响着大量下游企业的加工生产。全面控制好供应链的采购风险，将有力地保证整条供应链环环相扣，也使得供应链飞速运转。采购风险的管理水平将直接决定供应链管理竞争能力。

结合新形势下的采购模式，将采购与供应风险定义为：采购与供应风险通常是指企业或者供应链的采购活动中可能出现的一些意外情况，包括人为风险、经济风险和自然风险等，这些不确定性因素可能会给企业造成一定的损失。具体形式如采购预测不准导致物料难以满足生产要求或超出预算，供应商生产能力下降导致供应不及时，货物不符合订单要求，呆滞物料增加，采购人员工作失误或供应商偶尔存在的不诚实甚至违法行为等。

8.2 采购不确定性的类型

风险是损失发生的不确定性。主观学说认为，不确定性是主观的、个人的和心理上的一

采购与供应管理

种观念，是个人对客观事物的主观估计，而不能以客观的尺度来衡量。不确定性的范围包括发生与否的不确定性、发生时间的不确定性、发生状况的不确定性以及发生结果严重程度的不确定性。客观学说则是以风险客观存在为前提，以风险事故观察为基础，以数学和统计学观点加以定义，认为风险可以用客观的尺度来度量。不确定性是一个很宽泛的术语，它通常涵盖多种概念，其来源也有多种可能。

8.2.1　供应的不确定性

供应的不确定性主要是指由于供应商自身的原因或其他不可抗力而造成的无法向制造商在事前约定的时间、地点提供指定数量和质量的产品或服务，进而造成制造商无法正常满足客户需求。它具体包括供应货物以及价格数据的不确定、供应数量的不确定、供应质量的不确定以及供应提前期的不确定等。供应方面的不确定直接影响到供应链的管理。尽管供应商会报出一个交货提前期，但是有很多原因会导致其很难在保证期内准时提供物料。例如，大风暴、机器故障以及这个供应商的供应商推迟供货等，都是迫使其延迟供货的原因。在许多情况下，供应的数量和质量、供应商的成本及交货时间存在着很大的不确定性。整个运作渠道中，生产和运输时间的波动也会造成不确定性，这同样会影响运作成本和客户服务水平。为抵消波动的影响，企业常常在运作渠道的多个节点保有库存，以缓冲不确定因素的影响，使生产运作更加平稳。

任何企业的持续发展计划都意识到，随时都可能发生供应中断和延误。地震、龙卷风、海啸、战争、洪水或火灾等灾难性事件都可能毁灭一家重要的供应商。罢工时间可能有所不同，有些短期中断可能只涉及天气、交通线路或其他影响供应或运输的短期因素，但仍然会影响购买组织提供优质客户服务的能力。造成供应中断和延误的因素可以分为两种：一种是超出采购商或供应商控制范围的不可抗因素，如天气等；另一种是供应商为防止供应中断，在选择其自身的供应商、内部管理和选择分销渠道等方面的能力。这两种因素之间存在明显的差异，采购之前进行详细的供应商评估可以有效预防第二种因素造成的供应中断。在已经确立的供应关系中，与关键供应商的有效沟通是非常重要的。很明显，供应中断将增加采购商的成本。如果需要临时替换原料或服务，其成本往往是非常高的，员工和机器闲置、客户交付延误以及各种混乱现象都会引起成本的增加。许多采购风险的发生就是因为供应的中断。

【案例8-1】

2001年，英国UPF-汤普森公司破产。该公司是"Discovery"型车底盘的唯一供应商，每年的供应量达到7万座。"Discovery"型车是陆虎公司的拳头产品，其年产量占公司年总产量的1/3。由此导致隶属美国福特汽车的陆虎公司宣布有可能暂停生产该公司最畅销的"Discovery"型车。由于可以替代的供应商需要6个月的时间才能投入生产，陆虎公司只能向UPF-汤普森公司提供巨额资金，让它为自己继续生产底盘。

8.2.2　需求的不确定性

需求的不确定性主要是指客户对订单的频繁修改和不规则购买造成的需求问题。这些不确定性又会引发生产计划、调度、控制方面的问题，直接影响供应链的管理。而很多产品都具有季节性、挥发性等特点，客户购买力经常波动、消费者心理变化以及供应链节点间企业相互之间需求预测的偏差，都进一步加剧了采购需求的不确定性，顾客需求总是难以预测的，并且由于种种原因，近年来顾客需求的不确定性进一步增加了。如产品生命周期的不断缩短，这意味着顾客需求的历史数据可能无法获得或者非常有限；市场上不断出现新的竞争性产品，而产品的增多使预测某个具体产品的需求变得越来越困难等。实际上，尽管预测产品组（即预测同一市场上相互竞争的所有产品的需求量）相对比较容易，但预测单个产品的准确需求量就困难得多了。需求的不确定性是最根本的不确定性。需求的不确定集中表现为：①需求数量的不确定性；②需求的多样性，要求产品多样化，进而零部件多种多样；③产品的短生命周期性。

【案例 8-2】

2003 年年末，由于西欧市场的商品短缺，诺基亚的客户订购量超过实际的需求量，夸大的订单数字扭曲了诺基亚的市场需求信息，导致公司做出了不准确的销售预测。

8.2.3　采购成本的不确定性

采购成本应该是指整个采购过程中的成本，而不只是单一采购物资的价格。采购成本的不确定性主要体现在以下几个方面：

（1）采购价格的不确定性。采购风险与采购商品或服务的价格变化直接相关。例如，在商品市场上，油价上涨将会影响燃料、能源以及其他以石油作为主要成分或原料的商品或服务的销售价格。已经签署定价采购合同的采购人员可能会发现另一家更具竞争力的供应商，因为商品价格普遍下降了。汇率变化和短缺威胁或供应中断都会影响价格，此外还包括多变的供应商定价决策。税率、通行费、服务费和关税也会影响总采购成本。企业在采购中，其成本和费用的多少是采购成本高低的决定因素。这也是决定采购成本的最主要的因素。

（2）采购数量的不确定性。需求存在不确定性，导致采购数量也无法确定。如果采购数量过多，就会造成产品积压，增加采购成本。

（3）采购的运输成本存在不确定性。运输方式多种多样，且不同方式的运输费用随市场变化而变化。只有做到运费低、时间短、及时运送，才能降低采购成本。

8.2.4　外界环境的不确定性

外界环境的不确定性主要是指采购过程中外界环境的不断变化。具体包括：企业本身所处行业的特性，政府的支持或限制政策，暴雨、山洪、台风等气候条件和自然灾害，以及交通堵塞等偶然突发事件（如集会、游行、恐怖袭击等）。这类事件往往是难以预测的，但却给采购的进行带来了极大的不确定性。

【案例 8-3】

飞利浦芯片厂火灾引起爱立信手机停产

2000 年 3 月，飞利浦公司在新墨西哥的第 22 号芯片厂发生火灾，烧毁了准备生产的数百万个芯片，工厂也因火灾停产。这场火灾影响到远在欧洲的两个移动电话生产巨头——诺基亚和爱立信，因为这家工厂 40% 的芯片都由诺基亚和爱立信订购。对于这场火灾，两大移动电话生产商表现出了对风险控制的不同态度：诺基亚公司在大火发生以后的两个星期就动员了 30 多名欧洲、亚洲和美国各地的经理与工程师一起讨论解决方案。他们在飞行旅途中重新设计了芯片，想方设法提高生产速度。他们寻找任何一点可以腾出来的生产能力，争取所有可能的供应商，尽可能弥补火灾给生产带来的负面影响，挽回了失去市场的风险。但是，爱立信却反应迟缓，因为没有人想到它会带来那么大的危害。并且，在 20 世纪 90 年代中期，爱立信公司为了节省成本，简化了它的供应链，基本上排除了后备供应商。这使得爱立信在芯片供应中断后不能迅速恢复正常生产，丧失了宝贵的市场机会。当几星期后工厂恢复生产时，爱立信已经损失了 4 亿美元的销售额，市场份额也由此前的 12% 降至 9%。这场火灾成为爱立信退出手机生产的主要原因之一。

8.3 采购风险的类型及管理流程

8.3.1 采购风险的类型

对采购风险类型的分类，也是众说纷纭，国内研究者最早将采购风险划分为内因型风险和外因型风险，也有学者提出将采购风险划分为业务风险和管理风险两大类。结合以往的研究成果，可知采购风险多种多样，根据其来源不同，可分为采购人员造成的风险、供应商造成的风险、采购过程中出现的风险、法律风险、政治变动和自然灾害带来的风险以及采购市场风险。

1. 按因素分类

按因素分类，采购风险的类型如表 8-1 所示。

表 8-1 采购风险按因素分类

采购内因型风险	计划风险
	供应商确定风险
	合同风险
	验收风险
	存量风险
	道德责任风险
	人员素质风险
采购外因型风险	质量风险
	技术进步风险
	价格风险
	意外风险
	合同欺诈风险

（1）采购内因型风险。内因导致的风险有：

1）计划风险。因市场需求发生变动，影响到采购计划的准确性；采购计划管理技术不合理，与企业目标发生较大偏差。

2）供应商确定风险。对供应商的品牌、信誉、规模、销售业绩、研发的详细情况缺乏了解。

3）合同风险。合同条款模糊不清，盲目签约；合同行为不正当，如行贿等；合同管理混乱；合同责任不明确、争议解决方式未确定等。

4）验收风险。数量上缺失；质量上以次充好；品种、规格、型号与合同签订的不一致。

5）存量风险。不能及时供应生产经营需要，造成缺货损失；物资积压过多，占用大量资金；大量物资积压，腐烂变质；对市场预测不准确，导致物资报废。

6）道德责任风险。这是一种人为风险，工作人员责任心不强，造成合同纠纷；假公济私，收受回扣、谋求私利等产生的风险。

7）人员素质风险。采购人员不具备基本的采购业务技能和法律常识。

（2）采购外因型风险。外因导致的风险有：

1）质量风险。供应商提供的物资质量不符合要求，导致产品未达到质量和性能标准，或给企业的客户造成损害。

2）技术进步风险。企业产品由于社会技术进步而贬值，无形损耗甚至被淘汰；新项目开发周期缩短，采购设备已被淘汰或使用效率低下。

3）价格风险。供应商有意抬高价格，使企业采购蒙受损失；批量采购，可能出现跌价。

4）意外风险。由于自然、经济政策、价格变动等因素所造成的风险。

5）合同欺诈风险。合同主体虚假、发票虚假或者作废、产权虚假；签订空头合同；合同陷阱等。

2. 按职能分类

按职能分类，采购风险类型如表 8-2 所示。

表 8-2 采购风险按职能分类

业务风险	市场风险
	计划风险
	合同风险
	意外风险
	违约风险
	采购价格风险
	商业发票风险
	质量风险
	数量风险
	滞销风险
	脱销风险
	赠品到货风险
	库存成本风险
管理风险	责任风险
	腐败风险

（1）业务风险。业务方面的风险有：

1）市场风险。由政府政策的变化等外因导致市场需求等方面的变化，从而导致采购活

采购与供应管理

动无法及时调整。

2）计划风险。在制订采购计划的过程中，由于采购人员对市场的分析不到位、对所要进行的采购项目管理不科学等内部原因，导致采购活动与企业的采购目标发生了较大的偏离。

3）合同风险。双方在拟定合同的过程中，合同条款模糊不清，盲目签约；或合同的签订违反法律规定，如采购人员利用职务之便，收受贿赂，私自泄露企业的招标信息。

4）意外风险。由于供应商合同在实际履行过程中不按照协议，中途偏离预定的目标，在很大程度上给企业带来意想不到的风险。

5）违约风险。供应商在交货时间、交货地点等方面违反合同，给企业带来损失。

6）采购价格风险。在制定合同条款时，对采购价格的约定较模糊，最终交货时产生价格争议。

7）商业发票风险。由于供应商开具的商业发票性质或金额有误，可能会给企业带来无法入账审批等风险。

8）质量风险。在质量上参差不齐、滥竽充数，在货物的规格上不按企业规定，私自调整等，使所供应的货物无法满足企业生产的要求。

9）数量风险。由于供应商为企业提供的货物在数量上缺斤短两，不能满足企业所需的数量，使企业面临停产风险。

10）滞销风险。采购人员进行采购活动的过程中，对市场预估有误，导致盲目采购，最终造成产品贬值滞销。

11）脱销风险。采购物品的数量不能满足生产部门的实际需要，不能做到及时供应，导致实际的生产不得不中断。

12）赠品到货风险。供应商承诺给企业提供的附赠品不能及时到货，导致企业的一系列营销活动不能顺利开展，错过商机。

13）库存成本风险。由于采购过程中没有按照经济订购批量进行采购，导致采购物品的数量远大于目前所需，造成库存成本大大增加。

（2）管理风险。管理方面的风险有：

1）责任风险。企业在招聘、培训采购人员的过程中，首先对应聘人员的基本信息未能切实把好关，对其能力的测试等环节也没有做到深入细致，导致招聘到企业中的采购人员本身素质、能力等各方面良莠不齐，为企业带来法律及业务方面的责任风险。

2）腐败风险。在员工的培训环节没有着重强调采购人员应该具备的各项素质及应该遵守的纪律，给企业的营运带来腐败风险。

3. 按风险来源分类

按风险来源分类，采购风险类型如表8-3所示。

表8-3　采购风险按风险来源分类

采购人员造成的风险	采购技能风险
	采购职业道德风险
	行为责任风险
供应商造成的风险	供应商道德风险
	供应商供货风险

（续）

采购过程中出现的风险	招标投标过程风险
	合同签订过程风险
	采购管理失控风险
	预付款风险
	存货风险
法律风险	国内法律管控风险
	国际法律管控风险
政治变动和自然灾害带来的风险	政治变动风险、自然灾害风险
采购市场风险	原材料价格变动风险
	采购提前期风险

（1）采购人员造成的风险。采购人员造成的风险主要是指由于采购人员自身的技能与知识、职业道德、行为责任等方面的缺失给企业的采购工作及生产经营带来的风险。

1）采购技能风险。采购人员在采购过程中需要运用其专业技能与知识为企业提供技术服务。特别是在采购如芯片等特殊物品时，若采购人员本身所掌握的专业知识不足，将会给企业造成损失。

2）采购职业道德风险。采购职业道德风险具体是指一些采购人员在工作过程中不遵守职业道德，为一己私利而做出不利于企业的事情。例如，采购人员在选择供应商的过程中，由于收受回扣等不正当行为而偏好于某一实际供货质量较差的供应商；即便是供应商供货质量优良，采购人员也应该遵守职业道德。

3）行为责任风险。行为责任风险主要是指采购人员违反了规定的职责义务，如供应商选择不当等，给企业带来损失。这种风险主要表现为两种形式：一种是采购人员有意不正确履行工作职责，出现失职现象；另一种是采购人员主观上无意识的行为造成企业的经济损失。

（2）供应商造成的风险。供应商造成的风险主要是指由于供应商道德或是履行合同义务上的责任（如按期供货）缺失给采购企业带来的风险。

1）供应商道德风险。供应商道德风险主要是指供应商在与采购商接触的全过程中，由于传递虚假信息、以次充好等不道德行为给采购商带来损失的情况。

供应商与采购商都是独立的利益主体，为了追求利润最大化，难免发生利益冲突。供应商为了提高收益，会想方设法讨价还价、提高价格，从而导致价格的波动。特别是当供应商为垄断型供应商时，其议价能力更强。另外，部分供应商盲目追求利润，在采购前期就其供货能力及质量提供虚假信息吸引采购商，供货时可能在物料质量、数量上动手脚，以次充好、降低产品质量或减少数量，有时甚至会制造假冒伪劣产品来侵害采购商的利益。

2）供应商供货风险。供应商供货风险主要是指供应商非主观地导致无法按期交货等情况。可能由于供应商原材料市场的波动或某些外部不可抗力，造成供应商无法保质保量地按时完成供货合同。

（3）采购过程中出现的风险。采购过程中存在着许多不确定因素，由此会存在很多风险。这主要包括：

1）招标投标过程风险。招标投标过程中出现的信息不够公开、招标方式选择不合适、

采购与供应管理

招标文件中存在错误以及投标人与招标人串谋等情况都将给企业的采购带来风险，损害企业利益。

2）合同签订过程风险。合同签订过程中，文件前后不一致或用语不严谨等问题都会导致合同双方对合同条款形成不同的理解，从而相互牵扯或遗漏一些重要条款，造成双方的利益损失。

3）采购管理失控风险。采购过程中，可能出现由于采购商自己的管理缺陷而导致的利益损失。其原因可能是其自身的采购信息系统受病毒影响、内部信息传递不畅，或是对采购物料的价格、性能等横、纵向比较不全面等。再者，也可能是采购项目论证不充分、不科学造成的风险，包括：企业管理部门的采购计划审核工作不严谨，采购资金不足，压缩关键技术参数，忽略专家和供应商的合理建议；采购物品的各项技术参数由临时或非专业人员制定；对采购项目的论证缺乏符合实际情况的多种手段，未能综合、长远地评价采购项目；采购时盲目追求最好，过度购置物料造成采购支出超过计划等风险。

4）预付款风险。预付款风险是指企业根据购货合同的规定预先付给供货方的款项，由于各种不确定因素而给企业带来的损失。有时企业为了得到市场上紧俏的商品或企业急需的商品或出于其他原因，会采取预先支付货款的方式。此时可能造成以下风险：当供应商未严格按照合同规定的时间供货，或当市场行情下跌时，购进的货物形成积压；一旦出现质量问题，或采购人员与供应商相勾结，将会导致利益相关方扯皮，款项被供应商控制，采购商处于被动地位。

5）存货风险。存货风险是指企业存货因价格变动、商品过时、自然损耗而导致存货价值降低的风险。如果采购市场波动性大或采购商未能正确预测，没有很好地控制采购或出清库存，就可能造成存货积压。随着时间推移，存货贬值和降价的可能性就越大，企业利益受损的可能性也就越大。

（4）法律风险。采购作为企业经营、社会组织活动的一环，受法律法规的约束，在采购过程中必须遵纪守法，违反法律的采购行为将给企业带来不可估量的损失。

1）国内法律。采购在各国国民经济发展中有着很重要的地位，各国政府都不断加强对采购方面的监管，出台了一系列相关的法律法规。例如，我国出台了《政府采购法》《国有工业企业物资采购管理暂行规定》《招标投标法》等相关法律法规。企业采购主要采取公开招标、邀请招标、竞争性谈判、询价等方式。供应商若认为采购商及中介组织在进行采购的过程中采取违法的采购方式、招标文件发布方式、招标程序等，采购商将有可能面临承担法律责任的风险。另外，采购人员在采购操作中也可能触犯法律。违法犯罪的类别主要有滥用职权罪，玩忽职守罪，签订、履行合同失职罪，贪污罪和受贿罪等。

2）国际法律。企业选择国际化采购时，要确定出口国、进口国的法庭以及第三方的法庭在发生争执时的法律权限。例如，在英格兰或威尔士之间签订合同时，若在合同中没有明确哪个国家具有仲裁权时，通常由英国法庭承担仲裁权。

当合同双方忘记规定适用法律时，法庭将会从合同和环境中推断出合适的法律体系。例如，当代售由日本设计、在马来西亚生产、从新加坡运出的货物时，货物由一个英国代理商销售给一个法国客户，运输问题交给一家挪威投资、在比利时注册的船公司承担，货款用美元支付。此时裁决问题和法律体系将非常复杂。

（5）政治变动和自然灾害带来的风险。政治变动和自然灾害等不可抗力会给企业采购带来意想不到的风险。政治变动主要是指由于国际、国内政治环境的变化而带来的不确定性影响企业的采购，如战争、政变、恐怖事件等导致全面停产。自然灾害对采购的影响毋庸置疑，包括台风、地震、洪水、火灾、山体滑坡、病毒等大自然的破坏。自然灾害可能造成交通系统瘫痪，导致物料难以运输，无法及时送达；或地震破坏生产，使企业的生产线无法正常运转，不能按时制造出需要的物品。

（6）采购市场风险。采购市场风险体现在采购市场的波动、采购市场的扩大等相关因素对企业采购的影响。企业在采购过程中必须对物料市场有清楚的分析、了解以及预测，否则可能导致企业利益损失。

1）原材料价格变动风险。随着全球化的发展，企业受国际市场的影响越来越大。由于地区战争、金融危机等国际市场的不稳定因素，价格波动日趋频繁，例如，石油价格的不断涨跌。这种价格变动将给企业采购及经营带来很大的冲击，若处理不当，将造成巨大损失。另外，新技术的发展及广泛使用也将使某些物料的更新换代速度加快，从而造成价格下跌。

2）采购提前期风险。当企业采购市场不断扩张，甚至开展国际采购时，企业采购活动涉及的范围将比较广，其间的相关活动包括跨国运输、海关滞留、检查审核和中途转运等环节的管控十分复杂。另外，供应链的运作过程比较复杂，采购批量较大，因此，采购提前期相对较长。而时间跨度越长，越可能产生诸多不确定因素，导致采购提前期风险的发生。

8.3.2　采购风险管理的流程分析

采购风险管理的流程包括四个阶段：在采购风险识别中，充分识别采购中存在的潜在风险；采购风险评估，是指根据发生损害的大小和发生损害的概率，来评估风险的影响程度；采购风险控制，是指在识别风险后，力求对那些可能发生的风险进行提前控制，尽量降低风险发生的可能性或者损失程度；采购风险处理，是指根据应对方案实施具体措施。采购风险管理流程的四个阶段如图 8-1 所示。

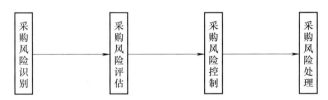

图 8-1　采购风险管理流程的四个阶段

1. 采购风险识别

采购风险识别就是找出采购中存在哪些风险和进一步找出引发意外事件的主要原因。采购中，如果不能正确、全面地认识可能面临的各种潜在损失，就不可能及时预防风险，选择最佳的处理办法。在采购风险管理中，不管对已识别出的风险的处理多么完善，只要有任何风险在识别阶段被忽略，则整个风险管理计划就是不完善的，如果有重大风险被忽略可能导致风险管理的失败。同时，采购过程中各种条件是不断变化的，所以风险识别也是贯穿于采购全过程的。

2. 采购风险评估

采购风险评估就是对所找出的风险进行分析，目的是估计未来可能造成损失的程度和发生的概率。对采购风险的评估需要通过对以往损失资料的整理，利用算术平均数、众数、中值和均值，描绘出损失的集中趋势，利用全距、平均数、方差和均方差、波动系数等来估计损失的离散程度。以对以往损失的集中趋势和离散程度分析为基础，可以大体预测出未来可能造成损失的规模；在以往损失统计的基础上，利用概率分布理论，可以预测未来可能发生损失的概率。

在损失评估中，利用以往资料分析的同时，必须注意分析新情况、新问题。因为每一次采购行为因采购商品、采购数量、采购时间、采购方式等的不同而不同，必须在借鉴以往经验的基础上，针对变化了的情况做出估计和判断。在估计风险时，可以分别估计最大损失、中等损失和最小损失，并分别制定相应的对策。

3. 采购风险控制

在识别、评估风险之后，应力求改变那些可能引起致损事件发生或加重损失程度的因素，这就是采购风险控制。采购风险控制包括以避免和消除致损事件、限制和缩小损失为目的的一切措施。这些措施可分为两大类：一类是避免风险的措施；另一类是减少风险的措施。风险控制是整个风险管理过程中最重要的环节，关于采购风险的规避措施将在本章最后一小节中专门论述。

4. 采购风险处理

经过风险控制阶段后，采购过程中的风险一部分被避免，一部分被削减，但是总有一部分风险是既无法避免也不可削减的。对这种无法消除的风险必须加以处理，这就是风险处理。风险处理的方式主要有两种：一是风险自留；二是风险转移。

8.4 供应风险防范

8.4.1 供应流程中的风险识别及防范措施

1. 供应计划管理风险及防范措施

供应计划是指企业管理人员在对市场供求情况进行充分调研的基础上，从企业生产经营所需物料消耗出发，对计划期内的物料采购管理活动所做的预见性安排和部署。具体包括采购物料种类、采购数量、采购规格、需求时间、估计可接受的价格、采购目的、采购用途等信息。完善的供应计划管理体系能够提高采购计划的准确性，降低物料库存；可以提升物料及时配套供应能力，缩短物料采购周期，从而有效降低企业经营成本。由于市场需求的易变性、企业供应计划管理不科学以及采购人员的机会主义行为，企业供应计划的准确性往往大打折扣，导致与预期目标发生偏离，进而导致供应计划管理风险。因此，在供应计划管理阶段面临的主要风险有：①按照需求确定采购，未能对外部市场环境变化做出准确预估，进行科学囤货，导致采购物资价格上涨的风险；②采购人员与供应商合谋，导致欺诈性的采购，如"吃回扣"导致采购价格虚高；③违反采购程序，如先采购后请购，导致采购与需求发生偏离。

针对以上供应计划风险，企业应当予以正视。针对采购物料需求与实际供应偏差问题，关键在于建立完善的物料管理系统，实现企业与供应商能够共享需求信息、订单信息、库存信息及质量要求信息等，使企业能够根据供应链的供应情况来制订生产计划，建立对采购数据录入的动态及时更新与维护机制。针对采购人员的机会主义行为，一方面，加强对采购人员的教育培训，使采购人员树立起健康的职业观；另一方面，建立有效的责任追究制度，加强采购人员考核，对采购人员的专业水平、工作业绩和职业道德进行考核，同时加大处罚力度，提高机会成本，一旦发现予以开除，甚至追究法律责任等。对于违反采购程序的问题，则应当制定严谨的采购申请流程，对例外情况进行详细规定，防止采购部门为了部门之便，对企业经营活动产生消极影响。

2. 供应商选择风险及防范措施

在采购需求确定后，采购部门应根据企业对物资的质量、价格、交货期和售后服务等方面，采取科学的方式对供应商进行全面评估，从而选择最合适的供应商，在此基础上签订采购合同。在供应链环境下，供应商是供应链中的重要战略合作伙伴，供应商的优劣是决定采购产品质量的关键因素。如果对供应商选择不当，很可能会导致企业陷入经营困境，甚至破产倒闭。因此，企业管理者要重视对供应商选择风险的管理，重视供应商选择风险的评估和防范。供应商选择风险主要体现为：①由于供应商选择的负责人收受回扣，未对供应商进行全面评估，导致供应商选择不当，供应商的供应能力未能满足企业要求；②由于信息不对称，供应商选择过程中采购人员的甄别能力有限，未能识别出供应商道德风险，导致选择的供应商在价格、质量、灵活性、创新能力、可靠性、安全性等方面不能持续满足企业要求；③由于采购要求的特殊性要求，可能出现供应商太少，缺乏有效竞争的情况，导致企业在与供应商谈判中处于劣势地位；④与供应商签订采购合同时，由于团队的专业性不强，对合同条款中的陷阱识别不清，对合同履行过程中可能出现的情况考虑不全面，被不法供应商钻了空子，给企业经营带来损害。

针对供应商选择风险，企业在选择供应商的过程中，应当成立供应商选择的专业化队伍，这支队伍必须拥有技术、管理、法律等方面的人才。在供应商选择过程中，首先，应当根据企业对物资的多方面要求，从质量保证、财务稳定、环境标准、灵活性、创新性等多维视角建立全面的供应商评估体系，并且针对不同供应商构建差异化的风险评价指标体系；其次，应从企业需求物资的特点出发，设计出一种符合企业实际的、可操作性强且能保证风险系数最小的供应商结构，防止供应商为了中标而低价抢标等现象；最后，在签订采购合同时，一定考虑周全，避免歧义。对采购合同主体、数量、质量、价款、履行期限、地点、方式、违约责任、争议解决办法、验收标准等做出尽可能详尽的规定，以防止供应商的道德风险。

3. 供应实施过程风险及防范措施

采购合同签订以后，采购进入实施阶段。在供应实施过程中，双方必须严格按照合同规定进行合作，但是由于信息不对称，采购商面临着供应商的道德风险。供应商可能出于利己动机，采取理性的不合作行为，给采购商带来损失。例如，供应商不能按照合同约定的数量、质量、交货期等要求供货，这将导致采购商的生产经营中断，这种经营中断又对采购商的下游企业造成影响，从而导致供应链危机。对于供应实施过程中供应商的机会主义行为，关键在于加强对供应商行为的监控，通过分析其行为，对风险进行动态预测；使用自动化方法收集有关供应商风险的关键信息，通过对发票信息、采购订单、收到的货物、质量检测和跟踪审计，对供应商的信息进行动态监测。其次，加强沟通，建立长期的战略合作伙伴关系。例如，企业可以与供应商共同制定其业绩的关键绩效指标（KPI），还可以与供应商共享报告和分析结果来追踪和改进它们的业绩，从而及时捕捉供应商的经营状况，为调整合作关系提供依据。与此同时，也应当对一些违反要求的供应商进行处罚，以此来督促供应商改善其供应工作。

4. 货物和服务验收风险及防范措施

供应实施的好坏，只有通过验收来评判。供应商提出验收申请后，采购商应当认真履行验收职责，根据采购合同中规定的验收标准进行评价，对符合要求的物资予以接收，对不符合要求的予以退货处理，并提出相应整改意见。在验收过程中，存在的风险主要表现为：①采购单位缺乏专业人才和专业设备，不能做到真正有效验收，导致验收流于形式，或者被供应商所主导，影响供应质量。例如，有些采购人员疏于对货物清单的检查，则供应商就会降低供货要求。②缺乏第三方介入，非独立于采购、请购及财务职能的人员进行验收，为采购人员的寻租提供了便利，双方合谋的结果必然是低劣的采购质量。针对这些风险，首先，采购商应当设置专门的部门、专门的人员进行验收，该部门应当独立于采购、请购及会计部门，从而明确验收责任，实现责任到人，防止遇到问题相互推诿，而企业则应当对验收人员就产品验收程序、方法及标准进行全面系统培训，从而建立起专业化的采购人才队伍。其次，对于一些复杂物资的验收，可以要求第三方介入，如可以邀请相关领域的专家或者法定的检测机构进行验收。再次，建立供应商诚信考核机制，对验收结果不合格的供应商予以不同程度的惩罚，如曝光、赔偿、中止合同等。最后，验收结果应当由高一级别的行政单位审核批准，这样才能保证验收结果的准确性、科学性和正当性。

5. 审核阶段风险及防范措施

采购审核是企业的内部审核机构或审核人员以采购及其构成要素为对象，对企业供应全过程进行监督、审核、评价，以确定采购的合理性、合法性和效益性。采购审核的内容主要是供应过程中所产生的各种凭证，包括请购单、发票、付款清单、提货单、入库单、税款凭证、采购合同等。审核人员不仅要对采购数量、价格、型号、负责人等基本要素进行审核，同时还要对各种凭证之间所传递信息的一致性进行审核，以防止虚假凭证的产生。另外，采购审核还应对采购计划、采购时间、采购方式、供应商、招投标过程、验收和结算方式等进行充分审核。尤其是在办理付款业务时，应当对购货合同、经销商发票、结算凭证、检验单以及入库单等资料进行审核。付款的会计记录要完整全面，特别是折扣记录要明确。在审核过程中也存在着一定的风险，主要体现为：①审核不及时，未能体现审核以预防为导向的思想，导致采购损失发生后才意识到审核的重要性；②审核不全面，审核人员对烦琐、枯燥的原始凭证审核不上心，未能对各类凭证科目的一致性进行细致审核，繁衍了事，甚至发生应付账款记账超前于货物确认收到期，导致未经批准的货款支付。

针对审核中的风险，审核部门首先要加强审核人员的培训，对审核要点、方法、程序等进行培训；其次，建立科学的审核制度，实行审核人员与记录人员职责分离制度，明确各种原始凭证的审核时间点，对各种原始凭证的真实性、正确性、完整性、合法性和合规性进行严格审核，防止审核不及时导致的供应失效，对由于审核不及时、不全面导致的供应问题，追究审核人员的相关责任；最后，严格依法责任，做到不越位、不错位，通过与采购部门和财务部门的部门间沟通和交流，提高审核工作的有效性。此外，企业还应建立与采购相关的考核办法，定期对采购管理情况进行考核。

6. 付款阶段风险及防范措施

付款是供应业务的最后一个环节，当对审核部门的审核结果进行仔细核对，核对无误后，经企业授权人审批后向供应商办理结算，并做相应的账务处理。付款环节也存在着风险，主要表现为：①工作人员疏忽导致重复付款、付款金额出错、付款延迟或提前等问题；②人员配备不足，付款审核与采购审核、付款执行等不相容岗位未能实现充分分离，岗位职责混乱，导致付款过程中的机会主义行为；③支付方式、工具选择不当，导致供应成本上升，降低资金利用率。付款方式有预付款、一次付款、分期付款、延期付款等，付款工具有现金、支票、信用证等，不同的付款方式和付款工具对资金回收有不同的影响。

针对这些问题，首先，企业应当建立规范的付款流程，根据付款方式的不同而准备不同的附件，包括订单、入库单、发票、合同等。付款申请单需要授权人审批，审批人应根据企业制定的审批权限审核付款通知书和附件，对付款金额的准确性、附件的齐全性等做出审核，审核无误后在"付款通知单"上签字确认。出纳人员凭该凭证根据资金安排、使用计划、预付情况及合同约定办理款项支付手续，进行付款。其次，实现不相容岗位的完全分离，通过付款申请与审批分离控制，能够使付款更加谨慎；付款审批与审核分离控制，由专业专职人员审核，可以避免重复付款或错误付款发生；而付款审核与执行分离控制，审核后方可付款，使付款更加谨慎、合理。最后，综合考虑采购物资的种类、性质、付款额度大小、供应商的要求以及企业的资金状况，确定合适的支付方式和支付工具，以提高资金利用率。

综上所述，从供应流程的角度对供应风险进行识别，具有系统性、针对性强等优点，所采取的防范规避措施能够起到"对症下药"的效果。但是，这种分析方式表现得比较烦琐，按照这种方式进行供应风险管理，对供应效率有一定的负面影响。随着信息网络的日益普及和深入，基于流程的供应风险分析与防范体系还应进一步完善，通过风险全程监控体系的建立，通过制定科学的风险监控标准，采用可行的管理方法，建立有效的风险预警系统，做好应急计划，这些对建立高效的企业供应风险管理目标至关重要。

8.4.2　降低供应风险的关键

企业要降低质量、交期、价格、售后服务、财务等方面的供应风险，最关键的是与供应商建立并保持良好的合作关系。建立良好的合作关系需注意做好以下几个阶段的工作：

（1）供应商的初步考察阶段。在选择供应商时，应对供应商的品牌、信誉、规模、销售业绩、研发等进行详细调查，可以派人到对方企业进行现场了解，以做出整体评估。必要时需成立一个由采购、质管、技术部门组成的供应商评选小组，对供应商的质量水平、交货能力、价格水平、技术能力、服务等进行评选。在初步判断有必要进行开发后，建议将自己企业的情况告知供应商。

（2）产品认证及商务阶段。加强对所需的产品质量、产量、用户情况、价格、付款期、售后服务等进行逐一测试或交流。

（3）小批量认证阶段。加强对供应商的产品进行小批量的生产、交期方面的认证。

（4）大批量采购阶段。根据合作情况，对优秀的供应商逐步加大采购力度。

（5）对供应商进行年度评价。对合作良好的供应商，邀请它们到企业来交流下一年度的工作打算。

8.4.3　供应风险的应对策略

供应风险管理的应对策略主要包括自留风险、后备风险、转移风险、减轻风险、风险回避和预防风险六大类。

1. 自留风险

自留风险主要是指企业自己承担风险，用内部资源弥补损失。自留风险既可以是有计划的，也可以是无计划的。无计划的自留风险产生的原因有：

① 风险部位没有被发现。

② 不足额投保。

③ 保险公司或者第三方未能按照合同的约定来补偿损失，如偿付能力不足等原因。

④ 原本想以非保险的方式将风险转移至第三方，但发生款中的损失却不包括在合同的条款中。

⑤ 由于某种危险发生的概率极小而被忽视。

在这些情况下，一旦损失发生，企业必须以其内部的资源加以补偿。如果该企业无法筹集到足够的资金，则只能停业。因此，非计划的自留风险不能称为一种风险管理的措施。

有计划的风险自留可以称为自保，自保是一种重要的风险管理手段。该方法是风险管理者察觉到风险的存在，并估计到该风险造成的期望损失，而决定以其内部的资源来对损失加以弥补的措施。在有计划的自留风险中，对损失的处理存在多种方法，有的会立即将其从现金流量中扣除，有的则将损失在较长的一段时间内进行分摊，以减轻对单个财务年度的冲击。

2. 后备风险

后备风险是指拟订应急预案及运行其他方案，充分做好先期准备。与后备风险相关的是采购风险应急体系的构建。通过对采购风险的预期判断，并制订相关预警应急方案及时控制损失发生的程度，减轻采购风险给企业带来的危害。

3. 转移风险

转移风险主要是指通过合同或非合同方式将风险转嫁给他方。一般说来，风险转移的方式可以分为非保险转移和保险转移。非保险转移是指通过订立经济合同，将风险以及与风险有关的财务结果转移给他人。在经济生活中，常见的非保险风险转移有租赁、互助保证、基金制度等。而在采购风险管理中，最常见的风险转嫁方式就是将采购成本、质量等方面的风险转移给供应商。合同保险转移是指通过订立保险合同，将风险转移给保险公司（保险人），在面临风险时可以向保险人交纳一定的保险费，将风险转移。一旦预期风险发生并且造成了损失，则保险人必须在合同规定的责任范围之内进行经济赔偿。

4. 减轻风险

减轻风险是指采取有效措施，尽可能减少风险损失。与后备措施相比，减轻风险没有事前的计划，强调事后采用合适的方法减轻损失。

5. 风险回避

风险回避是指主动放弃或拒绝实施可能导致损失的方法。这种方法强调考虑影响预定目标达成的诸多风险因素，结合决策者自身的风险偏好性和风险承受能力，从而做出中止、放弃某种决策方案，或调整、改变某种决策方案的风险处理方式。风险回避的前提在于企业能够对自身条件、外部形势、客观存在的风险属性和大小具有准确的认知。严格意义上的风险回避可以分为积极的风险回避和消极的风险回避。两者的相同之处在于，两者都认为企业自身的实力不足以承受可能遭受的风险损失，希望能够尽可能地在风险发生之前减少其发生的可能性。但积极风险回避和消极风险回避对风险认知的能动性不同，对于每一个风险决策者，其心目中都有一个决策方案的评价标准，进而产生不同的风险预期。

6. 预防风险

预防风险具体是指采取预防措施减少损失发生的可能性及程度。预防风险被广泛运用于企业、政府等机构中。

通过合理地分析企业自身的实际情况、外部的客观形式以及决策者对风险的喜好程度和承受能力，企业可以选择适合自身的应对措施，来处理供应风险。以上六种不同的供应风险应对措施，根据不同的情境，对企业处理和化解风险有不同程度的裨益。

【案例分析】

O 公司氰化钠产品的采购风险控制

O 公司成立于 2009 年 7 月，是俄罗斯最大的物流贸易中心（TLC）集团在中国的分公司，同时也是俄罗斯基地黄金公司 Polyus Gold 在中国大陆采购的全权独家代理商，主要从事基地黄金公司面向中国大陆企业的长期大量采购业务，涉及各种矿山采矿设备、运输设备、办公设备以及各种化工原料等多领域的产品。

1. 采购风险分析

作为剧毒化学品和战争时期的生化武器，氰化钠从生产、销售、运输以及使用各个环节都受到各国政府的严格监控。接下来，将从 O 公司氰化钠产品的供应不确定性、需求不确定性、成本不确定性及外界环境的不确定性对其采购风险进行分析。

（1）供应的不确定性。在中国，能够进行出口的固体氰化钠生产商有三家，分别是上海石化、安徽曙光和河北诚信。然而，这三家企业之间一直以来不存在共享客户的情况，选择任何一家进行产品购买，必然会失去与另外两家的合作关系。在这种情况下，O 公司不得不在三家企业中做出唯一的选择：

上海石化，属于国有企业，在销售价格方面具有强势地位，一旦价格波动强烈，很可能会出现违约情况；安徽曙光，亚洲最大的氰化钠生产商，在国际上具有一定的地位，采购订单数量大，谈判不具有优势地位；河北诚信，中国最大的液体氰化钠生产商，固体氰化钠产品刚刚起步，国际国内固体产品销售属于开拓阶段。依据以上情况，O 公司最终选择了与河北诚信进行合作，河北诚信成为 O 公司氰化钠产品的唯一供应商。同时，由于前几年对客户的销售铺垫，Polyus Gold 已经完全认可了河北诚信的产品。因此，O 公司在出现问题时将无法顺利进行供应商的更换。这样就使得这种单一源采购风险越发不容忽视，一旦生产商河北诚信停止供货，O 公司就很有可能失去 Polyus Gold 这个客户。在这种形势下，也使得 O 公司在与河北诚信的产品价格谈判和生产安排上处于劣势地位，O 公司不得不面临巨大的供应风险。

（2）需求的不确定性。2012 年年初，黄金的价格一直都处于上涨态势，曾经在某些时段飙升到 1900 美元/oz$^{\ominus}$，这样就使得黄金生产商开拓了一些曾经贫瘠的矿山。但是，从 2013 年年底开始，黄金的价格一路走低，黄金生产商的利润被极度压缩。那些贫瘠的金矿在黄金价格下跌的形势下不得不停产作业，一些富矿也处于减产状态，这样就使得国际上对氰化钠产品的需求量大幅下降，氰化钠价格下浮的趋势很大。作为俄罗斯最大的金矿生产商 Polyus Gold 也关停了一些贫矿的开采作业，这样就使得其年度整体氰化钠需求量下降了。同时，国际一些研究机构预计黄金的价格会持续走低，这也使得 Polyus Gold 对来年的采购需求量大幅缩水。在这样的背景之下，O 公司面临着巨大的需求风险。

　$\ominus$　1oz = 28.3495g。

采购与供应管理

作为 Polyus Gold 的长期供货商之一，O 公司从 2010 年到 2015 年总共获得了 Polyus Gold 的氰化钠订单数量达 466000t（其中 2010 年 2000t；2011 年 6000t；2012 年 15000t；2013 年 15000t；2014 年 6800t；2015 年 1800t）。在这 6 年的合作过程中，O 公司的氰化钠销售情况在 2012 年和 2013 年达到了最高峰，这一方面是因为 O 公司提供的产品价格较其他供货商而言相对低廉；另一方面也是由于黄金价格的持续增长带来的氰化钠需求量有所增加；还有一方面就是 O 公司与客户关系的"甜蜜期"还未度过。但是，从 2014 年开始，随着黄金市场的走低，O 公司不得不面临客户需求量大幅降低的情况，同时也即将面临需求中断的风险。随着需求量不断减少，O 公司面临着巨大的挑战，人员管理成本、营销成本的存在也使得零销售情况下 O 公司日益艰难。

截至目前，根据 Polyus Gold 在 2016 年向 O 公司采购订单的情况，预测的风险情况最终还是发生了：Polyus Gold 中断了向 O 公司采购，即零需求。这种情况的发生使 O 公司不得不寻求其他能够维系公司正常运转的方式和方法。

（3）成本的不确定性。在经历了 2008 年金融危机之后，美国的经济一直处于萧条状态，曾经盛极一时的欧盟等经济体的经济也在慢慢走下坡线。美元的货币地位受到了严重威胁，欧元、英镑等货币也出现了颓势，作为实物货币的黄金就成了世界的亮点——更多的投资者和政府为了能够有效地躲避金融危机而选择存储大量黄金。黄金价格自 2011 年开始一路高歌、价格飙升，黄金开采商为了加大利润不断地开拓新的矿山，这样就导致黄金的生产原材料需求出现了断层式增长。氰化钠作为黄金冶炼第一步反应的原材料，需求量大大增加，价格也出现了大幅度增长。即使在高价格的情况下，氰化钠产品依然销售紧俏，全世界范围内供需平衡被完全打破，产品的价格已经脱离了成本定价模式，完全属于市场定价。氰化钠采购商的成本直线上升，但是为了能够满足生产需求，还不得不进行批量式订购。然而，到了 2013 年后半年，随着美国经济的缓慢复苏，黄金的价格出现了跌幅，一路向下的颓势也使得黄金生产商不得不关停了部分贫瘠的矿山，氰化钠的需求量大幅度减少，价格也随之慢慢地降低，产品价格定位更趋向于成本定价模式。

2010 年以前，黄金的价格比较稳定，徘徊于 900 ~ 1000 美元/oz，氰化钠的价格浮动比较小，基本上还是处于成本定价的范畴范围之内。O 公司提供的氰化钠产品的价格也是基于采购成本、运输成本、人员管理成本和合理利润制定的；同时，O 公司与 Polyus Gold 签订的合同属于年订单，即在前一年年末签订后一年需求情况的合同，而且在合同中已经锁定了来年产品的采购价格。这样的价格锁定情况，使得 O 公司在面临来年氰化钠价格上涨时与客户沟通比较被动。2011 年年中的时候，黄金的价格已经开始上升，氰化钠的价格也出现了涨幅，于是河北诚信公司向 O 公司提出了产品价格上涨的要求。在无法中断与河北诚信的合作和无法向客户提出涨价要求的情况下，经过双方的商讨，最终将签订的 6000t 货物价格上调了 100 美元/t，这样直接导致 O 公司损失了 600000 美元。2012 年黄金一路猛涨处在 1900 美元/oz 时，氰化钠产品极度稀缺，已经到了一吨难求的地步。氰化钠在国际的销售价格从 2010 年的 2000 美元/t 左右，一直上涨到 5000 美元/t 左右。即使这样，氰化钠生产厂家都没有富余的氰化钠产品。然而，由于 Polyus Gold 的强势，O 公司多次提出涨价事宜均被否决，并且被告知一旦涨价则直接取消订单，中断以后的合作，最终 O 公司不得不缩减自身的利润空间。2014 年黄金价格出现了大幅度下跌，价格降到了 1200 美元/oz 左右，而同期氰化钠的国际销售价格也相应地出现了跌幅。于是 Polyus Gold 向 O 公司发出了调价告知函，函件上直接说明如果 O 公司不进行降价处理，Polyus Gold 将直接取消已经签订的合同，即进行违约处理，赔偿问题由 O 公司在违约后自行解决。同样是由于 Polyus Gold 的强势，O 公司在多次商谈后不得不将已经签订的合同价格下调了 260 美元/t。仅仅由此，又给 O 公司造成了 3900000 美元的损失。

（4）物流的不确定性。危险品运输和仓储一直是让政府和企业都很头痛的事情，尤其是氰化钠这种剧毒产品。国家对氰化钠的物流及仓储都有严格的规定，氰化钠在运输过程中全程受到交通部门的监控，运输路线及运输时间都是经相关政府部门审批之后才能进行的，在运输过程中一旦出现交通事故，后果不堪设想；氰化钠产品由生产厂家运抵港口后，会在化工品专用堆场进行装箱操作，而在装箱过程中可能会出现装箱操作失误导致货物破损，一旦产品泄露，造成的毒害会很严重；在仓储过程中，氰化钠产品都会放置在指定的位置，在便于查找的同时也便于应急措施的实施，同时，由于与其他化工产品在同一堆场，还可能遇到因其他化工品发生事故而带来次生性危险。

氰化钠的运输使用的是河北诚信公司自营的专业运输团队，运输车辆都是经过国家严格审核的危险品运输专用车辆。但是，由于从生产工厂到天津港口之间距离比较远，运输过程中免不了会受到各种天气的影响。在实际的合作过程中，为确保安全，专用运输车辆在恶劣天气情况下会停止运输。同时，在运输过程中，车辆也可能存在一些交通事故隐患。这样就会使得O公司存在未能按照约定计划进行货物运输的风险。

在氰化钠产品运抵天津港进行装箱仓储过程中，有时在危险品专用仓库中，某些叉车司机会忽略氰化钠产品的毒害性而进行"野蛮式"装卸操作，这样可能出现产品外包装严重破损的风险情况。在实际操作过程中，O公司就曾经碰到这种情况而不得不对破损产品进行更换处理，这样就使得货物在装运时段出现了延误，影响了整个发运安排。

2015年"8·12天津滨海新区爆炸事故"发生时，O公司正处于氰化钠装运的阶段。这起爆炸事故不仅造成了O公司已存储在天津瑞海仓库的货物全部损失，而且也使得O公司无法在天津港进行正常的运输操作，延迟了货物的交货期。不能对危险化学品进行有效的仓储管理，势必会影响到O公司的正常运作，但是这种仓储管理又属于政府管控范畴，O公司无法进行有效的干涉。因此，一旦事故发生，O公司不得不面对因此而带来的仓储风险问题。

2. 风险控制方法

在实际操作过程中，采购风险的出现并不可怕，可怕的是在风险出现时不能进行有效的控制。同时，在企业运作过程中，还需要企业更多地对可能存在的风险因素进行预判，并提出合理的风险控制和规避方案，从而降低风险因素给企业带来的负面影响。O公司根据实际操作的具体情况，提出一些风险控制的方法：

(1) 供应风险控制。

1) 绑定现有供应商。与Polyus Gold进行战略合作规避需求风险类似，O公司可以与河北诚信公司进行战略联盟。基于与客户的战略合作关系，O公司可以选择与河北诚信签订战略联盟协议，规定每年的需求量，并要求其能够为O公司提供相较市场价格低一定百分比的产品价格。这样O公司就能够将河北诚信绑定在Polyus Gold这一艘大船上，双方能够进行有效的沟通，以确保供应的及时性和稳定性。同时，一旦O公司能够开拓出新的客户源，那么O公司完全可以利用现有的战略联盟关系进行二次采购，这样就能获取更大的折扣和更多的客户价格商谈空间。

2) 开发新供应商。在供给Polyus Gold产品时选择国内其他供货商的情况已经不成立了，但O公司可以转换思维，如果开拓出新的客户源，那么O公司完全可以选择其他供货商进行产品采购。这样就能够对比供货商之间的价格、质量及服务的差异，选择出O公司认为最优的方案，然后再与供货商进行进一步的商谈。一旦存在供货商之间的对比，必定会促成它们之间的竞争，存在竞争也必然使得O公司在供货商方面的话语权权重增加，这样在某些方面O公司就能够获取更大的利益。同时，一旦出现价格波动等情况，O公司也能有效地避免某一供货商的供给风险，选择优质的供货商获取利益的稳定性。

(2) 需求风险控制。

1) 开拓新客户。O公司需要跨过单一客户的障碍，开发新的氰化钠产品国际客户资源，从而使得O公司能够有效地分散需求风险。

在与Polyus Gold的多年合作过程中，O公司对氰化钠产品市场以及国际氰化钠产品需求方都有了一定的了解。氰化钠产品的需求主要是两个方向：一个是黄金生产商；另一个则是医药生产商。

在黄金生产商开拓方面，O公司可以开拓拉丁美洲、非洲和中亚市场。中亚的黄金生产商与俄罗斯黄金生产商之间有着千丝万缕的联系，O公司基于与Polyus Gold的合作关系，在中亚的市场开拓方面具有先天的优势，在与中亚黄金生产商商谈时，O公司可以将与Polyus Gold的长期合作作为一个典型的具有代表性的案例来诠释，这样就会促成中亚黄金生产商与O公司合作的信心；拉丁美洲和非洲的黄金生产商在氰化钠产品采购时更趋向于价格低廉，而O公司在与供应商的长期合作下正好能够获取到较低的产品价格，这样O公司在与拉丁美洲和非洲黄金生产商进行商讨时就能占得有利先机，在订单获取方面更具有优势地位。

在医药生产商方面，O 公司可以借助 Polyus Gold 的相关俄罗斯政府关系，在俄罗斯国内寻找医药生产商进行洽谈。从某些方面来说，由政府关系导入产品，销售成功的概率相对会比较大。而一旦能打开俄罗斯国内医药市场，那么 O 公司就可以以俄罗斯医药生产商作为销售案例向欧美企业进行产品的销售，这样也会使 O 公司获得欧美医药商订单的概率增大。

2）战略合作。与 Polyus Gold 的战略合作关系的建立应当基于黄金价格上涨和氰化钠产品价格上涨期间，只有在这种情况下，Polyus Gold 才会更加关注氰化钠产品的稳定性，从而与 O 公司签订长期战略合作的概率就会比较大。双方的战略合作可以持续 5 年或者 10 年，在合作期间，O 公司与 Polyus Gold 只限定每年订单的需求量，而不确定产品的价格。这种合作能够确保 O 公司一定阶段订单的持续性和稳定性，而且还不影响到双方在前一年签订采购合同时对价格的商讨，有利于双方关系持续、稳定的发展。

3）提高供应响应度和优质售后服务。提高供应响应度和优质售后服务这两个方面应该算是一个整体，都是基于 O 公司与 Polyus Gold 的友好合作。及时有效的响应客户需求和优质的售后服务，能够使 O 公司在 Polyus Gold 内部具有良好的信誉，而且在一些问题发生的时候，O 公司能够有效地解决并且降低负面影响。对于 Polyus Gold 而言，优质的供应商能够节省企业内部的管理费用，同时也能规避一些可能出现的风险问题，更加有利于企业的战略发展。O 公司扮演好一个稳定而又坚实的供货商，这对于与 Polyus Gold 获得长期合作而言，绝对是浓墨重彩的一笔，会给 O 公司的企业发展带来持续、客观的收益。

（3）物流风险控制。

1）监控物流。物流风险控制应当说是 O 公司最难解决的风险问题，因为对于这个风险，O 公司能够控制的力度非常有限。最佳控制方式应该是跟随式监管，即在 O 公司与供应商订单执行期间，从工厂生产出产品到运输到天津危险品仓库，都安排人员全程监管。这种方式的弊端就是会消耗 O 公司更多的人力成本。同时，在货物运输过程中，一旦出现恶劣气候，O 公司需要对运输的每辆危险品车辆都能够进行实时沟通，从而确保货物能够准时、顺利地运抵目的地。而在危险品仓库装箱操作时，O 公司应当安排人员现场指挥叉车司机进行装运，监控司机装卸流程，以降低货物破损率。

2）不可抗力解决。不可抗力的发生对 O 公司、供货商和客户三方都具有一定的约束性；同时，不可抗力存在一定的不可预见性，这样就更使得不可抗力的有效解决成为重中之重。

对于 O 公司而言，如 "8·12" 爆炸事故这种不可抗力发生后最为关注的是货物能否再进行正常的运作。天津港已经完全不能够进行货物的出口，那么就需要 O 公司寻求其他港口进行产品正常出口的可能性。因此，O 公司在不可抗力发生的时候，首先应当与 Polyus Gold 进行有效的沟通，以确保客户对不可抗力发生而产生延误的认可，然后再寻求其他解决方案；而一旦其他方案能够正常实施，那么应及时通知客户，以确保货物及时、有效地运抵目的地。

O 公司的产品运作情况可以说是目前我国化工企业及销售代理商的一个缩影。随着我国经济的转型、环境污染的治理以及大众环保安全意识的提高，我国化工企业势必面临更多的风险。如果不能对可能出现的风险问题进行有效的识别及控制，那么必定会给化工产业带来致命的打击。同时，"8·12" 爆炸事故的发生给化工企业以及仓储物流企业敲响了警钟。如何避免类似的安全事故发生，如何有效降低风险造成影响，是每一个生产企业及物流仓储企业所面临的挑战。

最后，随着人力成本的增加以及环保意识的增强，目前我国化工企业已经不得不从单纯的价格低廉型向技术先进型转变。退出低利润、高污染的基础化工品国际竞争，朝着更具有发展前景的新材料市场拓展，是我国化工企业最佳的选择方向。同时，在产品运作过程中更多地关注上下游及物流方面的风险因素，提前做好风险预警以及风险措施的应对处理，不仅可以使我国化工企业降低由于风险带来的损失，也能在国际大舞台上真正占有一席之地，具有足够的竞争优势。

思考题：

1. 对于以氰化钠为代表的剧毒化学品，其采购与供应风险还可能有哪些？
2. 案例中的风险控制方法是否可行？有何弊端？
3. 针对此案例，你还有其他控制采购风险的办法吗？

第9章 采购与供应管理发展和变革

9.1 采购与供应管理发展的新概念

9.1.1 CSR 采购

CSR（Corporate Social Responsibility）即**企业社会责任**，是指企业在创造利润、对股东承担法律责任的同时，还要承担对员工、消费者、社区和环境的责任。企业社会责任要求企业必须超越把利润作为唯一目标的传统理念，强调要在生产过程中加强对人的价值的关注，强调对环境、消费者和社会的贡献。所谓 CSR 采购，是指将采购商的 CSR 标准范围扩大使用于供应商的活动。CSR 采购包括供应商的环保措施、遵守法律法规、劳动者人权以及安全卫士等。

在经济全球化的背景下，企业扩大规模和提高盈利的同时已经不能将环境污染、劳工权益、商业道德、劳动安全等问题置之度外，企业承担社会责任已经成为企业增强其国际核心竞争能力的重要组成部分，尤其是采购环节作为企业商业运作的源头，其社会责任的履行更为重要。虽然采购作为第三利润源泉，是企业提升竞争力的重要方面，但是目前很多企业，尤其是利润比较低的行业，采购时考虑的主要因素还仅仅是成本，这样造成企业采购在短期利润的压力下更容易忽略社会责任。现阶段如果只考虑经济利益，而忽略企业利益相关者的利益，那么企业的竞争力就会被削弱，企业的发展就会举步维艰。企业要认识到，采购已经从低成本延伸到以价值链为导向，社会责任已成为企业的战略任务和目标，成为影响企业竞争力的重要方面。

另一方面，CSR 采购还处于发展阶段，仍存在一些待解的课题。第一个课题是供应商在采购商监察和调查方面的工作量增大。CSR 的标准化尚未成熟，特别是供应商，需要应对来自众多企业相关方面的调查和监察，负担似乎很重（CSR 所有方面的 ISO 认证制度尚未完成）。第二个课题是监察到哪一层供应商的问题。监察全部多层供应商固然是理想的，但工作量也会大得惊人。采购商最初监察第一层供应商，接下来再着手监察第二层中的重要供应商，一般认为这种方法还是比较现实的。

虽然，CSR 采购仍有一些课题需要解决，但是它的重大现实意义仍需要引起企业和社会重视。首先，企业作为采购商，为了提高自身的竞争力，不仅需要考虑自身与供应商合作的交易责任，也需要不断地监控、督促供应商，加强对供应商的监督责任。企业通过 CSR 采购促使企业与供应商产生信任感，从而使彼此能继续保持良好的合作，为其他利益相关者提供更好的产品和服务，促使企业减少更换供应商的成本以及提高合作效率，从而收获双赢的成果。最终这些综合因素会带来企业竞争环境风险的降低，形成优势的创造与维持。其次，CSR 采购为企业如何对待利益相关者指明方向。企业如何对待利益相关者，利益相关者就会如何对待该企业。以前企业制定采购策略时，考虑更多的是成本和质量方面，仅仅关注股东利润最大化，但随着时代的变迁，这种思想会造成企业经营的困局。CSR 采购给企业家在制定采购策略时对待各利益相关者的利益提供了新的建议和观点。最后，CSR 采购为企业在供应商选择方面提出严格的要求。采购需要上下游企业共同合作，企业在采购产品时对社会责任的要求无形当中会提高供应商的门槛。

9.1.2　JIT 采购

JIT（Just in Time）采购也称准时化采购，是指只有在需要的时候才订购所需要的产品。而且，它必须达到三个目标：一是实现零库存；二是提高采购商品的质量，减少因提高质量而增加的成本；三是降低采购价格。这些目标的实现就是要减少多余库存，避免废次品，去除不必要的订货手续、装卸环节、检验手续等。为了适应 JIT 采购的要求，采购商一方面应向供应商提供恰当的有效需求计划；另一方面应与供应商建立长期的合作关系，强调供应商的参与职能，使供应商充分了解 JIT 采购的意义，使它们掌握 JIT 采购的技术和标准，能够满足采购商的要求，从而保证 JIT 采购的实现。

JIT 采购是一种先进的采购模式，也是一种先进的管理模式。它的基本思想是在恰当的时间、恰当的地点，以恰当的数量、恰当的质量提供恰当的物品。它是从准时化生产发展而来的，是为了消除库存和不必要的浪费而进行的持续改进。要进行准时化生产，必须有准时化供应，因此，JIT 采购是准时化生产管理模式的必然要求。在质量控制、供需关系、供应商数目、交货期管理等方面，它与传统的采购方式有着许多不同，供应商的选择（数量与关系）和质量控制是其核心内容。

JIT 采购的特点主要表现在如下几个方面：

1. 单源供应

单源供应是指对某一种原材料或外购件只从一个供应商那里采购；或者说，对制造商的某一种原材料或外购件的需求，仅由一个供应商供货。JIT 采购认为，最理想的供应商的数目是对每一种原材料或外购件，只有一个供应商。实行单源供应的优点在于，它可以使制造商成为供应商的一个非常重要的客户，从而加强了制造商与供应商之间的相互依赖关系；另一方面，单源供应使供应商获得内部规模效益和长期订货，从而又可以使购买原材料和外购件的价格降低。当然，单源供应也会给企业带来一些问题。例如，可能存在供应中断的风险；不能得到竞争性的采购价格；对供应商过于依赖等。因此，必须与供应商建立长期互利合作的新型伙伴关系。

2. 小批量采购

由于企业生产对原材料和外购件的需求是不确定的，而 JIT 采购又旨在消除原材料和外购件库存，为了保证准时、按质按量供应所需的原材料和外购件，采购必然是小批量的。

3. 合理选择供应商

由于 JIT 采购采用单源供应，因而对供应商的合理选择就显得尤其重要。可以说，选择合格的供应商是 JIT 采购成功实施的关键。合格的供应商具有较好的技术、设备条件和较高的管理水平，可以保障采购的原材料和外购件的质量，保证准时按量供货。在选择供应商时，必须依据一定的标准对供应商进行评价。这些标准包括产品质量、交货期、价格、应变能力、批量柔性、交货期与价格的均衡、价格与批量的均衡、地理位置等，而不像传统采购那样主要依靠价格标准。在大多数情况下，其他标准较好的供应商，其价格可能也是较低的；即使不是这样，当双方建立起互利合作关系后，企业也可以帮助供应商找出降低成本的方法，从而使价格降低。当双方建立起互信的合作关系后，很多工作都可以简化甚至消除，如订货、修改订货、点数统计、品质检验等，从而减少浪费。

4. 从根源上保障采购质量

实施 JIT 采购后，企业的原材料和外购件的库存很少甚至为零。因此，为了保障企业生产经营的顺利进行，采购物资的质量必须从根源抓起。也就是说，购买的原材料和外购件的质量保证，应由供应商负责，而不是企业的物资采购部门。JIT 采购就是要把质量责任返回到供应商，以从根源上保障采购质量。为此，供应商必须参与制造商的产品设计过程，制造商也应帮助供应商提高技术能力和管理水平。

5. 对交货准时的严格要求

JIT 采购的一个重要特点是要求交货准时，这也是实施 JIT 生产的前提条件。交货准时取决于供应商的生产与运输条件。作为供应商，要使交货准时，可以从以下两个方面着手：①不断改进企业的生产条件，提高生产可靠性和稳定性，减少延迟交货或误点现象。作为准时化供应链管理的一部分，供应商同样应该采用准时化的生产管理模式，以提高生产过程的准时性。②为了提高交货准时性，运输问题不可忽视。因为运输问题决定了准时交货的可能性，特别是全球的供应链系统，运输距离过远，可能要先后经过不同的运输工具，需要中转运输等，因此，要进行有效的运输计划与管理，使运输过程准确无误。

JIT 采购思想的出现在全球范围内掀起了采购模式变革的新浪潮，国际上很多知名企业都纷纷从日本引进 JIT 管理思想，并结合本土的实际情况实施 JIT 采购。许多管理学者认为，JIT 采购是关于物资采购的，有别于传统采购模式的一种全新的采购模式，企业实施 JIT 采购具有重要的意义。原材料和外购件库存的降低，有利于减少流动资金的占用，加速流动资金的周转，同时也有利于将节省原材料和外购件库存占用的空间，从而降低库存成本。一般来说，实施 JIT 采购，可以使购买的原材料和外购件的质量提高 2 ~ 3 倍。而且，原材料和外购件质量的提高又能降低质量成本。由于供应商和制造商的紧密合作以及内部规模效益与长期订货，再加上消除了采购过程中的一些浪费（如订货手续、装卸环节、检验手续等），购买的原材料和外购件的价格就大大降低了。

供应链环境下采购模式和传统的采购模式的不同之处在于，前者采用订单驱动的方式。订单驱动使供应与需求双方都围绕订单运作，也就实现了准时化、同步化运作。要实现同步化运作，采购模式就必须是并行的：当采购部门产生了一个订单时，供应商即开始着手物资的准备工作。与此同时，采购部门编制详细的采购计划，制造部门也开始进行生产准备。当采购部门把详细的订单提供给供应商时，供应商就能很快地将物资在较短时间内交给用户。当用户需求发生改变时，制造订单又驱动采购订单发生改变。这种快速的改变过程，如果没有准时的采购方法，供应链的结点企业是很难适应这种多变的市场需求的，因此，JIT 采购增加了供应链的柔性和敏捷性。

JIT 采购体现了供应链管理的协调性、同步性和集成性。供应链管理需要 JIT 采购来保证供应链的整体同步化运作，JIT 采购对供应链管理思想的贯彻实施有着重要的意义。

9.1.3 采购共享服务与采购外包

1. 采购共享服务

采购共享服务是指使集团企业中的采购功能,集中于采购专业公司或者总公司的采购部门,并提供采购服务的形式。以前,大多数企业以分散采购为主要方针,一般来说:"需要时集中采购,但尽可能分散采购。"

但是,在近年共享服务的背景下,出现了以下两个方面的变化:①随着系统基础设施的进步,就算是远隔千山万水,也能及时提供采购服务;②随着经营环境日益恶化,迫于裁员、专业化的需要,便将采购业务集中到一处。采购共享服务的运用形式因企业而异:有将全世界的采购功能集中到一处的企业,也有将一个国家的采购功能集中到一处的企业,还有将直接材料、间接材料都做共享服务的企业,以及将共同采购的间接材料做共享服务的企业,如图9-1所示。

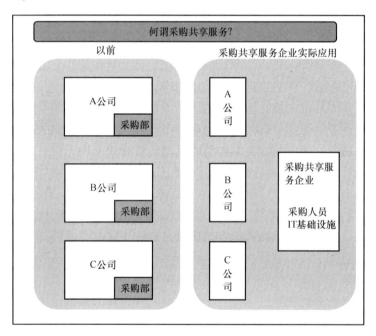

图 9-1 采购共享服务

2. 采购外包

采购外包是指企业在关注自身的核心竞争力的同时,将全部或部分采购业务外包给供应商,采购人员可以通过对供应市场进行分析,辅助管理人员进行决策。企业实施采购外包主要是为了降低成本,提升服务水平,合理利用外部资源以及减少采购风险,提高核心竞争力。

采购外包的特点是:

(1)降低成本。研究表明,通过采购外包的模式可以使采购流程标准化并有效地控制员工的数量,从而使企业的运作成本平均降低25%,有时特定采购项目的采购成本降幅可达30%。

（2）提升服务水平。企业内部的采购部往往被认为官僚主义严重，采购活动所用的时间往往超过预期。而良好的采购外包合同，不仅包括采购本身，还包括一系列针对服务提供商服务水平的评估和报告，以确保服务外包商的利益。因而对多数企业尤其是大企业而言，采用采购外包能够提升内部客户的满意度并提高采购效益。

（3）合理利用外部资源以及减少采购风险。企业本身的采购资源以及能力有限，通过资源外向配置，与外部供应商合作，将部分或大部分采购业务外包给合作的供应商，与其共同分担风险，有利于企业更好地适应外部的环境。

（4）提高核心竞争力。对实行采购外包的企业来说，将企业现有核心采购能力和外包供应商核心能力进行整合，将资源集中于自身核心采购业务的同时，通过利用其他企业的资源来弥补自身的不足，从而增加竞争优势、提高核心竞争力。

【案例 9-1】

沃尔玛采购外包案例

沃尔玛在中国的业务主要分为两个部分：一个是零售体系，即大卖场；另一个是采购体系，也就是沃尔玛全球采购办公室。沃尔玛此前全球采购的主力供应商是美国进口商，在商品流通过程中，由于中间进口商本身赚取的利润直接导致沃尔玛的采购成本增加。为了进一步降低成本，沃尔玛设立了全球采购中心，力求让海外沃尔玛商店的采购人员能够逐渐越过美国进口商，直接向中国本土供应商下订单采购。但由于种种原因，沃尔玛总部采购人员仍然通过美国进口商直接下单给工厂，进口商与工厂也都没有变，相反，还多了一个全球采购中心在中间接洽，徒增运营费用。全球采购中心运营费用的增加意味着采购成本的提高，对于沃尔玛商品的市场竞争力无疑是一个非常不利的因素。沃尔玛采购外包业务势在必行。

为了整合采购供应链效益，控制成本，沃尔玛从 2007 年便开始对全球采购体系进行变阵了。同年 10 月，沃尔玛全球采购中心裁员 250 人。2008 年 7 月，沃尔玛全球采购中心质检工作外包，180 名员工被裁。随后，沃尔玛还关闭了在新加坡、菲律宾、斯里兰卡、土耳其的采购部门。2009 年 10 月，沃尔玛公司宣布以新成立的 4 个全球采购中心（GMCs）为核心的统一全球采购架构。沃尔玛全球采购总战略的核心将是不断提高沃尔玛公司自有品牌的直接采购。现在，沃尔玛公司自有品牌年采购额超过 1000 亿美元，在这些商品中，直接从制造商采购的比例不到 1/5。如果转向直接采购，5 年内在整条供应链上可节省 5% ~ 15% 的成本。2010 年，沃尔玛与利丰公司达成战略同盟，签署了一系列非排他性协议。利丰作为沃尔玛的采购代理商，还将组建成立专门管理沃尔玛业务的新公司，为沃尔玛搭建一个专门的采购平台。根据协议，利丰代理采购的并不只是中国的商品，也不是单一的某一类商品，而是为全世界的沃尔玛商店采购所需要的商品。

沃尔玛与利丰的战略合作为双方带来了巨大的收益，受沃尔玛采购代理协议刺激，自该公告发布第二天，利丰股票（00494-HK）便逆市上涨 8.51%。而沃尔玛与利丰合作，可以弥补沃尔玛全球采购战略中的薄弱环节，通过利丰的专业水平和强劲资源，帮助沃尔玛在商品采购价格上更具竞争力，同时还会提升沃尔玛的自有产品设计，发展沃尔玛的综合采购能力。沃尔玛表示，这一尝试最终或能为其每年节省数十亿美元。业界一致认为，这种合作模式是沃尔玛采购战略的一次回归，未来沃尔玛将可能与更多国际采购公司成立合资公司，整合采购业务。

9.2 互联网时代下的采购与供应管理

9.2.1 中国特色电子商务

由于社会背景和文化的差异、经济发展道路的不同，我国的商品流动呈现出与其他国家显著不同的特色。在我国流通创新、流通现代化的进程中，现货商品交易市场已经成为富有乡土气息、颇具中国特色的发展前景和商品交易方式与市场交易组织。随着信息技术的发展和互联网的广泛应用，对现货商品交易市场进行改造和提升，实施现货交易电子化，促进电子交易与物流系统的整合，成为提升现货商品交易市场竞争能力的有效途径。

在我国电子商务的发展历程中，特别是在消费品领域（B2C），跟踪国外发展动态、模仿国外企业商业模式成为一种重要的特征。网上市场并不能完全代替传统的零售渠道，而是对传统商务的补充，从而覆盖更多多元化的消费需求。生产或流通企业可以通过传统的零售渠道或者网上市场销售，或建立自己的直销渠道，网上网下销售结合，推动多元渠道的企业供应链形成。

然而，在生产资料领域，由于产品的特殊性和交易对象的企业化特点，电子商务（B2B）呈现出与 B2C 显著不同的特征。特别是电子交易市场的兴起，给电子商务增加了新的内容。在原材料和资源性商品领域，大宗商品电子交易市场成为更具有中国特色的发展模式。大宗商品电子交易市场是一种利用网络平台对石油、钢材、粮食、煤炭等大宗商品进行批量交易的特殊的 B2B 第三方电子商务模式。这类市场在我国始建于 20 世纪 90 年代，以发展良好的现货市场为基础，是传统现货商品交易市场电子化改造、交易创新与管理升级的产物。与普通 B2B 相比，大宗商品电子交易市场常常采用现货近期或现货远期等交易模式，交易的商品多为资源类或原材料型产品，价格波动频繁且波动幅度较大，而且在市场结构上采用二级结构。这种二级结构有利于电子交易市场拉近与客户的距离，交流更快捷，然而也使得电子交易市场面临的风险因素更多、压力更大。目前，大宗商品电子交易市场与现货商品交易市场、期货市场也成为我国商品流通中的三种典型市场形态。

9.2.2 电子采购的应用

随着社会和互联网技术的普及，电子采购逐渐成为未来企业实施采购行为的一种趋势。电子采购是指基于或者至少部分基于互联网技术的采购方式。电子采购是企业实现电子商务的一个重要环节，它已成为 B2B 市场中增长最快的一部分。它将原来通过纸张进行的公示、投标、开标等转换为利用互联网的电子数据。电子采购开始于企业间生产资料的采购，现在则推广于服务及事务用品等的采购领域。

当今，世界网络、通信和信息技术快速发展，互联网在全球迅速普及，使得现代商业具有供货能力、客户需求和全球竞争不断增长的三大特征。这一切将给企业传统购销活动带来巨大冲击和挑战，进而引发企业购销模式的剧变。电子采购这一新的采购方式应运而生。

1. 电子采购的好处

电子采购将从根本上改变商务活动的模式。它不仅将间接商品和服务采购过程自动化，极大地提高了效益，降低了采购成本，而且使企业在一定程度上避免了因信息不对称而引起的资源浪费，有利于社会资源的有效配置，使企业在采购时更具有战略性的眼光。电子采购给企业带来的好处（对采购商而言）包括以下几个方面：

（1）节省采购时间，提高采购效益。企业实施电子采购是提高效率最直接、最易于实现的手段之一。计算机代替手工，减少了简单劳动的工作量，提高了速度。自动化系统替代了订单登记员、应付账款部门等人员阅读、输入数据、计算、统计等人工劳动；消除了邮寄或其他形式文件传递的时间，提高了效率。电子采购实现了采购信息的数字化、电子化、数据传动自动化，减少了人工重复录入的工作量，使人工失误的可能性降到最低，业务处理时间大大缩短。电子采购实施过程中的流程再造简化了业务流程。

（2）采购成本显著降低。电子采购由于建立了用户和商家直接进行沟通和比选的平台，减少了中间环节，节省了时间，从而使采购成本明显降低。大量数据表明，电子采购为企业带来了巨大的成本节约。

（3）优化了采购及供应链管理。电子采购管理提供了有效的监控手段。很多大型企业和企业集团都会面临这样的矛盾：由于企业规模大、部门多，采购物资种类庞杂、需求不定，严格监控必然导致效率低下；反之，则管理混乱。电子采购在提高效率的同时，使各部门甚至个人的任何采购活动都在实时监控之下，有效堵住了管理漏洞，减少了采购的随意性，变事后控制为过程控制；同时，提高了企业供应链管理水平。由于采购的计划性加强、周期缩短，货物能够根据计划时间更准确地到达现场，实现零库存生产。

（4）加强了对供应商的评价管理。电子采购扩大了供应商资源，采购信息的公开化吸引了更多的供应商。供应商静态数据库的建立为企业采购提供了方便的查询手段，帮助企业及时准确地掌握了供应商的变化，同时也为供应商选择提供了决策支持。

（5）增强了服务意识，提高了服务质量。质量可靠的原材料、零部件是企业产品质量的基本保证。由于电子采购杜绝人情、关系、回扣等因素，促进了供应商的公平竞争。完善的供应商管理也促使供应商重视质量和服务管理，以免在客户的供应商档案中留下不好的记录。企业通过互联网建立与生产商的直接联系，减少了对中间商的依赖。

（6）增加交易的透明度，减少"暗箱操作"。电子采购为采购管理提供了有效的控制手段，实现了公开、公平、公正的规范化采购。通过公平竞争，形成市场良性循环，带来的影响往往是连带性的和多方面的。

（7）实现本地化采购向全球化采购的转变。不同于传统的采购模式主要面对本地市场的特点，电子商务面对的是全球市场。通过电子商务建立全球采购系统，连接国内和国外两个资源市场，已经成为标准化的商业行为。

2. 电子采购的风险

电子采购对采购信息的公开、采购市场的扩大、采购流程的简化、采购成本的降低和采购效率的提高等诸多方面有重要的作用，但同时，电子采购也存在如下风险：

（1）安全问题。电子采购的安全问题主要是数据安全问题。大量的网络采购活动通过 Internet 服务提供商 ISP 和 Internet 接入提供商 ICP 的站点接入，但实际上 ISP 和 ICP 站点的安全性问题是存在的。一旦"黑客"攻入服务器，篡改各种数据，如银行账户、信用证数据等，将给企业带来巨大的损失。

（2）财税风险。电子采购面向全球市场，而全球各国的财税政策是不同的，电子采购难以对税收政策进行统一。出于促进贸易的需要，目前发达国家比较容易在免征关税和特别税方面达成一致，但商业税的征免及征收方法需要进一步协调。此外，电子采购涉及大量电子货币。电子货币的使用超出了传统中央银行的货币控制范围，这也可能带来严重的货币金融问题。

（3）法律问题。与财税风险类似，在网络空间上，传统的营销边界不再适用，而在规范网络贸易方面尚没有统一的全球性法律框架。关于电子签名、认证和电子数据效力问题等，在法律上也没有建立起相应的制度。

作为对传统物资管理工作的技术创新，企业实施电子采购系统必将会遇到管理和业务上的难题，但是，只要充分准备、踏实工作，就总能够找到解决问题的办法。

采购的主要使命不仅仅是控制成本和质量、促进企业的现金流动和保持良好的市场形象，更重要的是通过电子化在全球范围内整合供应资源，突破管理的极限，即有效资源的合理利用问题。因此，充分利用信息时代先进、高效的电子手段和技术工具，扩展供应网络，成了当代采购管理的新方向。

电子采购不仅对提高供需双方沟通速度、降低沟通成本和快速扩大选择范围等诸方面有着不可替代的战略优势，而且通过买方、卖方或第三方商业模式的运作，还能为采购商带来更好的信息共享、公平竞争和难得的机会。

9.2.3 全球化采购

进入 21 世纪以来，经济全球化进程明显加快，企业的运营也出现了国际化趋势。在以商品、资本、服务、劳动和信息跨国界流动为主要内容的经济全球化中，企业正在以前所未有的规模和速度发展。国际贸易和跨国公司的扩张推动了全球化采购的发展，先进的信息通信技术和交通的发展，使得企业在全球范围内获取资源的信息更加畅通、成本更加低廉，在更广泛的地域内配置资源成为可能。

全球化采购也称国际采购，是指利用全球的资源，在全世界范围内寻找供应商，寻找质量最好、价格合理的产品（货物或服务）。广义的全球化采购是指在供应链理念的指导下，利用先进的技术和手段，提出合理的采购要求，制订恰当的采购方案，在全球范围内建立生产与运营链，采购性价比最高的产品，以保证企业的生产经营活动正常开展；同时，通过采购规范化操作，可以有效地对采购过程中的绩效进行衡量、监督，从而确保在服务水平不降低的情况下，实现采购总成本最低。经济的全球化，使企业在一个快速变化的世界和新经济秩序中生存与发展，采购行为已成为企业的重大战略之一。

由于经济的全球化以及跨国集团的兴起，围绕一家核心企业（不管这家企业是生产企业还是商贸企业）的一种或多种产品，形成上游与下游企业的战略联盟。上游与下游企业涉及供应商、生产商与分销商，它们可能在国内，也可能在国外。在这些企业之间，商流、物流、信息流、资金流一体化运作。而这种供应链的理念与运作模式，使采购成了供应链在系统工程中不可分割的一部分，采购商和供应商之间不再是单纯的买卖关系，而是一种战略伙伴关系。

全球化采购体系要发挥减费增效的作用，必须保证其在运作和管理过程中的协调以及与外部环境的协调。另外，企业要成功地开展全球化采购活动，需要定义良好的全球化采购程序或方法。具体包括：第一步，识别全球配置资源的机会；第二步，建立或雇用一支全球采购团队；第三步，提出全球策略；第四步，建立要求和规范（Request for Proposal, RFP）；

第五步，向供应商发布 RFP；第六步，评估报价或标书或采购建议；第七步，与供应商谈判；第八步，签订合同；第九步，合同履行及供应商管理。

全球化采购体系的杠杆效应主要表现在它对整个企业管理的影响上：一个设计合理的全球化采购体系可以对后续的企业管理工作提供一个良好的支点。例如，在全球化采购体系中应用电子采购系统，由于其统一的商业信息系统可以为企业准确、及时地捕捉到每次的采购信息，从而为企业提供关键的总成本数据，使得企业能够分析复杂的购买模型，做出正确的战略资源选择，制订建立在广泛信息基础上的决策方案，便于企业在采购、折扣需要、供应商伙伴关系等方面制定合理的决策。另外，电子采购基本结构由于可以获得更多关于业绩、服从度及可供比较的购买策略和供应商选择的效用等可靠信息，使得强有力的新的报告决策支持工具有助于采购专家仔细审视其采购模型，综合考虑超额成本和与关税、出口税相关的成本节约。

目前，跨国公司的采购管理有如下几个特点：①企业采购管理模式的转换，从为库存而采购转变为订单而采购，减少库存，加快流转速度；②从对采购商品的管理转变为对供应商的管理，建立战略联盟，形成供应链管理；③从传统的采购方式转变为现代采购方式，遵循公平、公开、公正原则，降低采购成本；④采购管理从企业的一般问题提升为提高企业应变力与竞争力的战略问题；⑤优化企业管理资源，实行流程再造，设立统一的采购部门，配备精明的采购总监。采购已超越单纯的买卖，成为企业建立战略联盟、提升供应链竞争能力的战略问题。

【案例 9-2】

德尔福集团的全球采购策略

德尔福集团是全球最大的汽车系统和零部件生产制造商之一，为客户提供品种齐全的汽车系统、零部件和模块，总部设于美国密歇根州特洛伊市。德尔福集团目前拥有 159 个全资厂家，共 192000 多名员工，在全球范围内开展业务的国家和地区多达 41 个，2005 年的全球销售收入达到 269 亿美元。生产出第一台车载收音机的德尔福公司于 1993 年进入中国，产品销售以平均每年 24% 的增长速度快速发展。目前，德尔福在中国的总投资额已超过 5 亿美元，建立了 15 家合资独资生产企业、4 所客户服务中心、1 所技术服务中心，并与清华大学合作建立了德尔福清华汽车研究所。德尔福在华生产 40 多种产品系列，所有产品质量均达到国际质量标准。德尔福集团的系统和产品供应给全球多家著名汽车制造商，其中在中国的客户几乎涵盖所有国内及外资汽车制造商。

值得一提的是德尔福集团的全球采购策略——全面实现精益理念。因为需要采购和储存大量的零部件，德尔福全球范围内拥有厂房及设施面积达 8100 万 ft^2⊖（约 753 万 m^2），而随着经济全球化的加速，采购业务在集团中的位置越来越重要，全球 19 万多名员工中就有1890 名专业采购人员，德尔福采购部（DGP）也成了集团的重点部门。对于中国这样一个快速增长的汽车消费市场和汽车零部件生产基地，面对 2000 年到 2007 年 8 年时间内中国汽车销售规模由 61 万辆飙升到 629 万辆，增长了 10 倍有余的现状，德尔福在上海建立了一个

⊖　1ft^2 = 0.0929030m^2。

全球采购办公室，专门从事供应商开发项目，分解供应商资料，包括过去历史、生产流程、质量评估、开发与生产能力提高等方方面面。按照全面实现精益理念，德尔福在全球各地建立起精益的供应商群体，形成紧密的供应商关系，从而实现全球战略采购的策略。

为贯彻其全面实现精益理念，德尔福坚信公司在中国能否成功将与是否建立一个强大的供应商群息息相关。德尔福进一步扩大在华生产也需要供应商的支持。

另外，德尔福正在扩充在华采购人员和组织，其重点在于在华供应商开发及寻找有技术实力的供应商。

正因为德尔福实现了真正的全球采购，可以从全球配置各种原材料资源，这在一定程度上缓解了制造业成本增长的压力。

9.3 供应链环境下的采购管理

采购是企业的一项基本职能，供应链管理是在市场条件下经济形势日益变化、采购理论和实践不断发展的基础上逐步形成的。当今时代，由于市场竞争的加剧，企业越来越重视供应链管理，希望从整体供应链绩效的提升上获取竞争优势。具体到采购，它是供应链管理的重要内容之一。采购是沟通生产需求和物资供应的纽带，也是联系企业原材料和半成品生产之间的桥梁。可以通过加强采购管理来增强供应链的系统性和集成性，提高企业的敏感性和响应速度，从而使供应链系统实现无缝连接，为提高供应链企业的同步化工作效率打下基础。

9.3.1 供应链环境下的采购特点

供应链环境下的采购呈现以下特点：

1. 从为库存而采购向为订单而采购转变

在传统的采购模式中，采购的目的很简单，就是补充库存，即为库存而采购。采购部门并不关心企业的生产过程，不了解生产的进度和产品需求的变化，因此，采购过程缺乏主动性，采购部门制订的采购计划很难适应制造需求的变化。在供应链管理模式下，采购活动是以订单驱动方式进行的，制造订单的产生是在用户需求订单的驱动下产生的，然后，制造订单驱动采购订单，采购订单再驱动供应商。这种准时化的订单驱动模式，使供应链系统得以准时响应用户的需求，从而降低了库存成本，提高了物流的速度和库存周转率。订单驱动的采购方式有如下特点：

（1）由于供应商与制造商建立了战略合作伙伴关系，签订供应合同的手续大大简化，不再需要双方询盘和报盘的反复协商，交易成本也因此大为降低。

（2）在同步化供应链计划的协调下，制造计划、采购计划、供应计划能够并行，缩短了用户响应时间，实现了供应链的同步化运作。采购与供应的重点在于协调各种计划的执行。

（3）采购物资直接进入制造部门，减少了采购部门的工作压力和不增加价值的活动过程，实现供应链精细化运作。

（4）信息传递方式发生了变化。在传统采购方式中，供应商对制造过程的信息不了解，也无须关心制造商的生产活动。但在供应链管理环境下，供应商能共享制造部门的信息，提高了供应商应变能力，减少信息失真。同时，在订货过程中不断进行信息反馈，修正订货计划，使订货与需求保持同步。

（5）实现了面向过程的作业管理模式的转变。订单驱动的采购方式简化了采购工作流程。采购部门的作用主要是沟通供应与制造部门之间的联系，协调供应与制造的关系，为实现精细采购提供基础保障。

2. 从采购管理向外部资源管理转变

在传统的采购模式中，供应商对采购部门的需求有一个时间段。另外，采购部门对产品质量的控制也只能进行事后把关，不能进行实时控制。这些缺陷使供应链企业无法实现同步化运作。如何才能使这种事后把关变成事中控制？可以采用供应链外部资源管理的形式加以解决。

所谓在供应链管理中应用外部资源管理，是指把供应商的生产制造过程看作是采购企业的一个延伸部分，采购企业可以直接参与供应商的生产和制造流程，从而确保采购材料质量的一种做法。外部资源管理是实现供应链管理的系统性、协调性、集成性和同步性，实现供应链企业从内部集成走向外部集成的重要一步。要实现外部资源管理，采购企业一般应从以下几个方面入手：

（1）与供应商建立一种长期的、互惠互利的合作关系。这种合作关系保证了供需双方能够有合作的诚意与共同解决问题的积极性。

（2）通过提供信息反馈和教育培训支持，在供应商之间促进质量改善和质量保证。传统采购管理的不足在于，没有给予供应商在有关产品质量保证方面的技术支持和信息反馈。在需求顾客化的今天，产品的质量是由顾客的要求决定的，而不是简单地通过事后把关所能解决的。因此，在这种情况下，质量管理工作需要下游企业提供相关质量要求的同时，应把供应商的产品质量问题及时反馈给供应商，以便其及时改进。对个性化的产品要提供有关技术培训，使供应商能够按照要求提供合格的产品。

（3）参与供应商的产品设计和产品质量控制过程。同步化运营是供应链管理中的一个重要思想。通过同步化的供应链计划，使供应链各企业在响应需求方面取得一致性的行动，从而增加供应链的敏捷性。实现同步化运营的措施是并行工程。制造商企业应该参与供应商的产品设计和质量控制过程，共同制定有关产品质量标准等，使需求信息能很好地在供应商的业务活动中体现出来。

（4）协调供应商的计划。一个供应商有可能同时参与多条供应链的业务活动，在资源有限的情况下，必然会造成多方需求争夺供应商资源的局面。在这种情况下，下游企业的采购部门应主动参与供应商的协调计划，在资源共享的前提下，保证供应商不会因为资源分配不公而出现矛盾，保证供应链的正常供应关系，维护企业的利益。

（5）建立一种新的、有不同层次的供应商网络，并通过逐步减少供应商的数量，致力于与供应商建立合作伙伴关系。在供应商的数量方面，一般而言，供应商越少，越有利于双方的合作。但是，企业的产品对零部件或原材料的需求是多样的，因此，不同的企业供应商的数目不同。企业应该根据自己的情况选择适当数量的供应商，建立供应商网络，并逐步减少供应商的数量，致力于与少数供应商建立战略伙伴关系。

外部资源管理并不是采购商（下游企业）单方面努力就能取得成效的，还需要供应商的配合与支持。为此，供应商也应该从以下几个方面提供协作：帮助拓展用户（下游企业）的多种战略；保证高质量的售后服务；对下游企业的问题做出快速反应；及时报告所发现的可能影响用户服务的内部问题；基于用户的需求，不断改进产品和服务质量；在满足自己能力需求的前提下，提供一部分能力给予下游企业能力外援。

3. 从简单的买卖关系向双方建立战略协作伙伴关系转变

供应链管理模式下，采购管理的第三个特点是供应与需求的关系从简单的买卖关系向双方建立战略协作伙伴关系转变。在传统的采购模式中，供应商与需求企业之间是一种简单的买卖关系，因此无法解决一些涉及全局性、战略性的供应链问题；而基于战略伙伴关系的采购方式为解决这些问题创造了条件。这些问题包括：

（1）库存问题。在传统的采购模式下，供应链的各级企业都无法共享库存信息，各级节点企业都独立地采用订货点技术进行库存决策，不可避免地产生需求信息的扭曲现象，因此，供应链的整体效率得不到充分提高。但在供应链管理模式下，通过双方的合作伙伴关系，供应与需求双方可以共享库存数据，因此，采购的决策过程变得更加透明，减少了需求信息的失真现象。

（2）风险问题。供需双方通过战略性合作关系，可以降低由于不可预测的需求变化带来的风险，如运输过程风险、信用风险、产品质量风险等。

（3）便利问题。合作伙伴关系可以为双方共同解决问题提供便利的条件。通过合作伙伴关系，双方可以为制订战略性的采购供应计划共同协商，而不必为日常琐事消耗时间与精力。

（4）降低采购成本问题。通过合作伙伴关系，供需双方都从降低交易成本中获得好处。由于避免了许多不必要的手续和谈判过程，信息的共享避免了信息不对称决策可能造成的成本损失。

（5）组织障碍问题。战略性的伙伴关系消除了供应过程的组织障碍，为实现准时化采购创造了条件。

由此可见，在采购理论和实务中，对采购工作的具体要求、采购管理思想的变化和采购中与供应商的关系等，都是随着供应链管理思想的发展而发生变化的。因此，采购存在于供应链管理之内，是供应链管理中最重要的环节之一。供应链管理思想提升了采购的要求，采购的实际运作实现了供应链管理思想，二者在紧密联系中共同促进、共同发展。

9.3.2　战略采购

1. 战略采购的兴起

当今许多成功的企业把采购作为一种具有重大战略意义的活动，将采购纳入企业的战略层面。单纯地改善服务水平或降低成本已经不能满足需求，采购部门必须关注自身的关系网及最终市场绩效。人们对采购关注程度的不断增加，使采购的战略地位越来越被重视。大体上，采购的发展经过了四个阶段：第一阶段即最初的采购是被动采购，采购职能没有战略方向，主要是对其他职能部门的要求做出反应。采购商的大部分时间都用于组织日常工作和应急工作，与其他职能部门沟通很少。第二阶段是随着新的采购技能与方法的出现，采购职能开始应用这些技能与方法，高层管理者开始意识到采购有机会促进盈利。因此，采购部门与技术部门之间建立了协作联系，但是采购依然独立于企业的竞争战略。第三阶段是采购技能与方法被用于加强企业的竞争地位，从而支持企业的竞争战略。这一阶段，采购人员加入销售计划组，市场、产品和供应商不断得到监控与分析，采购参与了战略性决策的制定。第四阶段即最近几年，采购开始完全融入企业的竞争战略中，成为企业集成战略的一部分。此时，采购与其他职能部门建立了长期的沟通渠道，采购绩效的考核也以采购对企业的成功所做贡献的多少为衡量标准。采购在一些先进的企业中以积极主动的战略方式提高供应链的效率，战略采购逐渐兴起。

战略采购强调与供应商保持密切的合作关系，并能使供应商更好地满足企业对成本、质量、周期和服务的综合要求。战略采购寻找那些与本企业"未来目标"一致的供应商。很多企业在采购政策、人员管理方面都强调战略采购，战略采购的业绩直接影响企业采购系统的绩效。

2. 战略采购的定义

战略采购又称为双赢采购，是一种在合作关系与竞争关系之间寻求平衡的新兴采购模式，它以最低采购总成本为目标。这种模式既不那么针锋相对，又不同于当今十分流行的完全基于信任的模式，如图9-2所示。

	基于信任的伙伴关系	战略采购
	◆不确定是否激励对方 ◆假定与供应商的目标是一致的 ◆供应商可能会获得所有的创造价值	◆充分利用供应商能力 ◆促使双方都改进 ◆需要客户有相当强的能力
合作关系的承诺	消极的采购	"达尔文式"的竞争
	◆传统办事员式的采购心理 ◆"价格接受者"的结果 ◆没得到该争得的利益	◆需要极大的采购议价优势 ◆激励对方但有可能造成其不满 ◆不能推进协同改进

竞争性定价的承诺

图9-2 基于竞争与合作关系的各种采购方法的比较

战略采购是一种系统性的、以数据分析为基础的采购方法，着眼于降低企业采购成本。它要求企业确切了解外部供应市场状态及内部需求，通过对供应商生产能力及市场条件的了解，可以战略性地将竞争引入供应机制和体系以降低采购费用。另外，战略采购通过协助企业更明确地了解内部需求模式，从而有效地控制需求。通过深入的价值分析，企业甚至能比供应商自己更清楚供应商的生产过程和成本结构。有了这种以数据分析为基础的方法，企业在供应商选择、谈判及关系维护管理方面能够获得很大的支持。同时，战略采购使企业重新定义如何与供应商交易、永久降低成本基础和提高供应商的价值贡献，从而确保成本降低。对很多企业而言，外部采购占企业平均费用的60%~80%。所以，这部分的支出哪怕是微量减少，都将会给企业盈利带来相对重大的影响。

3. 战略采购的原则

战略采购诞生于20世纪80年代的美国，后被迅速传到欧洲和世界其他各国。战略采购能够平衡企业内外部优势资源，以降低整体成本，涵盖了整个采购流程，实现了从需求描述到付款的全程管理。在实施战略采购的时候，要遵循以下几个原则：

（1）把供应基地合理化视为一种必然结果。制造企业通常有太多供应商，双赢采购模式要缩减供应基地。供应基地缩减应该是某一产品供应商数目优化的必然结果，而不是主观目的。供应商数目优化，应从所有可供选择的供应商总体考察开始，然后逐步筛选。

测试一个战略所确定的供应商数目是否最佳，可以检查每个供应商的作用。如果能证明减少某一类产品的供应商不能降低供应总成本，则表明供应基地规模很可能基本达到了合理化。

（2）发挥多功能团队作用。双赢采购战略的创建应当被看作组织能力的体现。有效的采购战略源自企业内跨职能的合作。多功能团队具有两个重要优势：①团队包含多项职能，能集思广益，提出更多有创意的解决方案；②更重要的是，多功能团队能进行系统化的采购。

大多数企业的团队都没有足够的职能部门。一般企业采用多功能团队来开发采购战略，但许多重要的部门没有被包括进去。如果没有生产、设计等职能部门的支持，很多以协作为基础的机会就会被错过。

（3）跨地区和业务单位集中管理采购。高级管理人员经常会考虑，在开发采购战略时，怎么样的集中程度是合适的。有些采购主管通常主张较大范围的集中管理，以确保取得最大化的谈判效果。但是，目前为止，只有极少数供应行业是真正全球性的，而谈判也仅仅是双赢采购的几个手段之一；而大部分的管理活动，如改善供应链管理或利用供应商创新，都要求各个业务单位的参与。因此，选择集中控制或分散控制应根据商品的不同而定，一般企业为了解决该问题，会建立一个商品分析计划系统，以确定哪些商品适宜什么样的管理模式。

（4）实施严密的全球调研。很多采购战略的制定都是从现有供应基地出发的，但要进一步开发有效的采购战略，需要树立全球观。进行全球调研的最重要的原因是能发现过去不知道的优势供应商；其次，全球调研可获得某一个供应行业的世界级公司的业绩情况，为企业提供标杆。

（5）考察持有总成本。有效的采购战略并不是仅仅关注降低价格，而是要降低与供应过程有关的各种成本。大多数战略决策需要综合权衡，即权衡材料价格和其他与材料相关的费用之间的成本。例如，从低成本的发展中国家采购，供应价格很低，但加上附加成本，如海运费、税费、存货运杂费等，可能没有任何节约，反而会增加总成本。

考察持有总成本也为跨区域合作提供了机会。事实上，合作关系产生的利润常常来自某一方面成本的降低。例如，与有品质优良货源的供应商合作能减少检验费用，虽然对采购价格没有直接影响，但实质上降低了企业的内部质量成本。

（6）细分费用支出。细分费用支出的作用在于它能使企业明确重要的成本影响因素。例如，通过费用细分可能发现某些零配件比较容易预测需求，另外一些存在积压的风险。可预测需求的商品应从低成本的全球供应商处采购，能节省支出；高风险商品应在本地采购。

（7）量化收益。采购战略追求材料采购过程中的价值最大化。但从实际操作看，价值很难确定和测量，因此，战略团队应尽可能量化费用，以此进行价值的定性判定。

供应商通常认为它们的响应能力会给客户创造很大的价值。尽管快速响应能力是有价值的，但还必须考虑到它的成本。因此，企业要尽可能地量化价值。例如，为客户降低的库存维护成本有多少，减少退货损失所带来的收益有多少等。这些分析虽然对供应商的价值不能进行充分估计，但在充分理解成本含义的基础上，通过精确对比就能进行权衡。

4. 战略采购的实施步骤和关键因素

从价值链的角度来看，如果说在传统的大规模生产方式下，顾客处于价值链最末端的话，那么在当前需求链开始拉动供应链的时代，顾客已经走到了价值链的最前端。采购商和供应商框架结构和运作过程以顾客为中心，并且面向需求链进行高效运作。在此基础上，采购商和供应商共同负责开发单一、共享的顾客需求预测系统，这个系统驱动整个价值链计划，同时双方均承诺共享预测，并在消除供应过程的约束上共担风险。为能真正有效地达到降低企业的原材料库存、减少供应周期时间和降低成本的目标，战略采购应从以下几个方面实施：

（1）创建需求链采购团队。该团队必须对需求链采购的目标、流程和技术有深入的理解和认识，接受过专业的培训和考核。它们将承担的责任包括：与供应商谈判签订需求链采购合同；向供应商发放免检签证；对供应商进行新型采购模式的培训和教育；改善与供应商接口流程的效率等。

（2）销售、研发、生产与采购等部门定期召开周度、月度的预测会议。一方面，对以往的需要量进行历史数据统计分析；另一方面，对现阶段和未来的需求量做出最佳滚动预测，以确保生产和采购供应的及时可得性和订单满足率。同时，有关新产品上市的最新进度也将在会议上及时通报，以便各部门做好相应准备。

（3）分析现状，确定供应商。从采购物品中选择价值大、体积大的主要原材料和零部件作为出发点，结合供应商关系，优先选择伙伴型或优先选择供应商进行需求链可行性分析，确定实施对象。

（4）设定改进目标。针对供应商目前的供应状态，提出改进目标。改进目标包括供货周期、供货批次、库存等。目标的改进需要限定时间。

（5）制订实施计划。该计划要明确行动要点、负责人、完成时间和进度检查方法。首先，将原来的固定订单改为非固定订单。订单的订购量分为两部分：一部分是已确定的，供应商必须按时按量交货；另一部分将随市场需求的变动而增减，也就是说，供应商会根据企业每月更新的半年需求量预测进行原材料准备，安排生产计划。如果预测百分比超过10%，供应商有权提醒企业对所做预测再次检查。其次，企业必须针对生产周期、供应商的生产交货周期、最小批量做出最优规划。再次，调整相应的运作流程，在企业相关人员之间进行沟通、交流、统一认识、协调行动。最后，确定相应工作人员的职能及任务分工。

（6）供应商培训。必须对供应商进行沟通、培训，使供应商接受需求链供应的理念，确定本企业提出的改进目标，包括缩短工作时间、增加供应频次、保证合适的原材料、在制品及成品库存等。同时，供应商也需要配备相关的接头人员。

（7）改进实施。首先要考虑原材料的质量改进和保证；同时，为改善供应，要考虑改善标准、循环使用的包装，周转材料与器具，以缩短送货的装卸、出入库时间。而实施的主要环节则是将原来的独立开具订单改为滚动下单，并将订单与共享的滚动计划预测结合起来。

（8）定期进行绩效考核。衡量需求链供应的实施绩效，要定期检查进度，以绩效目标的具体化关键指标来衡量评估整个实施过程。图表和趋势图是比较常用的报告形式。

9.4　绿色采购

由于生态环境问题日益严重，政府、企业和各种组织和个人越来越关注环境保护。随着可持续发展理念在各国的深入，绿色浪潮席卷全球，也涉及供应链管理领域。采购与供应活动是现代供应链的重要组成部分，是整个供应链活动的起点，考虑可持续发展的绿色采购活动可以兼顾当前经济发展和长远社会发展的要求，能够满足公众对环保产品的需求，同时又可以从整体上降低成本，所以，绿色采购可以为企业带来经济效益和竞争优势。

9.4.1　绿色采购的定义和特征

目前全球性的环境危机是人类忽视环境保护和片面追求高速经济发展造成的。实际上，一个国家只有在经济增长的基础上实现了社会各方面的全面进步，才能真正体现和享有发展，持续地促进经济生产与自然再生产的良性循环，实现经济效益、环境效益和社会效益统一协调的发展和提高。

经济学、环境科学、生态学、管理学等各相关领域的学者已经致力于探索如何使人与自然和谐统一，都在寻求如何使经济发展和环境保护相协调，这为研究绿色采购管理奠定了理论基础。环境问题的存在和日益严重，使环境管理的相关研究发展起来。各国在进行环境管理、控制污染的同时，提出了既满足当代人需求，又不危及后代人生存的可持续发展理论；在企业层次，也提出了绿色采购管理的理念。环境管理包括宏观管理和微观管理，可持续发展理论主要是从社会和经济等宏观角度的探讨，而绿色采购管理理论主要是着眼于企业采购行为的微观管理。绿色采购的主要思想是，采购作为社会生产和再生产活动的源头和投入，不仅需要考虑经济效益，还需要从生态和环境方面进行管理，尽量减少采购活动对环境的负面作用。

绿色采购包括企业绿色采购、政府绿色采购和其他经济主体的绿色采购，虽然采购主体不同，但是有着共同的目标，即绿色采购应当是一种有效率的采购，既考虑到如何使采购对环境的负面影响最小，同时又能够在尽量控制成本的情况下满足采购者对产品和服务的要求。定义中的政府绿色采购只包括政府自身的环保型采购行为，而不包括政府的其他以促进绿色采购为目的的宏观调控手段。

绿色采购与传统采购相比，主要的不同在于"绿色"，"绿色"总是与"对人有益"或者"对环境有益"联系起来。所以，在可持续发展理念指导下，绿色采购应当着眼于采购行为与整个环境系统的协调。因此，绿色采购的特征具体表现如下：

（1）绿色采购会尽量减少对环境造成的影响。采购与供应活动可能会对环境造成一些负面影响。传统的治理方式是当采购活动对环境的影响形成以后，再采取各种补救和治理措施。绿色采购则是要预见到可能的情况，进行源头治理。绿色采购对源头的治理包括：在采购物资生产方面，可以通过选择绿色原料等方法，加强对采购物品的管理；倡导绿色包装，在保护采购商品物资的前提下，尽量减少包装，并采用绿色包装；由于运输车辆使用燃油，消耗了资源，造成了环境污染，加剧了城市交通阻塞，因而绿色采购倡导通过对货运网点及配送中心合理布局，增加运输工具满载率等方法降低货运成本，减少环境污染与资源消耗。

（2）绿色采购强调考察产品的整个生命周期。绿色采购的目标要求在现有的采购体系中引入环境标准、评估方法和实施程序，以确保采购符合环境保护和节约资源要求的产品，鼓励采购商选择那些具有尽可能多的生命循环阶段的产品和服务。产品要从整个生命周期来考察，即在资源开发、生产、运输、销售、使用和废旧物品的处理处置等各个环节都最大限度地按照绿色目标的要求开展。在决定有利于环境的采购时，建议采购商在那些同类竞争性的产品和服务之中比较它们整个生命周期环境对环境影响的严重性，同时考虑它们的复合环境属性，诸如在生命周期每一个阶段能源效率的增加、毒性的减少或对生态系统影响的减少等。也就是说，既不能采购制造环境不合格的企业生产的产品，也不能采购不符合环境保护要求的产品。

（3）绿色采购中成本观念的转变。绿色采购中采购主体关注的重点不再是只放在原材料的价格上，而是重点考虑那些与采购发生相关的总成本，即除了交货期、质量、库存等传统成本之外，还有环境成本的计算。绿色采购不仅仅局限于供应链内部资源的充分利用，还要充分考虑在供应过程中所选择的方案会对周围环境和人员产生何种影响、是否合理利用资源、是否节约能源、废弃物和排放物如何处理与回收、对环境影响如何做出评价等，是一种绿色的总成本观念。

（4）绿色采购同时关注公平和效率。传统采购比较注重经济效率，关注采购成本的压缩；而绿色采购同时关注效率与公平。绿色采购把企业和政府的采购过程纳入生态环境之中，接受生态环境对生产、交换和消费的约束，使之与自然系统协调、和谐。在从事采购活动中，在肯定采购活动要有一定效率的同时，也强调公平。不仅要做到代际公平，即当代人的采购活动不应当损害下一代人的利益，而且要做到代内公平，即同一代中一部分人的采购不应当损害另一部分人的利益。同时，绿色采购也应当是一种效率更高的采购。绿色采购倡导运用更加透明、公正的方式合理选择供应商和商品，利用现代网络技术全面提高采购的品质和效率。将传统的采购方式与信息、网络技术相结合，实现更多采购业务各环节的在线处理，大大提高采购业务的处理速度和准确度。供需双方建立完备的供应商库、商品信息库、交易资料库等，全面实现信息共享、资源共用。通过先进技术的应用，最大限度地降低了采购管理成本，提高了效率，也可以抑制采购中可能出现的腐败行为。

9.4.2 影响绿色采购实现的主要因素

1. 内部因素

绿色采购是把环境保护与企业日常经营融为一体的活动，合理设置组织机构和人员对采购成本和采购效果至关重要。科学设置组织机构，建立健全规范的管理体系，是从源头上提高采购运作效果的关键。采购人员是采购部门中直接与供应商接洽、采购物资的人，是采购活动的具体从事者。由于采购活动涉及用金钱换取产品和服务，不但企业绿色采购涉及较大金额，政府绿色采购更是涉及财政、金融、法律、商业、工程技术等众多领域。这就要求采购人员必须具有较高的素养，遵守职业道德规范，还要了解预算管理以及有关招投标、商务谈判、合同法、工程和服务等方面的知识。企业采购人员的数目要根据采购工作实际需求确定，政府采购人员要符合当前机构改革减员增效的精神，着眼于精简机构、压编工作人员、提高工作效率，最大限度地减少采购活动中人为造成的成本，由此达到节减财政支出和节省人力资源的目的。采购人员选择不当会严重影响绿色采购的效果。

2. 外部因素

（1）供应商。好的供应商是采购商实现目标的保证，供应商管理成为采购管理中一个非常重要的环节。供应商管理是绿色采购的重要保证，采购的管理流程不再是以采购商自身环境管理作为起点，而是扩展到上游供应商的统筹安排，设计一种能最大限度降低风险、强化竞争优势的合理供应结构，并且与供应商建立一种能促使其不断降低成本、提高环保表现和产品质量的长期战略合作关系。很多采购商与供应商的关系已经从原来的简单交易关系发展到现在的可持续关系，成为进行采购决策的一个主要方面；而供应商的表现也是政府绿色采购能否达到预定目标的关键之一。

（2）消费者。经济的发展和市场的丰富在为社会及消费者谋福利的同时，造成的环境问题直接影响着人们的身体健康和生活质量。随着可持续发展观念不断深入人心，消费者对环保的要求越来越高，污染使人们对环境问题越来越敏感。人们普遍关心生活质量，关注生态环境，环保消费心理逐步增强。绿色消费浪潮的兴起，使传统的消费模式正在发生历史变革。当今，市场的主体消费者是作为社会群体，在关注自身消费安全与健康的同时，也关注人类整体生活质量，从而理智地选购绿色产品。生产与消费在社会经济活动中是相互依赖、相互制约的，消费取向和消费行为对企业生产的方式和内容有决定性的影响。对环境友好型产品的消费选择可以向企业发出绿色需求的信号，刺激企业进行绿色采购与生产。企业必须做到经济与环境"双赢"，在满足人们日益增长的绿色产品需求的同时，为改善环境而进行结构调整。这会推动企业向可持续、再循环的绿色生产经营策略转变。

（3）政府。政府会通过经济、法律、行政等手段的实施影响绿色采购。例如，运用财政、税收等优惠减免政策激励绿色产品的生产与消费，并对有损环境的生产经营行为进行惩罚，扶持绿色产业发展；通过产品质量标准和环境标志，规范绿色产品；通过不断完善法律、标准等管理手段，引导、规范、维护和激励生产者、经营者和消费者向绿色市场迈进。政府还可以通过实施政府绿色采购，对企业的绿色采购进行示范和引导。

（4）市场。在现实中，由于市场并不像自由主义经济学所描述的那样完美，资源配置并不总处于最优的状态，造成了不利于绿色采购实现的限制。市场竞争会使企业在采购中付出比较低的采购成本，市场竞争的激烈程度越高，采购商则会以越低廉的价格购买材料和产品。另一方面，市场竞争会迫使生产者（供应商）采取各种手段降低成本、提高产量，尽量以最低成本进行生产。如果企业进行环境管理，治理生产带来的外部成本需要大量投入，采用清洁生产技术、减少污染排放也需要资金投入，这些投入短期内会带来企业成本的大幅上升。如果在完全自由的市场经济条件下，企业最理性的选择就是直接将"三废"排放出去，让内部成本最小化。因此，环境是公共物品，污染环境是"公共地悲剧"，污染者大量消费环境资源，但其私人成本远小于社会成本；其把环境成本强加给社会，会对整个社会造成巨大的负外部性。这样，因竞争产生的问题而不能由竞争解决，竞争在解决效率的同时也可能带来不公平问题，尤其是代际不公平问题，这也阻碍了绿色采购的实施。

9.4.3 绿色采购的作用

1. 绿色采购改善企业环境表现的作用

绿色采购要求采购商实施绿色采购战略，以确保采购材料、商品的绿色化，还要确保供应链中与采购活动相关的各物流环节的绿色化。

（1）资源减量使用。绿色采购不仅包括传统采购的成本节约，还包括生态环境资源的节约。从提出绿色采购的原因上看，资源稀缺、人口激增使环境和生态面临巨大危机。所以，绿色采购要求企业提高自然资源的利用率，降低能源消耗。采购商可以与供应商建立长期合作关系，从采购产品的设计、材料选取阶段就与供应商进行沟通和合作，尽量满足企业生产的需要。企业在生产过程中可以减少对原材料的浪费；供需的长期关系可以使管理成本大大降低。绿色采购中的绿色材料应当既要满足企业生产的要求，又能最大限度地减少产生废弃物，同时可以尽可能地利用废弃物，并具有节能、净化功能，有利人类身心健康；采用合理的运输方式，合理规划物流网点及配送中心，优化配送路线，提倡共同配送，提高往返载货率；有效降低采购活动对资源的消耗和对环境的污染，从而减少采购的经济成本和社会环境成本。

（2）对废弃物回收和再利用。绿色采购中尽量选用可回收再利用的材料、产品和包装，这也是减少采购对环境负面影响的方法。材料的获取、生产加工、使用和再利用过程中，对环境的影响最小；采用的绿色包装要对生态环境和人体健康无害，能循环复用和再生利用。这包括了节省资源和能源，减少、避免废弃物产生，易回收复用，再循环利用，可焚烧或降解等生态环境保护要求的内容。通过采购和使用绿色材料和商品，对废弃物再循环、再利用，可以节约资源和消除废弃物，有利于改善企业的环境表现。

2. 绿色采购改善企业经营表现的作用

绿色产品一般要比普通产品成本高，因而价格自然偏高。在采购过程中，如果没有明确采购环保产品的优惠措施，高价的环保产品会增加采购成本。另外，市场上环保产品的信息不足，采购人员寻找、鉴别环保产品非常困难，无形中增加了采购成本。这是很多企业缺乏进行绿色采购的动力的原因，即采购商认为虽然可以通过绿色采购改善企业的环境表现，但在短期却要支付更高的采购成本。而事实上，从长期角度来看，绿色采购可以改善企业的经营表现，并提升企业的竞争力。

（1）增加企业的销售收入。随着大部分消费者环保意识的增强，出于对环境保护和自身安全健康的考虑，越来越多的消费者愿意购买绿色产品。在市场上销售的绿色产品，其售价比同类的传统产品高。对于国家有相应规定的产品，拥有相关绿色认证的产品更是可以扩大销路、提高市场占有率。同时，在买方市场下，消费取向和消费行为对生产的方式和内容有决定性的影响。对环境友好型产品的消费选择可以向生产领域发出价格和需求的激励信号，刺激生产领域的清洁技术与工艺的研发与应用，以及环境友好产品和服务的生产。企业有动力进行生产技术与工艺的改进，从而不断降低环境友好型产品的成本，最终会形成绿色消费与绿色生产之间的良性互动。

随着全球经济一体化的发展，一些传统的关税和非关税壁垒逐渐淡化，绿色壁垒逐渐兴起。经济越发达的国家，对环境保护越重视，对绿色产品的需求越多，对衣食住行的条件和安全要求也越严格。绿色采购要求从原材料采购到产品生产的整个生命周期均符合相关要求，不会因为供应商供应的原料或者产品不合格而导致本企业产品被他国拒之门外，使企业的产品能顺利通过国际检测，获得他国认可，打破进口国设立的绿色壁垒，从而获得更多的市场份额和销售额。

（2）减少企业治污成本。绿色采购要求采购可再循环、再利用的原材料和包装物，实现原材料和包装物的再循环、再利用，不仅可以节约资源，而且减少了废弃物的排放。实施绿色采购要求整个产品生命周期内做到对环境污染最小，选用绿色原材料、生产采用绿色工艺，可以使污染物消除或消减在采购过程中，减少固体废物和大气污染物排放量。

3. 政府绿色采购的作用

世界各国的政府采购在其国民生产总值（GDP）中所占比例很大，足以影响某些产品的市场份额和消费者取向。据统计，欧盟各国政府采购额每年约1万亿欧元，占其国内生产总值的14%左右，若包括公用事业部门的采购，该比例将会更高；日本中央政府每年采购额达到14万亿日元。政府采购不仅是完成公共物品的采购任务，也不仅是节省政府财政资金的问题，而是必须从社会公共大局出发，通过运用政府采购什么、采购多少、向谁采购、由谁采购、如何采购等政府政策性手段，实现一种全方位、系统的政府目标。政府绿色采购制度是发展循环经济、构筑绿色消费模式的重要措施和突破口。政府绿色采购激励绿色技术开发，降低绿色产品成本，倡导绿色消费观念，促进绿色产业形成，从而极大地保护了环境，降低了社会成本。同时，绿色产品的正外部性仅依靠市场的力量难以有效提供，还需要政府的干预，而政府绿色采购不乏为一种有效的干预手段。

政府绿色采购的作用主要体现在以下三个方面：

（1）政府绿色采购对供应商的作用。政府绿色采购行为会对相关供应商产生积极影响，供应商为了赢得政府这个市场上最大的客户，积极采取措施增强其产品的绿色度，提高企业技术水平，节约资源能源，减少污染物排放；供应商转变经营方式，使其产品和服务适应有关循环经济的标准和要求，提高产品质量和降低对环境和人的负面影响程度。

（2）政府绿色采购对同类产品采购商的作用。目前，很多企业仅仅是具有环保意识，但并无环保行动。很多企业在采购中是否实施绿色采购和对绿色产品的选择受经济利益的驱动。虽然少数企业已经实施了绿色采购，但尚未发展成为广大企业的主流采购行为，对市场的影响非常有限。政府绿色采购可以在一定程度上引导、拉动和培育循环经济市场，提升绿色产品消费量，提高绿色产品生产规模，刺激研发和应用循环经济专门技术，从而使绿色产品和服务的价格趋于合理，并激励其他的采购商采取环境友好的采购方式，使企业在采购中担负更多的社会责任。

（3）政府绿色采购对绿色产业、技术和消费市场的作用。政府绿色采购能够遵循生态原则，强化生态环保导向，促进具有环保意识的采购活动；可以培育绿色产业和技术，有利于形成可持续生产体系。政府绿色采购因其量大面广，又有比较规范的政府采购清单或者政府采购流程，有严格的供应商选拔机制，可以在很大程度上促进供应商绿色清洁技术的发展。当政府实施绿色采购后，强制执行绿色标准，如果企业产品达不到标准，就意味着失去政府采购市场。由于政府采购市场的份额和利润相当可观，企业绝不会轻易放弃，因此将面临巨大的技术开发压力，会被迫追加科研投入，开发新的绿色产品生产技术并应用于生产，生产出绿色产品。政府绿色采购对普通消费者也有强烈的引导和示范作用，可以促进绿色消费市场的形成，提高公众的环保意识。由于政府绿色采购的示范和引导作用，在英国、日本等政府绿色采购实施比较早的国家中，政府绿色采购对企业的积极作用已经出现。英国政府自1997年实施"自愿指导计划"以来，供应商态度有了很大改变，很多供应商已经完全了解并赞成绿色采购政策。绿色采购政策被很多企业所采用，并作为改变企业自身环保表现的动力。越来越多的企业采购商和供应商之间通过密切合作，达到绿色采购的目标。

【案例 9-3】

联想的绿色采购方针

联想作为国内高新技术产业的龙头企业，除了在产品设计、生产及企业运营中注重环境保护，还通过原材料供应商的筛选实现了自身的绿色采购。联想要求其材料、部件供应商必须坚决遵循《关于用于联想产品的材料、部件和产品的基本环保要求》，鼓励所有材料部件的供应链伙伴申请获得 ISO 14000 认证。作为全球《电子行业行为准则（EICC）》管理委员会成员，联想积极引导和要求更多的供应链伙伴严格遵守此准则。联想还进行了大量的投入，将所采购的具有创新绿色设计的部件真正转化为绿色产品。

9.5　服务采购

9.5.1　服务采购的概念、特点和分类

1. 服务采购的概念

服务采购是指组织对除货物和工程以外的其他企业需求对象进行获取的过程。对"服务采购"一词，我国《政府采购法》按照国际惯例，没有做出准确的界定，只是使用了排除和归纳法。《政府采购品目分类表》将服务概括为印刷、出版，专业咨询、工程监理、工程设计，信息技术、信息管理软件的开发设计，维修，保险，租赁，交通工具的维护保障，会议，培训，物业管理和其他服务十一个大项，所有对它们的获取过程就称之为服务采购。

企业的服务采购是采购满足组织内部不能或不愿提供的服务或相关服务。通过招标、竞标，企业挑选最适合的供应商，要求其提供专业的、高效的、能够给企业带来利益的服务，并把从供应商那里采购的服务与企业的战略管理有效结合，从而有利于企业获取更专业的技术和人才，减轻业务负担，获得专家的意见，降低支出，进而增强企业的竞争力。

2. 服务采购的特点

与货物、工程采购相比，服务采购的标的——服务或相关服务，具有无形性、评审侧重质量而不是价格、无法存储性、易变性、不可分割性、不能再销售、服务采购复杂等属性。因此，服务采购呈现出不同的特点。美国礼来公司（Eli Lilly and Company）的副总裁和首席采购官戴维 M. 格林（David M. Green）认为服务采购有以下六个特点：

（1）服务采购难于把握和控制。因为同样的服务经常在不同的地方或者被多个业务单位使用，或者有多个"业务"在不同程度上使用同一种类型的服务。要应对这个挑战，对服务采购进行分类诊断是关键。

（2）由于服务的无形性，确定其范围和要求更加困难。所以，需要一个能够促进供应管理部门和内部客户之间协作和沟通的规范的服务采购流程。

（3）对服务本身或服务供应商的评价更多的是主观评价。所以，必须对供应商的服务范围和要求给出明确的描述。

（4）有些内部客户认为它们所需要的服务非常特别，很难在市场上找到新的供应商。这时，供应管理部门就要利用自己所掌握的市场知识为内部客户提供增值服务，包括选择服务供应商，站在客户的立场上详细地说明服务的要求。

（5）有些服务要求会直接面向企业内部的其他部门，可能会越过已经制定的采购流程。这时，供应管理部门就必须介入，并且最好有一个规范的采购流程。当然，也可以把采购职能与评价职能分开，这将有助于供应管理部门参与签约过程。

（6）有时企业会面临某种服务无法归类的情况。这时，采购委员会或供应商关系管理解决方案能够帮助企业将那些服务归类。为此，格林认为企业在与供应管理部门和内部客户之间协作和沟通时要规范采购流程，从而避免破坏企业的制度。

3. 服务采购的分类

对服务采购进行恰当的分类是对其实施一体化供应管理和优化采购资源配置的基本要求。服务和产品一样，可以用不同的方法来分类，包括策略的和非策略的，与生产相关的和与生产无关的，高、中、低风险的，高、中、低成本的，重复性的、非重复性的和一次性的等。服务分类的方法取决于企业的行业属性，并反过来决定服务分类管理的方法。

有效服务分类的关键是明确分类的原则及每一种类别的含义。例如，如果管理层认为把服务分为策略的和非策略的比较合适，那么确定这种分类的含义就非常重要。假如，有个企业使用这种方法把策略采购确定为"任何超过1万美元的服务采购"。问题是有些超过1万美元的服务采购明显属于例行公事，而且并不需要策略采购小组的技能和专业知识；而一些金额在1万美元以下的服务采购却显得更复杂，并需要策略采购小组的技能和专业知识支持。所以，对策略的更有效的定义可能是"关键任务"，这意味着某种服务是企业实现其目标所必需的。通过清晰的服务分类，然后是仔细的服务支出分类，供应管理人员就能够更好的配置资源（人力、技术、财力等）。

9.5.2 服务需求的特点和供应商选择

随着生产力水平由低向高发展，人类社会也从原始社会过渡到农业经济为主的农业社会，再发展到以工业生产为主的工业社会，直到今天发展为以服务经济为主的社会。服务业在经济发展中发挥的作用越来越大，世界经济已进入服务经济时代。

1. 服务需求的特点

服务供应公司很少能接收到对其产品或服务的稳定需求。它们经营的项目具有生命周期短、繁荣和萧条交替出现的综合特征。支持计划中产品或材料的时效性很短，这也是整个服务行业的特点。

在项目的生命过程开始之前或在过程当中，多次提供的服务可能会出现偏离主旨的现象。为了保护企业的利益，采购人员要考虑的问题是，通过谈判获得以最有利的条件增加数量的选择权，以及在某种情况下取消整个合同的选择权。

生命周期短暂的项目一个最突出的特点是，它们的用量不是根据过去的历史来决定的，而是根据市场调查、计划和估算，其准确性在某种程度上是以猜测为基础的。采购人员的工作变得更加困难了，因为他们被迫在"灰箱"中操作。

服务行业拥有的材料需求与制造业的需求具有同样重要的地位。虽然这些项目所产生的财务影响可能不太显著，但是它们带来的结果却不容忽视。例如，服务行业中用到的重要项目包括计算机、软件、网络路由器、销售终端和检测设备，还有一些单位成本低廉的项目，如规格适当的饮料杯、粘胶位置准确的信封、数量足够的垃圾袋，如果这些项目没有充足供应，可能会向客户传递错误的信息。一个采购人员在采购服务时，关键是要有能力区分需求不太稳定的项目。采购商必须利用所有可能的资料来管理这些项目，包括把重点放在库存和变动周期的计算上。

2. 供应商选择

供应商是整个供应链的"源头"，对供应商的选择和评价是供应链合作关系运行的基础。供应商在交货、产品质量、提前期、库存水平、产品设计等方面都影响着制造商的成功与否。同时，供应商所提供产品的价格和质量也决定着最终消费品的价格和质量，从而决定了最终产品的市场竞争力、市场占有量和市场生存能力，并且对供应链各组成部分的核心竞争力产生一定的影响。尤其是随着经济全球化的发展，企业越来越多地集中力量于自身的核心业务，并从外部大量购买零部件，使其在某些专业技术领域更多地依赖供应商。科学地对服务质量进行评价与控制，积极地开发供应商伙伴关系，建立双赢的局面，已成为制造业企业提高竞争优势的关键。今天，产业竞争的特征不再是企业与企业，或者说产品与产品之间的竞争，而是供应链与供应链之间的竞争。在此背景下，研究供应链环境下的供应商选择与评价具有战略意义。

供应商的选择首先要确定一套完整的评价指标体系；其次还要有一套科学的评价方法。供应商选择方法研究大致经历了三个阶段：定性研究阶段、定量研究阶段、定性与定量相结合的研究阶段。早期的供应商选择方法采用定性方法，这一类方法主要是根据以往的经验和与供应商的关系进行主观判断。后来，人们采用定量方法选择供应商。其实供应商选择是一个包含定性因素和定量因素的多目标评价问题，应结合采购企业的目标、评价选择的标准、供应商的状况等因素采用定性与定量相结合的方法，从而使供应商选择结果尽可能客观和公正。

9.5.3　服务采购的内容

现代企业主要采购的服务有三大类：物流服务、IT 服务和人力资源服务。还有许多企业采购一些服务类产品，如信息系统、人力资源、设备检修和维护、市场销售、财务、行政管理等。某协会通过对包括广告业、医疗保健业、制造公共事业以及政府部门在内的企业进行的长期的在线调查显示（见表 9-1），企业服务采购的三大领域是信息技术、运作和物流。其中，运作包括行政管理、客户服务、财务、人力资源、房地产和实物资产、销售和市场六大块；物流包括分销和运输两大部分。

表 9-1　服务采购分类

类　型	企业正在向供应商采购的服务	企业可能要采购的服务
信息技术	维修/修理 培训 应用开发 咨询和重构 计算机数据中心	客户/服务器 网络 桌面系统 终端用户支持 全部 IT 资源

（续）

类　型		企业正在向供应商采购的服务	企业可能要采购的服务
运作	行政管理	印刷和复印 收发室 咨询与培训	档案管理 行政管理信息系统 供应/存货 印刷和复印
	客户服务	现场服务 现场服务派遣 客户热线支持	客户服务信息系统 现场服务派遣 客户热线支持
	财务	薪酬处理 交易处理	薪酬处理 税收事务
	人力资源	职位再安置 员工补贴 招聘/安置	咨询与培训 人力资源信息系统
	房地产和 实物资产	食品和餐厅服务 设备维护保安	设备管理 设备维护 设备信息系统
	销售和市场	邮寄广告 广告 电话推销	预定和销售运作 现场销售
物流	分销	货运审计 广告 电话推销	仓储 分销和物流 信息系统 运作
	运输	车辆管理 车辆运作 车辆维护	车队管理 车队运作 车辆维护

9.5.4　服务采购中的关键问题

企业服务采购中存在的关键问题有：

（1）服务评价主观性强。每个参与评价人员的主观感受和经验都是不一样的，很难消除人为因素造成的偏差，这会使评价者提供的评价信息不确切或不完整。定性指标怎样量化才更符合实际、更客观，这是目前供应商评价需要解决的主要问题，而传统评价方法则带有很强的主观性。

（2）所需采购的服务范围和要求不易规范。服务是指货物和工程以外的采购项目。但具体应包括哪些项目，各个项目又应包含哪些内容，很难做出详细规定。而完全依赖内部客户来确定服务采购的范围和要求又常常会引起麻烦，因此，服务的范围和要求表述不清的状况经常发生。一个表述不清的服务要求可能要经过多次反复磋商才能表述清楚；来自市场的不充分信息可能导致内部用户对现有的和潜在的服务供应商做出错误的判断，以致造成不良的供应商选择、不适当的服务合同和不合格的服务结果；更有甚者，一个不清晰的服务要求描述可能导致企业获得的服务无法满足最终需求，或者满足需求的服务成本是企业所难以承受的。这些都会导致采购企业对服务要求进行审查和修改，可能造成采购周期的延长。

（3）企业对服务采购的战略定位不易明确。与制造业相比，服务需求难以预测且每天变化很大；客户与消费者的相互作用极易变化且无法预测；服务的生产与消费同时进行无法区分，因而无法确定企业的资源能否适应即将到来的需求。对服务易变性缺乏理解和控制将导致企业严重的资源配置问题，而从专业的、优秀的供应商处采购服务是企业解决服务易变性的方法之一。但如果企业不能很好地加以安排、合理地运用企业的资源，资源配置的不合理将严重影响企业占领市场的能力。因此，企业对该项服务要有一个明确的战略定位，了解该项服务将给企业带来的利益，明确服务的提供能为企业增强竞争力。而要做到这一点是不容易的。

（4）企业容易忽视服务采购流程。传统企业大多不重视服务采购流程，每个部门都有自己的采购服务方式与方法，采购服务仅限于自己的部门，这样，不但企业采购流程会被切割成不连续的片段，服务的采购也被分为不连续的片段。因为没有人站在制高点俯瞰整个采购流程，使采购流程顺利进行；每个部门各自筑起高高的藩篱，部门经理只在意自己的地盘与利益；高层主管又常常因为距离现场太远而无法掌控真实状况，以致工作难以顺利推动。在进入消费者经济时代的今天，客户要求高质量、高素质的服务，企业提供的产品和服务如果不能让客户满意，那么就会被市场淘汰出局。

（5）企业进行集中采购难度大。服务类采购对象复杂多样、范围广泛，实施集中采购的难度较大。从各地的实践情况来看，大多数服务类采购项目都是企业的各个部门自己操作。如会议、公务接待、职业培训、物业管理、设计咨询、信息服务等，很多都是由各个部门自行采购，一些服务性消费已逐步转变为部门、单位的权力消费；还有一些部门、单位依法办事意识不强，对服务采购的认识不到位，拒绝将本单位的服务类采购项目纳入集中采购。这些都会对服务类采购纳入集中采购范围造成一定冲击，使企业采购中心的覆盖面和规模大受影响。

【案例9-4】

某外资企业的人力资源服务采购

某外资企业的人力资源服务采购主要包括以下几种类型：

（1）招聘支持。企业招聘工作除了在公司官网发布，多会选择大型门户招聘网站发布招聘信息，并运用网站后台管理简历及进一步的流程。同时，企业也会运用其他招聘支持服务，如猎头、校园招聘等。

（2）员工培训。目前企业人力资源管理的趋势有一项便是对员工培训越来越重视。员工培训一般包括语言类培训、技能培训、管理培训等。企业会选择有资质并符合要求的公司提供相关课程。

（3）公司活动。企业也会将公司活动外包给外部公司，如社团活动会涉及场地、教练费，公司年会会涉及场地、会场策划等。

（4）员工服务（员工福利、工资、外籍员工签证等服务）。企业也会将与员工相关的工作外包给其他专业服务公司，如企业年金（补充养老保险）、工资、外籍员工签证服务等。

就人力资源服务采购而言，该外资企业越来越注重将常规的服务外包给外部更具专业性的服务公司，以便集中企业有限的资源发展核心业务。

采购与供应管理

【案例分析】

UPS 的绿色采购与供应链

作为年营业额 360 亿美元的跨国企业，美国的联合包裹服务公司（United Parcel Service Inc，UPS）自 20 世纪 90 年代起，就开始考虑在环保的前提下建立绿色采购与供应链体系。

1. 能源替代

自 1998 年开始，UPS 与戴姆勒-克莱斯勒、美国环境保护局合作，研究开发替代性能源的运输工具；2001 年，公司开始使用油电混合车，是美国运输业界的先锋；2003 年，公司运用无害环境的酵素来清洗运输工具，此举每年节省约 100 万美元的洗车剂和水的费用；2005 年，在与美国环境保护局的合作下，公司开始测试第一台通过水力发电的油电混合车，力图降低运输对环境的污染。此外，UPS 积极地与政府部门、协会合作，共同研究如何减少环境污染及打造绿色环境的计划。

2. 科技"绿色"

关于运用信息科技达到保护环境及成本降低的双赢策略，UPS 也是个中的佼佼者。UPS 通过无线传输、卫星定位等科技，追踪车辆、飞机等，以规划出最经济的路线，并结合天气情况等因素，选择最有效率的飞行路径，既能节省油料、降低成本，又能减少废气的排放，达到保护环境的目的。此外，UPS 的每一位快递员随身配备的手提式"速递资料收集器（DIAD）"，不仅便于交易，也可以及时与公司联系。因为 DIAD 的研发与使用，使公司每年节省约 5900 万张纸张，平均每年少砍伐 5187 棵树木。

3. 由内而外

UPS 推动绿色采购与供应理念，是先从其内部做起，建立良好的制度及环保章程，然后再往外推广至合作伙伴端，提供合作伙伴相关的服务。2000 年，UPS 开始推动"e-waste"项目，将其内部所有不再使用的主机、屏幕等计算机设备取出零件去循环使用，6 年下来，将原先可能变成垃圾并污染环境的 1209 万 lb[⊖] 电子零件废弃物回收再利用，成为有价值的物品。对外，公司也开始为客户或制造商提供资源回收服务，包括墨盒、计算机器材、书本、录像带、汽车零件、医疗器材等，将这些报废或使用完的资源重新利用或制造，与合作伙伴一起尽企业公民的责任。例如，惠普公司与 UPS 即有一项合作，称为"HP 星球伙伴（HP Planet Partners）"计划——当消费者购买 HP 墨粉盒时，每个墨粉盒的包装盒里都贴有一枚预付运费的 UPS 回程快递标签，消费者用完墨粉盒后，可以直接寄还给制造商，公司就会在后端协助处理这些计算机废弃物品。

4. 逆向物流

UPS 在推动绿色采购与物流发展方面做了很多的努力，也取得了巨大的成功。绿色采购与物流管理作为一种新的管理理念，在国际上正受到越来越多的关注，成为国际物流发展的新趋势。此外，21 世纪的经济发展使物流行业每天都面临着新的挑战。例如，随着社会的发展，电子废弃物已经对各国环境构成了很大威胁，欧洲大多数国家已经建立了相应的回收体系，并不断探索新的回收方式，逆向物流同样是世界物流发展的重要趋势。绿色物流和逆向物流是交叉发展的，绿色物流包括正向绿色物流和逆向绿色物流，逆向物流的实现吸收了绿色物流的发展理念。此外，在国际物流活动中，不仅要降低物流费用，而且要考虑提高顾客服务水平，提高销售竞争能力和扩大销售效益，即提高国际物流系统的整体效益。由此，精益物流、电子物流等新的物流思想应运而生。

思考题：

1. 作为一个全球快递企业，UPS 在绿色采购领域有哪些经验值得借鉴？

2. 从企业社会责任的角度看，企业应该如何由内而外地实施绿色供应链管理？

⊖ 1lb = 0.45359237kg。

参 考 文 献

［1］ 胡军，吴承健．服务采购管理［M］．北京：中国物资出版社，2011.

［2］ 曾志强．基于熵权灰色关联分析法的供应商选择决策研究［D］．武汉：武汉理工大学，2009.

［3］ 文学．基于模糊软集合的企业服务采购决策模型研究［D］．重庆：重庆大学，2016.

［4］ 田宇．物流服务供应链构建中的供应商选择研究［J］．系统工程理论与实践，2002，23（4）：49-53.

［5］ 潘晓菁．A 公司间接物料采购业务绩效评价与改善研究［D］．上海：上海交通大学，2009.

［6］ 肖赣锋．基于 EPC 项目采购风险下供应商评价选择研究［D］．成都：西南交通大学，2012.

［7］ 王继军．电力公司服务类项目采购供应商选择策略研究［D］．南京：东南大学，2015.

［8］ 万君，刘馨．服务质量研究的现状及其发展趋势［J］．现代管理科学，2005（5）：65-66.

［9］ 施先亮．供应链管理［M］．3 版．北京：机械工业出版社，2016.

［10］ 徐杰，鞠颂东．采购管理［M］．3 版．北京：机械工业出版社，2013.

［11］ 张宏．企业集团集中采购管理研究［M］．杭州：浙江大学出版社，2015.

［12］ 王远炼．采购管理——精益实战手册［M］．北京：人民邮电出版社，2015.

［13］ 鬼泽正一．精益制造 010：采购管理［M］．郑振勇，译．北京：东方出版社，2012.

［14］ 计国君．采购管理［M］．厦门：厦门大学出版社，2012.

［15］ 张月磊．企业社会责任采购评价指标体系设计［D］．武汉：武汉纺织大学，2013.

［16］ 王敏，郑荣良，吴志惠．未来五年中国采购与供应链管理发展趋势［J］．中国采购发展报告，2010（00）：42-55.

［17］ 潘晓萍．IBM 公司采购外包服务运作策略研究［D］．上海：华东理工大学，2014.

［18］ 侯方淼．绿色采购研究［D］．北京：对外经济贸易大学，2007.

［19］ 沈丽梅．中小企业电子商务采购发展状况与对策研究［J］．中国商贸，2012（28）：148-149.

［20］ 周沛．企业采购风险管理及方案优化设计研究［D］．北京：北京交通大学，2015.

［21］ HONG Z，LEE C．A decision support system for procurement risk management in the presence of spt market［J］．Decision Support Systems，2013，55（1）：67-78.

［22］ SARDINHA A．The 2007 procurement challenge：A competition to evaluate mixed procurement strategies［J］．Electronic Commerce Research and Applications，2008（9）．

［23］ 张明霞．企业物资采购风险类型研究［J］．农机使用与维修，2008（4）：95.

［24］ 詹正华，刘诗宇．非金融企业全面风险管理体系［J］．中国市场，2007（39）：45-47.

［25］ 佘廉，杨毅群．企业采购管理预警指标体系的探讨［J］．科技进步与对策，2003（15）：157-159.

［26］ 侯丽英．VaR 风险控制在采购策略研究中的应用［J］．商业研究，2004（5）：3-5.

［27］ 万晓，闫琳．基于 VaR 的采购风险度量模型［J］．物流技术，2007（1）：54-57.

［28］ 陈艳．国际采购风险管理［J］．合作经济与科技，2008（13）：10-11.

［29］ 蒋望东．采购风险管理的一种新方法［J］．技术经济与管理研究，2007（2）：74-75.

［30］ 孙智亮．谈企业物资采购风险管理［J］．煤炭企业管理，2005（10）：38-39.

［31］ 雷辉．浅谈企业采购风险管理方法［J］．企业家天地，2006（10）：40-41.

［32］ 金涛．浅议工程建设项目中物资采购管理的风险及其防范对策［J］．重庆建筑，2005（7）：45-47.

［33］ 王明玉，许道云．基于供应链的采购管理风险研究［J］．商场现代化，2008（3）：31-32.

［34］ 王向军．海尔营销渠道研究［D］．天津：天津大学，2010.

［35］ 何宝亮．工程项目采购风险管理研究［D］．北京：中国地质大学，2010.

［36］ 徐杰，汝宜红，蒋岩松．市场采购理论与实务［M］．北京：中国铁道出版社，2001.

采购与供应管理

[37] 约翰逊，等．采购与供应管理［M］．张杰，等译．北京：机械工业出版社，2009．

[38] 张浩．采购管理与库存控制［M］．北京：北京大学出版社，2010．

[39] 谭颖．企业物资采购风险防范管理新探［J］．法制与社会，2011（23）：228-230．

[40] 王志毅．采购流程中存在的风险分析及防范措施［J］．物流工程与管理，2012（10）：15-17．

[41] 晋兆奎．制造业采购风险控制探讨［J］．中国科技信息，2012（14）：137-138．

[42] 梁军，王刚．采购管理［M］．2版．北京：电子工业出版社，2010．

[43] 傅莉萍，姜斌远．采购管理［M］．北京：北京大学出版社，2015．

[44] 徐杰，卞文良．采购管理：研究与应用的视角［M］．北京：机械工业出版社，2010．

[45] 周跃进．采购管理［M］．北京：机械工业出版社，2015．

[46] 梁军，王刚．采购管理［M］．3版．北京：电子工业出版社，2015．

[47] 霍红，张玉斌．采购管理实务［M］．北京：科学出版社，2010．

[48] 汉德菲尔德，蒙茨卡吉尼皮尔，等．采购与供应链管理［M］．王晓东，刘旭敏，熊哲，译．北京：电子工业出版社，2014．

[49] 赵道致，王振强．采购与供应管理［M］．北京：清华大学出版社，2008．

[50] 龚国华．采购与供应链［M］．上海：复旦大学出版社，2010．

[51] 马晓峰．避开采购黑洞［M］．北京：中国社会科学出版社，2008．

[52] 翟光明．采购与供应商管理［M］．北京：中国物资出版社，2009．

[53] 伍蓓，胡军．采购与供应战略［M］．北京：中国物资出版社，2009．

[54] 王俏．学习曲线的采购价格成本分析［J］．中国招标，2015（49）：17-19．

[55] 梁倩茹．影响企业采购内部控制因素的文献综述［J］．商，2014（5）：27-27．

[56] ELLRAM. L M Total cost of ownership：elements and implementation［J］．International Journal of purchasing and Materials Management，1993，29（4）：3-11．

[57] 朱晓琴，朱启贵．基于TCO的采购成本管理综述［J］．重庆交通大学学报（社会科学版），2007（2）：59-61．

[58] 陈志祥，马岚．基于TCO模式的采购成本分析法的应用研究［J］．工业工程，2006（2）：56-59．

[59] 王彦．拍卖中的串通出价［J］．管理工程学报，2004（3）：16-21．

[60] 秦旋，等．不同招标模式下的竞标博弈模型［J］．华侨大学学报，2004（7）：201-204．

[61] 郑池边．建设工程招标机制设计研究［D］．大连：东北财经大学，2006．

[62] 林艳，等．工程招标委托代理关系中的激励与监督［J］．武汉理工大学学报，2008（6）：964-968．

[63] 刘煜明，等．工程招标"说实话"直接机制的设计研究［J］．中国管理科学，2005（13）：232-235．

[64] 任虹．浅析晋煤集团电子招标应用模式［J］．商，2015（25）：210．

[65] 时晓莉．浅谈电子招标采购［J］．企业研究，2012（22）：200-201．

[66] 谷丽丽，王喜富．一类大宗物料采购谈判定价模型研究［J］．物流技术，2010（7）：67-69．

[67] 蒋振盈．采购供应链管理——供应链环境下的采购管理［M］．北京：中国经济出版社，2015．

[68] 陈建华．采购管理的100种方法［M］．北京：中国经济出版社，2007．

[69] 杨振华．基于供应链需求预测的安全库存优化研究［D］．天津：天津大学，2008．

[70] 赵艳俐．采购与供应管理实务［M］．2版．北京：人民交通出版社，2014．

[71] 王槐林．采购管理与库存控制［M］．3版．北京：中国物资出版社，2008．

[72] 骆建文．采购与供应管理［M］．2版．北京：机械工业出版社，2016．